Hans Kammerlander
Am seidenen Faden

Zu diesem Buch

Er hat dreizehn Achttausender und zahllose Gipfel bestiegen, kühne Skiabfahrten vom Nanga Parbat gewagt und ist extreme Routen geklettert. Immer wieder mußte er an seine Grenzen gehen, oft war das Überleben reines Glück. Der Südtiroler Hans Kammerlander, einer der herausragenden Höhenbergsteiger unserer Zeit, erzählt hier von solchen Grenz- und Extremsituationen. Zentrales Thema sind seine fünf Anläufe zum »Berg der Berge«, dem K2 im Karakorum, den Kammerlander endlich am 22. Juli 2001 bezwang. Während er den langen Weg zum K2 schildert, kommen viele andere Erlebnisse wieder ins Blickfeld, Situationen, in denen er durch eigene Fehler, zu hohe Risikobereitschaft und Materialprobleme, durch das Wetter oder durch Zufälle in eine schier ausweglose Lage geraten ist. Wie er damit umgegangen ist, sie schließlich bewältigt hat, was er daraus gelernt hat – davon erzählt Hans Kammerlander sehr offen und ehrlich.

Hans Kammerlander, geboren 1956 in Ahornach / Südtirol, ist Bergführer, Skilehrer, Extrembergsteiger und einer der erfolgreichsten aktiven Höhenbergsteiger der Welt. Er lebt in seinem Geburtsort und ist Autor der erfolgreichen Bücher »Abstieg zum Erfolg«, »Bergsüchtig«, »Unten und oben« und »Am seidenen Faden«.

Walther Lücker, geboren 1957 in Frankfurt, ist Journalist und Bergsteiger, arbeitete viele Jahre für die Frankfurter Rundschau, schreibt und fotografiert unter anderem für das Alpin Magazin und lebt als freier Journalist in Sand in Taufers / Südtirol.

Hans Kammerlander

Am seidenen Faden

K2 und andere Grenzerfahrungen

Unter Mitarbeit von Walther Lücker

Mit 33 farbigen und 88 schwarzweißen Abbildungen

Piper München Zürich

Mehr über unsere Autoren und Bücher:
www.piper.de

Fotos: Archiv Hans Kammerlander, Ahornach,
Archiv Walther Lücker, Sand in Taufers, und
Hartmann Seeber, Sand in Taufers
Luftaufnahme S. 10: Tappeiner

Von Hans Kammerlander liegen im Piper Taschenbuch vor:
Abstieg zum Erfolg
Unten und oben
Am seidenen Faden

Für meine Schwester Sabine

Ungekürzte Taschenbuchausgabe
1. Auflage Dezember 2005
7. Auflage Juli 2010
© 2004 Piper Verlag GmbH, München,
erschienen im Verlagsprogramm Malik
Umschlagkonzeption: semper smile, München
Umschlaggestaltung: Birgit Kohlhaas, Egling
Umschlagabbildungen: Archiv Hans Kammerlander
Satz und Repro: Kösel, Krugzell
Karten: Eckehard Radehose, Schliersee
Papier: Munken Print von Arctic Paper Munkedals AB, Schweden
Druck und Bindung: CPI – Clausen & Bosse, Leck
Printed in Germany   ISBN 978-3-492-24594-4

Inhalt

Vorwort 7

Prolog 9

Kapitel 1: **Freier Blick** – *Die größte Pyramide der Erde* 15

Kapitel 2: **Aufbruch** – *Die lange Reise zu den Achttausendern* 22

Kapitel 3: **Ernüchternd** – *Zwischen Tee und Bürokratie* 30

Kapitel 4: **Organisierter Wahnsinn** – *Mount Everest aus dem Reisekatalog* 40

Kapitel 5: **Ausgeliefert** – *Schwarze Zehen und ein Schnitt mit der Motorsäge* 56

Kapitel 6: **Vorbereitung** – *Roter Sirup und staubender Pulverschnee* 67

Kapitel 7: **Kulinarisch** – *Klapperschlange oder Kirschwasser* 79

Kapitel 8: **Anmarsch** – *Atemraubend und spektakulär* 87

Kapitel 9: **Entdeckt** – *Der Herzog der Abruzzen und sein Grat* 99

Kapitel 10: **Gefangen** – *Drei-Gänge-Menü in einer Spalte* ... 110

Kapitel 11: **Befreit** – *Riesenglück auf flachem Gletscher* 120

Kapitel 12: **Eiskalter Atem** – *Dreizehn Tote in einem Sommer* 129

Kapitel 13: **Erinnerung** – *Die Falltür öffnete sich lautlos* 137

Kapitel 14: **Unstillbare Sehnsucht** – *Montagna delle montagne* 147

Kapitel 15: **Steinschlag** – *Protokoll einer Tragödie* 151

Kapitel 16: **Zweifel** – *Tod in der Lawine und ein bitterer Entschluß* 163

Kapitel 17:	**Erstbesteigung** – *Trick am Everest, Mißverständnis am K 2*	172
Kapitel 18:	**Stilles Chaos** – *Eine Maus und ein neuer Versuch*	182
Kapitel 19:	**Fehlerquote** – *Winter am Peitler, Biwak inklusive*	191
Kapitel 20:	**Versunken** – *Seil aus und der Gipfel so nah*	200
Kapitel 21:	**Umkehr** – *Von alten Seilen und einem Hammerschlag*	209
Kapitel 22:	**Treuer Begleiter** – *Wieviel Glück kann ein Mensch haben?*	218
Kapitel 23:	**Unberührt** – *Ein Sechstausender zum Aufwärmen*	226
Kapitel 24:	**Kapriolen** – *22 Tage in Schnee und Regen*	235
Kapitel 25:	**Überlebt** – *Einer kam auf Knien zurückgekrochen*	244
Kapitel 26:	**Gewaltmarsch** – *Im Höllentempo zum Basislager des K 2*	255
Kapitel 27:	**Überredet** – *Ein Franzose und eine Monsterlawine*	264
Kapitel 28:	**Kältekammer** – *Die Nacht vor dem Gipfelversuch*	275
Kapitel 29:	**Dopingfrei** – *Vier Stunden für 160 Meter*	285
Kapitel 30:	**Gipfelsekunden** – *Wenn es nicht mehr höher hinaufgeht*	294
Kapitel 31:	**Bedrückend** – *Abschied von den Achttausendern*	304
Kapitel 32:	**Ungelöst** – *Neid, Mißgunst und eine neue Aufgabe*	313
Kapitel 33:	**Neuland** – *Eine Route, überraschender Besuch und Höhensturm*	325
Epilog		338

K 2-Besteigungen 343
Karten 352
Personenregister 357

Vorwort

*Wenn du es nicht versuchst,
wirst du nie wissen, ob du es kannst.*
Sprichwort aus Gilgit / Pakistan

Es hat wieder geschneit. Berge und Täler versinken unter meterhohem Schnee. Es ist ganz still. Die Welt scheint in Watte gepackt. Der Himmel über Ahornach ist wolkenlos, draußen in den Dolomiten bilden sich Schleier. Nicht auszuschließen, daß noch mehr Schnee kommt.

Meine Ungeduld ist groß. Seit dreizehn Stunden suchen wir nun mit zwei Verlagsleuten nach Dias. Bilder, die dieses Buch illustrieren und Begleiter für die vielen geschilderten Erlebnisse sein sollen. Motive, die annähernd den optischen Eindruck im Karakorum, einem der höchsten Gebirge der Welt, widerspiegeln können, die etwas von der Steilheit des K 2, dem zweithöchsten Berg der Erde, vermitteln.

Zum vierten Mal, nach *Abstieg zum Erfolg*, *Bergsüchtig* und *Unten und oben*, habe ich mich zu einer Expedition in mein Leben aufgemacht. Diese Reise in die Vergangenheit hat viele fast vergessene Begebenheiten neu aufleben lassen. Große und kleine Augenblicke, die mich stark beeindruckt haben. Es waren nicht immer die Gipfel, die mir im Gedächtnis geblieben sind. Viel öfter waren es auf dem Weg dorthin kleine Dinge am Rande und natürlich auch die Grenzsituationen, in denen für kurze Zeit der Tod näher schien als das Leben.

Zu dieser Reise an einem »seidenen Faden« habe ich mich erneut mit dem Journalisten Walther Lücker aufgemacht. Wir haben uns vor fast zehn Jahren kennengelernt. Zufällig scheinbar, obwohl ich glaube, daß uns das Leben in den Bergen zusammengeführt hat. Ich kann die vielen Stunden nicht mehr zählen, in denen wir, ein Stück Südtiroler Speck und eine Flasche Rotwein auf dem Tisch, beieinander gesessen sind, um zu reden und zu diskutieren, nicht selten auch kontrovers. Wir waren zusammen klettern, im Fels und im Eis, wir lebten bei den Expeditionen zum Kangchendzönga und zum K 2 viele Wochen Zelt an Zelt.

Ich habe klettern gelernt, nicht schreiben. Deshalb habe ich Walther gebeten, mich auf dieser besonderen Tour zu sichern, mitzuarbeiten an einem Buch über den K 2 und andere Grenzerfahrungen, mitzuhelfen, das Geflecht meiner Gedanken zu ordnen und die treffende Formulierung für oft sehr extreme Situationen zu finden. Daß er dabei einige Passagen im Vorstieg gegangen ist, war mir nur recht. Seine Sicht der Dinge und seine Beobachtungen am Mount Everest und natürlich auch am K 2 haben diesem Buch bisweilen einen zusätzlichen Blickwinkel eröffnet. Dafür bin ich dankbar.

Nun liegt das Manuskript vor mir. Einige hundert Seiten. Es ist eine Gratwanderung geworden. So wie mein Leben. Erheiternd und schmerzhaft, riskant und kühl kalkuliert, voll Glück und Pech, mal oben, mal unten, oft freudig, bisweilen voller Angst. All das Schöne in diesem Buch und in meinem Leben habe ich gesucht, den häufig knappen Ausgang nie geplant. Ich liebe das Leben. Auch wenn es bisweilen an einem seidenen Faden zu hängen scheint.

Sie kamen mit Wickelgamaschen und genagelten Schuhen, in Lodenhosen und in Lodenjacken. Sie trugen, was ein Bergbauer auf seinem Hof und ein Jäger auf der Gamsjagd trug. Sie waren Pioniere, beseelt von Aufbruchstimmung und Entdeckergeist, der große Taten erst ermöglicht. Ihre Ausrüstung war doppelt so schwer wie die modernen Materialien von heute, und doch waren sie kaum aufzuhalten.

Am 31. Juli 2004 jährt sich zum fünfzigsten Mal die Erstbesteigung des K 2, der zweithöchsten Erhebung unserer Erdkruste. Mein Respekt gehört Lino Lacedelli und Achille Compagnoni, sowie all den anderen Bergsteigern, die 1954 an dieser italienischen Expedition teilnahmen. Meine Hochachtung aber erweise ich all jenen, die sich diesem gewaltigen Berg vor hundert Jahren schon genähert haben.

Ich möchte mich bei allen Mitarbeitern des Verlages, allen voran bei Dr. Klaus Stadler im Lektorat, bei Markus Dockhorn in der Produktion und beim Redakteur Wolfgang Gartmann, ganz herzlich bedanken. Eure Geduld am Schreibtisch möchte ich haben.

Ahornach, im Januar 2004　　　　　　　　　　　　Hans Kammerlander

Prolog

Am 6. September 2003 kam es in Sand in Taufers zu einem außergewöhnlichen Einsatz der Feuerwehr. Es brannte kein Haus und keine Scheune, und es war auch kein Hochwasser in einen Keller geflossen. Eigentlich war überhaupt nichts passiert. Und dennoch rückte gegen 18 Uhr die Feuerwehr aus.

Nicht weil es meine Heimat ist, ich da geboren bin und dort immer noch lebe – das Tauferer Ahrntal zählt sicher zu den schönsten Tälern Südtirols. Vom Pustertal zweigt es bei Bruneck nach Norden hin ab, bildet bei Sand in Taufers die Seitenäste des Mühlwalder Tals, des Reintals und des Weißenbachtals, bevor es bald hinter Sand einen Bogen nach Nordosten macht. Die Vielfalt der Möglichkeiten scheint schier unerschöpflich. Tal- und Almwanderungen, kleine und große Bergbesteigungen, Rafting, Mountainbiking, Skitouren im Winter, Eisfallklettern, alpiner Skilauf, Langlauf – all das und noch viel mehr hat das Tauferer Ahrntal zu einer viel und gern besuchten Gegend gemacht.

Hochfeiler (3510 m), Weißzint (3371 m), Großer Möseler (3478 m), Schwarzenstein (3368 m), Keilbachspitze (3093 m), Wollbachspitze (3210 m), Napfspitze (3143 m), Rauhkofel (3252 m) – wie an einer Perlenschnur aufgezogen, reihen sich im Norden die vergletscherten Dreitausender der Zillertaler Alpen zu einer spektakulären Kulisse aneinander. Nach Osten hin bildet die nicht minder spannende Rieserferner-Gruppe mit dem Hochgall (3435 m), dem Wildgall (3272 m) und dem Magerstein (3372 m) ein mächtiges Bollwerk. Da ist es kein Wunder, daß der Drang nach Bewegung fast schon zwanghaft wird.

Ein wenig hat es aber doch gebrannt an diesem 6. September 2003. Und das hing eben mit dem Drang nach Bewegung zusammen.

Augenblick: *Tauferer Ahrntal und die Gipfel der Zillertaler Alpen*

24 Stunden zählt ein Tag. Davon sind in der Regel acht Stunden der Arbeit vorbehalten, acht Stunden der Freizeit und acht Stunden dem Schlaf. Irgendwann im Laufe eines Tages wird der Mensch einfach müde, dann braucht der Körper Ruhe und eine Pause. Doch was passiert, wenn der Körper 24 Stunden in Bewegung gehalten wird? Was ist, wenn der Mensch 24 Stunden ununterbrochen gefordert wird? Was, wenn während einer 24stündigen Bergtour die Müdigkeit übermächtig wird? Wenn die Beine nicht mehr wollen und der Kopf immer wieder sagt: Aufhören, ich kann nicht mehr? Eine Grenzerfahrung, ohne Zweifel. Aber auch eines der ganz besonderen Erlebnisse in der rauhen Welt der Berge. 24 Stunden gehen, rauf und runter, wieder rauf und wieder runter, unterbrochen nur von ein paar kurzen Rastpausen, das ist die Überwindung des scheinbar Unmöglichen.

Für mich war das immer schon eine besondere Herausforderung. Ich wollte wissen, was kann mein Körper innerhalb von 24 Stunden leisten? Was ist möglich binnen eines Tages und einer Nacht? Spätestens an dieser Stelle mag man die berechtigte Frage stellen: Ja, hat denn der Mensch nichts Besseres zu tun? Natürlich macht es keinen wirklichen Sinn, innerhalb 24 Stunden alle vier Grate des Matterhorns zu besteigen. Und auch nicht, durch die Nordwand des Ortler zu klettern, dann mit dem Rad von Sulden zu den Drei Zinnen in den Dolomiten zu fahren und in der Nacht durch die Nordwand der Großen Zinne zu steigen. Ich bin vielleicht auch nicht unbedingt ein Gewinn für die Menschheit, weil ich in 24 Stunden auf den Mount Everest gestapft und dann mit Ski wieder hinuntergefahren bin. Das alles war in erster Linie ein Gewinn für mich selbst. Nutzlos, aber ein intensives Erlebnis. Weil ich der Grenze dessen, was ich zu leisten imstande bin, dadurch so nahe gekommen bin.

Wenn andere darüber staunen oder mit Interesse jenen zuhören, die im Meer unendlich tief tauchen, durch glühende Wüsten gehen, mit dem Segelboot um die Welt schippern, mit dem Heißluftballon sonstwohin fahren oder eben an einem Berg etwas nicht Alltägliches leisten, dann ist dies wohl nichts anderes als der Versuch, die eigene Sehnsucht durch derlei Erzählungen ein wenig zu stillen. Und weil ich es in meinem Beruf als Bergführer so oft spüren und fühlen kann, wie die Menschen förmlich danach lechzen, sich selbst kennenzulernen, die eigenen Grenzen zu suchen, einmal einen ganz neuen Blickwinkel zu finden, habe ich mir gesagt, nimm andere mit hinaus – 24 Stunden lang.

Über eine Landkarte gebeugt, haben wir mit ein paar Freunden, allesamt Berg- und Wanderführer, eine Tour zusammengestellt, die uns zu den schönsten Aussichtspunkten, Almen und Seitentälern des Tauferer Ahrntals führen und dem Alpenhauptkamm ganz nahe kommen sollte. Daß am Ende die Feuerwehr kommen würde, ahnte zu diesem Zeitpunkt niemand.

Am 5. September, kurz vor 18 Uhr, starteten am Neves-Stausee in Lappach, ganz hinten beim Talschluß von Mühlwald, über 40 wildentschlossene Wanderer in der Absicht, durchzustehen, was wir da ausgeheckt hatten. Der Himmel war von milchigen Wolken verhangen. Nach den mörderischen Temperaturen des Jahrhundertsommers hatte es etwas abgekühlt. Wir erreichten nach zwei Stunden die Edelrauthütte und spazierten über den Neveser Höhenweg in die

Dunkelheit hinein, Richtung Chemnitzer Hütte. Mitternacht. Zu dieser Stunde Nudeln zu essen ist vielleicht ein wenig gewöhnungsbedürftig, und doch blieb kaum etwas übrig. Der berühmte Kellerbauerweg führte uns zum Speikboden. 7 Uhr in der Früh. Wir eilten hinunter zur Mittelstation und ließen uns von dort nach Prettau im hinteren Ahrntal bringen. Müde Augen, müde Glieder. Beim Aufstieg durch das endlos lange Hasental hinauf auf den kleinen Gipfel der Weißen Wand glaubten viele, das sei die Grenze des Machbaren. Gegen 13 Uhr erreichten wir die Durra-Alm. Jetzt war ein Ende abzusehen. Über die Lobiser Schupfen erreichten wir mein Heimatdorf Ahornach. Zu unseren Füßen, knapp 500 Höhenmeter tiefer, Sand in Taufers und der Tauferer Boden. Rund 3000 Höhenmeter im Auf- und Abstieg, drei Höhenwege, drei bekannte Berghütten, drei wunderschöne Almen und die Marathondistanz von über 50 Kilometern steckten in den Knochen der Teilnehmer. 6. September, kurz vor 17 Uhr. Jetzt war es nur noch ein Katzensprung, und fast alle waren noch dabei, nur ein paar wenige hatten aufgegeben.

Eine Stunde später rückte in Sand die Feuerwehr aus. Mit einem historischen Löschfahrzeug und einer gewaltigen Handpumpe.

Schuhe – Socken – Haut, das bedeutet auch: Wärme – Feuchtigkeit – Reibung. 24 Stunden lang, fast unaufhörlich, hatten diese unheilvollen Komponenten ihre Arbeit verrichtet. Erst eine rote Stelle, dann eine kleine Entzündung und schließlich folgerichtig die unvermeidliche Blase an der Ferse oder den Fußzehen. Kaum jemand, der verschont geblieben wäre. Im Garten hinter dem Naturparkhaus Rieserferner hatten ein paar fleißige Helfer alte, hölzerne Waschzuber aufgestellt. Fast oberschenkelhoch und im Umfang so groß, daß man mit angezogenen Beinen darin hätte sitzen können. Das Abflußloch war mit einem Holzpfropfen verschlossen. Nun hagelte es knappe Kommandos.

»Absitzen!«
»An die Pumpe!«
»Wasser marsch!«

Die wackeren Feuerwehrmänner pumpten, was die alte Pumpe hergab. Und aus dem Schlauch spritzte das eiskalte Wasser direkt in die Zuber. Raus aus den Bergschuhen, weg mit den qualmenden Socken und hinein in das erfrischende Naß. Denn ein wenig hat es schon gebrannt an diesem 6. September 2003, kurz vor 18 Uhr. Gut zu wissen, wie schnell in Sand in Taufers die Feuerwehr zur Stelle ist, wenn man sie braucht. Nach und nach stiegen wir alle in die Tröge und kühlten die Füße, derweil das erste schäumende Bier durch die ausgetrockneten Kehlen rann.

Wenn es stimmt, daß Träume dazu da sind, nicht nur geträumt, sondern auch verwirklicht zu werden, dann hatten viele an diesem Tag einen Traum gelebt. Einmal so weit gehen, wie die Füße tragen. Ganz nah an die Leistungsgrenze herankommen. Und am Ende vielleicht erkennen, daß ein wenig immer noch gegangen wäre. Es war für mich vor allem an den großen Bergen der Welt, wo die Schinderei so hart sein kann, immer wieder interessant, daß im vermeintlichen Zustand totaler Erschöpfung der Körper doch noch etwas hergibt.

Als die Feuerwehr wieder abrückte, war es über Sand in Taufers schon wieder Nacht geworden. Ich wurde nachdenklich. Einen kurzen Moment lang durchzuckte mich der Gedanke, was denn wäre, wenn man zweimal 24 Stunden an einem Stück ... Ich verwarf den Gedanken. Verwarf ihn wohl vor allem deswegen, weil ich ja weiß, daß es möglich ist.

Die Suche nach Grenzen ist ein scheinbar endloses Spiel. Eine Spirale, ein Perpetuum mobile. Der Anfang nicht mehr nachzuvollziehen, ein Ende nicht absehbar. Je länger die Suche dauert, um so mehr bekommt der Mensch ein Gefühl für sich selbst und weiß auf einmal, wie nahe er der Grenze in bestimmten Situationen gekommen ist oder wie weit er noch davon entfernt war. Die Grenzsituationen in meinem Bergsteigerleben waren nicht immer gewollt. Beileibe nicht. Ich habe es mir nicht ausgesucht, daß mir bei einer Solokletterei an der Kleinen Zinne in den Dolomiten die Sohle meines Schuhs brach, es entsprach nicht meiner Absicht, daß bei der Skiabfahrt am Nanga Parbat unter meinem Ski ein Schneebrett abging, daß von einem winzigen Haken in der Nordwand des Peitlerkofels mein Überleben abhing, daß mir am dritthöchsten Berg der Erde die Fußzehen erfroren sind. Viele dieser Situationen hätte ich in diesen Sekunden oder Stunden lieber nicht erlebt. Eine Flasche rubinroter Brunello wäre mir manches Mal lieber gewesen. Ich bin den Weg, den ich bis heute hinter mir habe, nicht gegangen um der Geschichten willen. Ich habe das Abenteuer, aber nicht blind die Gefahr gesucht, die Herausforderung, nicht den Tod, den Berg, nicht den Steinschlag, den Gletscher, nicht die gähnend tiefe Spalte. Und doch hat das alles dazugehört. Es ist ein Teil der Suche, vielleicht eine Wegmarkierung oder besser eine Begrenzung des Weges. Blitz, Steinschlag, Lawinen, das sind die schwer kalkulierbaren Risiken beim Bergsteigen. Dazu kommen Leichtsinn, menschliche Fehler, schadhafte Ausrüstung, eigenes Versagen, aber auch Ängste oder zuviel Mut. Es gibt viele Möglichkeiten, nicht zu überleben. Aber davon gibt es im gesamten Leben genug. Das Leben als solches ist lebensgefährlich.

Weit über 2400 eigenständige Bergtouren liegen hinter mir und hoffentlich noch viele vor mir. Mit fast jeder bin ich um eine Erfahrung reicher geworden. Weil ich die Herausforderung Berg immer wieder annehmen wollte, hat es natürlich auch viel Raum für Erlebnisse gegeben. Und manche wären sicher dazu geeignet, mich einem Kamikaze, einem selbstmörderischen japanischen Todesflieger, gleichzusetzen. Wenn da nicht bei allem die Umstände zu berücksichtigen wären und die Tatsache, daß mir ein Gläschen Brunello wirklich lieber gewesen wäre als ein medizinballgroßer Steinbrocken in der Dibonakante der Großen Zinne.

Kapitel 1
Freier Blick – Die größte Pyramide der Erde

Auf einmal wurde die gelbe Gestalt vor mir schneller. Fast unmerklich nur, aber sie wurde schneller. Geringfügig vergrößerte sich der Abstand zwischen der dick vermummten Gestalt und mir. Dann blieb sie stehen. Und auch ich stoppte. Ich mußte anhalten. Es ging nicht anders. Mein Atem flog, mein Herz raste, mein Körper versuchte reflexartig die Lungen mit Sauerstoff zu füllen. Ich konnte förmlich spüren, wie zäh und dickflüssig das Blut durch meine Adern pumpte. Und dazu der ständige Husten. Das war nicht ein kehliger, befreiender Husten, sondern ein ekelhafter Reizhusten, ausgelöst durch die Temperaturen, die Höhe und die trockene Luft.

Viel mehr als drei, vier Schritte war ich kaum mehr in der Lage, die Füße voreinanderzusetzen. Die Gestalt vor mir ebenfalls nicht. Die Kälte spürte ich kaum. Eigentlich fühlte ich fast gar nichts mehr. Nur diese unendliche Müdigkeit. Und den Durst. Meine Mundhöhle war ausgetrocknet wie dürres Herbstlaub. Meine Zunge fühlte sich an wie Schmirgelpapier. Mir tat der Hals weh, und die Versuche zu schlucken waren eher ein Würgen. Es kostete nicht nur Kraft, sondern vor allem Überwindung, weiterzugehen. Die Gestalt vor mir drehte sich kurz um und machte eine Armbewegung. Ein angedeutetes Winken: Komm nur. Jean-Christophe Lafaille, der französische Spitzenbergsteiger, setzte sich erneut in Bewegung, blieb aber gleich wieder stehen. Noch einmal drehte er sich zu mir um. Und ich stand noch immer. Wie hoch waren wir wohl? Sicher weit über 8500 Meter, vielleicht sogar schon 8600 Meter. Hoffentlich, dachte ich, hoffentlich sind wir schon so weit oben. Dann mußte ich wieder husten.

Je länger ich innehielt, um so mehr reduzierte sich meine Herzfrequenz, und der Atem flog nicht mehr in den fast unerträglich schnellen, hechelnden Stößen. So ging das jetzt seit Stunden. Drei, vier

Schritte gehen, keuchen, nach Sauerstoff saugen, den Körper auf höchste Belastung zwingen, anhalten. Dann wieder rasten, warten, bis Lunge und Herz sich ein wenig beruhigt haben. Wie angenehm war es, einfach dazustehen und nichts zu tun. In mir schien alles zu schreien: Bleib da, rühr dich nicht mehr vom Fleck. Danach den ersten Schritt zu tun war mit einer einzigen Anstrengung verbunden. Und die mußte vom Kopf ausgehen. Ich mußte mein Gehirn förmlich zwingen, das Signal auszusenden: Weitergehen, du mußt weitergehen! Es schien endlos lange zu dauern, bis dieses Signal meine Beine erreichte. Oft mußte ich den Gedanken mehrmals fassen, ehe die Muskeln endlich wieder ihr schmerzhaftes Spiel begannen.

Jetzt ging ich wieder ein paar Schritte. Und auch Jean-Christophe Lafaille vor mir bewegte sich. Er kam immer noch schneller voran. Das wunderte mich. Wie weit war er von mir entfernt? Zehn, vielleicht zwanzig Schritte? Höchstens. Das Gelände, in dem wir uns bewegten, war immer noch enorm steil. Wieso wurde er auf einmal schneller und ich nicht? Noch bevor ich länger darüber nachdenken konnte, blieb er schon wieder stehen. Genau wie ich. Es war ja soviel leichter anzuhalten, als weiterzugehen. Am liebsten hätte ich mich hingesetzt. Runter auf die Knie und mit einer halben Drehung hingesetzt. Aber ich wußte in dem Moment beim besten Willen nicht, wie ich wieder hätte hochkommen sollen. Am zweithöchsten Berg der Erde, zumal in dieser Höhe, ist Sitzen wohl kaum die beste Methode, den Gipfel zu erreichen, und ganz sicher nicht geeignet, diesen Grenzgang am Rande medizinischer Vernunft zu überleben. Und überleben wollte ich den K 2, den schönsten aller Achttausender.

Wenn mein Atem nicht mehr so unerträglich rasselte und der Husten mich nicht beutelte, schossen mir Gedanken durch den Kopf. Sie schienen undeutlich, wie in Watte verpackt, aus weiter Ferne kommend, selten zu Ende gedacht. Fast auf den Tag genau drei Wochen zuvor hatte ich rund 3500 Meter tiefer einen erstaunlichen Fund gemacht. Merkwürdig, daß mir das ausgerechnet jetzt einfiel.

Der K 2, im nordwestlichen Zipfel des 500 Kilometer langen Karakorum-Gebirges gelegen, ist der einzige von 14 Achttausendern, der von keiner menschlichen Besiedlung aus zu sehen ist. Man muß viele

Tage gehen, bis man diesen gewaltigen Berg – dann nur noch ein paar Stunden Fußmarsch von ihm entfernt – endlich zu Gesicht bekommt. Die letzten Etappen dieses Mega-Trekkings führen über den 60 Kilometer langen Baltoro-Gletscher, der zu den längsten Eisströmen der Welt gehört. Diese riesige kalte Zunge ist über und über mit Moränenschutt bedeckt. Schwarze Steine, nichts als schwarze Steine und keinerlei Vegetation mehr. »60 Kilometer große Steine und 60 Kilometer kleine Steine«, hat der deutsche Spitzenkletterer Wolfgang Güllich bei seiner Expedition im Karakorum belustigt-ernüchtert notiert. Tatsächlich ist es fast zermürbend, tagelang auf und ab über die Moränenhügel dahinzustapfen und dabei das Gefühl nicht loszuwerden, daß das niemals aufhört. »Kara« heißt schwarz und »Korum« bedeutet Geröll. Schwarzes Geröll, wie treffend.

Der Ursprung dieses mächtigen Gletscherflusses, den man da hinaufwandert, liegt in der Gegend um den Baltoro Kangri, den sogenannten Goldenen Thron, unweit der Achttausender Gasherbrum I und Gasherbrum II. Von dort fließt der Baltoro-Gletscher mit bis zu einem halben Meter Fließgeschwindigkeit pro Tag in Richtung des Concordia-Platzes und stößt dort mit dem Godwin-Austen-Gletscher zusammen. So eintönig und ernüchternd vielleicht der Untergrund ist, auf dem sich die Expeditionen und Trekkinggruppen ihre Wege zu den Basislagern der Gasherbrums, des Broad Peak und des K 2 suchen, so spektakulär ist die Bergkulisse rundum. Es lohnt sich, den Blick zu heben und die schwarzen Steine immer wieder mal schwarze Steine sein zu lassen. Kunstwerke der Natur, wohin das Auge auch blickt. Urgewaltige Gebilde aus Stein und Eis. Bergmassive, eines schöner als das andere. Und als Höhepunkt schließlich der Concordia-Platz, der wie die Mitte eines Flusses wirkt. Von dort gibt es den ersten freien Blick auf den K 2, der sich als größte Pyramide der Erde aus einem schier heillosen Chaos aus Schutt und Eis dem Himmel entgegenreckt. Nirgendwo sonst ist der Anblick des zweithöchsten Achttausenders so atemberaubend wie von dieser Stelle.

Nur noch eine Stunde vom Concordia-Platz entfernt, hatte ich drei Wochen zuvor meinen Zustieg ins K 2-Basislager für eine kurze Rast unterbrochen. Ich ließ mich auf einem Stein nieder, und meine Augen wanderten ziellos über den Boden vor mir. In mir begann sich eine innere Spannung aufzubauen. Noch eine Stunde, dann würde ich den Berg endlich sehen, würde wissen, welche Verhältnisse am K 2 herrschen, würde das Ziel tatsächlich anvisieren können. Meine Augen suchten also eigentlich gar nichts. Die Blicke sprangen umher und schienen auf einen Anhaltspunkt aus, fanden aber außer schwarzen Steinen nichts. Bis ein Stück Metall zwischen dem ganzen Geröll meine Aufmerksamkeit auf sich zog. Ich stand auf, ging ein paar Schritte zu der Stelle hin, bückte mich, griff nach dem Metall – und hielt ein Hufeisen in der Hand. Ein Hufeisen in 4600 Metern Höhe, an einem derart unwirtlichen Ort. Ich betrachtete das Eisen näher. Abgewetzt und zerschunden, aufgearbeitet und rund gestampft von Hufschlägen auf Stein. Es mußte von einem jener Pferde stammen, mit denen das pakistanische Militär in der endlosen Auseinandersetzung mit Indien einen Teil des Nachschubs in die entlegenen Gebiete des Karakorum schaffte. Anders konnte ich mir diesen seltsamen Fund nicht erklären. Ich hielt das Hufeisen in den Händen und dachte eher vage über die Bedeutung nach.

Ein Hufeisen ist vielerorts ein Symbol des Glücks. Brautpaaren hängt man bisweilen eines über die Tür. Natürlich mit der offenen Seite nach oben, damit das Glück hineinfallen kann. Zum Jahreswechsel gibt es Hufeisen aus Schokolade zu kaufen. Der Schornsteinfeger wird zu Werbezwecken gern mit einem Hufeisen in der Hand abgebildet. Es gibt viele Deutungen. Zum Beispiel auch die, daß der heilige Dunstan ein geschickter Hufschmied war und des Teufels Huf beschlagen sollte. Er schlug so heftig drauf, daß der Teufel um Gnade winselte. Dunstan rang dem Teufel das Versprechen ab, all jene zu schonen, die ein Hufeisen tragen. Manche sagen auch, daß die offene Seite unbedingt nach unten zeigen muß, damit das Glück auslaufen kann. Wenn noch drei Hufnägel am Eisen sind, hilft es besonders. Und man sagt auch, man muß es finden, das Hufeisen, nicht suchen.

Ich bin nicht abergläubisch, ganz gewiß nicht. Aber wenn ich in dieser Einöde, dieser endlosen Eis- und Steinwüste, mitten im Nichts, durch einen nicht mehr erklärbaren Zufall ein Hufeisen fand und das noch dazu ein Zeichen des Glücks bedeutet, dann war ich gern bereit, diese Deutung zu akzeptieren. Zumal in dem Zustand, in dem ich mich befand. Meine Verfassung war alles andere als optimal. Meine Vorbereitung auf das große Ziel war keineswegs so verlaufen, wie ich mir das vorgestellt hatte. Am Ogre, einem schwierigen Siebentausender im Karakorum unweit der Trango-Türme, hatte ich mich mehr aufgerieben als gut eingestellt. Ich war praktisch kaum akklimatisiert, weil ich viel zu wenig Zeit in der Höhe verbracht hatte. Die technischen Schwierigkeiten waren für einen Vorbereitungsberg viel zu hoch und hatten mich eigentlich eher gestreßt. Noch bevor es am K 2 richtig losgehen sollte, hatte ich also bereits einen kapitalen Fehler gemacht. Und nun nagten die Zweifel, negative Gedanken fraßen sich fest, und der K 2 stand wie ein düsteres, unüberwindbares Bollwerk vor mir.

Ich saß auf dem Stein, eine Stunde vom Concordia-Platz entfernt, und hielt dieses abgetretene Hufeisen in der Hand, das irgendein lahmendes Roß verloren hatte. Und ausgerechnet ich hatte es gefunden. Ich war genau in dem Zustand, der Menschen nach dem Strohhalm greifen läßt, in dem ihnen jedes Mittel recht ist, wenn es nur ein bißchen Hoffnung bringt. Ich erinnerte mich zurück und suchte nach einer vergleichbaren Situation. 1992, auf dem Weg zum Basislager auf der Nordseite des Mount Everest, hatte ich in Tibet das Kloster Rongbuk besucht. Zerstört während der chinesischen Kulturrevolution, besuchte ich in den kläglichen Resten der Gemäuer einen alten, halbblinden Mönch, den ich schon seit einigen Jahren kannte. In unserem Gespräch kamen wir auf die Aussichten für einen Erfolg am Everest zu sprechen. Mahnend hatte dieser weise Mann damals mit seiner ruhigen Stimme zu mir gesagt: »Geh nicht auf diesen Berg. Es ist zu gefährlich. Es ist das Jahr der Schlange nach dem tibetischen Kalender. Er wird in diesem Jahr Schlimmes geschehen.« Wir scheiterten am Everest, ohne einen wirklich ernstzunehmenden Versuch unternommen zu haben. Lawinen, klirrende Kälte und Höhenstürme von ungeheurer Gewalt lähmten alle Aktionen am Berg.

Vier Jahre später kam ich wieder nach Rongbuk. Das Kloster war zum Teil wiederaufgebaut, und den alten Mönch fand ich auch. Die Furchen in seinem gegerbten Gesicht waren noch tiefer geworden, seine müden Augen wirkten noch trüber. Er trug jetzt eine Brille mit dicken Gläsern, von denen eines einen Sprung hatte. Es dauerte, bis er mich erkannte. Wir tranken Tee und unterhielten uns. Bis ich

Alles wird gut: *buddhistischer Mönch im Kloster Rongbuk an der Nordseite des Mount Everest*

schließlich das Gespräch auf das Wetter und den Everest lenkte. Über sein Gesicht huschte ein gütiges Lächeln, seine Hand hob sich kurz gegen den Himmel, er sah mich lange an, und dann sagte er: »Gut. Jetzt wird alles gut werden.« Acht Tage später stand ich auf dem höchsten Punkt der Erde, auf dem Gipfel des Mount Everest.

Daran hatte ich denken müssen, als ich unweit des Concordia-Platzes dieses Hufeisen in meinen Rucksack stopfte. Das war inzwischen drei Wochen her. Nun stand ich wieder weit jenseits der 8000-Meter-Marke, vor mir ein französischer Spitzenbergsteiger, vermummt in einem auffälligen gelben Sturmanzug. Und im Basislager, in meinem Zelt, lag das Hufeisen. Ich rätselte, wie weit Jean-Christophe Lafaille entfernt sein könnte und warum er unmerklich schneller wurde. Die Lösung lag so nahe, wie die Entfernung zwischen uns maß. Der Berg, dieses gewaltige Monstrum von K 2, steil wie kaum ein anderer Achttausender, legte sich endlich zurück. Die Steilheit ließ nach, das Gelände wurde flacher. Die Flanke, in der wir angestiegen waren, mündete in eine Art flachen Grat. Das erkannte ich, als ich die Stelle erreichte, an der Jean-Christophe kurz vorher gestanden war. Wieder drehte er sich um, und mir schien, als würde ein kurzes Lachen seine angestrengten Gesichtszüge entspannen. Es schien mir so.

Es konnte nicht mehr weit sein. Vierzig, vielleicht fünfzig, höchstens sechzig Meter. Wenn es danach bergab gehen sollte, waren wir da. Wieder blieb ich stehen.

Mit keinem anderen Achttausender habe ich so sehr gerungen wie mit dem K 2.

Kein anderer Achttausender hat mich so sehr genervt und doch so sehr angezogen, so geärgert und fasziniert, so gestreßt und so beeindruckt wie diese steinerne Pyramide auf der Grenze zwischen China und Pakistan im rauhen Nordwesten des Karakorum-Gebirges. Der Mount Everest ist höher, der K 2 ist schwieriger. Beide Gipfel stellen enorme Anforderungen bis an die Grenze menschlicher Belastbarkeit. Am K 2 aber gerät der Bergsteiger, ganz gleich von welcher Seite er sich nähert und welche Route er wählt, in steilen Fels, Eiswände und Seracs. Am Everest kann man meist gehen, am K 2 muß man klettern. Vielleicht wegen dieser weit höheren Anforderungen gilt vielen der zweithöchste Berg als höchste bergsteigerische Herausforderung überhaupt. Nicht umsonst wird der K 2 als der »Berg der Berge« bezeichnet. Und nicht umsonst landen alle Gespräche und Diskussionen über das Höhenbergsteigen über kurz oder lang beim K 2.

Wenn einer 13 Achttausender bestiegen hat und es fehlt ihm noch der K 2, dann weiß er nicht, wieviel ihm noch fehlt. Dann fehlt der Schönste und der Schwierigste von allen in der Sammlung, dann fehlt der König der Berge. Mir ist auf Anhieb außer den Erstbesteigern Lino Lacedelli und Achille Compagnoni kein Höhenbergsteiger bekannt, der den K 2 als ersten Achttausender bestiegen hat. Voller Ehrfurcht und Respekt schieben viele seine Besteigung jahrelang vor sich her. Und das ist wahrscheinlich gut so. Denn zu einem Erfolg am K 2 gehören viel Erfahrung und sicher auch eine Portion Glück. Glück, das mir acht Jahre lang durch die Hände zu rinnen schien wie Wasser. Bis hin zu jenem Tag, an dem sich der Berg vor mir endlich zurücklegte, an dem der K 2 endlich nachgab...

Kapitel 2
Aufbruch – Die lange Reise zu den Achttausendern

Die längste Reise meines Lebens begann in Südtirol. Sie begann an einem strahlenden Sommertag, und die Fahrkarte, die ich löste, gab keine Reiseroute vor. Daß sie mich innerhalb von 19 Jahren auf die 13 höchsten Gipfel der Erde führen würde, ahnte ich nicht. Ich war zu diesem Zeitpunkt ein begeisterter Kletterer, ausgebildeter Bergführer und froh, daß ich meinen erlernten Maurerberuf nicht mehr ausüben mußte. Die gelben Wände der Dolomiten, die eisigen Rinnen der Zillertaler Alpen, das Matterhorn und der Mont Blanc faszinierten mich mehr als jede Baustelle der Welt.

An jenem Sommertag 1982 erhielt ich – völlig überraschend – eine Einladung von Reinhold Messner, ihn auf eine Expedition zum Cho Oyu zu begleiten. Messner, dem damals längst der Ruf eines außergewöhnlich starken Höhenbergsteigers vorauseilte, plante eine Winterbesteigung des achthöchsten Bergs der Welt. Für ihn besaß diese Einladung an mich offenbar eine gewisse Logik, obwohl wir noch nie zusammen an einem Seil geklettert waren. Aber ich arbeitete damals in der von Reinhold Messner geleiteten Alpinschule Südtirol und stand somit schon deswegen unter seiner »Beobachtung«.

Für mich hingegen kam die Einladung tatsächlich überraschend, denn bis zu diesem Zeitpunkt hatte ich mich eher weniger mit der Welt der höchsten Berge beschäftigt. Die Achttausender waren da, aber weit entfernt. Reinholds Erzählungen faszinierten mich, aber ich wußte nicht wirklich etwas mit der Höhe und den Bedingungen jenseits der 5000 Meter anzufangen. Mount Everest, K 2, Gasherbrum, Manaslu, Dhaulagiri, Lhotse, Makalu – natürlich waren mir das Begriffe. Und natürlich der Nanga Parbat, an dem Reinhold Messner seinen Bruder Günther verloren hatte.

Ich hatte gerade erst in den Alpen über den Tellerrand hinausgeschaut, und jetzt wurde mir ein Berg im Himalaya auf dem silbernen Tablett präsentiert. Daß der Cho Oyu mit seinen 8201 Metern Höhe auf dem Normalweg unter die eher leichteren Achttausender eingestuft wurde, störte mich herzlich wenig. Die von Reinhold geplante Winterbegehung der Südostwand verschärfte die Sache um ein Vielfaches. Zudem war der Cho Oyu damals erst dreimal bestiegen worden. Es kostete mich keine lange Überlegung, meine Teilnahme an der Expedition zuzusagen.

Große Chancen, mich an der Seite von Reinhold in den Flanken eines Achttausenders zu bewegen und von Messners Höhenerfahrung zu lernen, bekam ich nicht. Wir versanken hoffnungslos im Schnee, und die Stürme zehrten uns bald aus. Reinhold erkannte die Sinnlosigkeit des Unternehmens recht schnell und brach die Expedition kurz entschlossen ab. Wir kehrten zurück in die nepalesische Hauptstadt Kathmandu und flogen nach Hause. Ich wurde während des gesamten Flugs das Gefühl nicht los, als sei mein Aufbruch in die Welt der Achttausender beendet, noch bevor er richtig begonnen hatte. Reinhold hingegen war rasch wieder guter Dinge. Er buchte das Unternehmen Cho Oyu im Winter auf das Konto Expeditionserfahrung, plante entschlossen weiter – und lud mich ein paar Wochen später für den darauffolgenden Frühling 1983 wieder ein. Er gab mir das Gefühl, daß ich dazugehöre.

Nachdem wir an der Südostseite des Cho Oyu im Winter gescheitert waren, hatte Reinhold für die Vormonsunzeit 1983 eine Besteigungsgenehmigung für die Südwestflanke. Nun sollte ich lernen, wie schnell und trotzdem sicher man einen Achttausender besteigen kann. Reinholds Zeitplan war straff und dennoch ausreichend. Wie eine ganz normale Trekkinggruppe wanderten wir im Solo Khumbu über Namche Bazaar in Richtung Thame bis unter den Nangpa-La und errichteten das Basislager. Wir akklimatisierten uns am Berg und stiegen dann in nur drei Tagen auf den Gipfel des Cho Oyu. 8201 Meter über dem Meeresspiegel. Es war die vierte Besteigung des Bergs überhaupt. Was für ein Gefühl.

Ich merkte, wie zerschlagen ich war, wie fertig. In meinem Kopf summte es wie in einem Wespennest, und ich wäre am liebsten keinen

Cho-Oyu-Expedition *1983*: *Jul Bruno Laner, Friedl Mutschlechner, Dr. Oswald Oelz, Reinhold Messner, Paul Hanny, Hans Peter Eisendle, Hans Kammerlander*

Schritt mehr weitergegangen. Aber tief in mir drinnen spürte ich, daß dies nicht die Grenze war. Vielleicht war ich nahe dran gewesen, aber es war nicht das Äußerste. Ein paar Reserven wären noch aufzubringen gewesen. Und mit diesen Reserven hätte ich entweder noch weiter hinauf oder eine schwerere Route gehen können. Ich erinnere mich, daß mich Reinhold Messner, der nur drei Jahre später als erster Mensch alle 14 Achttausender bestiegen haben würde, bei unserer Rückkehr ins Cho-Oyu-Basislager und auch später in Kathmandu ein paar Mal lange beobachtet hat. Er schien zu spüren, was in mir vorging, schien zu fühlen, daß nicht mehr viel fehlte, um in mir ein Feuer zu entfachen.

Ich bin von meinem Naturell her nicht der Typ Mensch, der seine Gefühle wie ein offenes Buch vor sich herträgt. Ich habe tiefgehende Empfindungen, aber ich zeige sie selten offen. Die Freude ja, die

Traurigkeit und die Melancholie eher nicht. Im Sommer 2003 wurden in Sand in Taufers zwei junge, sympathische Kletterer zu Grabe getragen. Norbert Oberfrank und Bruno Steinhauser waren beide erfahrene, umsichtige und souveräne Bergsteiger. Am 24. August stürzten sie am Östlichen Mesulesturm im Sella-Stock in den Dolomiten die Wand hinunter bis zum Einstieg. Jeder Kletterer weiß, daß er sich einem Risiko aussetzt. Und wer selbst klettert, kommt vielleicht etwas eher über den Tod eines Kollegen weg. Doch in diesem Fall war es das Gesamtausmaß der menschlichen Tragödie, das sich an diesem Sonntag als lähmendes Entsetzen über das ganze Tal ausbreitete. Denn Norberts Freundin Christa Oberhofer verlor praktisch in der gleichen Stunde in den Sextener Dolomiten auch ihren Vater, der auf einer Wanderung einem Herzinfarkt erlag. Als Norbert Oberfrank fünf Tage später beerdigt wurde und wir am offenen Grab standen, dachte ich darüber nach, was am Mesulesturm in der Sella passiert sein konnte. »Häufig wiederholte Idealkletterei an exzellentem Fels«, heißt es in der Routenbeschreibung. Mich beschäftigte die Frage nach dem Wie und nicht die nach dem Warum. Tief in mir war ein Gefühl von Traurigkeit. Und dort ließ ich es auch, tief drinnen.

Seine Empfindungen zu beschreiben ist wohl generell nicht einfach – und in der rauhen Welt der Berge vielleicht doppelt schwer. Für die Schönheit und Pracht der Berge gibt es zu wenige und oft nur unzureichende Vokabeln. Warum sonst fallen auf einem Gipfel so häufig die immer gleichen Worte, die am Ende nichts anderes zeigen als die eigene Unfähigkeit, sich auszudrücken: »unfaßbar«, »unglaublich«, »unbeschreiblich«. So ging es mir damals auf dem Gipfel des Cho Oyu. Ich konnte das Gefühl nicht in Worte zwingen. Kein Begriff hätte das auch nur annähernd fassen können. Als wir wieder im Basislager ankamen, machte sich Stolz in mir breit. Ich genoß noch einmal den Augenblick oben und war froh, wieder unten zu sein. Vielleicht wurde in dieser Stunde der Hunger nach mehr geweckt, da entstand möglicherweise diese Sucht, der Grenze noch näher zu kommen.

Reinhold Messner gab mir reichlich Gelegenheit dazu. Von nun an ging es praktisch Schlag auf Schlag. Ein Jahr nach dem Cho Oyu gelang uns die erste direkte Überschreitung zweier Achttausender. Alles, was wir zum Überleben benötigten, trugen wir wie ein Schneckenhaus auf dem Rücken auf die Gipfel des auch Hidden Peak genannten Gasherbrum I (8068 m) und des Gasherbrum II (8035) im Karakorum. Am 24. April 1985 durchstiegen wir die noch jungfräuliche Nordwestwand der Annapurna (8091 m), wechselten danach die Talseite und erreichten 19 Tage später den Gipfel des Dhaulagiri (8167 m).

In nur drei Jahren hatten wir fünf Achttausender miteinander bestiegen. Im Winter 1985 zwangen uns enorme Stürme am Makalu (8481 m) zum Rückzug. Im Frühjahr kamen wir wieder. Reinhold fehlten nur noch der Makalu und der Lhotse (8516 m). Am 26. September 1986 rückten wir nach zwei vergeblichen Anläufen dem Makalu aufs Haupt. Am 16. Oktober standen wir am höchsten Punkt des Lhotse. Reinhold hatte alle 14 Achttausender bestiegen und war damit schon zu Lebzeiten zu seiner eigenen Legende geworden. Sieben der höchsten Berge unserer Erde hatten wir zusammen erlebt. Oder besser: überlebt.

Während des ganzen Medienrummels nach unserer Rückkehr nach Kathmandu, während Reinhold von einer Pressekonferenz zur nächsten eilte und von einem Empfang zum nächsten gereicht wurde, überlegte ich mir, ob alle 14 Achttausender auch für mich ein erstrebenswertes Ziel sein könnten. Ich verwarf den Gedanken. Ich konnte es durchaus in Ruhe auf mich zukommen lassen. Nein, es war nicht diese magische Zahl 14. Viel mehr beschäftigte mich das Interesse daran, was wohl die anderen Achttausender zu bieten haben könnten. Vor allem die ganz hohen, der Everest, der Kangchendzönga, der K 2. Mit der Höhe kam ich zurecht, ich wußte nun, wie mein Körper reagiert. An der Seite von Reinhold hatte ich einige heikle Situationen überstanden. Ich hatte viele Erfahrungen gemacht und einiges gelernt. Vor allem aber bedeuteten mir das Land und die Menschen am Fuße des Himalaya etwas. Nepal war mir ein Stück zweite Heimat geworden. Die engen Gassen von Kathmandu, die Dörfer im Annapurna-Gebiet und im Solo Khumbu, die Kinder, die tibetischen Mönche und die unbändige Lebensfreude im drittärmsten Land der Erde.

Nachdem sich die Wege von Reinhold Messner und mir getrennt hatten, begann ich meine Reise allein fortzusetzen. Ich bestieg den

Lichtspiele: *Sonnenuntergang am Makalu*

Nanga Parbat und überlebte die Hölle am Manaslu, als binnen weniger Stunden zuerst mein Grödner Partner Carlo Großrubatscher bei einem tragischen Absturz ums Leben kam und dann Friedl Mutschlechner, mein Lehrmeister und einer meiner besten Freunde, von einem Blitzschlag getroffen wurde. Ich bestieg den Broad Peak, die Shisha Pangma in Tibet und schließlich nach mehreren Anläufen endlich den Mount Everest. Aber immer noch lag der K 2 vor mir. Ich konnte machen, was ich wollte, er schien die härteste Nuß von allen.

Ich saß Stunden über Bücher und Zeitschriften gebeugt und verschlang alles, was ich über den K 2 in die Finger bekommen konnte. Fasziniert studierte ich auf großformatigen Fotos die Grate und Pfeiler, Flanken und Wände dieses unglaublichen Kolosses. Ich versuchte mir bewußtzumachen, was es konkret bedeutet, daß das Matterhorn über dreißig Mal im K 2 Platz hat. Dieser Berg war so ungeheuer wuchtig und so schön, daß er mir einfach keine Ruhe ließ. Selbst auf dem Gipfel des Everest, kurz bevor ich die Ski anschnallte, dachte ich an den K 2.

An einem sonnigen Frühjahrstag des Jahres 1852, so ist es recht lebendig überliefert, stürmte ein junger Vermessungsbeamter in das Direktionsbüro des »Survey of India«, der indischen Landvermessungsbehörde, und rief ganz aufgeregt: »Sir, ich habe gerade den höchsten Berg der Erde entdeckt.« Der Gipfel wurde in der Karte als »Peak XV« eingetragen, mit einer Höhe von 8840 Metern registriert und bald danach unter dem Namen Mount Everest als das »Dach der Welt« bezeichnet.

Wenige Jahre später begann das indische Landvermessungsamt mit nicht minder großem Aufwand wie im Himalaya, dem Karakorum-Gebirge mit trigonometrischen Untersuchungen näher zu kommen. Der Hintergrund all dieser Anstrengungen war ein eher politischer. Die Messungen im Himalaya und im Karakorum waren nämlich nur Teil eines groß angelegten und äußerst ehrgeizigen Gesamtprojekts. Dabei ging es darum, möglichst genaue Landkarten sämtlicher Besitztümer des britischen Empire auf dem indischen Subkontinent zu zeichnen.

Im September 1856, vier Jahre nach der »Entdeckung« des Everest, richtete der britische Colonel T. G. Montgomerie seinen Theodoliten Richtung Norden aus. Sein Standpunkt: der Gipfel des Haramuk im Kaschmir-Gebirge. Vor Montgomerie lag eine Reihe von Bergkämmen, die ihn weniger interessierten. Weiter draußen jedoch waren die ersten schneebedeckten Gipfel des Karakorum erkennbar. Montgomerie, dunkle Augen, hohe Stirn, buschige Augenbrauen und mit einem gewaltigen Vollbart ausgestattet, schrieb eine kleine Notiz in seine Vermessungsunterlagen. Was er da in nicht mehr als 140 Kilometer entfernt sah, nannte er auf seiner Skizze »Planet K«. Das »K« stand für Karakorum. Hinter der Gebirgskette konnte Montgomerie zwei Gipfel ausmachen, die alle anderen an Form und Höhe übertrafen. Wieder griff er zum Stift und notierte »K 1« für den vermeintlich höheren der beiden Berge und »K 2« für den zweithöchsten. In Wirklichkeit war der von ihm als »K 1« bezeichnete Berg der 7821 Meter hohe Masherbrum. Und es sollte noch zwei weitere Jahre dauern, ehe die Topographen feststellten, daß der »K 2« mit seinen 8611 Metern nach dem Mount Everest der zweithöchste Berg der Welt ist.

1861 näherte sich ein Offizier des »Survey of India« den hohen

Bergen im Karakorum. Durch und durch von britischem Entdeckergeist beseelt, erkundete Henry Haversham Godwin Austen mit einigen mutigen Trägern aus Baltistan den mächtigen Baltoro-Gletscher und näherte sich bis auf etwa 15 Kilometer dem heute als »Concordia-Platz« bezeichneten Punkt, an dem die ganz großen Karakorum-Gletscher zusammenfließen. Als er es im Verlauf seiner langen Expedition nicht über den Muztagh-Paß schaffte, entschloß er sich, den K 2 näher in Augenschein zu nehmen. Da ihm aber der Ausblick vom Baltoro-Gletscher aus durch immer neue Felsriegel und Bergmassive verwehrt war, stieg Godwin Austen wild entschlossen dem wunderschönen Massiv des Masherbrum entgegen. So weit hinauf, bis er endlich die Spitze der gewaltigen Pyramide des K 2 herausragen sah. Der britische Kapitän zeichnete schließlich die erste Übersichtskarte des Karakorum-Gebietes.

Nur allzu gern hätten die Briten bei der Namensgebung eine Parallele zum Mount Everest gesehen, der bis zum heutigen Tag nach dem leitenden Vermessungsbeamten des »Survey of India«, Sir George Everest, heißt. »Mount Godwin Austen« hingegen konnte sich nicht durchsetzen. Einzig der breite Gletscherfluß, der sich vom Skyang Kangri kommend herunterwälzt und auf dem das Süd-Basislager des K 2 errichtet wird, trägt den Namen des Europäers, der dem K 2 so nahe kam wie niemand vor ihm. Auch »Chogori«, wie die einheimischen pakistanischen Balti den Berg seit frühesten Zeiten nennen, schaffte es nicht in den allgemeinen Sprachgebrauch. Der chinesische Name »Dapsang« ist fast überhaupt nicht bekannt. Es blieb bei der Bezeichnung K 2, sachlich, nüchtern, nichtssagend, ganz so wie der britische Colonel T. G. Montgomerie jenen Vermessungspunkt notiert hatte.

Kapitel 3
Ernüchternd – Zwischen Tee und Bürokratie

Zum Glück stand ich fest auf beiden Beinen. Sonst hätte es mich womöglich aus meinen Plastikschuhen gehauen. Das war sicher der grausigste Tee meines Lebens. Noch schlimmer als das tibetische Gebräu aus Wasser, Tee, Salz und ranziger Yak-Butter, an das ich mich wohl nie gewöhnen werde und das ich nur aus Höflichkeit, in ganz kleinen Schlucken und mit angehaltenem Atem trinke, wenn es bei einer Einladung angeboten wird.

Aber auf 7000 Metern Höhe fragt man nicht lange, wenn einem etwas angeboten wird, was trinkbar erscheint. Als ich vom Gipfel des Broad Peak herunterkam, machte ich eine kurze Pause bei unserem Lager I. Mein Kletterpartner Hans Mutschlechner war auf dem Weg zur Spitze umgekehrt und hatte unser Hochlagerzelt inzwischen abgebaut. Nur meine Ski für die Abfahrt standen noch da. Und das Zelt einer tschechischen Expedition, die an dieser Stelle ihr Lager II aufgebaut hatte. Der Platz lag auf einem recht großen, felsigen Absatz, der zu seinem steilen Abbruch hin in fest gepreßten Schnee und schließlich in eine große Wächte überging.

Als die beiden tschechischen Bergsteiger mich herunterkommen sahen, brauten sie schnell ein warmes Getränk. Sie verwendeten dazu einen kleinen Kochtopf, den sie über die Flamme des Gaskochers stellten. Wie sehr hätte ich mir in diesem Moment gewünscht, daß sie den Topf mit Schneewasser ausgespült hätten, nachdem sie ihre Suppe daraus gelöffelt hatten. Aber eben das hatten die beiden nicht getan. Nun trank ich ebenso vorsichtig wie angewidert eine ekelhafte Mischung aus Fleischwürfelbrühe und schwarzem Tee mit Zucker. Unmöglich, den Geschmack zu beschreiben. Wir wechselten ein paar Worte über die Verhältnisse am Berg, und während ich noch überlegte, ob ich den furchtbaren Suppen-Tee nicht besser wegschütten sollte, bevor mir schlecht würde, schaute ich mir den Lagerplatz etwas genauer an.

Natürlich ist es viel mühsamer, ein Zelt auf felsig-schottrigem Untergrund aufzubauen und mit Steinen zu fixieren, als es auf Schnee zu stellen. In unmittelbarer Nähe verlief auch noch ein Lawinenstrich. Auch wir hatten unser Zelt weiter vorn in den Schnee gestellt. Aber nicht so weit vorn wie die beiden Tschechen. Die lagerten praktisch auf der Wächte. Ich dachte für mich, nein, da vorne könnte ich keine ruhige Minute finden. Wenn da in der Nacht ein kräftiger Windstoß kommt, ist vor lauter Angst an Schlaf nicht mehr zu denken. Ganz zu schweigen von der Möglichkeit, daß die Wächte brechen könnte.

Schließlich gab ich die Tasse zurück. Halb voll oder halb leer, wie man's nimmt. Ich packte meine Ski, verabschiedete mich und ging. Nach ein paar Schritten begann ich hin und her zu überlegen, ob ich nun eher Richtung Westen, in unbekanntes Gelände, oder über unsere Aufstiegsroute abfahren sollte, wo mich jedoch harter und bockiger Schnee erwartete. Ich ließ die Bindung zuschnappen und fuhr los,

Platz mit Aussicht: *Hochlager in den Flanken des Broad Peak*

mitten hinein in die Flanke, die wir heraufgekommen waren, und nicht nach Westen. Zum Glück.

Gut zwei Stunden später erreichte ich das Basislager und traf dort auf eine schwer geschockte österreichische Expedition, in der sich einige gute Freunde und Bekannte von mir ebenfalls am Broad Peak versuchten. Im gesamten Lager herrschten Bedrückung und helle Aufregung gleichermaßen. Ungefähr eine Stunde vor meiner Ankunft war einer der beiden Tschechen über die Wand abgestürzt. Im ersten Moment war das gar nicht zu erklären, bis sich herausstellte, daß die beiden vor ihrem Zelt gestanden hatten, als einer drei, vier Schritte nach vorn gegangen und durch die Wächte gebrochen war. Er stürzte tausend Meter über die Westflanke in die Tiefe. In den Felsen hingen Teile seiner Bekleidung. Seine Leiche wurde nie gefunden. Dieses Unglück war als solches schon grausam genug. Doch mich schauderte bei dem Gedanken, daß der Tscheche dort hinuntergestürzt war, wo ich beinahe abgefahren wäre ...

Mit diesem Erlebnis ging ein fast durch und durch mißratener Sommer in Pakistan zu Ende. Nach sieben Achttausendern an der Seite von Reinhold Messner hatte ich in den Jahren danach den Nanga Parbat bestiegen und am Manaslu ein tödliches Inferno nur mit sehr viel Glück überlebt. Zweimal hatte ich am Mount Everest aufgeben müssen. Am Shivling in Nordindien war mir eine spektakuläre neue Route gelungen. 1994 nun wollte ich unbedingt zum K 2 und hatte einen in meinen Augen sehr, sehr gut durchdachten taktischen Plan.

Der K 2 ist wirklich ein riesiger Berg. Hoch, schwierig zu besteigen und gefährlich. Zu den Grundvoraussetzungen für einen möglichen Erfolg gehören neben viel Erfahrung an anderen Achttausendern eine gute körperliche Verfassung, optimale Vorbereitung und schließlich eine gute Akklimatisierung vor dem Gipfelversuch. Aber gerade die Phase der Höhenanpassung an den ganz hohen Bergen kann zermürbend sein. Der Mount Everest ist sicher das Paradebeispiel überhaupt.

Himmelwärts: *morgendlicher Aufstieg am Broad Peak, im Hintergrund leuchtet der Masherbrum*

Denn dort läuft es meist nach dem immer gleichen Schema ab. Zunächst der gemächliche Zustieg zum Basislager in rund 5400 Meter Höhe. Erster Aufstieg durch den gefährlichen Khumbu-Eisbruch hinauf ins Western Coomb (Western Cwm), um in diesem gewaltigen Hochtal das Lager I aufzubauen. Direkter Abstieg ins Basislager. Nach zwei Tagen ins Lager I und dort übernachten. Aufstieg ins zweite Lager und zurück ins Basislager. Erholen. Dann wird das Lager I übersprungen und im Lager II geschlafen. Wieder zurück ins Basislager. Erholen. Direkter Aufstieg ins zweite Lager, übernachten und weiter in die Lhotse-Flanke, um dort das dritte Lager zu errichten. Zurück ins Basislager.

So geht das rauf und runter – fast endlos. Bis die Expeditionen, unterstützt von den vielen Sherpas, die immer neue Lasten in die Hochlager schleppen, endlich am Südsattel auf knapp 8000 Meter ankommen. Ich will mit dieser Beschreibung deutlich machen, daß man sich an einem hohen Berg aufreiben kann, wenn man immer und immer wieder gegen ihn anrennt. Oft genug machen obendrein die Kapriolen des Himalaya-Wetters allen Planungen einen Strich durch die Rechnung. Wenn ein Berg dann auch noch so hoch wie der Everest oder so schwer wie der K 2 ist, dann artet das unbedingt notwendige Akklimatisieren in eine Art Belagerung und schließlich in Streß aus. Durch die Wiederholung der immer selben Anstiege verliert auch der schönste Achttausender viel von seiner Spannung.

Im Laufe der Jahre bin ich mehr und mehr darauf gekommen, daß es für mich viel besser ist, wenn ich mich an einem anderen, niedrigeren Berg an die Höhe gewöhne, um dann, gut akklimatisiert und voller Motivation, das Hauptziel anzugehen. Mit dieser Taktik hatte ich 1994 vor, den K 2 zu knacken. Doch ich sollte mich gewaltig irren. Ich stolperte, noch bevor ich überhaupt im Karakorum ankam.

Eine Expedition zu den hohen Bergen der Welt zu organisieren ist trotz sämtlicher Errungenschaften moderner Kommunikation wie Telefon, Fax, E-Mail und Handy nicht viel einfacher geworden. Sowohl in Nepal als auch in Pakistan hat sich im Laufe der Jahre ein wirres bürokratisches Netz gespannt, in dem man sich ganz leicht verfangen kann. Eben weil vieles so schwierig ist, bediene ich mich seit

Jahren der Agentur von Renato Moro in Mailand, die sich über das Angebot von Trekkingreisen inzwischen auch einen sehr guten Namen in der Organisation großer Expeditionen in Pakistan und Nepal gemacht hat. Es ist üblich, daß man für jeden der 14 Achttausender eine eigene Besteigungsgenehmigung benötigt. Die wird bei der Regierung beantragt und gilt in den meisten Fällen für eine ganze Expeditionsgruppe.

Für die nepalesische Seite des Mount Everest zum Beispiel, also für die klassische Südroute, kostet das Permit momentan knapp 80000 Dollar. Es berechtigt sieben Bergsteiger, sich oberhalb des Basislagers in den Flanken des Everest zu bewegen. Die Regeln sind so straff, daß die volle Genehmigungsgebühr schon fällig wird, wenn jemand nur mal einen Blick in den Khumbu-Eisbruch werfen wollte, was allerdings kaum vorkommen wird. Am K2 in Pakistan ist dies nicht anders. Auch dort werden die Genehmigungen von seiten der Regierung vergeben und gelten für ganze Expeditionsgruppen.

Die große Stärke meines Freundes Renato Moro in Mailand sind seine hervorragenden weltweiten Verbindungen. In Nepal und Pakistan unterhält er sehr gute Kontakte zu jenen Stellen der Regierung, die Entscheidungen über die Vergabe der Genehmigungen treffen. Dieser Mann verfügt über eine außerordentliche Organisationsgabe und hat sehr viel Expeditionserfahrung. Als Reinhold Messner 1986 dem aufsehenerregenden Wettlauf mit den Schweizern Erhard Loretan und Marcel Ruedi sowie dem Polen Jerzy Kukuczka, wer nun als erster Mensch alle 14 Achttausender bestiegen haben würde, nicht mehr entkommen konnte und wollte, war Renato Moro unser technischer Expeditionsleiter am Makalu und am Lhotse. Er räumte uns damals sämtliche Steine aus dem Weg, so daß sich Reinhold, Friedl Mutschlechner und ich ganz auf die Besteigung der beiden Himalaya-Riesen konzentrieren konnten.

Renato Moro also weiß ganz genau, welche Expeditionen geplant sind, welche Gruppen Genehmigungen für bestimmte Routen bekommen haben und ob die Gruppen bereits vollständig besetzt sind. Daraus entwickelt sich dann so etwas wie eine Art Restplatzbörse. Für mich allein wäre es 1994 viel zu teuer gewesen, ein Permit zu beantragen, und nach den schlimmen Erfahrungen am Manaslu wollte ich auch nicht eine eigene Expedition auf die Beine stellen. Gerade an so einem großen Berg hätte mich zu diesem Zeitpunkt die Verantwortung erdrückt.

Im Herbst 1993 hatte der deutsche Spitzenbergsteiger Ralf Dujmovits eine K2-Genehmigung für den Sommer 1994 beantragt und problemlos erhalten. Von Renato Moro erfuhr ich, daß bei dieser Expedition noch ein Platz frei war. Mit Ralf Dujmovits wurde ich schnell handelseinig. Wir vereinbarten jedoch, daß ich nur die Genehmigung und die Organisation im Basislager von ihm übernehmen, mich am Berg jedoch frei und selbständig bewegen würde. Ich zahlte meinen Teil, und die Angelegenheit schien mir damit erledigt. Gleichzeitig »kaufte« ich mich in die Broad-Peak-Expedition der Spanierin Magda King ein. Sie hatte ihr Unternehmen finanziert, indem sie sich einem spanischen Duftwasser-Hersteller gegenüber verpflichtet hatte, fünfhundert Kilogramm Unrat aus den Karakorum-Bergen zu beseitigen. Das Restplatzprinzip funktionierte auch hier. Nun hatte ich eine Genehmigung für den Broad Peak und den K2. Ich rieb mir vor Freude die Hände und genehmigte mir mit Hans Mutschlechner, der mich begleiten sollte, eine gute Flasche Wein. Hätte ich zu diesem Zeitpunkt geahnt, wie sauer mir das Glasl aufstoßen sollte, hätte ich den Korken nicht gezogen.

Kurz vor unserem Abflug nach Islamabad erreichte mich in unserem Büro ein Fax. Darin wurde mir unmißverständlich mitgeteilt, daß mir meine Genehmigung für den K2 wieder entzogen worden sei. Alle Versuche, von Europa aus bei der Regierung in Pakistan an diesem Beschluß noch etwas zu ändern, waren zwecklos. Renato Moro setzte alle Hebel in Bewegung, doch es half nichts, ich stand zwar auf der Expeditionsliste von Ralf Dujmovits und hatte dafür gezahlt, doch ich durfte nicht an den Berg. Dafür würden schon die Begleitoffiziere der pakistanischen Regierung sorgen, ohne die keine Bergsteigergruppe zu einem Achttausender darf. Eine winzige Hoffnung hatte ich noch. Ich glaubte, daß es mir vielleicht vor Ort gelingen könnte, die Angelegenheit in meinem Sinne zu regeln. Mit guten Worten, mit Überredungskünsten, wenn nötig sogar mit einer Handvoll Dollar. Ich gebe es ganz ehrlich zu, mir wäre fast jedes Mittel recht gewesen, um mich nur nicht von meinem Plan verabschieden zu müssen.

Bürokratie: *In Islamabad wird die Besteigungsgenehmigung erteilt – oder auch nicht*

Es half alles nichts. Die Behörden in Islamabad blieben hart. Vor dem Start einer Expedition müssen die Bergsteiger zu einem hohen Ministerialbeamten. Dort wird der Begleitoffizier zugeteilt, der die Gruppe zum Berg begleiten wird. Es ist eine Kaution für den Fall zu entrichten, daß man nach Ende der Expedition den Müll nicht aus dem Basislager entfernt. Und es muß eine Summe für einen eventuellen Hubschrauberflug deponiert werden. Dann wird die Route am Berg genehmigt, und die Expeditionsmitglieder werden mit den Regeln vertraut gemacht. Die ganze Prozedur dauert, je nachdem wie der Beamte aufgelegt ist, bis zu drei Stunden. Ich konnte reden, was ich wollte, es gelang mir nicht, den Mann davon zu überzeugen, ein einziges Mal eine Ausnahme zu machen. Er pochte ebenso hartnäckig wie unnachgiebig auf seine Vorschriften. Und die besagten, daß es nicht möglich ist, innerhalb einer Klettersaison von der einen in die andere Expeditionsgruppe zu springen.

Der Hintergrund dieser Verordnung ist einfach zu durchschauen.

Die Behörden verhindern den Sprung von einer Expeditionsgruppe in eine andere, weil dann ihre Einnahmequelle viel kräftiger sprudelt. Wenn einer nach dem Broad Peak zu den Gasherbrums oder zum K 2 will, soll er gefälligst eine eigene Genehmigung beantragen und die auch voll bezahlen. Ich bekam die Unterschrift nicht. Mein Plan wurde an einem uralten Schreibtisch in einem stickigen Büro in Islamabad zermörsert. An der Decke drehte sich langsam und leise summend ein gewaltiger Ventilator.

Ich kann kaum beschreiben, wie ich mich damals geärgert habe. Und der Ärger sollte nicht vergehen, bis ich dem Karakorum den Rücken kehrte.

Auf dem Hinweg ins Basislager konnte ich nur den Kopf schütteln über eine tschechische Expedition, die sich mit uns am liebsten ein Wettrennen über den Baltoro-Gletscher geliefert hätte. Die Tschechen stürmten von einer Etappe zur nächsten, alle Regeln der Höhenanpassung ignorierend. Sie rühmten sich ihrer Schnelligkeit, erreichten das Tagesziel am Vormittag um elf, während wir uns Zeit ließen, bis die Sonne unterging. Unweit des Basislagers am Broad Peak starb einer der Tschechen qualvoll an akuter Höhenkrankheit. Es wären Ärzte in der Nähe gewesen, die sofort Hilfe geleistet hätten. Der Mann wäre zu retten gewesen, wenn die Tschechen nur nicht so lange geschwiegen hätten. Da kostete dieser eigentlich technisch unschwierige Zustieg zum Broad Peak ein Menschenleben. Vollkommen sinnlos und aus Unvernunft, aus falschem sportlichen Ehrgeiz. Und ein Bergsteiger dieser Gruppe war es auch, der wenige Wochen später – wie beschrieben – im Hochlager durch die Wächte brach und tausend Meter tief hinunterstürzte.

Als wir zum Broad Peak kamen, waren dort schon andere Bergsteiger. Unter anderen der Schweizer Kari Kobler, meine Südtiroler Freunde Kurt Brugger, Hermann Tauber, Robert Gasser und ein paar andere mehr. Irgendwie sind die Achttausender-Bergsteiger ein bißchen wie eine Großfamilie. Man trifft sich einfach immer irgendwo wieder. Die anderen erreichten den Gipfel nicht und zogen sich schließlich vom Berg zurück. Sie überließen uns ein Zelt auf 7000 Meter Höhe und verabschiedeten sich schweren Herzens. Sie hatten vor allem auch deswegen aufgegeben, weil ihre Rückflüge terminiert waren und ihnen die Zeit davonrannte.

Ein junger Schweizer Kletterer, hochmotiviert, voller Tatendrang und am Berg sehr gut, wäre gern noch geblieben. Er hätte sich uns gern angeschlossen. Doch wieder schnappte die bürokratische Falle zu. Auch er hätte dann die Expeditionsgruppe gewechselt. Das wäre da draußen in der Wildnis nicht einmal aufgefallen, aber der Begleitoffizier nahm es ganz genau. Er erklärte so unnachgiebig wie der Beamte drei Wochen zuvor in seinem Büro, daß das nicht erlaubt sei. Die Gruppe müsse das Basislager geschlossen verlassen. In Islamabad, wo sich jede Expedition »abmelden« muß, dürfe keiner fehlen. Und so tappte der Schweizer, der alle Voraussetzungen mitgebracht hätte, ein paar Tage später den Gipfel zu erreichen, wie ein geprügelter Hund mit hängenden Ohren zum Tal hinaus.

Ein paar Stunden Fußmarsch weiter stand derweil der K 2. In den Flanken und Wänden schienen beste Verhältnisse zu herrschen. Das Wetter war stabil. Die Voraussetzungen ideal. Vom Gipfel des Broad Peak blickte ich sehnsüchtig hinüber und wußte doch, daß ich nicht den Hauch einer Chance hatte. Als der junge Schweizer ging, habe ich gedacht: Das wünsche ich niemandem, aber schau, jetzt bist du nicht völlig allein mit dem ganzen Frust, dem geht es genauso.

So fiel am K 2 zum ersten Mal die Klappe. Und es sollte nicht das letzte Mal gewesen sein. In einer Zeitungsankündigung zu einem meiner Dia-Vorträge stand zehn Jahre später der Satz: »Mit keinem anderen Achttausender hat Hans Kammerlander so sehr gerauft wie mit dem K 2, dem schönsten und schwierigsten aller Berge.« Wie wahr, denn dieses Erlebnis 1994 war nur der Auftakt, die Ouvertüre, zu einem nicht enden wollenden Mühen um diesen Berg.

Kapitel 4
Organisierter Wahnsinn – Mount Everest aus dem Reisekatalog

Eine lapidare Unterschrift unter ein Stück Papier zerstörte meinen Traum von einer K 2-Besteigung.

Ich war ganz sicher nicht so vermessen zu glauben, ich könnte den zweithöchsten Berg der Erde einfach niederrennen. Meine Vorbereitung war intensiv. Körperlich wie geistig. Ausgedehnte Bergläufe, aber kein gezielter Muskelaufbau an Maschinen, denn das bringt an einem hohen Berg überhaupt nichts, weil man diese aufgepumpten Muskelpakete nur als unnötigen Ballast mit sich schleppen muß. Der Plan mit dem Broad Peak zur Akklimatisierung war gut. Und dann durfte ich am K 2 nicht mal probieren, durfte nicht mal ein kleines Stück von diesem Traum leben. Die Enttäuschung saß schon tief. Als wir vom Basislager des Broad Peak das kurze Stück hinausspazierten zum Concordia-Platz, hatten wir zwar den Gipfel eines Achttausenders im Sack. Doch gleich daneben stand der K 2 in seiner ganzen Schönheit. So nah und doch so weit entfernt.

In solchen Lebenssituationen gibt es kaum eine andere Möglichkeit, als einfach zu sagen: Erledigt, Schluß, aus, Ende. Das gelang mir ganz gut, bis ich daheim erfuhr, daß die Dujmovits-Expedition am K 2 Erfolg gehabt hatte, daß neben Ralf drei weitere Deutsche, Spanier, Katalanen, Neuseeländer, Australier, Finnen, Ukrainer, und Argentinier den Gipfel erreicht hatten. Da ärgerte ich mich ein letztes Mal über die Bürokraten, die an ihren Schreibtischen saßen und noch nie einen Berg aus der Nähe gesehen hatten.

Keine zwei Jahre später, 1996, stand ich auf dem höchsten Berg. 8850 Meter über dem Meeresspiegel. Mutterseelenallein. Es war das Katastrophenjahr am Mount Everest. Innerhalb von nur zwei Wochen starben zwölf Bergsteiger in den Flanken am Dach der Welt. Acht Permits für die tibetische Nordseite, achtzehn Genehmigungen von der nepalesischen Südseite hatten die Regierungen in China und Nepal verkauft. Der Everest war so begehrt wie nie zuvor. Man konnte ihn praktisch im Reisekatalog buchen.

Nachdem mir am Nanga Parbat eine komplette Abfahrt und am Broad Peak eine Teilabfahrt mit Ski gelungen waren, entstand praktisch über Nacht die Idee, den Everest ebenfalls mit Ski zu versuchen. Ich wollte meine beiden Leidenschaften Bergsteigen und Skifahren kombinieren, wollte den höchsten Platz der Erde zum Ausgangspunkt für etwas noch nie Dagewesenes machen. Kühn, aber nicht gänzlich ohne Aussicht auf Erfolg.

Zur Vorbereitung beantragte ich eine Genehmigung für die Shisha Pangma, den einzigen Achttausender, der nicht in Nepal oder in Pakistan, sondern in Tibet liegt. Gleichzeitig erhielt ich ein Permit für die Nordseite des Everest. Den K 2 hatte ich leichten Herzens hintangestellt. Ich sagte mir, der fällt schon nicht um. Es wird sich schon eine andere Möglichkeit ergeben. Wenn ich am Everest mit der dünnen Luft im Gipfelbereich klarkommen würde, dann könnte ich mit einer noch ganz anderen Sicherheit zum K 2 gehen. Ich wußte nicht, wie mein Körper in ganz großen Höhen reagiert. Es ist ein himmelweiter Unterschied zwischen den »kleinen« und den »großen« Achttausendern. Wenn man ein paar von den weniger hohen, wie die Gasherbrums, den Cho Oyu oder den Broad Peak, bestiegen hat, weiß man noch lange nicht, wie nahe man am Limit war, ob man nicht in 8300, 8400 oder 8500 Meter Höhe auf einmal einbricht. Ich war zwar auf dem Lhotse und auf dem Makalu gewesen, aber die Routen, die wir damals gewählt hatten, waren technisch eher einfach und damit nicht so energieraubend. Ich wußte jedoch, daß am K 2 nicht nur die große Höhe zählt, sondern – wegen der Kletterpassagen – auch der enorme Kräfteverschleiß. Das ist sicher der Grund dafür, daß der K 2 kaum ein Zehntel soviele Besteigungen aufzuweisen hat wie der Everest. Der Everest ist der höchste, aber der K 2 ist viel anstrengender.

Zur Shisha Pangma nahm ich meine Frau Brigitte, Hans Mutschlechner und seine Freundin Karin Weichhart, meinen Skitouren-Spezl Robert Gasser, Stefan Plangger, Rudi Renner, Michael Aichner, Günter Schweizer, meinen Bergführerkollegen Maurizio Lutzenberger und meine Ski mit. Wir wurden begleitet von einem Kamerateam des

Hufeisen: *Mount Everest, Lhotse und Nuptse*

Österreichischen Fernsehens. Die Shisha Pangma eignet sich wegen ihrer vergleichsweise sanften Hänge ideal als Ski-Achttausender. Und war somit für mich ideal zur Vorbereitung.

Die Expedition war leider nicht von rauschendem Erfolg gekrönt. Maurizio Lutzenberger kam zuerst oben an. Andere Bergsteiger aus unserer Gruppe schafften es bedauerlicherweise nicht. Und als ich den Gipfel des mit 8046 Metern zweitniedrigsten Achttausenders tags darauf erreichte, tobte nicht weit entfernt am Mount Everest bereits das Chaos. In den beiden Basislagern auf der Nord- und Südseite des Bergs ging es zu wie auf einem indischen Basar. Die kommerziellen Expeditionen traten sich gegenseitig auf die Füße. Es waren viel zu viele Bergsteiger unterwegs. So viele, daß es auf der Südroute, am berühmten Hillary-Step, einer Steilstufe unter dem Gipfel, sogar zu einem Stau kam. Schon die ersten, die den Gipfel erreichten, waren im Zeitplan viel zu spät dran, und alle, die danach kamen, rannten blindlings in eine bis dahin beispiellose Katastrophe. In der Folge kamen in einem unbeschreiblichen Höhensturm allein in einer Nacht fünf

Mitglieder kommerzieller Expeditionen ums Leben. Heute erinnern Gedenktafeln unweit von Gorak Shep, einer kleinen Ansammlung von Häusern drei Stunden vom Everest-Basislager entfernt, an den neuseeländischen Expeditions-Veranstalter Rob Hall, den US-amerikanischen Anbieter Scott Fischer, an die Japanerin Yasuko Namba, den Amerikaner Doug Hansen und den Bergführer Andy Harris, die zu tragischen Hauptfiguren in dem Bestseller des US-Journalisten Jon Krakauer wurden. Sein Buch *In eisige Höhen* ist zur Diskussionsgrundlage in Sachen Everest geworden, weil die »Muttergöttin der Erde« durch die Katastrophe von 1996 durch die Weltpresse ging.

2003 jährte sich am Mount Everest zum 50. Mal die Erstbesteigung. Seit der Neuseeländer Edmund Hillary und der Sherpa Tensing Norgay den Gipfel erreichten, hat der Berg eine erstaunliche Wandlung erlebt. Das Abenteuer Everest ist längst keines mehr. 2002, ein Jahr vor dem Jubiläum, verbrachte Walther Lücker, Journalist und Korrespondent des deutschen *ALPIN-Magazins,* mit einer deutschen Expedition unter Leitung von Peter Guggemos fast zwei Monate an der Südseite des Everest. Nachdem er mich in den Jahren zuvor zum Kangchendzönga und zum K 2 begleitet hatte, verfügte er nun über Vergleichsmöglichkeiten an den drei höchsten Gipfeln der Erde. Zum Thema Mount Everest schrieb er im Jubiläumsjahr in der *Frankfurter Allgemeinen Zeitung* unter dem Titel »Massenandrang bei der Muttergöttin« eine vielbeachtete Reportage, in der sehr treffend die heutigen Verhältnisse dargestellt werden:

»Die Oase der Ruhe muß anderswo gelegen sein. Nicht hier. Nicht in den Bergen. Nicht am Fuße des Mount Everest. Dabei ist es nicht wirklich laut im Sinne eines hohen Phonpegels. Es ist eher die Unruhe, die ständige Spannung, die unbeschreibliche Nervosität, die über diesem Ort liegt. Am schönsten ist es in der Stunde, in der der Morgen graut.

Sicheren Schrittes und bedächtig langsam, die Hände tief in den Taschen der roten Daunenjacke vergraben, steigt Apa Sherpa auf einen hoch aufgeworfenen Moränenhügel. Sanft streicht der frühmorgendliche Wind über den Khumbu-Gletscher. Es ist halb sieben. Blauer Himmel über den Gipfeln des Himalaya, Idealbedingungen am

Mount Everest. Temperatur erheblich unter zehn Grad minus, keine Wolke, nicht einmal ein Schleier. Es hat nicht geschneit. Aber es ist noch früh in der Saison. Zu früh, um weiter zu denken als an den nächsten Tag. ›Es ist immer dasselbe‹, lächelt Apa, der zweifelsfrei berühmteste lebende Everest-Sherpa, ›bei schönstem Wetter sitzt du im Basislager herum. Und wenn du am nächsten Tag oben im Schneesturm herumwühlst, ärgerst du dich über die verpaßte Chance vom Vortag.‹ Der Mann weiß, wovon er redet. Im Frühjahr 2002 stand er zum zwölften Mal auf dem Gipfel des Everest, so oft wie niemand vor ihm. Kaum ein anderer kennt den Berg so gut wie er.

Apa zaubert ein Fernglas aus den flauschigen Tiefen seiner Jacke. Zeiss, das Beste vom Besten. ›Geschenk eines Freundes aus Japan, der den Gipfel nicht erreicht hat.‹ Apa lächelt wieder. Mit prüfendem Blick sucht er den mächtigen Gletscherbruch ab, der sich gleich hinter den letzten Zelten des Basislagers aufwirft. Wie eine riesige Lawine überdimensionaler Eiswürfel wälzt sich der Khumbu-Gletscher über den Rand des Western Cwm, jenes eisigen Hochtals zwischen Mount Everest und Nuptse. Apa hat gefunden, was er gesucht hat. ›Schau, sie verlegen den Weg schon wieder.‹ Derweil erwacht das Basislager auf der Südseite des Everest zu Leben. Reißverschlüsse von Zelten werden hochgezogen. Drüben putzt sich einer die Zähne, dort trinken sie in einer kleinen Gruppe Tee, da hängt einer seinen Schlafsack zum Lüften über das Zelt. Die Chilenen packen ihre Rucksäcke, die Spanier stellen ein neues Zelt auf. Die US-Amerikaner streben dem gemeinsamen Frühstück entgegen. Es beginnt der tägliche Lauf der Dinge. Ein Lauf von Dingen, die mit normalem Menschenverstand kaum zu begreifen sind. Wer die Frage nach dem Warum stellt, hat schon verloren. Denn es gibt keine Antwort für diesen organisierten Wahnsinn moderner Abenteuergier.

Noch lange bevor der neue Tag anbrach, in stockdunkler Nacht, kurz nach vier Uhr, ist stumm und konzentriert eine Gruppe Sherpas in den Khumbu-Eisbruch gezogen. Jetzt stecken sie lange Alu-Leitern zusammen, überbrücken Gletscherspalten und sichern den Anstieg über einen mächtigen Serac. Sie nennen sich selbst voller Stolz ›Khumbu-Doctors‹. Ihre Aufgabe besteht einzig darin, den Eisbruch so zu präparieren, daß die Gefahr, auf Nimmerwiedersehen in einer der gähnend tiefen Spalten zu verschwinden oder von einem Serac erschlagen zu werden, auf ein halbwegs erträgliches Maß reduziert wird. Dieses fragile und vollständig instabile Machwerk der Natur ist die Eintrittskarte zum Mount Everest. ›Ticket to hell‹, nennen die Amerikaner die lebensbedrohliche Gletscherzunge, ›der gefährlichste Teil des Everest, gefährlicher als der gesamte Rest am Berg‹, urteilt nüchtern der Südtiroler Extrem-Bergsteiger Hans Kammerlander, der auf 13 der 14 Achttausender stand. Das Tagwerk der Khumbu-Doctors hat oft genug nicht einmal 24 Stunden Bestand. Praktisch unter ihren Händen stürzt das Kartenhaus wieder ein.

Es gehört heute zu den ungeschriebenen Regeln des Everest, daß eine Expedition in Zusammenarbeit mit den Sherpa-Doktoren den Pfad durch den Eisbruch sucht, unterhält und finanziert. Der Materialaufwand ist gewaltig. Der Eintrittspreis für die anderen Expeditionen auch: 2345 US-Dollar kostet das Ticket im Jubiläumsjahr 2003. Für diese Summe werden über zwei Kilometer Fixseile verlegt, rund 200 Eisschrauben und ebenso viele Firnanker aus Aluminium angebracht. Weit über hundert jeweils 2,50 Meter lange Alu-Leitern werden benötigt, um Spalten und Eiswände zu überwinden.

Die Spalten des Khumbu-Eisbruchs sind so grundlos tief, daß die Sherpas scherzend behaupten, sie könnten beim Blick in die gähnend schwarze Leere bis nach Amerika schauen, und wer in eine Spalte hineinfalle, erhalte folgerichtig ein ›Visum für die USA‹. Um diese Abgründe zu überwinden, werden bis zu vier der Leitern aneinandergebunden. Über die schwankenden Brücken balancieren die Bergsteiger mit Steigeisen an den Schuhen und nur an einem dünnen Seil gesichert, das wie ein Handlauf angebracht ist. Im Eisbruch werden lotrechte Eiswände überwunden – über 14 (!) zusammengesteckte Leitern. Der Respekt der Everest-Anwärter ist groß.

Besonders in der Nacht und im respektvollen Abstand des Basislagers zum Eisbruch ist das marod-eisige Gebilde als körperliche Bedrohung spürbar. Mit ungeheuren Kräften schieben sich die Gletschermassen meter- und tonnenweise zwischen Mount Everest und Nuptse zu Tal. Selbst unter dem Moränenschutt des Basecamps ächzt und kracht, stöhnt und knarrt, knallt und rumst es ohne Unterlaß. ›Die Musik des Everest‹, nennen Spötter die unheilvolle Melodie. Wenn im Eisbruch ein Serac von der Größe eines Zweifamilienhauses einfach umfällt, dann fühlt sich das an wie ein Erdbeben im Friaul oder in San Francisco. ›Wir müssen nur lange genug hier sitzenbleiben, dann kommen wir von allein wieder heim. Der Gletscher schiebt uns schon dahin, wo wir hergekommen sind‹, schmunzelt Apa. Genau in dem Moment löst sich links am Loh La, dem weglosen Paß des Everest-Westgrats, eine gewaltige Lawine und versteckt den Eisbruch eine Viertelstunde lang im Schneenebel. Paukenschlag zur Ouvertüre, der Gletscher lebt.

Jedes Frühjahr entsteht auf der Südseite des Mount Everest eine eindrucksvolle Zeltstadt vom Ausmaß eines kleinen Dorfes. 300 Menschen bevölkern dann für rund zwei Monate einen der unwirtlichsten Orte der Erde. Im Jubiläumsjahr 2003, fünfzig Jahre nach der Erstbesteigung, pilgerten 22 Expeditionen mit rund 700 Protagonisten dem höchsten Punkt der Welt entgegen. Doch das Basislager des Everest ist längst kein Platz mehr für Abenteurer, sondern ein Ort der Computer, Satellitentelefone und des Verwöhnaromas aus der Kaffeemaschine. ›Der Everest‹, sagt der Tiroler Peter Habeler, der 1978 mit Reinhold Messner als erster ohne Sauerstoffflasche auf den höchsten aller Gipfel gelangte, ›der Everest ist kein Berg mehr für Bergsteiger.‹ Habeler weiß, wovon er spricht, denn als er 20 Jahre nachdem er mit Messner einen Meilenstein im Höhenbergsteigen gesetzt hatte, an den Everest zurückkehrte, war dort nichts mehr so, wie es 1978 gewesen war. ›Die Chancen, an diesem Berg irgendetwas allein zu tun, gehen gegen Null‹, stellt der Zillertaler ernüchtert fest. Und tatsächlich, nach 1978 stieg die Zahl der Besteigungen sprunghaft an.

Was Messner und Habeler ohne die Hilfe von ›englischer Luft‹ (Sherpa-Bezeichnung für Flaschensauerstoff) gelungen war, trauten sich plötzlich auch blutige Berg-Amateure zu. Der Everest schien nur noch eine Frage des Geldes und der Organisation. Mit den kommerziell ausgelegten Expeditionen setzte am Everest der Abenteuertourismus ein, und der Berg wurde in Ketten gelegt. Heute sichern die Khumbu-Doctors den Eisbruch und die Höhen-Sherpas die Lhotse-Flanke, den Genfersporn, den Weg vom Südsattel zum Südgipfel und zum Hillary-Step. Kilometerweise werden auch weiter oben Fixseile verlegt, Firnanker in den Schnee getrieben und Eisschrauben gesetzt.

Abflug: *Hubschrauber über der Basislager-Zeltstadt am Everest*

Tonnenweise schleppen die Sherpas Material in Flanken des Everest. Zelte, Schlafsäcke, Seile, Kocher, Astronautennahrung, Thermosflaschen, Daunenjacken, pulverisierten Himbeersaft und hundertfach das Lebenselixier Sauerstoff in Flaschen.

›Der Everest ist zum höchsten Klettersteig der Erde verkommen‹, kritisiert der Südtiroler Hans Kammerlander, dem vor allem die Besteigungen mit Hilfe von künstlichem Sauerstoff ein Dorn im Auge sind. ›Man dürfte sie in der Statistik nicht mehr zählen. Mit der Flasche wird der Everest auf einen Siebentausender gestutzt. Das ist, als würde einer mit einem Kleinmotorrad an der Tour de France teilnehmen dürfen.‹ Das Basislager, sagt Reinhold Messner richtbeilschwingend, sei ein irrwitziger ›Treffpunkt der modernen Juxgesellschaft, ein einziger Jahrmarkt der Eitelkeiten‹.

Ein Blick in das Basecamp an der Südseite des Everest und somit hinter die Kulissen der neuen Berg-Heroen genügt, um sich derlei vernichtenden Urteilen schnell anzuschließen. Hundertschaften von Trägern und endlose Yak-Karawanen transportieren Jahr für Jahr zu

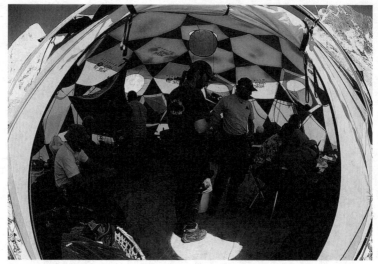

High-Tech: *Kommunikationszelt der US-Expedition um Eric Weihenmayer, der 2001 als erster Blinder den Mount Everest bestieg*

Beginn der Everest-Saison Mitte März vom Flughafen in Lukla Tonnen an Ausrüstung in den Sagarmatha-Nationalpark. Der ausgetretene Pfad mit seinen berühmten Trekking-Stationen Pakding, Namche Bazaar, Tengboche, Pangboche, Dingboche, Periche, Duglah, Lobuche und Gorak Shep mutiert zur Straße moderner Abenteuerlust. Ein schier endloser Lindwurm wälzt sich dem Fuß des Everest entgegen.

Dort angekommen, entsteht binnen weniger Tage ein ganzes Dorf, fast eine Kleinstadt. Gelb und rot und grün stehen zum Höhepunkt einer ›normalen‹ Saison mehr als 250 Zelte im Basislager auf 5346 Meter Meereshöhe. Über 300 Bergsteiger, Träger, Köche und Küchenhelfer sowie die Verbindungsoffiziere der nepalesischen Regierung bevölkern eine Fläche von nicht viel mehr als einem Quadratkilometer Größe am Rande des Khumbu-Gletschers. Die einzelnen Expeditionen sind um gebührenden Abstand bemüht. Und doch hat es den Anschein, als wollten sie wie eine ängstliche Schafherde möglichst eng zusammenrücken.

Der Anachronismus ist nachgerade überwältigend. Man darf davon ausgehen, daß sich die Mehrzahl derer, die sich aufmachen, den Everest zu besteigen, daheim in Richtung ›Wildnis‹, ›fernab jeglicher Zivilisation‹ zum ›letzten Abenteuer der Menschheit‹ verabschiedet hat. Doch kaum im Basislager inmitten eines heillosen Chaos aus Stein, Eis und Schnee angekommen, beginnen die Expeditionen mit Vehemenz an einem Stückchen Zivilisation zu basteln. Der High-Tech heutiger Großexpeditionen setzt selbst hartgesottene Everest-Kenner in Erstaunen. Acht Notebooks, vier Satellitentelefone, digitale Kameras für Liveschaltungen, zwei riesige Parabolantennen, kistenweise, Kabel, Faxgeräte, modernste Funkkommunikation, eine Solaranlage mit riesigen Kollektoren und mehrere Dieselagregate sorgten 2001 für die weltweite Vermarktung von Eric Weihenmayer, der als erster Blinder den höchsten Punkt der Erde erreichte. Aus dem Weißen Haus in Washington nutzte schließlich US-Präsident George W. Bush den Segen der Technik für eine Live-Gratulation.

Ein derartiger Aufwand ist kein Einzelfall. Messners Unkenruf wurde 2003 erhört: Im Jubiläumsjahr gibt es im Basislager ein Internet-Café. Die Minute im Netz kostet einen Dollar. Wenn heute das Satellitentelefon ausfällt, wird das ernster genommen als der Bruch eines Eispickels. Kabelleitungen in den komfortablen Kantinenzelten der Expeditionen, Stereoanlagen, bequeme Stühle und hypermoderne Klappbetten in den Privatzelten, windschiefe, aber funktionstüchtige Duschkabinen mit Warmwasseraufbereitung gehören eigentlich zum Standard des Fünf-Sterne-Abenteuers. Die Sherpa-Köche suchen sich derweil gegenseitig mit der Größe ihrer rudimentär gemauerten Kochzelte zu übertrumpfen. Drinnen hantieren sie mit Handwerkszeug wie ihre Kollegen in den Nobelhotels von Davos. Und irgendwo summt leise eine Espresso-Maschine.

Wer jedoch behaupten will, das Leben im Everest-Basecamp sei trotz all dieser zweifelhaften Versuche, sich Komfort zu schaffen, auf Dauer angenehm, muß schon ein ausgemachter Spartaner mit jahrelanger Höhlenerfahrung sein. Selbst die vielen kleinen und großen Annehmlichkeiten können nicht darüber hinwegtäuschen, daß es am Ende der Welt nicht viel schlimmer sein kann. Auf der Moräne gibt es nicht einen Quadratmeter ebenen Boden. Jeder Schritt ist ein Tanz von Stein zu Stein, ein Balanceakt mit akuter Verletzungsgefahr. Weit mehr als die Hälfte des Tages spielt sich zudem am Boden ab. Am Boden aus dem Zelt hinaus und wieder hinein. Die tägliche Katzenwäsche – am Boden. Die gesamte persönliche Habe und Ausrüstung – am Boden. Schlafen – am Boden. Campingplatzidylle an einem der unwirtlichsten Orte der Erde.

Die ersten Tage nach der Ankunft am Fuß des Khumbu-Eisbruchs sind für die meisten Bergsteiger die Hölle. Schon nach wenigen Schritten fliegt der Atem und das Herz jagt. Die Höhe von über fünftausend Metern fordert vehement ihren Tribut. Würde man einen Menschen aus Meereshöhe zum Everest-Basislager fliegen und dort aussetzen, würde er nach einer Stunde kollabieren und nach kurzer Zeit an Höhenkrankheit sterben. Trotz der Akklimatisierung während des Trekkings zum Everest wird für die Bergsteiger der Weg vom Privatzelt zum Kantinenzelt, zur Küche oder zur Toilette zu einer einzigen Anstrengung. Während die Sherpas übermütig von Stein zu Stein springen und sich köstlich über die westliche Kurzatmigkeit amüsieren, suchen die Everest-Aspiranten mehr oder weniger verzweifelt ihre Lunge mit ausreichend Sauerstoff zu füllen.

Besonders die Nächte zehren nachhaltig an den Nerven. Unter den Zelten, tief drinnen im Eis, knackt und kracht es schaurig, dumpf und hohl. Manchmal hört es sich an, als würde in einer Tiefgarage mit Wucht eine Autotür zugeschlagen. Mitten im Schlaf schreckt man hoch, weil der Lungensack zusammengefallen ist und für einen Moment das Einatmen unmöglich scheint. Wirklich gesund sind in den ersten Tagen im Basislager die wenigsten. Durchfall, Magenprobleme, bellender Husten, Erkältungskrankheiten, stechende Kopfschmerzen, Entzündungen der Stimmbänder und Atemwege, Schwindel bei Anstrengung, Schlaflosigkeit, Atemnot – in den wenigen Momenten der Ehrlichkeit klagen sie fast alle. Doch wer auf den Everest will, muß hart gegen sich selbst sein – oder nach Hause fahren.

Spätestens nach drei Wochen werden an vielen Stellen des Basislagers die ersten Zelte umgestellt. Weil direkt unter dem Hintern des Bewohners nach und nach eine Spalte aufreißt. Nicht breit genug, um hineinzufallen, aber immerhin. Oder weil die Wärme des Tages kleine Gletscherbäche direkt unter den Zeltboden leitet und sich dort kleine, unangenehme Seen bilden. Wenn sich das Wasser nicht mehr umleiten läßt oder ein Spalt bedrohliche Ausmaße annimmt, wird mit Eispickel und Schaufel ein neuer Zeltplatz im hügeligen Moränengeröll geebnet. Dann heißt es: Habseligkeiten zusammenpacken, Zelt abbauen, am neuen Platz aufbauen, alles wieder einräumen und hoffen, daß der neue Platz besser ist als der alte. Mit fortschreitender Jahreszeit und dem nahenden Monsun werden im Laufe der Wochen die Temperaturschwankungen immer brutaler. 40 (!) Grad in der Sonne – Schatten gibt es im Basislager konsequenterweise keinen – sind am frühen Nachmittag normal. Wenn später die Sonne hinter den Hängen des Pumori versinkt, fällt das Quecksilber schlagartig, und es wird lausig kalt. In den frühen Morgenstunden der Nacht sinkt die Temperatur auf teilweise 25 Grad unter Null. Rein rechnerisch binnen weniger Stunden ein Unterschied von 65 Grad. Medizinisch betrachtet eine extreme Belastung für den Körper. Für das behagliche Outfit bedeutet dies schließlich einen ständigen Kleiderwechsel wie bei einer Modenschau. T-Shirt und dünne Hosen am frühen Nachmittag erinnern an Strandurlaub. Erst die Abendgarderobe offenbart den wahren Aufenthaltsort: in Daunenjacke, Daunenhose, Daunenüberschuhen, Handschuhen, Wollmütze und Stirnlampe sitzen die Bergsteiger zusammengekauert auf wackligen Klappstühlen direkt auf dem Gletschergestein und versuchen dem Körper zuzuführen, was er bei all den Strapazen verliert. Bald danach schlüpfen sie in ihre molligen Schlafsäcke (Komforttoleranz bis −50°) und lauschen wieder gespannt den Geräuschen des Gletschers.

Fast durchgehend knattern die Kerosin- und Propangasöfen in den Küchenzelten. Tee zu allen Zeiten, warme Säfte, Suppen. Drei, vier, fünf Liter am Tag. Denn Flüssigkeit ist der wichtigste Treibstoff. Irgendwann beginnt der Körper sich an die Höhe und die Strapazen zu gewöhnen. Der ›Durchlauferhitzer‹ nimmt die volle Funktion wieder auf. Verdauung und Blase funktionieren wieder halbwegs geregelt. Und damit ergibt sich im Everest-Basecamp ein Problem wie an keinem anderen Achttausender. An dieser Stelle sei der ›Luxus‹ einer vielleicht nicht ganz appetitlichen, gleichwohl interessanten Hygienerechnung gestattet. Ein normal verdauender Mensch scheidet am Tag rund 250 Gramm Darminhalt aus. Multipliziert mit rund 300 Basislagerbewohnern macht das pro Tag 75 Kilogramm, die sich in 50 Tagen durchschnittlicher Expeditionszeit auf 3750 Kilogramm summieren. Fast vier Tonnen Fäkalien (ohne Toilettenpapier) in knapp zwei Monaten!

Vor diesem Hintergrund mag es für Everest-Laien mit ausgeprägter Phantasie tröstlich sein zu wissen, daß die Zeiten ›wilder Deponien‹ am Fuß des Mount Everest vorbei sind. Jede Expedition hat ihr eigenes Toilettenzelt. Im Moränenschutt ist eine der blauen Expeditionstonnen eingegraben, die meist wöchentlich gegen Zahlung von 40 US-Dollar von den ›Shit-Porters‹ abtransportiert und drei Stunden entfernt, in der Nähe von Gorak Shep, ›endgelagert‹ werden. Das gilt auch für sämtliche anderen Hinterlassenschaften menschlicher Zivilisation. Wenn das Everest-Basislager alljährlich am 30. Mai seine Pforten schließt, weil die Saison im Sagarmatha-Nationalpark dann unwiderruflich zu Ende ist, müssen der Müll abtransportiert, alle Zelte abgebaut und alle Spuren der Belagerung beseitigt sein. Wer in Kathmandu diesen Nachweis nicht glaubhaft und anhand von gewogenem Müll belegen kann, darf sich auf Sanktionen einstellen, die von empfindlichen Geldstrafen bis hin zum Einreiseverbot reichen.

An diesem strahlend schönen Tag ist es noch nicht neun Uhr, da tönt von weitem das ›schrapp-schrapp-schrapp‹ eines Helikopters. Eine indische Militärexpedition hat einen Landeplatz auf einem Moränenhügel eingerichtet. Der Hubschrauber holt einen höhenkranken Bergsteiger ab. Die Aktion dauert kaum fünf Minuten. Doch beim Start muß der Helikopter ganz knapp über das Basislager fliegen. Die Plane des US-amerikanischen Kommunikationszelts hält der Belastung nicht stand. Zwei Stangen knicken, die Plane zerreißt. Von diesem Moment an herrscht ›kalter Krieg‹ zwischen ›Indien‹ und den ›USA‹. Absprachen für die Arbeit am Berg werden beiderseits nicht mehr eingehalten. Per Funk werden falsche Wetterberichte und Lagebeschreibungen aus den Hochlagern lanciert. Keine Gesprächsbereitschaft – auf beiden Seiten nicht. Die Italiener solidarisieren sich mit den Amerikanern und die Franzosen mit den Chilenen, die bei den Indern gern gesehene Gäste zur Teestunde sind. Die wahnwitzige Ursache des kleinbürgerlichen Nachbarschaftsstreits ist ein 8850 Meter hoher Berg auf der Grenze zwischen Nepal und Tibet, an dessen Flan-

Müllberge: *Die Sherpa-Söhne tragen vom Berg, was die Väter hinaufgeschleppt haben*

ken jeder dreißigste Besteigungsversuch mit Tod und Trauer endet. Doch Solidarität ist ein Fremdwort.

Das alles erinnert stark an einen modernen Turmbau zu Babel. Japaner und Koreaner, Deutsche und Basken, Spanier und Franzosen, Taiwaner und Australier, Amerikaner und Chilenen, Italiener und Österreicher – die halbe Welt tritt Jahr für Jahr am Everest an. Und immer ist es das gleiche Spiel. Zeltstadt aufbauen, sich gegenseitig Unterstützung, Hilfe und Zusammenhalt versichern. Miteinander stolpern sie die ersten Male durch den Khumbu-Eisbruch und richten die Hochlager ein. Das geht gut bis zu dem Tag, an dem unter dem Südsattel Nervosität aufkommt. Wenn sich zum ersten Mal die bange Frage stellt, wer geht wann Richtung Gipfel? Hält das Wetter? Und wie ist der drohende Stau am Hillary-Step zu vermeiden, wenn wie am 23. Mai 2001 gleich 88 Bergsteiger einen Stehplatz am Dach der Welt begehren? Dann sind all die erzwungenen Freundschaften nicht mehr den trockenen Handschlag wert, mit dem sie geschlossen worden sind. Dann regieren die Ellbogen. Dann herrscht unter den Freunden der Berge Egoismus pur. Nur eines eint sie immer noch. Alle haben sie gezahlt für diesen verdammten Berg.

Eine Expedition zum Everest verschlingt heute pro Mann ganz schnell 50000 Euro – im Spar-Budget kalkuliert. Das können sich die meisten nur einmal im Leben leisten. Sponsoren sind für das Allerweltsabenteuer Everest auf dem Normalweg kaum noch aufzutreiben. Monate der Entbehrungen, des Trainings, der Vorbereitung, des Wartens und Fieberns kanalisieren sich mit einem Schlag in blindem Ehrgeiz und lebensbedrohlichem Egoismus. Es gibt ab Anfang Mai nur noch das eine Ziel: den Südsattel und den Gipfel, den man vom Basislager aus nicht einmal sehen kann, was die Sehnsüchte offenkundig ins Unermeßliche treibt. Das unsichtbare Objekt der Begierde löst über Nacht einen kollektiven Wahn aus.

Im Basislager ist es Mittag geworden. Apa Sherpa bietet uns einen Besuch bei den ›Eisenbiegern‹ an. In einer Grube zwischen zwei Moränenhügeln hat sich eine nepalesische Reinigungsexpedition unter Leitung von Ang Phurba Sherpa eingerichtet. 1979 war Phurba mit Japanern auf dem Gipfel. 21 Jahre später leitete er seine erste große Reinigungsexpedition am Everest. Das Resultat nahm erstaunliche Ausmaße an. 4000 Kilogramm Müll, vor allem Alu-Stangen und -Leitern, Zeltreste und anderes Gelump, trugen die Sherpas vom Berg. Und 632 (!) leere Sauerstoffflaschen. Auch einer wie Apa Sherpa, dem der Berg alljährlichen Geldsegen, Reichtum und Wohlstand beschert, ist begeistert. Wieder zersägen die ›Rubbish-Sherpa‹ gewaltige Anhäufungen Aluminium. Und in einem Zelt, sauber aufgestapelt, lagern über 300 leere Sauerstoffflaschen. Weniger als 200 Flaschen liegen noch am Südsattel, etwa die gleiche Menge auf der Gipfelroute. Das Bild von der höchstgelegenen Müllkippe hängt schon lange schief. Apa sagt: ›Es wird auch höchste Zeit, daß der Sitz der Götter wieder ein ansehnlicher Ort wird.‹ 20 Dollar für zehn Kilogramm Müll aller Art sind vor allem für die jungen Sherpas Anreiz genug, auch noch an ihren freien Tagen zu arbeiten und jenen Dreck vom Everest herunterzutragen, den ihre Väter in Auftragsarbeit hinaufgebuckelt haben.

Der höchste Berg der Erde ist bei näherem Augenschein tatsächlich zu einem Freizeitpark verkommen. Der Mount Everest ist zum Spielgerät der Neureichen geworden, klagen Everest-Experten wie Messner und Kammerlander. Sagarmatha, der ›Gipfel in den Wogen des Meeres‹, wie die Nepali den schwarzen Riesen nennen, ist immer noch ein Myhthos, doch Chomolungma, die ›Muttergöttin der Erde‹ (tibetisch), hat viel vom einstigen Abenteuerglanz verloren. Ärger, Neid, Mißgunst, Stolz, Überheblichkeit und Wollust, darauf legen die älteren Sherpas heute noch wert, haben am Everest nichts verloren. Damit würden die Götter beleidigt.

Die Praxis aber sieht anders aus. Trotz des 2001 eingeführten strikten Alkoholverbots wird bei so manchem Sherpa-Fest getrunken, daß sich die Zeltstangen biegen. Unglaubliche Geldbeträge werden bei Kartengelagen verzockt, und wenn die jungen Sherpani mit der täglichen Bier- und Whiskylieferung, versteckt unter Kartoffeln und Reis, eintreffen, gibt es einen Auflauf. Die Stars unter den Sherpas verdienen heute 25 000 Dollar pro Expedition. Der Berg hat ihnen Ruhm und Reichtum eingebracht, denn sie sind die wahren Helden am Everest. Am Nachmittag ist Apa Sherpa, der erfolgreichste unter ihnen, noch einmal auf seinen Hügel gestiegen. ›Eigentlich bin ich gern hier. Das ist mein Arbeitsplatz. Hier verdiene ich das Geld für die Schulausbildung meiner vier Kinder. Aber jedes Jahr freue ich mich, wenn das alles vorbei ist und ich nach Hause gehen kann. Der Everest ist nicht mehr so, wie er einmal war.‹ Apa ist 42 Jahre alt und war bei Hillarys und Tensings Erstbesteigung noch nicht einmal auf der Welt...«

Dem ist eigentlich nicht viel hinzuzufügen, denn der Mount Everest ist durch die vielen kommerziell organisierten Expeditionen tatsächlich zu einem Jahrmarkt der Eitelkeit verkommen. Die Sherpas und der Sauerstoff aus der Flasche ermöglichen den organisierten Wahnsinn am Dach der Welt. Apa Sherpa hat den Gipfel inzwischen dreizehn Mal erreicht, doch 2001 mußte dieser Ausnahmebergsteiger den Mitgliedern seiner japanischen Expedition im Basislager zuerst einmal zeigen, wie man überhaupt Steigeisen anlegt...

Kapitel 5
Ausgeliefert – Schwarze Zehen und ein Schnitt mit der Motorsäge

An den hohen Bergen herrschen ganz und gar eigene Gesetze. Besonders an den hohen Achttausendern. Das ist eine andere Welt. Und der Mensch ist für diese Welt eigentlich nicht gemacht.

Vor mir setzte Jean-Christophe Lafaille wieder einen Fuß vor den anderen. Wir hatten einander viele Stunden lang abgewechselt, eine Spur in Richtung Gipfel des K 2 zu ziehen. Jetzt war der gelbe Anzug vor mir. Drei, vier, maximal fünf kleine Schritte, dann blieben wir wieder stehen. Mehr ist in diesen Höhen vom Körper nicht mehr zu leisten. Alles wehrt sich, Organe, Muskeln, Sehnen, Nerven, einfach alles läuft auf Notprogramm. Der Körper kämpft um sein eigenes Überleben.

Rein medizinisch ist diese Situation ebenso einfach wie hochkompliziert. Auf 8000 Meter Höhe enthält die Luft genau dieselben 21 Prozent Sauerstoff wie auf Meereshöhe. Allerdings ist in der Höhe der Luftdruck niedriger und damit die Luft dünner. Es gelangt somit bei einer Lungenfüllung Luft viel weniger Sauerstoff zur Verteilung an den richtigen Ort im Körper. Die komplexe Reaktion des Körpers bedingt unter anderem, daß der Mensch mit zunehmender Höhe schneller und tiefer atmet, um sich so vor Sauerstoffmangel zu schützen. Gleichzeitig verlangsamen sich die meisten Körperfunktionen. Es entsteht eine schwierige Situation, und die dramatische Frage lautet: Wieviel kann man atmen? Kopfschmerzen, Übelkeit, Schwäche, Krämpfe, Kurzatmigkeit, eingeschränkte Wahrnehmungs- und Urteilsfähigkeit, Verwirrung, Ohnmacht – die Bandbreite der Symptome, die der Körper als Warnsignale aussendet, ist groß.

Doch offensichtlich stellt für den Menschen alles eine Herausforderung dar, für das er nicht geschaffen ist. Die Gesetze der Natur zu überwinden, das scheinbar Unmögliche doch möglich zu machen, die Suche nach dem Limit, dies alles treibt den Menschen um und somit auch auf die hohen Berge. Dort oben in der Höhe kann er dann allerdings gewisse Erfahrungen sammeln. Erfahrungen darüber, was er sich zumuten kann. Im Laufe der Jahre lernte ich sehr viel über mich selbst. Zeit für den Blick nach innen bleibt genug. An den ersten Achttausendern bin ich einfach hinter Reinhold Messner »hergerannt«. Ich bin seinen Rhythmus mitgegangen, weil ich dachte, was ihm gut tut, wird mir schon auch bekommen. Bis ich nach und nach mein eigenes Tempo, meinen eigenen Schritt, meine eigene innere Ruhe und so meinen Überlebensrhythmus in großen Höhen fand.

Anders wäre auch meine Solo-Besteigung am Everest gar nicht möglich gewesen. Als sich damals, in diesem katastrophalen Jahr 1996, in dem der Tod am Berg fast alles überschattete, für ein paar Tage ein Wetterfenster auftat und die Bedingungen einigermaßen gut waren, hatte ich meine Kräfte trotz des ganzen Chaos um mich herum genügend gebündelt. Am 23. Mai, gegen 17 Uhr, startete ich im vorgeschobenen Basislager und erreichte nach 16 Stunden und vierzig Minuten den höchsten Punkt unserer Erde. Dort schnallte ich die Ski an und quälte mich in weiteren sechs Stunden und fünfzig Minuten auf den Brettern zurück ins Tal. Die Schnelligkeit, mit der ich versuchte, den Gipfel des Everest zu erreichen, war nicht von einer Rekordsucht motiviert, sondern Teil meiner Überlebensstrategie. Schnelligkeit gab mir Sicherheit. Je weniger Zeit ich in der vielzitierten Todeszone verbrachte, um so größer war die Chance, gesund und unversehrt von diesem schwarzen Monstrum Everest wieder herunterzukommen.

Mein Erfolg war so gesehen ein Triumph meiner Erfahrung. Und sie wurde mir ausgerechnet da zum Vorteil, wo ich sie nicht hatte. Nämlich in der Höhe jenseits von 8500 Meter. Denn als mir in jener Zone, die ich nie zuvor betreten hatte, fast unmerklich die Ängste und das Ungewisse in den sturmfesten Overall krochen, profitierte ich davon, daß ich mich vorher nicht schon vollends aufgerieben hatte. Als ich geistige Energie benötigte, hatte ich sie nicht schon anderswo verbraucht.

Zwei Jahre später sollte ich dann lernen, was es bedeutet, wenn man zu lange in der Höhe verbringen muß und dort nur den geringsten Fehler macht.

Wolkenbogen: *Kangchendzönga und das ewige Eis*

Der Kangchendzönga ist der östlichste Achttausender. Er liegt auf der Grenze von Nepal und Sikkim, ist der dritthöchste Gipfel der Welt und gilt als der größte Gletscherberg der Erde. Sein fast unaussprechlicher Name bedeutet in der nepalesischen Sprache die »Fünf Schatzkammern des ewigen Schnees«. Der Kantsch ist schwierig, gefährlich und der Weg zum Gipfel weit. Weiter als bei vielen anderen Achttausendern.

Oh ja, ich will gar kein Hehl daraus machen. Es reizte mich, an meine Grenzen zu gehen. Es war mir eine Herausforderung, dorthin zu gehen, wo der Mensch eigentlich gar nicht hingehört. Ich fror lieber stundenlang an einem Berg, als daß mir am Schreibtisch zu heiß wurde. Was kann ich leisten? Wie lange dauert es, bis mein Körper blockiert? Das alles war fast schon zu einem Spiel geworden. Aber nicht ein Spiel mit dem Tod. Ich wollte in den Abgrund schauen, aber nicht hinunterfallen. Ich suchte die Grenze, aber ich wollte sie allenfalls berühren, niemals überschreiten. Ganz nah hinkommen und dann ganz schnell zurück.

Als ich 1998 in München ins Flugzeug stieg, das uns nach Frankfurt/M. und von dort in die nepalesische Hauptstadt Kathmandu bringen sollte, hatte ich Besteigungsgenehmigungen für den Kangchendzönga, den Manaslu und den K 2 in meinem Bordgepäck. Neben mir saßen meine Bergführerkollegen Konrad Auer und Werner Tinkhauser. Ein paar Reihen hinter uns der Kameramann Hartmann Seeber und der Journalist Walther Lücker. Eine Mini-Expedition mit einem gewaltigen Ziel: drei Achttausender hintereinander, innerhalb einer Saison.

Der Kanchendzönga spuckte Gift und Galle. Das Wetter spielte ein grausames Spiel. Brütende Hitze am Vormittag, Schneefall am späten Nachmittag. Die Verhältnisse waren alles andere als gut. Mit lautem Getöse donnerten Tag für Tag zig Lawinen ins Tal. Wenn sich die »Fünf Schatzkammern des ewigen Schnees« gefüllt hatten, spien sie die ganze Fracht wieder aus. Als Konrad Auer und ich am 14. Mai vom Basislager Richtung Gipfel aufbrachen, stand es um unsere Chancen nicht zum Besten, und ich hatte keine Ahnung, daß ich nur neun Tage später in Bruneck im Krankenhaus liegen würde.

Ich hatte wieder die Ski dabei. Auch wenn vielleicht eine Abfahrt direkt vom Gipfel nicht möglich sein sollte, so wollte ich dennoch Teile des Bergs befahren. Als ich am Abend des 17. Mai in unserem Biwakzelt auf 7600 Meter meine Schuhe auszog, unterlief mir ein folgenschwerer Fehler. Die Plastikschale der Schuhe stellte ich an das Fußende, in die Ecke des Zelts, die Innenschuhe nahm ich mit in den Schafsack. Um mehr Sauerstoff ins Zelt gelangen zu lassen, ließen wir den Reißverschluß ein kleines Stück offen. In der klirrend kalten Nacht wehte Triebschnee in unsere bescheidene Behausung. Als wir aufstanden, war alles mit feinem Pulver bedeckt. Irgendwann mußten mir die Thermo-Innenschuhe aus dem Schlafsack gefallen sein. Selbst sie waren mit Schnee gefüllt, den ich auch mit Ausklopfen und Kratzen nicht vollständig herausbrachte. Schon als ich meine Schuhe wieder anzog, hatte ich kalte Füße. Sie wurden an den nächsten beiden Tagen nie mehr richtig warm. Ich fror fast unablässig.

Wir erreichten dennoch den Gipfel. Es war mein zwölfter Achttausender, und noch ahnte ich nichts Böses. Ich machte einen Kopfstand in 8586 Meter Höhe. Ich dachte an den geplanten Blitzversuch am

Manaslu, den ich vom letzten Dorf aus ohne Zwischenlager besteigen wollte. Und ich dachte an den K 2.

Am 20. Mai landete im Basislager, am Fuß des Kangchendzönga, ein großer Hubschrauber. Die Zehen meines linken Fußes waren schwarz. Erfroren. In Windeseile rafften wir unser Expeditionsgepäck zusammen, vergaßen Walthers Geburtstag und flogen in die nepalesische Hauptstadt. Im Travel-Medicine-Center in Kathmandu stellte Dr. Martin Springer die ernüchternde Diagnose: schwere Erfrierungen an allen Zehen des linken Fußes, leichtere Erfrierungen an vier Zehen des rechten Fußes. Zwei Tage später lag ich in Bruneck im Krankenhaus und erhielt ein Mittel mit Namen Heparin, das die Blutgefäße erweitert.

Bevor ich am Kangchendzönga in 7600 Meter Höhe die Ski anschnallte, schloß ich die Schnallen meiner Plastikstiefel so fest es überhaupt nur möglich war. Damit gab ich mir wahrscheinlich den Rest. Das Blut konnte nicht mehr richtig in meinen Füßen zirkulieren. Die durch die extreme Kälte in der Nacht unseres Gipfelanstiegs ohnehin schon geschädigten Zehen wurden nun noch schlechter durchblutet. Das Gewebe starb ab. War ich am zwölften Achttausender mit einem Mal leichtsinnig geworden? Oder war es Übermut? War ich mir meiner Sache zu sicher? Verleitet Erfolg zu Unachtsamkeit? Der deutsche Fußballtrainer Jörg Berger hat einmal einen klugen Satz gesagt: »In der Stunde des Erfolgs ist die Summe der Fehler am größten.«

Ich hatte einen gewaltigen Fehler gemacht. Und es schien, als müßte ich nun teuer dafür bezahlen. Mit amputierten Fußzehen ist schlecht klettern. Während in Bruneck Heparin in meine Vene geleitet wurde, waren zwar alle Zehen noch dran, aber ich fühlte mich wie ein halber Mensch. Mein Beruf als Bergführer stand auf dem Spiel. Ich hatte Angst um meine Zukunft.

Ich hatte in den Alpen und an den hohen Bergen bis zu diesem Zeitpunkt viel erlebt. Viele schöne Tage, aber auch die Schrecksekunden, in denen ein zuckender Gedanke für den Ausstoß von Adrenalin sorgt: Jetzt ist alles vorbei. Immer war es irgendwie gutgegangen. Während ich da in Bruneck mit düsteren Gedanken in einem blütenweiß bezogenen Krankenhausbett lag, fiel mir Südamerika ein, Patagonien, der Cerro Torre und was ich dort für ein Glück gehabt hatte.

Der Cerro Torre ist das Bergbild schlechthin, vielleicht der schönste Turm der Welt. Der K 2 besticht durch seine Wucht. Der Cerro Torre dagegen durch seine kühne, schlanke Gestalt. 1988 war es mir mit dem Münchner Spitzenkletterer Wolfi Müller gelungen, diese beeindruckende Nadel zu besteigen. Der starke Eindruck, den ich damals hatte, war sicherlich ausschlaggebend dafür, daß ich 1990 das Angebot annahm, bei einem Filmprojekt mitzuwirken. Der deutsche Regisseur Werner Herzog drehte »Schrei aus Stein«, in dem die dramatische Geschichte der Erstbesteigung durch Cesare Maestri und Toni Egger von 1959 erzählt wird. Der Film wurde kein allzu großer Erfolg und war ein bißchen chaotisch in seinem ganzen Aufbau. Aber vielleicht ist das nicht anders möglich, wenn man so ein schwieriges Bergthema in einen Spielfilm pressen will. Ich wurde engagiert, den Toni Egger zu spielen, der ja bei der Erstbesteigung abgestürzt war. Doch die Hauptaufgabe war vor allem typische Bergführerarbeit. Wir mußten Kamerastandplätze in der Wand suchen und sie präparieren, das Filmteam sichern und einen Teil der spektakulären Szenen doubeln.

Die kurzen Szenen, die ich schauspielern sollte, raubten mir den letzten Nerv. Neben mir stand der große Schauspieler Donald Sutherland, und ich mußte meinen Text sprechen. Dabei kam es weniger darauf an, was ich sagte, sondern daß die Mundbewegungen einen »englischen« Eindruck machten. Wenn Donald Sutherland seinen Part spielte, war ich beeindruckt, wie authentisch er wirkte, wie realistisch er seinen Text über Dinge sprach, die gar nicht existierten. Mir ist das schwergefallen zu sagen: »Schau, da drüben kommt einer, da kommt einer direkt auf uns zu.« Aber da kam gar keiner, da war nichts außer einem Strauch. Ich schaute den Strauch an und mußte zu Donald Sutherland sagen: »Schau, da drüben kommt einer.«

Nein, ich war einfach kein Schauspieler. Einmal saßen wir in der kleinen Holzhütte am Fuß des Cerro Torre. Der windschiefe Raum war mit Scheinwerfern ausgeleuchtet, jede Menge Leute liefen herum. Plötzlich wurde es ganz ruhig, alle standen still, und Donald Sutherland schrie mich an. Er konnte sich gar nicht beruhigen. Ich fragte mich, was will denn der von mir, warum schreit der so? Bis ich auf einmal begriff. Der spielte seine Rolle. Das gehörte zum Film, daß er mich so anbrüllte.

Ein ganz wichtiger Teil des Films spielte am Gipfel des Cerro Torre, einem extrem gefährlichen Ort. Die Berge in Patagonien bringen es an Höhe nur bis knapp zur 3000-Meter-Grenze, und doch gehören sie aufgrund der Witterungsbedingungen zu den schwierigsten Bergen der Welt. Es gibt kaum anhaltend schönes Wetter, mehr als 300 Tage im Jahr verstecken sich die steil aufragenden Massive in den Wolken.

Durch die starken Stürme, die Luftfeuchtigkeit, den Regen und die Schneefälle bildet sich am Gipfel des Cerro Torre ein großer Eispilz. Das ist ein unglaubliches Naturschauspiel. Dieser Gipfeleispilz sieht aus, als hätte man auf eine Stecknadel oder einen Kugelschreiber einen Schneeball gesteckt. Wenn der Pilz rund um den Gipfel zu schwer wird, bricht er, oft nur halbseitig, weg und stürzt in die Tiefe. Mit Hilfe des Winds und des feuchten Schnees, der sich wie Kaugummi an die Wände pappt, bildet er sich dann rasch wieder neu. Wann der Pilz bricht, ist nicht vorhersehbar. Wenn er groß genug ist, stürzt er 2000 Meter in die Tiefe. Das kann nach einem Jahr sein oder nach ein paar Wochen.

Die Hauptrollen neben Donald Sutherland spielten Vittorio Mezzogiorno, der deutsche Spitzenkletterer Stefan Glowacz und die Französin Mathilde Mey. Mezzogiorno verstand vom Bergsteigen überhaupt nichts und mußte häufig gedoubelt werden. Aber ein paar Szenen mußte er einfach selbst spielen, zum Beispiel die entscheidende Ankunft auf dem Gipfel des Cerro Torre. Mit einem Hubschrauber vom Typ Lama sollte er hinaufgeflogen werden. Mezzogiorno sagte jedoch klipp und klar, daß er auf keinen Fall allein da oben bleiben wolle. Ich konnte das irgendwie verstehen, denn schon der bloße Anblick ist ein besonderes Naturschauspiel, wenn der Wind über die Spitze und um den Eispilz fetzt.

Ausgesetzt: *Kamerastandplatz am Cerro Torre in Patagonien*

Meine Bergführerkollegen Oswald Santin aus Sterzing, Roman Tschurtschenthaler aus Sexten und ich wurden schließlich zuerst hinaufgeflogen. Den Lama wirbelte es beim Anflug auf den Gipfel umher wie ein Blatt Papier im Wind. Mit einen tollkühnen Manöver wurden wir drei oben abgesetzt. Ich weiß nicht, wie der Pilot das angestellt hat, aber es ist ihm gelungen, ganz dicht an die Spitze heranzufliegen, wir standen auf der Kufe und sprangen hinaus. Das war ein extremer Moment. Ich kniete auf dem Gipfel, mir zog es den Magen zusammen, so sehr beeindruckten mich die Tiefe und die luftige Ausgesetztheit.

Es ist ein gewaltiger Unterschied, ob man selbst eine Wand oder einen solch ausgesetzten Turm hinaufgeklettert ist und dann hinunterschaut oder ob man innerhalb einer Sekunde in dieser Höhe ausgesetzt wird.

Zu dritt kauerten wir nun da oben. Als der Hubschrauber weggeflogen war, begannen wir mit einer Motorsäge ein Loch in den Eispilz zu schneiden. Abwechselnd lösten wir ganze Blöcke heraus, bis nach und nach eine Höhle entstand. Wir waren sicher schon einen Meter tief vorgedrungen, und ich steckte mit der Motorsäge gerade in dem Loch, als Roman und Ossi draußen schrien: »Hans, komm raus! Raus da, raus! Raus da, ganz schnell raus!« Ich sah über mir an der Decke unserer Höhle einen Sprung, einen Riß über die ganze Fläche.

Mir wurde blitzschnell klar, in welcher Gefahr wir uns befanden. Wir Deppen hatten in das Eis geschnitten, das natürlich unter enormer Spannung stand, und nun war der Pilz aufgerissen. Ich kroch ganz schnell aus der Höhle heraus. Dann standen wir in dieser luftigen Ausgesetztheit, ein Bein links, das andere rechts über dem Spalt, der ungefähr zehn Zentimeter breit war. Mit den Pickeln in der Hand warteten wir nur noch darauf, daß der Eispilz bricht und nach unten fliegt. Uns blieb nichts anderes übrig, als zu warten und zu hoffen, daß wir uns vielleicht im entscheidenden letzten Moment auf die andere Seite werfen konnten und mit den Pickeln irgendwie Halt finden würden.

Es hat wenige Momente in meinem Leben gegeben, in denen ich solche Angst hatte, in denen mir das Gefühl von totalem Ausgeliefertsein so die Kehle zuschnürte.

Noch hielt der Eispilz. Aber wie lange? Der starke Wind blies uns um die Ohren, und unter uns waren 2000 Meter Luft, Luft, Luft. Dann riefen wir mit dem Funkgerät den Hubschrauberpiloten und versuchten ihm klarzumachen, daß er sofort heraufkommen müsse. Ein paar Minuten später kam er angeflogen. Er hatte uns vormittags hinaufgebracht. Inzwischen war es Nachmittag geworden. Um den Cerro Torre hatte sich Thermik mit starken Aufwinden gebildet. Verzweifelt versuchte der Pilot den Helikopter in die Nähe des Gipfels zu fliegen. Doch kaum war er in unserer Nähe, wurde er wieder davongetragen. Über Funk erklärte er uns, daß er so keine Chance habe, er müsse hinunterfliegen und Gewicht aufnehmen, damit er schwerer werde. Da sahen wir praktisch den Rettungsanker schon neben uns, und nun flog er wieder weg. Es dauerte eine halbe Ewigkeit, bis er zurückkam. Nun versuchte er sich uns von unten her zu nähern. Ganz langsam, fast im Schwebeflug, trug es den Hubschrauber hinauf. Einer von uns sollte durch die offene Tür hineinspringen. Dann wollte er abdrehen und es erneut versuchen.

Der Mann im Helikopter war ein tollkühner Bursche. Er erkannte sofort, in welcher Gefahr wir in dieser ausgesetzten Position schwebten. Er war als ehemaliger Pilot im Falkland-Krieg sehr erfahren mit seinem Fluggerät und darin, in diesen Stürmen zu fliegen. Während des Kriegs war er bei schlimmsten Wetterbedingungen immer wieder ganz knapp über das Meer geflogen, um so dem gegnerischen Radar zu entgehen. Die Narben an seinem Körper waren stumme Zeugen dessen, was dieser Mann alles erlebt hatte.

Wir standen da oben, der Wind tobte, und wir hatten unbändige Angst. Plötzlich kam er ganz langsam daher und schwebte direkt neben uns in der Luft. Ossi und Roman sprangen mit einem Satz nach vorn und verschwanden in der Kabine. Wie Pfeile, gewandt wie Katzen, schnellten die beiden hoch und ich hinterher. Es ging alles ganz schnell. Ich packte die Kufe mit beiden Händen und warf gerade noch ein Bein darüber. In dieser Sekunde drehte der Hubschrauber ab. Ich hing da draußen wie ein Affe an einem starken Ast. Aber weniger geschickt vielleicht als ein Affe.

Der Blick in die Tiefe, der Wind und die Angst raubten mir den Atem. Wir flogen hinaus, weg vom Cerro Torre, weg von dem Gipfelpilz, der sicher einen Durchmesser von dreißig Meter hatte. Es war bitter kalt an diesem Wintertag in Patagonien. Ich dachte, jetzt werde ich mir an der eisigen Kufe des Hubschraubers auch noch die Hände erfrieren. Aber das war mir in dem Moment vollkommen egal. Nur raus aus dieser Gefahr am Gipfel. Aus der offenen Tür kam eine Hand, die mich an der Jacke packte und festhielt. So flogen wir zum Fuß des Cerro Torre. Bei der ersten Landemöglichkeit konnte ich richtig einsteigen und wir flogen weiter in das kleine Dorf Chalten, wo die entsetzte Filmcrew auf uns wartete. Mit wackligen Knien, weich wie Pudding, kletterten wir aus dem Hubschrauber. Vorbei. Gerade noch mal davongekommen.

Vittorio Mezzogiorno, der Schauspieler, stand stumm da. Weiß wie eine Wand.

Kapitel 6
Vorbereitung – Roter Sirup und staubender Pulverschnee

In wieviele gefährliche Situationen kommt ein Lastwagenfahrer im Laufe einer Arbeitswoche auf der Autobahn? Zehn? Zwölf? Drei, bei denen es wirklich brenzlig wird? Sicher kommt es darauf an, wie oft man etwas tut, was an sich nicht ungefährlich ist. Und je häufiger man sich in latent gefährliche Situationen begibt, um so größer wird das Risiko. Doch das Risiko ist relativ. Es bleibt dem LKW-Fahrer überlassen, wie dicht er auf seinen Vordermann auffährt oder in welchen Situationen er zum Überholen ansetzt. Aber er kann nicht beeinflussen, wenn andere Autofahrer ihn in bedrohliche Situationen bringen. Der Bergsteiger kann bei der Routenwahl entscheidend auf das Maß der Schwierigkeiten einwirken, die ihn bei einer Tour erwarten. Er kann aber nicht kalkulieren, ob eine Seilschaft über ihm einen Steinschlag auslöst.

Ich hätte die Auswahl meiner Schuhe am Kangchendzönga anders treffen können. Doch ich dachte an die Skiabfahrt und weniger an den Aufstieg. Deshalb wählte ich einen sehr engen Schuh, damit ich auf dem Ski einen besseren Halt haben würde. Ich konnte es drehen und wenden, wie ich wollte. Ich hatte einen Fehler gemacht. Daß mir die Innenschuhe in der Nacht aus dem Schlafsack fielen und Triebschnee hineinkam, war eher Pech. Doch die Faktoren summierten sich, und die Konsequenzen waren angesichts der exponierten Gesamtsituation unumgänglich.

Die erfrorenen Zehen waren eine unumstößliche Tatsache. Die Chancen jedoch, daß ich mich keiner Amputation unterziehen mußte, stiegen täglich. Der Heilungsprozeß nahm einen guten Verlauf. Wir arbeiteten intensiv an meinem zweiten Buch *Bergsüchtig*, ich begann vorsichtig Pläne für die Zukunft zu machen und hatte reichlich Gelegenheit, über Vergangenes nachzudenken.

Das geschilderte Abenteuer am Cerro Torre war mit der glücklichen Landung allerdings noch nicht beendet. Um nichts in der Welt wäre einer von uns dreien noch einmal dort hinaufgeflogen zu dem angerissenen Gipfeleispilz. Es war schließlich nur eine Frage der Zeit, wie lange es dauern würde, bis er krachend die Tiefe flog. Aber der Film war bei weitem noch nicht abgedreht. Es fehlte immer noch die Gipfelszene. Die Jungs aus dem US-amerikanischen Filmteam wollten das Problem auf Hollywood-Art lösen. Mit Dynamit. Der Sprengstoff sollte aus dem Hubschrauber über dem Pilz in den Spalt geworfen und dann gezündet werden. Ich schlug eine sanftere Lösung vor. Vom Heli aus können wir Wasser aus großen Fässern in den Spalt schütten. Der Frost würde das fragile Gebilde schon auseinandersprengen. Alle drängten auf eine schnelle Entscheidung, denn unter diesen Bedingungen war es nicht einmal möglich, am Wandfuß gefahrlos zu drehen. Und jeder verlorene Tag verschlang große Summen des Budgets.

Das Problem löste sich von selbst und über Nacht. Am nächsten Tag brach eine Seite des Pilzes weg. Die Trümmer lagen unten. Die Gefahr war endgültig gebannt. Aber nun hatten wir keinen vollständigen Eispilz mehr, und der Berg sah ganz anders aus als vorher. Ein großer Teil der Aufnahmen war abgedreht, und nun hatten sich die Bedingungen schlagartig geändert. Nichts paßte mehr zusammen. Aber die Filmer arbeiten ja mit allen Tricks, wenn es sein muß. Die Gipfelszene entstand an einem kleineren Eiswulst ganz unten, und die fehlende Sequenz wurde mit einem leicht umgeschriebenen Drehbuch und einer Eislawine überbrückt.

Diese Dreharbeiten waren für mich ein einziges Abenteuer. Da ergaben sich Situationen, in die ich als Kletterer nie hineingeraten wäre. Bei der Szene, in der Toni Egger von einer Eislawine in den Tod gerissen wird, mußte ich frei ins Seil springen. Wir befanden uns nicht in irgendeinem Klettergarten in den Dolomiten, sondern am Cerro Torre, einer der wildesten Felsnadeln der Erde. Für die Szene war alles mit Bohrhaken perfekt abgesichert. Da konnte nichts passieren. Wir hatten jede Menge Kletterseile im Gepäck, aber für den Sturz hatten sie ein besonders farbenfrohes ausgesucht, das sich im Film sicher gut machen würde. Dieses Seil gab es in dieser Farbe jedoch nur einmal.

Bevor ich sprang, gaben sie mir einen süßen, dunkelroten Saft in den Mund. Ein grausiger Sirup. Sie sagten, wenn ich springe, solle ich das Zeug rausblasen, damit alles dramatisch und blutig aussieht.

Ein Kletterseil ist durch das Material und die Verarbeitung dynamisch. Das heißt, wenn man ins Seil fällt, gibt es nach und dämpft so den Sturz. Die dadurch bewirkte Seildehnung bildet sich aber nach einem erheblichen Sturz nur geringfügig zurück. Nach mehreren Stürzen federt das Seil das Gewicht des Kletterers praktisch überhaupt nicht mehr ab, das Seil wird nach und nach immer statischer.

Ich hatte nun den Mund voll dunkelrotem Sirup. Von oben warfen sie ein paar Schneebrocken herunter, die mich als Eislawine aus der Wand katapultieren sollten. Ich sprang in den Überhang, spuckte jede Menge Blut gegen die Felswand und flog einigermaßen weich in das kunterbunte Seil. Perfekt – dachte ich.

Mit dem Filmteam und Regisseur Werner Herzog standen wir in Funkkontakt. Der Kameramann Fulvio Mariani war sehr zufrieden. Und auch Herzog sagte, der Flug sei wunderbar. Nur die Art, wie Stefan Glowacz den Sprung gesichert habe, sei einfach zu weich gewesen. Stefan Glowacz ist ein Spitzenkletterer von Weltrang, er beherrscht den höchsten je gekletterten Schwierigkeitsgrad. Ich hätte mich in so einer Situation nicht vielen anvertraut. Aber bei Stefan wußte ich, daß er weiß, was er tut. Werner Herzog sagte, zu weich das Ganze, noch einmal. Er wollte es auf die knallharte Tour.

So hangelte ich mich mit den Steigklemmen am Seil wieder zu dem Überhang hinauf, nahm noch einmal einen Mund voll dunkelrotem Sirup und sprang in das ohnehin schon belastete Seil. Ganz gut der Sprung, funkte Werner Herzog, der Flug auch, sehr gut auch, wie das Blut gegen die Wand spritzt. Alles soweit in Ordnung. Aber ich müsse halt schon warten, bis die Eisbrocken der Lawine kommen, es solle unbedingt so aussehen, als würde ich mitgerissen. Ich dürfe nicht einfach hinausspringen in die Luft, die Lawine müsse mich mitnehmen, sonst würde es auffallen. Werner Herzog wollte das perfekt inszenieren. Er sagte immer, der Kinobesucher soll seinen Augen wieder trauen dürfen. Ich fädelte die Steigklemmen wieder ins Seil, kletterte nach oben und stand bald da, von wo ich schon zweimal gekommen war. Ich packte das Seil an und hatte gar kein gutes Gefühl mehr. Mindestens drei sogenannte Normstürze hält so ein Seil schon aus, aber irgendwann geht die Elastizität verloren und beschränkt sich auf ein Minimum. Dann wird ein Sturz durch den härteren Fangstoß gefährlich, und die Verletzungsgefahr erhöht sich um ein Vielfaches. 1000 Meter über dem Boden nahm ich also noch einmal den Mund voll Sirup, wartete auf die Brocken von oben und...

»Halt, halt«, schrie Fulvio Mariani, »stop, stop, nicht spri...«

Doch da war ich schon draußen, spuckte eifrig Blut gegen die Wand, die inzwischen aussah, als hätte man vor ihr ein Schwein abgestochen. Dann krachte ich unter dem Überhang ins Seil. Derweil wischte Fulvio Mariani, der mich Jahre später zur Skiabfahrt am Everest begleiten sollte, mit einem weichen Tuch das Objektiv seiner Kamera sauber. Ein Windstoß hatte ihm Schneeflocken vor die Linse getrieben. Ich nestelte das Funkgerät aus meiner Jacke und teilte mit: »Aus, vorbei, ich spring nicht mehr in dieses Seil.« Sie sollten das gedrehte Material von mir aus zusammenschneiden oder ein anderer sollte springen, ich auf jeden Fall nicht mehr. Ich hatte die Schnauze gestrichen voll.

Ich denke, nach so vielen Jahren darf man schon aus dem Nähkästchen plaudern. Die Szene wurde schließlich in Frankreich, oberhalb von Chamonix, an der Felsnadel Aguille de Midi am Fuß des Mont Blanc nachgedreht.

In meinem zweiten Buch *Bergsüchtig* beginnt der Epilog mit den Sätzen: »Ich verlor meine Zehen nicht. Nicht einen einzigen. Ich lag bis zum 31. Mai im Brunecker Krankenhaus, Tag und Nacht an den Tropf angeschlossen. Dann wurde ich nach Hause entlassen...«

Wieder hatte ich am K2 kapitulieren müssen, ohne überhaupt dort gewesen zu sein. Erst die Bürokratie, nun erfrorene Füße. Die geplante Achttausender-Trilogie war schon nach dem ersten Gipfel zu Ende. Der Erfolg am Kangchendzönga war von hohem Wert für mich, denn der Kantsch zählt zu den schwierigen Achttausendern. Einige Extrembergsteiger haben gerade ihn bis zum Schluß hinausgeschoben. Aber daß es einfach nicht sein sollte, mich dem K2 zu nähern, wurmte mich. Von allen hohen Bergen faszinierte er mich am meisten, und ich kam einfach nicht hin.

Ich war gerade erst ein paar Wochen aus dem Krankenhaus heraus, da begann in mir der Plan zu reifen, einen dritten Anlauf zu nehmen. Einmal noch. Es wenigstens versuchen. Und wenn es wieder nicht klappen sollte, dann wollte ich ihn einfach vergessen. Im späten Herbst begann ich wieder zu tüfteln, zu organisieren und zu überlegen. Immer wieder blätterte ich in Büchern über den K 2 und beschäftigte mich mit dem Berg.

Der Sommer war eine einzige Qual. Ich konnte nicht klettern, nur ein wenig spazierengehen. Liegestuhl statt joggen. Das machte mich unruhig. Auf einmal spürte ich, was mir in diesem anderen Leben alles fehlte. Offene Sandalen statt Kletterpatschen, einfache Wanderwege statt lotrechte Wände. Und dazu nach wie vor die Ungewißheit, ob ich meine Füße wieder voll würde belasten können, wie lange es dauern würde, bis die Zehen soweit erholt wären, daß ich sie wieder mit der eisigen Kälte an den hohen Bergen konfrontieren könnte. Der Fehler mit den zu engen Schuhen stieß mir bitter auf. Ich war bereit, aus diesem Fehler zu lernen. Aber ich wollte in der Praxis lernen und mich nicht im Wohnzimmer ärgern. Dazu mußte ich hinaus.

Nach den beiden Fehlversuchen stellte ich ein drittes Team für den K 2 zusammen und entwickelte einen neuen Plan. Ich lud Konrad Auer ein, der mir am Kantsch ein starker und verläßlicher Partner gewesen war. Dazu den Kameramann Hartmann Seeber, dessen Bergbilder mit jedem Unternehmen immer besser wurden, den Reporter Bernd Welz, der damals für den deutschen Privat-Fernsehsender *Pro 7* tätig war, und den Journalisten Walther Lücker, mit dem ich plante, einmal ein Buch über den K 2 zu schreiben.

Meine Frau Brigitte buchte fünf Tickets nach Islamabad in Pakistan und schrieb gleichzeitig im Programm unserer Alpinschule Südtirol eine Expedition zum Muztagh Ata aus. Das ist ein 7546 Meter hoher Berg in der westchinesischen Provinz Sinkiang nahe der kirgisischen Grenze. Der Muztagh Ata ist technisch recht einfach zu besteigen und ideal mit Ski zu bewältigen. An diesem mächtigen Massiv, das durch zwei riesige versetzte Rampen besticht und in einer traumhaften Umgebung liegt, wollte ich mich für den K 2 akklimatisieren und vor allem schauen, wie meine Füße auf Kälte reagierten.

Unterdessen sollten Konrad, Hartmann, Bernd und Walther allein nach Pakistan fliegen, die Formalitäten erledigen und auf der Moräne zu Füßen des K 2 das Basislager aufbauen. Danach könnte Konrad versuchen, am sogenannten Abruzzengrat ein Hochlager zu errichten, damit auch er sich entsprechend akklimatisierte. Das ganze Unternehmen lief also zunächst auf zwei Ebenen ab.

Für den Muztagh Ata fand sich eine nette und fröhliche Gruppe zusammen. Gerade bei kommerziell organisierten Expeditionen ist vor allem die positive Einstellung der einzelnen Teilnehmer besonders wichtig, weil das Team eher aus dem Zufall heraus geboren wird. Und alle müssen gute, selbständige Bergsteiger sein. Ich denke, es ist die stille Angst aller kommerziellen Anbieter, daß sie einen oder mehrere aus der Gruppe durch welche Umstände auch immer verlieren könnten. Da kommen sofort Angriffe von dritter Seite, denn es ist ein großer Unterschied, ob da eine zusammengewürfelte Truppe, deren tatsächliches Leistungsvermögen man möglicherweise erst richtig einschätzen kann, wenn es zu spät ist, oder eine Gruppe gleichwertiger, womöglich auch noch gut befreundeter Bergsteiger unterwegs ist.

Schon die Anreise zum Muztagh Ata war ein Erlebnis für sich. Ich hatte viel vom Hunza-Gebiet gehört, und nun kam ich endlich einmal dorthin. Dieser Landstrich im Norden Pakistans an der Grenze zu China wirkt wie eine gewaltige Oase, die sich allerdings als schmaler, sattgrüner Streifen entlang des Flusses Hunza erstreckt. Nur selten klettert das Grün ein Stück die steilen Berghänge hinauf. Dort wurden über Jahrhunderte in komplizierter Arbeit Terrassenfelder angelegt, die mit Steinmauern befestigt sind und durch ein wahres Labyrinth von kleinen und größeren Kanälen bewässert werden. Jede dieser Terrassen zeugt von der Kunst zu überleben. Die Menschen leben in gedrungenen Steinhäusern mit flachen Dächern und kargen Räumen. Weil in Hunza die Flächen fruchtbaren Landes so knapp sind, ist für Vieh kaum Platz, die Bauern pflanzen Weizen und Mais und legen Obstplantagen an.

Hunza ist berühmt für seine köstlich süßen Aprikosen. Während der Sommermonate steht fast ausschließlich diese Frucht auf dem traditionellen Küchenplan, die obendrein auf den flachen Dächern der Häuser für den Winter getrocknet wird. Denn dann leben die Menschen selbst in ihrer Oase ganz besonders schwierig. Die Regale in den Geschäften sind leer. Leer auch die Speisekammern in den Häusern. Dann kratzen die Familien mühselig zusammen, was die Ernte im Sommer eingebracht hat. Die Hunza haben in Jahrhunderten gelernt, nichts zu verschwenden. Selbst die Kerne der Aprikosen werden gemahlen und dann an das wenige Vieh verfüttert. Aus dem Inneren der Kerne wird Öl zum Schutz der Haut und sogar zum Heizen gewonnen. Den Hunza eilt der Ruf voraus, daß sie wegen ihrer vitaminreichen Ernährung mit den Aprikosen und der überdurchschnittlich guten Luft sehr, sehr alt werden. Ob sie nun wirklich länger leben als die Menschen anderer pakistanischer Provinzen, sei dahingestellt. Tatsache jedoch ist, daß in keinem anderen Teil Pakistans die Kindersterblichkeit so hoch ist.

Wir reisten durch dieses wundervolle Land, aßen getrocknete Aprikosen mit geriebenem Knoblauch drin und bestaunten die Dörfer, die oft wie an die Hänge geklebt schienen. Strategisch liegt Hunza günstig. China im Norden und die Provinz Gilgit im Süden. Wer in früheren Zeiten von Süd nach Nord und umgekehrt wollte, mußte das Hunza-Gebiet passieren. Vor allem bei den Händlern, die früher von Turkestan nach Indien oder nach Zentralasien wollten, war Hunza gefürchtet, denn dort wurden sie regelmäßig ausgeplündert. Das ging so weit, daß bestimmte Routen der Karawanen aufgegeben werden mußten. Heute führt ein Stück des berühmten Karakorum-Highways von Rawalpindi kommend durch das Hunza-Land hinauf zur chinesischen Grenze. Die beeindruckende, von Schlaglöchern durchsetzte Asphaltpiste überwindet dort schließlich den 4709 Meter hohen Khunjerab-Paß. Um uns herum präsentierte sich eine gewaltige Landschaft, denn dort treffen vom Osten das Karakorum- und vom Westen her das Pamir-Gebirge zusammen.

Unser Blick wurde frei zum Muztagh Ata. Vom Khunjerab-Paß bis hinunter an den Karakul-See sind es, abhängig von der Beschaffenheit der Straße, zwischen sechs und dreizehn Stunden. Dort schlugen wir ein Lager auf und genossen nach all den Tagen auf der holprigstaubigen Piste und in den engen Jeeps ein paar Stunden dieses Fleckchen Erde. Im See spiegelte sich der Muztagh Ata, und an den Ufern weideten kleine Pferde, die man mieten und eine Runde reiten

Rampenlicht: *Der Muztagh Ata ist ein typischer Skiberg*

konnte. Von meinen Expeditionen in Nepal und Pakistan her war ich es gewohnt, daß Lasten von Yaks oder Trägern transportiert wurden. Nun machte ich eine ganz neue Erfahrung. Unser Gepäck wurde diesmal auf Kamele geschnallt. Zusammen mit diesen gutmütigen, geduldigen Tieren wanderten wir in ein paar Stunden in das Basislager unseres Skibergs.

Zum Muztagh Ata würde ich jederzeit mit einer Gruppe gehen, denn dieser Berg hat etwas Beruhigendes, auch und vor allem auf die Teilnehmer. Während sich die Expedition für mich zu einem gelungenen Test entwickelte, konnte ich meine Gruppe in Ruhe und ohne Streß betreuen. In der Früh kamen wir aus den Zelten, haben gefrühstückt, sind in die Tourenbindung der Ski gestiegen. Klack, klack – und schon ging es ganz gemütlich hinauf. Ich wußte zu jeder Zeit, daß wir, für den Fall eines noch so geringfügigen Zwischenfalls, innerhalb einer bis zwei Stunden wieder unten in Sicherheit waren. Die Hänge des Muztagh Ata sind ideal für ein solches Unternehmen mit einer Gruppe, die sich in unserem Fall zwar aus guten Skifahrern zusammensetzte, von denen jedoch die meisten noch nie zuvor in einer solchen Höhe auf den Brettern gestanden haben. Das ist etwas ganz anderes als am Nanga Parbat, am Broad Peak, an der Shisha Pangma oder gar am Mount Everest. Dort nimmt eine Skiabfahrt oft mehr Zeit in Anspruch und raubt mehr Kraft als ein normaler Abstieg. An den Achttausendern, besonders am Everest, bin ich vielfach mehr gesprungen als Ski gefahren. Wir zogen nach den Aufstiegen und den Nächten in den beiden Hochlagern mit großen Schwüngen unsere Spuren ins Tal. Im oberen Teil hatten wir sogar Pulverschnee. Und was sagen Skifahrer dann? »Ein kompletter Wahnsinn.«

Aber selbst die besten Verhältnisse sind keine Garantie dafür, daß jeder aus der Gruppe auch den Gipfel erreicht. Wir hatten den Weg freigemacht, eine gute Spur angelegt und mit Fähnchen, die wir an Bambusstecken angebracht hatten, durchgehend markiert. Das ist auf so einem großen Gletscher wichtig, denn im Nebel verliert man sehr schnell die Orientierung, und dann birgt auf einmal auch ein recht einfacher Berg plötzlich ein sehr großes Risiko. Ganz schnell hat man sich bei einem solchen Blindflug verfahren oder verstiegen und landet irgendwo in einer Spaltenzone. Ich erreichte mit einem Teil der Gruppe den Gipfel und fuhr wieder hinunter bis in unser Lager I. Oben im zweiten Lager wollte ich nicht bleiben, denn da hatten wir nicht genug Zelte stehen und es gab viel zu wenig Platz. Am nächsten Tag brach ich ganz früh auf und stieg wieder hinauf zum Lager II, um dort den anderen Teil unserer Gruppe vom Gipfelaufstieg abzuholen. Doch auf einmal fehlte es den Teilnehmern an Selbstsicherheit und an jemandem, der mit viel Motivation in der Früh richtig angezogen hätte. Das größte Problem jedoch war sicherlich, daß einige einfach keine Kraft mehr hatten. Und dies lag auch daran, daß die Rucksäcke viel zu schwer waren.

Viel zu schnell ist viel zu viel in einen Rucksack hineingestopft. Sachen, die man meist gar nicht braucht. Unter der Last eines schweren Rucksacks, mit der Nasenspitze am Boden, macht die schönste Tour keinen Spaß mehr. Aber für die weniger Erfahrenen ist es anscheinend unendlich schwer, sich von einem Teil ihres Plunders zu trennen. Alles wird doppelt eingepackt, da muß sogar noch die Reserve für die Reserve mit. Wenn dann schnell fünfzehn oder gar

zwanzig Kilo zusammenkommen, ist die Leichtigkeit in jeder Hinsicht weg. Gerade an einem höheren Berg aber kommt es auf Schnelligkeit an. Wer dann solch eine Riesenwolke, wie das in der Bergsteigersprache manchmal belustigend heißt, auf dem Rücken trägt, kann nicht mehr schnell sein. Am Muztagh Ata machten ein paar unserer Teilnehmer an diesem Tag, der eigentlich ideale Bedingungen geboten hätte, aus einem 7546 Meter hohen Berg einen Achttausender. Und scheiterten folgerichtig.

All jene, die auf dem Gipfel standen, waren glücklich und die anderen zumindest zufrieden, weil wir alle eine schöne Zeit miteinander verbracht hatten. Der Gipfel mag das gesteckte Ziel sein, aber er ist längst nicht das wichtigste. Ich kann mich an einige meiner gescheiterten Expeditionen erinnern, die bis heute einen stärkeren Eindruck bei mir hinterlassen haben als ein Unternehmen, bei dem alles glattgegangen ist und das nur wenig Inhalt hatte.

Wir kehrten ins Basislager zurück, bauten danach die Hochlagerzelte ab, beluden die Kamele und wanderten wieder hinaus zum Karakul-See. Die Expedition war beendet. Die Jeeps standen bereit. Die Flugtickets signalisierten die Heimreise. Für alle. Nur nicht für mich.

Ich begleitete die Gruppe bis hinter den Khunjerab-Paß und hinunter nach Taschkorgan, einem winzigen Nest unweit der pakistanisch-chinesischen Grenze. Dort haben wir Abschied gefeiert. Bei einem opulenten chinesischen Abendessen und mit schäumendem Bier. Das Bier verfehlte seine Wirkung in vielerlei Hinsicht nicht. Irgendwann an diesem Abend mußte ich einfach das wieder loswerden, was oben hineingeflossen war. Ich fragte den Kellner nach der Toilette. Er winkte mich in die Küche und deutete auf einen speckigen Vorhang. Den kurzen, aber unvermeidbaren Rundblick durch die Küche hätte ich mir besser erspart. Eine derartige Sauerei hatte ich überhaupt noch nicht gesehen. Ich glaube, es gibt in ganz Südtirol keinen Schweinestall, der so dreckig ist. Wenn wir nicht schon gegessen gehabt hätten, wäre die sofortige Flucht angeordnet worden. Hinter dem Vorhang

Spuren: *ungewöhnliche Skitour auf einen chinesischen Siebentausender, im Hintergrund das Pamir-Gebirge*

befand sich die Toilette, zumindest nannte man es in diesem Lokal so. Wenn man den Vorhang zur Seite schob, stand man direkt in einem einen Quadratmeter großen, früher möglicherweise einmal weißen Becken, das in den Boden eingelassen war. Auch dort starrte alles vor Dreck. Auf der anderen Seite schloß der Vorhang nicht ganz mit der Wand ab. Und direkt davor standen die Steigen mit dem Gemüse ...

Es ist schwer, von den Verhältnissen in dieser Küche auf die tatsächliche Qualität des Essens rückzuschließen. Jedenfalls waren einige Expeditionsteilnehmer am nächsten Morgen krank. Sie litten unter sehr starkem Durchfall. Derartige Krankheitsbilder sind häufig nach Expeditionen, wenn die Ernährung zu abrupt wieder umgestellt wird und der Magen das so schnell nicht verkraftet. In diesem Fall jedoch führe ich das eher auf die hygienischen Bedingungen in dieser Küche zurück.

So sehr ich die anderen bedauerte, weil es sehr unangenehm ist, mit Durchfall eine so beschwerliche Reise wie die auf dem Karakorum-Highway durchzustehen, so froh war ich, daß es mich selbst nicht erwischt hatte. Mit einem solch extremen Durchfall zum K 2 zu gehen hätte mir unter Umständen alles aufs neue zerstört. Wegen Magen-Darm-Erkrankungen sind Expeditionen schon an kleineren Bergen gescheitert. Der Verlust an Flüssigkeit und Kraft bei Durchfall ist so enorm und die Möglichkeiten, sich oberhalb 4500 Meter wieder vollständig zu erholen, sind so gering, daß zumindest die Chancen auf einen Gipfelerfolg rapide sinken.

Ein kleiner Bus verließ schließlich das chinesische Dörfchen Taschkorgan mit seinem unsäglichen Restaurant. Wir fuhren weiter nach Gilgit, dem Hauptort der Hunza-Region. Dort übernachteten wir noch einmal. Am nächsten Morgen fuhr der Bus Richtung Peshawar und zum Flughafen. Ich selbst stieg in einen Jeep Richtung Skardu und Askole ...

Kapitel 7
Kulinarisch – Klapperschlange oder Kirschwasser

In einer kleinen Tasche in meinem Rucksack, zwischen Geld, Ausweis und anderen Papieren, steckte ein Formular. »Permit« stand darauf, »Regierung der islamischen Republik Pakistan«; einige Stempel zierten den Briefbogen und eine Unterschrift. Meine Genehmigung für den K 2 war gültig. Keine Verfahrensfehler diesmal. Keine bürokratischen Hindernisse bauten sich vor mir auf. Es bedurfte zwar noch eines weiteren Formulars, das bei der Ankunft der Expedition direkt in Islamabad ausgestellt wird. Doch das würden Konrad Auer, Hartmann Seeber, Bernd Welz und Walther Lücker wohl anstandslos erhalten haben. Der Weg war frei, diesmal zumindest bis an den Fuß des Berges zu gelangen.

Meine Füße steckten in bequemen Sportschuhen. Die Zehen hatten eine gesunde Farbe. Manchmal, wenn das Wetter umschlug, »stupfte« es ein wenig. Irgendwann nach meiner Entlassung aus dem Krankenhaus in Bruneck waren in der Badewanne die schwarzen Kappen an den Zehen, die wie übergestülpte Fingerhüte aussahen, einfach abgefallen. Darunter hatten sich neues Gewebe und eine zarte, rosa Haut gebildet. Seitdem waren rund zwölf Monate vergangen. Als die Entscheidung gefallen war, daß ich mich keiner Teilamputation würde unterziehen müssen, gab mir das verständlicherweise gewaltigen Auftrieb und ermöglichte wieder einen positiven Blick in die Zukunft.

Die islamische Republik Pakistan dehnt sich von der chinesischen Grenze im Norden bis zum Arabischen Meer im Süden, zwischen Afghanistan im Westen und Indien im Osten auf einer Fläche von 796 094 Quadratkilometern aus. Rund 450 000 Quadratkilometer davon sind Berge und Wüsten. Bis zu 50 Grad unter Null in den Bergen des Karakorum im Norden und 50 Grad Hitze in den Wüsten von

Belutschistan im Südwesten. 97,2 Prozent der Bevölkerung sind Moslems, davon sind neunzig Prozent Sunniten und zehn Prozent Schiiten. 123 Millionen Menschen leben in Pakistan.

Ich stieg also nach diesem unappetitlichen chinesischen Küchenerlebnis in Gilgit in den Jeep, und wir rollten, eine mächtige Staubwolke hinter uns lassend und in einem weiten Bogen ausholend, nach Norden, nach Skardu, immer in Richtung Karakorum.

Skardu liegt in einer breiten Ebene mit Sandboden und viel üppigem Grün. Das 40 Kilometer lange und acht Kilometer breite Tal von Skardu wirkt wie die letzte Oase vor einem Meer aus Steinen, Eis, Schnee und Fels. Gemächlich mäandert der Indus dahin, der ganz im Süden des Landes nach langer Reise in einem breitgefächerten Delta in das Arabische Meer mündet.

Die beiden Gasherbrums, der Broad Peak und der K2 sind nur noch rund 100 Kilometer entfernt. Es ist, als könnte man in Skardu den Atem der Achttausender bereits spüren. Der Kalender zeigte den 28. Juni 1999. Über dem Basislager des K2 strahlte an diesem Tag die Sonne. In der Nacht davor hatte ein klarer Vollmond das Gletschertal zwischen K2 und Broad Peak in ein kaltes Licht getaucht. Noch war ich knapp vier Tage vom Ziel entfernt. Meine Freunde waren bereits seit dem 23. Juni am Fuß des Bergs. An diesem 28. Juni eskalierte zwischen den Zelten auf dem Godwin-Austen-Gletscher ein bemerkenswerter Konflikt.

Die Begleitoffiziere der pakistanischen Regierung sind von Amts wegen mit einer gewissen Macht ausgestattet. Doch richtig ernst werden sie von den Expeditionen eigentlich nicht genommen. Während der Tage in Islamabad und später dann in Skardu machen sie sich meist sehr wichtig und tun schwer beschäftigt, doch wenn das rauhe Bergklima sie umfängt, wenn es kalt wird und die Lawinen das Konzert der Achttausender anstimmen, werden sie kleinlaut und wirken eher verängstigt.

Am Kangchendzönga in Nepal hatten wir 1998 einen Begleitoffizier, der uns von Kathmandu bis zum letzten Flughafen Biratnagar auf Schritt und Tritt folgte, den wir aber danach, als die Tour mit dem achttägigen Fußmarsch ins Basislager richtig begann, nie mehr zu Gesicht bekamen.

Es ist in Nepal wie in Pakistan ein Privileg für die Regierungsbeamten, eine Expedition als Offizier begleiten zu dürfen. Das ist wie Urlaub mit Vollpension, wenn auch in einem eher unwirtlichen, wenig feudalen Feriendomizil. Der Begleitoffizier erhält eine komplette Ausrüstung, vom Schlafsack bis zur Daunenjacke, vom Handschuh bis zur Kopfbedeckung, ein Zelt und natürlich volle Verpflegung. Er ist offiziell Mitglied der Expedition, und seine Aufgaben sind klar umrissen. Er hat darauf zu achten, daß nicht in wilden Deponien Müll entsorgt, sondern vom Basislager zurücktransportiert wird; daß die Expeditionen auf der genehmigten Route bleiben; daß es nicht zu illegalen Grenzübertritten kommt und daß die Bestimmungen der Regierung für Bergsteiger eingehalten werden.

Doch in der Regel kümmert die hohen Herren das alles wenig. Sie versuchen sich die Tage so angenehm wie möglich zu gestalten und lassen den Expeditionen freien Lauf. Das ist einerseits durchaus angenehm, erfüllt aber nicht immer den Sinn der Sache. Irgendwann kommt man zwangsläufig darauf, daß die Begleitoffiziere eigentlich meist überflüssig sind.

Im Basislager des K 2 befanden sich am 23. Juni, als Konrad, Hartmann, Bernd und Walther ankamen, bereits zwei andere Expeditionen. Eine koreanische, die sich in der sogenannten Cesen-Route versuchte, und eine Schweizer Gruppe von Höhenmedizinern, die neben zahlreichen Tests und Versuchen auch den 7544 Meter hohen Skjang Kangri besteigen wollte. Auch sie wurden, ganz dem Reglement der Regierung entsprechend, von Begleitoffizieren ins Basislager eskortiert. Die beiden Regierungsbeamten bezogen ihre Zelte und pendelten fortan in ihrer endlosen Langeweile zwischen den Lagern der koreanischen und der Schweizer Expedition hin und her, die gut zwanzig Minuten voneinander entfernt waren. Die beiden Herren erwiesen sich als findige Genießer. Schweizer Schokolade schmeckte ihnen viel besser als getrocknete Klapperschlange, wie sie bei den Koreanern schon mal serviert wurde. Wer mag es ihnen verdenken, daß sie überall die Leckerbissen pickten und sich rasch verabschiedeten, wenn auf den Tisch kam, was sie nicht mochten.

Das führte dazu, daß der Begleitoffizier der Koreaner schon nach wenigen Tagen als Stammgast im Schweizer Camp aß und die merkwürdigen Leckereien der Koreaner mied wie der Teufel das Weihwasser. Das ging gut bis zu jenem 28. Juni, als es im Lager der Schweizer zwischen dem Expeditionsleiter Urs Wiget und dem Begleitoffizier der Koreaner zu einer wortgewaltigen Auseinandersetzung kam. Die Ursache des Streits war nicht recht zu klären. Tatsache jedoch war, daß die Schweizer den pakistanischen Beamten kurzerhand hinauskomplimentierten. Tags darauf wollten sie ohnehin ihr Lager abbauen und zurückkehren nach Islamabad, nachdem sie ihre medizinischen Tests abgeschlossen und den Skjang Kangri nicht bestiegen hatten.

Was zu diesem Zeitpunkt niemand ahnte, waren die Konsequenzen. Denn nun demonstrierten die Begleitoffiziere ihre bescheidene Macht. Viele Expeditionen überqueren, wenn sie das Karakorum-Gebirge verlassen, den berühmten, 5600 Meter hohen Gondogoro-Paß. Das ist nicht nur ein landschaftliches Feuerwerk für das Auge, was die grandiose Aussicht auf gleich vier Achttausender angeht, sondern spart auch noch einige Tage Weg über den ermüdenden Baltoro-Gletscher. Nach dem abrupten Rauswurf spazierten die beiden Beamten gemütlich und scheinbar unberührt von der jäh beendeten Schweizer Gastfreundschaft zwanzig Minuten über die Moräne hinunter zum Lager der Koreaner. Keine zwei Stunden später kehrten sie zurück und legten ein handgeschriebenes Schriftstück vor, in dem der Schweizer Expedition die Rückkehr über den Gondogoro-Paß untersagt wurde.

Die Schweizer ärgerten sich zunächst mächtig über soviel Willkür und Unverfrorenheit. Dann trugen sie es mit alpenländischer Gelassenheit und feierten am Abend ein rauschendes Fest.

Neben den üblichen Tests zum Sauerstoffgehalt im Blut, Veränderung medizinischer Werte durch Akklimatisation und vielem anderen mehr hatten die Schweizer auch eine besondere, zuvor nie durchgeführte Testreihe gemacht, wie sich Alkohol jenseits von 5000 Meter Meereshöhe auswirkt. Zu diesem Zweck hatten sie jede Menge hochprozentige Getränke in das Basislager transportieren lassen. Die Restbestände wurden nun »vernichtet«. Wenn ich meinen Freunden glauben darf, rann mehr durch die Kehlen, als zwischen die Steine auf dem Gletscher geleert wurde. Whisky, Cognac, edelstes Schweizer Kirschwasser, Grappa, Williamsbirne und etliche andere Brände waren

Verfahren: *Mit dem Jeep durch den Norden Pakistans*

Grundlage für eine nicht alltägliche Verkostung an einem der abgelegensten Plätze der Erde.

Zwanzig Minuten entfernt saßen zu dieser Zeit zwei pakistanische Begleitoffiziere und nagten mißmutig am getrockneten Fleisch einer Klapperschlange ...

Die abenteuerliche Jeep-Fahrt von Skardu nach Askole dauert zwischen sieben und zwölf Stunden. Manchmal kommt man auch gar nicht an. Die Verzweigung des Karakorum-Highways wird unserem Begriff Straße nicht immer gerecht. Sie ist meist nicht mehr als eine steinschlagdurchsetzte Asphalt-, Schotter-, Lehm- und Steinpiste, die sich durch eine allerdings atemberaubende Landschaft schlängelt. Entlang des reißenden Braldo-Flusses jedoch hatte ich nie ein gutes Gefühl. Von den gewaltigen Wassermassen, die von den Gletschern abfließen, wird die nur unzureichend befestigte Straße immer wieder unterhöhlt und bricht einfach weg. Dann gibt es oft kein Weiterkommen mehr, bis viele fleißige pakistanische Hände den Schaden wieder notdürftig behoben haben. Das kann Stunden, manchmal sogar Tage dauern, wenn nicht die Möglichkeit besteht, die Stelle zu Fuß zu passieren, das Gepäck hinüberzuschaffen und auf der anderen Seite in einen anderen Jeep umzusteigen.

Diesmal jedoch ging alles glatt. Oder soll ich besser sagen: reibungslos. Eigentlich weder das eine noch das andere. Ich kam zwar unversehrt in Askole an, aber ich wurde in dem Jeep, der natürlich mit viel zu hoher Geschwindigkeit fuhr, so durchgerüttelt, hin- und hergeworfen und herumgeschaukelt, daß ich bei jeder Teepause froh war, wenn ich festen Boden unter den Füßen hatte und mir die Beine vertreten konnte. Begleitet wurde ich von John, einem Guide aus dem Hunza-Gebiet, der vierzehn Tage zuvor schon meine Freunde von Islamabad aus zum K 2 gebracht hatte. John war ein kauziger Bursche. Klein, kräftig und vom Alter her schwer zu schätzen, vielleicht Ende dreißig. Und er war über und über behaart. Ich habe noch nie zuvor einen so behaarten Mann gesehen wie John. Er war für jeden Blödsinn zu haben und von einer schier grenzenlosen Hilfsbereitschaft.

Diese Erfahrung hatten zuvor schon meine Freunde gemacht. Von der Minute an, als sie pakistanischen Boden betreten hatten, wich John nicht mehr von ihrer Seite. Er begleitete sie zu den Einkäufen, zum Essen, ins Hotel in Rawalpindi und zu den Behörden. Er schwärmte beim Tee von seiner Heimat, dem Hunza-Land, und fuhr natürlich auch mit zu den Behörden, als es darum ging, die Expedition offiziell im Land anzumelden. An diesem Tag rannte John in ein Auto.

Beim Ministerium für Tourismus in Islamabad kam es am 14. Juni zu beträchtlichen Wartezeiten, weil auch eine italienische Expedition zum K 2 wollte und ebenso wie ein Fernsehteam von *National Geographic*, das einen aufwendigen Film über den zweithöchsten Achttausender plante, sowie zwei Spanier, die den Gasherbrum II anvisierten, die Formalitäten zu erledigen hatte. Während alle warteten, alberte John am Straßenrand herum und machte plötzlich einen Satz nach vorn. In diesem Moment kann ein Taxi daher. John krachte genau auf die Kühlerhaube. Er hatte es einzig seiner katzenhaften Gewandtheit zu verdanken, daß ihm nichts passierte. Wie ein Stuntman in einem Hollywood-Streifen rollte er sich über die Haube ab, landete auf der anderen Seite – und lachte übers ganze Gesicht.

Diese für die Permits zuständige Außenstelle des Ministeriums für Tourismus in Islamabad ist nicht anderes als ein ebenerdiges Büro, das über und über mit Papier vollgestopft ist und in dessen Mitte ein mächtiger, uralter Schreibtisch auf einem abgewetzten pakistanischen Teppich steht. An der Decke drehte sich noch immer leise summend der riesige Ventilator. Hinter dem Schreibtisch thronte, im bequemen Sessel, Mister Aziz, Ministerialsekretär in hohem Rang. Ein sehr gebildeter Mann. Er erzählte meinen Freunden in ausschweifender Ausführlichkeit von einem seiner Neffen, der in München lebt und studiert. Ohne erkennbaren Übergang wechselte er den Gesprächsstoff. Eben zeigte er sich noch informiert über die europäische Wirtschaftslage, und gleich darauf sprach er über das englische Königshaus. Bis er endlich bei seinen Lieblingsfiguren deutscher Geschichte ankam: Bismarck und Hitler. Den einen bezeichnete er als »großen Politiker«, den anderen als »genialen Kriegsstrategen«. Meine Freunde trauten ihren Ohren nicht. Schließlich blickte er über den Rand seiner Brille, griff nach einem Stempel und kritzelte seine Unterschrift unter das Dokument. Er hatte die Papiere, die mir 1994 noch einen Strich durch die Rechnung gemacht hatten, nicht einmal angesehen.

Tags darauf verließen meine Freunde Islamabad und flogen nach Skardu. Die Expedition zum K 2 hatte begonnen. Es war der 15. Juni 1999. Ich befand mich an diesem Tag auf dem Weg zum Lager II am Muztagh Ata in der chinesischen Provinz Sinkiang. Niemand von uns konnte ahnen, daß wir am 26. Juli alle zusammen nach Skardu zurückkehren würden, in einer schwer zu erklärenden Stimmung aus Trauer und Freude, Enttäuschung und Aufbruch.

In Skardu liegt ein großes pakistanisches Militärlager. Von dort aus wird ein Teil des Nachschubs der Armee organisiert, die in diesem Teil des Landes noch mehr in ständiger Alarmbereitschaft ist als anderswo in Pakistan. Nahezu der gesamte nordöstliche Teil der Region, in der Kaschmir und Jammu liegen, ist umstrittenes Gebiet, das unter indischer Verwaltung steht, aber vehement von Pakistan beansprucht wird. In regelmäßigen Abständen lassen die beiden Atommächte die Muskeln spielen und ihre Panzer auffahren. Dann schreckt die Welt für kurze Zeit auf, wenn die Nachrichtenlage von einem angedrohten atomaren Erstschlag bestimmt wird. Es hat etwas Bedrückend-Bedrohliches, in der Retortenstadt Islamabad auf nahezu jedem großen Platz Kriegsgerät, Panzer und Flakgeschütze zu sehen. Zwar nicht funktionstüchtig, aber stets provokativ nach Südosten, gegen Indien, ausgerichtet.

Das Militär ist auch tief drinnen im Karakorum-Gebirge stationiert. Unter katastrophalen Bedingungen, in windschiefen Zelten, schlecht ausgerüstet und permanent unterversorgt, hausen die Soldaten unter erbärmlichen Verhältnissen direkt auf dem Gletscher und teilweise bis in 6000 Meter Höhe.

Nun ist es nicht so, daß Skardu allein vom Militär beherrscht wird. Dort gibt es einen florierenden Markt, Lebensmittelläden, Friseure, Restaurants, drei Hotels und einen Flughafen. Konrad und Walther besorgten frische Lebensmittel, Hartmann und Bernd drehten viele Szenen, die sie später für die *Pro 7*-Reportage benötigten. Zusammen sortierten und ergänzten sie unser Expeditionsgepäck. Schließlich kletterten sie in die Jeeps und fuhren über Shigar und Dassu in Richtung Askole. Dort ist die Straße zu Ende. Askole ist das letzte größere Dorf, danach wird das Land mit jedem Schritt in Richtung K 2 wilder, unnahbarer und abweisender.

Kapitel 8
Anmarsch – Atemraubend und spektakulär

Der Anmarsch zum K 2 gehört sicher zu den härtesten Trekkingtouren im Himalaya und im Karakorum. Von Askole aus steigt die Strecke stetig an. Man muß zwar, anders als in Nepal, nicht ständig Höhenverluste und kraftraubende Gegenanstiege in Kauf nehmen, was von gewissem Vorteil sein mag, doch selbst von guten Wanderern wird auf der Strecke bis zum Concordia-Platz und weiter bis in die Basislager von Broad Peak und K 2 alles gefordert.

»Ein Berg von phänomenalen Dimensionen. Er scheint sich zu erheben wie ein perfekter Kegel von unglaublicher Größe.« Mit diesen Worten beschrieb 1887 der Engländer Sir Francis Younghusband, ein wahrlich weitgereister Mann, den K 2. Younghusband durchquerte das Karakorum-Gebirge von China her, begleitet nur von einer kleinen Gruppe von Trägern. Er entdeckte das Shaksgam-Tal und kam dem K 2 so nahe wie kein anderer Europäer zuvor. Näher, als sechsundzwanzig Jahre zuvor Henry Haversham Godwin Austen gekommen war. Schließlich gelangte er über den alten Muztagh-Paß auf den Baltoro-Gletscher.

Von diesen Tagen an sind derartige Beschreibungen für den zweithöchsten Berg der Welt ganzen Generationen von Wissenschaftlern, Reisenden und Bergsteigern geläufig. Und tatsächlich, nur wenige Berge dieser Erde erreichen auch nur annähernd die Perfektion, Gestalt und Proportion des K 2. Doch eine derart überwältigende Schönheit kann offenbar nicht ohne entsprechende Anstrengung erobert werden. Das Trekking zum »Berg der Berge« stellt diese These nachhaltig unter Beweis.

Am 16. Juni erreichte die Vorausgruppe meiner Expedition nach sechseinhalb Stunden wildem Ritt in einem Jeep das Städtchen Askole.

In der Vergangenheit, bis zum Zweiten Weltkrieg, dauerte die Reise von Srinagar und von Kaschmir bis hin zu den Moränen des Baltoro-Gletschers beinahe einen Monat. Man stieg über den Zoji-La und wanderte durch das gewundene Indus-Tal. Nach dem 14. August 1947, als Pakistan aus den Händen von Lord Mountbatten die Unabhängigkeitsurkunde erhielt und in Karatschi erstmals die pakistanische Flagge gehißt wurde, entstanden die Fluglinien zwischen Islamabad und den Dörfern am Fuß der Karakorum-Berge. Schließlich wurde der Karakorum-Highway gebaut, und noch einmal konnten Länge und Beschwerlichkeit der Reise erheblich verkürzt werden.

Seit 1991, als die kurvenreiche Höhenpiste für Jeeps bis hinauf nach Askole für den Verkehr freigegeben wurde, ist die Reise zu den hohen Bergen noch einmal erleichtert worden. Und so dauert die Anfahrt von Skardu aus dem tiefen Indus-Tal nur noch einen anstrengenden Tag mit einem Off-Road-Fahrzeug. Der Rest muß nach wie vor zu Fuß in einer acht- bis zehntägigen Wanderung bewältigt werden.

Der Pfad, der sich über steile Hänge und lange Moränen hinaufwindet, ist einer der aufregendsten, aber auch der schönsten Wege der Welt. Die Route wird gesäumt von den spektakulärsten Gipfeln des Karakorum. Wer Skardu mit dem Flugzeug erreicht, hat schon während des Flugs einen bemerkenswert nahen Blick auf den Gipfel des Nanga Parbat, der 1953 im Rahmen einer deutsch-österreichischen Expedition von Hermann Buhl zum ersten Mal bestiegen wurde. Wer über den Karakorum-Highway kommt, erlebt den Anblick des Nanga Parbat von der Rakhiot-Seite aus mit glitzerndem Eis und damit noch viel eindrucksvoller. Auf der anderen Seite des Tals türmt sich die gigantische Gestalt des Raka Poshi auf. Ich bin über beide Routen angereist und weiß nicht, welcher Blick mich mehr fasziniert hat.

Zum Auftakt der langen Wanderung taucht der Mango Gusor (6290 m) als erster Gipfel auf. Mit seiner scharfen Silhouette erhebt er sich unvermittelt über Askole. Direkt jenseits läßt sich kurz ein Blick auf den Ogre, die Latok-Massive und die vielen anderen Gipfel erhaschen, die den reißenden Fluß Biafo säumen. Oberhalb des Parkplatzes für die Jeeps präsentieren sich Askole und der um einiges tiefer liegende Talgrund wie ein wunderschöner grüner Park inmitten hoher Berge.

Die Zeiten, in denen die Flüsse des Karakorum mit einer sogenannten Jola, einer äußerst primitiven und furchteinflößenden Seilbahn, überquert werden mußten, sind glücklicherweise vorbei. Heute führen Brücken verschiedener Konstruktionsweise über die gefährlichen Wasser. Und auch die »Schlüsselstelle« der gesamten Strecke wurde längst entschärft. Früher mußten Trekkinggruppen wie Bergsteiger zwischen Korophon und Dumordo, beides ganz kleine Nester mit kaum mehr als drei Häusern, vom Ufer des Baiho-Flußes aus einen 150 Meter hohen Sporn erklimmen und danach teilweise im zweiten Schwierigkeitsgrad recht atemberaubend für Ungeübte durch einen Felskamin hinunter zum Ufer des Domordo-Flußes absteigen. Dort wartete zum Finale die Jola mit ihrer Holzkiste.

Aber auch heute kann es noch vorkommen, daß der eine oder andere reißende Abfluß der Gletscher durchquert werden muß. Vor allem für die Träger mit ihren 25 bis 30 Kilogramm schweren Lasten ist das nicht ungefährlich. Oft steigen sie zu viert und zu fünft gleichzeitig in die eiskalten Fluten, nehmen sich gegenseitig bei den Händen und versuchen so, das andere Ufer zu erreichen.

Am 17. Juni 1999 hatte sich in Askole eine beeindruckende Karawane in Bewegung gesetzt. Seit vier Uhr morgens herrschte im Lager reges Treiben. Sämtliche Lasten wurden noch einmal gewogen und verteilt. Schon ein Pfund mehr Gewicht löste ein endloses Palaver und Gestreite aus. Die pakistanischen Träger achten peinlich genau darauf, daß sie nicht mehr als 25 Kilogramm und schon gar nicht mehr als die Männer vor oder hinter ihnen tragen müssen. An diesem Tag traten vier Gruppen mit ihren Begleitern und Trägern zugleich den Weg ins schwarze Herz des Karakorum an. Die italienische Expedition zum K 2 hatte sechs Teilnehmer und benötigte 136 Träger, unsere Gruppe hatte vier Teilnehmer und brauchte 58 Träger, die beiden Spanier, die zum Gasherbrum II wollten, verteilten ihr Gepäck auf 18 Träger und das Filmteam von *National Geographic* benötigte 90 Träger. 302 Träger wuchteten insgesamt 7550 Kilo Expeditionsausrüstung auf ihre Rücken und stapften singend und pfeifend von dannen. Mehr als 330 Männer, sieben Ziegen und ein paar Hühner machten sich auf den Weg.

Karawane: *Trägerkolonne auf der Moräne des Baltoro-Gletschers*

Die Träger kommen meist aus der Balti-Region und sind zähe Burschen. Sie stammen häufig aus ärmsten Verhältnissen. Wenn sie für die Expeditionen die Lasten in die Berge tragen, verdienen sie in weniger als zwei Wochen oft mehr als viele ihrer Landsleute in einem halben Jahr. Doch der Job, den sie da machen, ist gefährlich. Mit den teilweise sperrigen Gepäckstücken und Expeditionstonnen balancieren sie über tiefen Abgründen auf den Felsbändern entlang, wanken über schaukelnde Brücken aus Bambusrohr und durchqueren gefährliche Bäche. Das geht nicht immer gut.

1998 reiste der norditalienische Bergsteiger Simone Moro ins Karakorum. Er hatte zu diesem Zeitpunkt zweimal den Lhotse bestiegen und auch den Everest. Am Kangchendzönga, am Dhaulagiri, am Makalu und an der Annapurna hatte er sich unter teilweise spektakulären Umständen die Zähne ausgebissen. Und dennoch gehörte er aufgrund seiner Erfahrung zu den Spitzenleuten an den Achttausendern, schnell, sauber und zielstrebig. Für 1998 plante er nun ganz früh in der Saison

Abgesetzt: *Balti-Träger bei einer Rast am Braldo-Fluß*

eine Besteigung des Broad Peak, und danach wollte er gut akklimatisiert eine Blitzaktion am Mount Everest starten. Ein außergewöhnlicher Weg, weil von den Witterungsverhältnissen her die Himalaya-Berge im April und Mai bestiegen werden und erst danach, Ende Mai, das Wetter im Karakorum wirklich stabil wird.

Simone Moro ließ seine Expedition von Mailand aus organisieren. In Islamabad war die Agentur von Ashraf Aman zwischengeschaltet. Dessen Unternehmen gilt als das zuverlässigste in Pakistan, und Ashraf Aman hat sehr viel Erfahrung. Er war bei den ersten Expeditionen nach dem Krieg noch Träger und am 9. August 1977 der erste Pakistani, der auf dem Gipfel des K 2 stand. Danach gründete er das Unternehmen Adventure Tours Pakistan, und heute gehören fast alle bedeutenden Expeditionsbergsteiger zu seinen Kunden.

Mit ein paar Trägern und minimalem Gepäck startete Simone Moro in Askole seine Tour zum Broad Peak. Am dritten Wandertag, bald hinter Dumordo in etwa 3400 Metern Höhe, führt der Weg am Ufer des Baiho über einen sandigen Grund zu den Feldern von Bardumal.

Schmaler Pfad: *für die Träger nicht immer ungefährlich*

Danach steigt der Pfad über ein Felsband steil an. Dies ist für die Träger eine anstrengende und gefährliche Passage. Das Gewicht von 25 Kilogramm ist dabei nicht das eigentliche Problem, sondern vielmehr die oft unförmigen und sperrigen Gepäckstücke. Auf dem Felsband stellte einer der Träger seine blaue Expeditionstonne ab, um sich eine Verschnaufpause zu gönnen. Dabei ließ er die Tonne einen Moment los, und sie stürzte 150 Höhenmeter tief in den reißenden Biaho. Die Träger standen mit Simone Moro hilflos oben und schauten der Tonne nach, wie sie auf Nimmerwiedersehen davonschwamm.

Es war Simones wichtigstes Gepäckstück. Die Plastikschuhe, Daunenschlafsack und Daunenjacke, Steigeisen und Eisgeräte, zwei Hochlagerzelte, einfach alles, was er am Berg benötigte, schwamm den Biaho hinunter. Simone Moro brach sein Unternehmen sofort ab. Er eilte das Tal hinaus, kehrte nach Islamabad zurück und organisierte sich sofort neu. Vier Tage später, als er gerade in Kathmandu angekommen war und sich zum Mount Everest aufmachen wollte, erhielt er einen Anruf von Ashraf Aman. Die blaue Tonne, auf der mit großen

Aufgepackt: *Mensch und Material auf dem Weg ins Karakorum*

Buchstaben Moros Name, die Expedition und die pakistanische Agentur geschrieben standen, war 150 Kilometer weiter, zwischen Steinen eingeklemmt, unversehrt aus dem Fluß gefischt worden ...

Zwischen Askole und dem Moränenschutt des Godwin-Austen-Gletschers, auf dem das Basislager für den K 2 liegt, sind mehr als 2000 Höhenmeter zu überwinden. Von 3050 Meter geht es hinauf auf 5200 Meter.

Bereits nach zwei Tagen erreichten Konrad, Hartmann, Bernd und Walther den Flecken Paju auf 3700 Meter. Das ist ein ganz besonderer Ort. Es ist die letzte grüne Oase vor dem 80 Kilometer langen Baltoro-Gletscher. Sehr viel Platz ist dort nicht, und nun drängten sich dort mehr als 330 Teilnehmer von vier Expeditionen auf engstem Raum zusammen. Es ging zu wie auf einem Basar. Die Bergsteiger richteten sich häuslich in Zelten ein, die vielen Träger bereiteten sich ihre Lager unter Bäumen und Büschen, unter Plastikplanen oder in den wenigen Holzhütten.

Auf den Zahn gefühlt: *medizinische Versorgung eines Trägers*

Die international besetzte italienische Expedition zählte sechs Bergsteiger. Die Norditaliener Oskar Piazza, Angelo Giovanetti, Dr. Manuel Lugli, Jay Sieger aus Alaska, Ugur Uluocak aus der Türkei und der Rumäne Mihai Cioroianu. Manuel Lugli hat Medizin studiert, promoviert und 1997 ein Jahr lang in Modena im Hospital praktiziert. Danach begann er für die Agentur von Renato Moro in Mailand zu arbeiten. Er wollte den Bergen näher sein als dem OP-Tisch. Am späten Nachmittag in Paju öffnete Manuel Lugli für drei Stunden seine »Klinik«. Irgendwie hatten die Träger herausgefunden, daß ein Arzt mit ihnen unterwegs war. Nun standen sie in einer endlosen Schlange vor dem Zelt und warteten geduldig, bis sie an der Reihe waren.

Es schien, als gäbe es keinen Träger mehr, den es nicht irgendwo zwickte. Wer nicht anstand, half rund um den Behandlungsstuhl eine Menschentraube von Schaulustigen zu bilden. Augenentzündungen, Abszesse, Durchfallerkrankungen, Magenprobleme, Blasen, Schnittwunden, eingewachsene Fußnägel – Manuel Lugli hatte alle Hände voll zu tun. Er pflasterte, träufelte, verabreichte und untersuchte drei

Wettergegerbt: *ein Balti mit seiner typischen Kopfbedeckung*

Stunden lang. Dann zerstreute sich die Menge wieder, so schnell sie sich versammelt hatte.

Aus Tradition und Notwendigkeit legen alle Expeditionen in Paju einen Ruhetag ein. Keine zwei Kilometer hinter Paju führt der Weg auf den Baltoro-Gletscher. Wie ein riesiger Rücken fällt das dreckig braune Eis fast hundert Meter steil nach unten ab, und aus dem Gletschermaul strömen gewaltige Wassermassen. Paju ist damit für die Träger die letzte Gelegenheit, sich für den nun folgenden fünftägigen Marsch auf dem Schutt der Moräne zu versorgen. In der Früh um vier Uhr herrscht an diesem Ruhetag bereits reges Treiben. Aus Wasser und Mehl kneten die Träger einen hellen Teig, formen ihn zu mittelgroßen, flach-runden Laiben und backen schließlich hunderte von Chiapate. Andere Träger schlachten unterdessen die Ziegen und die Hühner. Fleisch, Fett, Sehnen und Flachsen werden von den Knochen gelöst, die Hörner mit einer Axt abgeschlagen, die Schädel der Tiere gespalten und das Gehirn über dem offenen Feuer gebraten.

Am Nachmittag mußte Manuel Lugli seine Praxis erneut öffnen.

Angenommen: *In Paju werden Ziegen geschlachtet*

Doch diesmal verlief sich die Menge viel schneller als tags zuvor, weil ein weit wichtigeres Ritual bevorstand. Auf zwei großen blauen Plastikplanen wurde das Fleisch portioniert. 302 abgezählte, kleine Haufen Fleisch, Sehnen, Fett und Haut. Es schien, als sei jede dieser Portionen gewogen worden. Nun trat Salman Ali in Aktion. Der Chef der Träger verlas von einer langen Liste jeden Namen. Die Träger traten mit fast schon britischer Disziplin vor, erhielten ihre Fleischportion von der blauen Plane und verschwanden sofort. In Gruppen brutzelten und kochten sie in der nächsten Stunde diese besondere Mahlzeit auf unterschiedlichste Weise. An diesem Abend feierten die Träger kein stundenlanges Fest wie am Vortag, sondern gingen früh schlafen. Vor dem Gletscher haben sie Respekt.

Der grüne Flecken Paju zu Füßen des Gletschers markiert den Beginn der Granitmassive des unteren und mittleren Baltoro: die Kathedralen des Paju Peak (6600 m), die berühmten Trango-Türme (6237 m), an denen Klettergeschichte geschrieben worden ist, und die bekannten Türme von Uli Biaho (6290 m). Wie ein traumhaftes Uni-

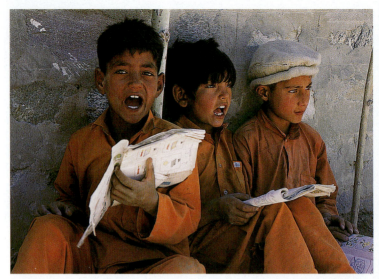

Bergleben im Karakorum: *Schüler in einem Gebirgsdorf ...*

... Jeeps in Askole, am Ende der Straße ...

◀ **Berg der Berge:** *die Pyramide des K 2 im Karakorum-Gebirge*

… alte Sitten, moderne Brillen …

… Chiapate über offenem Feuer und auf Steinen gebacken

Steinernes Meer: *die Granittürme des Trango-Massivs* ▶

Bergtour: *Balti-Träger transportieren das Expeditionsgepäck ...*

... Kolonnenverkehr auf dem Baltoro-Gletscher ...

... Station in Urdukas gegenüber dem Trango-Massiv ...

... Zeltstadt im Basislager des Broad Peak

Ausgangslage: *Basislager des K 2, ein extremer Campingplatz* ▶

versum verzaubern die Sonnenauf- und -untergänge über Paju, Liligo und Urdukas selbst die erfahrensten Bergsteiger. Nur wer sich bis auf den Gletscher vorwagt, wird die ganz großen, fesselnden Gipfel in Eis und Schnee sehen. Die ebenmäßige Pyramide des Masherbrum (7821 m), die luftige, halbmondförmige Schneegestalt des Muztagh Tower (7273 m) und der Schneespitz des Biarchedi (6759 m) sind nur eine Kostprobe auf dieser bemerkenswerten Trekkingtour an einem der majestätischsten Plätze in den Bergen der Welt.

Hier verblassen sogar die verschwenderisch mit Schnee bedeckten Gipfel der Chogolisa (7654 m) und des Golden Throne (7260 m) im Vergleich mit den Achttausendern des Karakorum. Zwischen K 2 (8611 m), Broad Peak (auch Falchen Kangri genannt, 8047 m), Hidden Peak (Gasherbrum I, 8068 m) und Gasherbrum II macht nur noch einer ganz besonders auf sich aufmerksam. Wie eine wilde, abgeschnittene Pyramide ragt der 7921 Meter hohe Gasherbrum IV zum Himmel auf. Die Erstbesteigung des Fast-Achttausenders durch Walter Bonatti und Carlo Mauri 1958 und schließlich die spektakuläre Durchsteigung der Westwand 1985 durch Vojtek Kurtyka und Robert Schauer zählen bis heute zu den bedeutendsten Großtaten des Bergsteigens außerhalb Europas.

Wie ein riesiges Amphitheater präsentieren sich all diese Berge am Concordia-Platz. Als meine vier Freunde und der gesamte Troß am 23. Juni, nach sechs Tagen und eigentlich zu schnell, dort ankamen, präsentierte sich ihnen ein wunderbares Schauspiel. Der K 2 war von einem dichten Wolkenkleid verhüllt. Während die Zelte aufgebaut und die Schlafsäcke für die Nacht gerichtet wurden, fiel der Nebel wie ein Vorhang. Allerdings öffnete er sich von oben nach unten. Zunächst wurde die Spitze der Pyramide sichtbar, kurz danach der gesamte Gipfelaufbau oberhalb der Schulter, und schließlich ließ das gesamte Massiv die Hüllen fallen. Nur ein schmaler Wolkenkranz umgürtete auf halber Höhe noch den Berg. Schon nach wenigen Minuten zog sich der K 2 wieder hinter sein Wolkenkleid zurück und hielt sich bedeckt bis zum nächsten Morgen.

Wie die Route zum Basislager des Mount Everest, so ist auch der Weg, der zum Fuß des K 2 führt, eine unvergeßliche Reise auf den

Spuren der frühen Forscher und Bergsteiger aus der ganzen Welt. Man wandert Schritt für Schritt in den Fußstapfen von Francis Younghusband, der 1887 als erster Europäer dem K2 ganz nah gekommen war, oder von William Martin Conway, der als erster den gesamten Baltoro-Gletscher bewältigte und dem Concordia-Platz seinen Namen gab, weil er sich durch die dort zusammenfließenden Gletscher an den Place de la Concorde in Paris erinnert fühlte. Oder Oskar Eckenstein, der 1902 einen ersten Besteigungsversuch unternahm und bis auf 6525 Meter hinaufkam. Luigi Amedeo di Savoia, Duca degli Abruzzi, besser bekannt als Herzog der Abruzzen, der mit seiner Expedition den »Abruzzengrat« als mögliche Route auf den K2 entdeckte. Die Route gilt heute als Normalweg und wird noch immer Abruzzengrat genannt. Die Namen von Petigax, Savoie, Bareux und Brocherel, allesamt Bergführer aus Courmayeur am Mont Blanc, die den Grat gefunden hatten, gerieten in Vergessenheit. Bei dieser Expedition hielt der große Fotograf Vittorio Sella die unbeschreibliche Schönheit dieser Bergregion fest. Auch heute noch haben seine Bilder enorme Bedeutung.

Am 23. Juni 1999 erreichten meine vier Freunde gegen 13 Uhr nach einer sechs Stunden dauernden Wanderung, vom Concordia-Platz kommend, den Teil des Godwin-Austen-Gletschers, auf dem das Basislager errichtet wird. Gerüchteweise verbreitete sich schnell die Nachricht, ich sei bereits in Skardu. Das stimmte zwar nicht ganz, aber an den hohen Bergen der Welt trägt der Wind so manche falsche Nachricht der stillen Post weiter, und außerdem kommt es auf einen Tag mehr oder weniger nicht so sehr an.

Kapitel 9
Entdeckt – Der Herzog der Abruzzen und sein Grat

Als ich mit dem haarigen John in Skardu in den Jeep stieg und in Richtung Askole startete, begann die Spannung in mir zu steigen. Bis jetzt war alles so verlaufen, wie ich es geplant hatte. Ich hatte mich am Muztagh Ata gut akklimatisiert, die Gruppe war gesund vom Berg heruntergekommen und mittlerweile auf dem Weg nach Hause. Von meiner Frau Brigitte erfuhr ich, daß die anderen wohlbehalten im Basislager des K 2 angekommen waren. Es war die richtige Entscheidung gewesen, sie vorauszuschicken. Bis ich bei ihnen sein würde, wäre Konrad Auer ebenfalls recht gut akklimatisiert, denn wir hatten vereinbart, daß er versuchen sollte, das erste Lager am Abruzzengrat aufzubauen.

Während der Jeep über die staubige Piste holperte und ich mich mit beiden Händen festzuhalten versuchte, wuchs die Vorfreude. Wie würde der Berg aussehen? Welche Verhältnisse erwarteten uns? Könnte ich wie am Everest die Ski vom Gipfel aus einsetzen? Welche Überraschungen birgt die Route in sich? Es waren dieselben Fragen, die ich mir schon vor so vielen Touren und Expeditionen gestellt hatte. Dieses ungewisse Gefühl macht sicher einen großen Teil der inneren Spannung beim Bergsteigen aus. Sich mit dem Berg auseinanderzusetzen, ihn zu einem Stück von sich selbst zu machen und sich auf der anderen Seite selbst vom Berg vereinnahmen zu lassen, das sind Momente, die für mich unbedingt dazugehören.

Eines war schon jetzt klar. Diesmal würde ich versuchen können, den K 2 zu besteigen. Nichts konnte mich jetzt noch davon abhalten. Auch die allerletzte bürokratische Hürde war genommen. Eigentlich hätten wir alle geschlossen ins Basislager gehen müssen. Ashraf Aman räumte mir jedoch auch diesen Stein in Islamabad aus dem Weg. Er schaffte es sogar, daß ich nicht vom Muztagh Ata aus nach

Kein Hindernis: *Wo keine Brücke ist, geht es direkt durch den Fluß*

Islamabad mußte, um mich als Mitglied einer Expedition beim Ministerium anzumelden. Ich durfte direkt durchstarten.

Ich war im Laufe der vergangenen Jahre in einige Basislager der Achttausender gegangen. Aber so schnell hatte ich bisher noch keines erreicht. Nach knapp achtstündiger Rüttel-Schüttel-Fahrt erreichten wir Askole. Keine besonderen Vorkommnisse. John und ich aßen eine Kleinigkeit und rollten uns bald in den Schlafsäcken ein. Dann ging es blitzartig. Wir übersprangen einfach Korophon und Dumordo und schliefen in der ersten Nacht bereits in Paju. Am zweiten Tag kamen wir bis Urdukas. Dort stand ich sehr früh auf, ließ unsere wenigen Träger mit John allein nachkommen und startete bei noch tiefer Dunkelheit. Kaum war ich von der Anhöhe wieder auf den Gletscher gelangt, verirrte ich mich. Zwischen den immer gleichen Formationen der Moränenhügel fand ich einfach den Weg nicht mehr. Ich irrte fast zwei Stunden rauf und runter, hin und her.

Als es endlich hell wurde, hatte ich die Orientierung gleich wieder. Ich kam an Gore I und Gore II vorbei, den beiden Militärlagern.

Obwohl dort in den vergangenen Jahren einiges an Müll beseitigt wurde, sieht es immer noch schlimm aus. Die Soldaten, diese armen Schweine (ich finde wirklich keinen anderen Ausdruck), hausen dort unter primitivsten Verhältnissen. Ihre »Häuser« sind nicht mehr als aufgeschichtete Moränensteine, vielleicht 1,50 Meter hoch. Ein Wellblechdach über ein paar Holzbalken hält die ärgsten Niederschläge ab. Über allem liegen Tarnnetze. In einiger Entfernung, aber für den Fall einer Explosion viel zu nah, lagern kaum noch zu zählende Kerosinfässer. Die Soldaten selbst tragen weiße Tarnanzüge über ihren zerschlissenen Uniformen und Schuhe, die an viel zu große Gummistiefel erinnern. Sie haben strikte Anweisung, mit niemandem zu sprechen. »No pictures!« Das ist das einzige, was ich je von ihnen gehört habe. Dabei stehen ohnehin überall Schilder mit dem Hinweis herum, daß an einem der unbequemsten Plätze der Erde das Fotografieren verboten ist.

Kurz vor Mittag erreichte ich den Concordia-Platz. An einem strahlend schönen Tag stand der K 2 auf einmal vor mir. Ich glaube, selbst wenn man das schon ein paar Mal erlebt hat, ist es immer wieder ein besonderes Erlebnis und jedes Mal eine neue Überaschung. Dieser Blick nach links stellt alles andere in den Schatten. Die Gasherbrum-Gipfel, der Broad Peak oder der Mitre Peak sind für sich genommen schon sehr beeindruckend. Doch der K 2, obwohl vom Concordia-Platz immer noch ein ganzes Stück entfernt, stiehlt allen anderen die Show.

Trotz des gewaltigen Anblicks hielt ich mich nicht lange auf. Ich fühlte mich kein bißchen müde, und bis zum Basislager, bis zu den Freunden, war es nicht mehr weit.

Ein paar Tage zuvor, am 26. Juni, hatten sich Konrad Auer und Hartmann Seeber zum ersten Mal dem Berg genähert. Es war von Anfang an geplant, daß uns Hartmann mit seiner Kamera begleiten sollte, so weit es gehen würde und zu verantworten war. Er war in jungen Jahren ein exzellenter Ski-Langläufer und verfügt noch immer über eine unglaubliche Kraft und Kondition, doch an einen Gipfelversuch wagte er nicht einmal zu denken. Dafür war der K 2 viel zu schwierig und seine Erfahrung zu gering.

An diesem Tag starteten Konrad und Hartmann also zum Abruz-

Abendgebet: *zwei Träger in der stillen Stunde des Tages*

zengrat. Mit ihnen machten sich aus der italienischen Expedition Angelo Giovanetti, Manuel Lugli, Ugur Uluocak aus der Türkei, Jay Sieger aus Alaska und der Rumäne Mihai Cioroianu auf den Weg. Bis zum sogenannten vorgeschobenen Basislager in ungefähr 5400 Metern Höhe sind es für einen noch nicht vollständig akklimatisierten Bergsteiger knapp drei Stunden zu gehen. Die nicht genau vorgegebene Route führt zunächst über ein ganz flaches, kaum ansteigendes Stück Gletscher. Dort sieht es zwar ungefährlich aus, aber unter einer meist vorhandenen Altschneedecke lauern gefährliche Spalten. Hinter diesem ebenen Gletscher geht es in einen Eisbruch, der ein wenig aussieht wie der Khumbu-Eisbruch am Everest, nur in Kleinformat. Dort türmen sich chaotisch die Eistürme auf, grundlos tiefe Löcher und Spalten mahnen zur Vorsicht. Es ist dies die Stelle, an der der K 2 zum ersten Mal sein wahres Gesicht zeigt.

Bald hinter diesem Abbruch liegt das vorgeschobene Basislager. Es ist im Grunde für die Expeditionen von heute nicht mehr als ein Materialdepot. Dort stellte die italienische Expedition ein Zelt auf

Kalter Irrgarten: *Bergsteiger im Eisbruch an der K 2-Südseite*

und ließ Fixseile, Schlafsäcke, Zelte und Proviant zurück. Angelo Giovanetti, Manuel Lugli und Ugur Uluocak kehrten zurück ins Basislager. Konrad Auer, Hartmann Seeber und Jay Sieger begannen langsam eine steile Schneeflanke in Richtung Lager I aufzusteigen.

Oskar Piazza war an diesem Tag zum ersten Mal, seit er vier Tage zuvor das Basislager erreicht hatte, wieder aufgestanden. Ihn hatte offenbar ein Insekt in die linke Wade gebissen. Er bekam bald darauf sehr hohes Fieber und wurde mit Antibiotika behandelt. Nun stand er auf wackligen Füßen vor seinem Zelt und schüttelte immer wieder verwundert den Kopf, wie ein vergleichsweise kleiner Infekt in dieser Höhe zuschlagen kann. Konrad, Hartmann und Jay Sieger stellten auf 6000 Meter Höhe zwei Hochlagerzelte auf und kehrten noch am selben Tag ins Basislager zurück. Drei Tage später stiegen sie wieder hinauf und übernachteten oben. Am nächsten Vormittag stiegen sie noch 300 Höhenmeter weiter, und Konrad funkte lachend von da oben ins Basislager, wo Bernd Welz und Walther Lücker saßen: »Alles ist jetzt vorbereitet an diesem Riesenberg. Der Hans kann kommen. Wir steigen jetzt ab.« Zu diesem Zeitpunkt war ich auf etwa halbem Weg nach Urdukas ...

Der Abruzzengrat gilt heute als sogenannter Normalweg auf den K 2. Es ist die Route der Erstbegeher, die über den Südostgrat hinaufzieht. Die Geschichte, die sich um diese Linie rankt, ist legendär.

Der erste Versuch, den K 2 zu besteigen, wurde jedoch am Nordostgrat unternommen. 1902 hatten sich zwei Engländer, die Schweizer Oskar Eckenstein und Dr. Jules Jacot-Guillarmod, die Österreicher Heinrich Pfannl und Viktor Wessely zusammengetan. Eckenstein war Konstrukteur von Steigeisen und verfügte über ein gewisses Maß an Erfahrung. Doch das Ziel war für die damalige Zeit zu hoch gesteckt. Der Nordostgrat präsentierte sich voller Wächten, Pfannl wurde krank, die Teilnehmer der Expedition zerstritten sich wegen unterschiedlicher Auffassungen über die Taktik. Auf 6100 Meter war das Abenteuer beendet. 74 Jahre lang traute sich niemand mehr an diese Route heran.

1909 schaffte es der Herzog von Abruzzen nicht einmal so weit nach oben. Das aufwendige Unternehmen des Herzogs wurde auf etwa 6000 Meter Höhe abgebrochen. Mit 360 Trägern und dreizehn europäischen Bergsteigern war der Adlige aus Italien dem K 2 zu Leibe gerückt. Gleich von drei verschiedenen Seiten suchten sie nach Möglichkeiten und packten den Berg schließlich von der Seite an, die sich später tatsächlich als besteigbar erweisen sollte. Der Abruzzengrat erhielt daraufhin seinen Namen und war fortan Ziel sämtlicher weiterer Versuche.

Ende der dreißiger Jahre schien es fast soweit. Zwei amerikanische Expeditionen kamen den Gipfel beachtlich nahe. Unter Leitung von Charles S. Houston, einem Kardiologen, stieg 1938 ein kleines Team über den Abruzzengrat bis zum unteren Teil der sogenannten Schulter. Dort jedoch zwangen fehlende Verpflegung und ein drohender Wettersturz zur Aufgabe. Ein Jahr später kletterte Fritz Wiessner am Südostgrat. Der in die USA ausgewanderte gebürtige Dresdner hatte die hohe Kunst des Kletterns im Elbsandsteingebirge gelernt und galt als ehrgeizigster Bergsteiger in der Neuen Welt. In Begleitung des nepalesischen Sherpas Pasang Dawa Lama kam er bis 230 (!) Meter unter den Gipfel. Von dem, was sich dort oben abspielte, gibt es zwei Versionen. Die eine besagt, daß sich Pasang Dawa auf 8380 Meter Höhe an einer sehr schwierig zu bewältigenden Stelle weigerte weiterzugehen. Bei einem zweiten Versuch, als sie den Gipfel nicht über die Felsen, sondern über eine Eiswand knacken wollten, rächte es sich, daß der Sherpa seine Steigeisen verloren hatte. Sie kehrten noch einmal um. In einem tieferen Lager vermuteten sie Eßbares und andere Steigeisen.

Die zweite Version erklärt die Situation so, daß sich Pasang davor fürchtete, von bösen Geistern getötet zu werden, wenn sie sich nach Einbruch der Dunkelheit dem Gipfel näherten. Immerhin war es bereits 18 Uhr, und Pasang drängte zur Umkehr.

Wie auch immer. Alles, was bis zu diesem Zeitpunkt gutgegangen war, wendete sich nun zur Katastrophe. Aufgrund eines Mißverständnisses hatten die Träger die tieferliegenden Lager bereits abgebaut und nach unten transportiert. Fritz Wiessner, Pasang Dawa Lama und der US-Amerikaner Dudley Wolfe, auf den sie bald trafen, mußten versuchen abzusteigen. Dabei blieb Wolfe in großer Höhe zurück. Wiessner und der Sherpa kletterten, geplagt von Durst, Kälte und Hunger, ohne Hochlagerausrüstung und ohne Schutz in der Nacht nach unten. Drei der Träger, die sie unterwegs trafen und die wieder hinaufgeschickt worden waren, Wolfe zu bergen, kehrten nach einem drei Tage währenden Schneesturm ebensowenig zurück wie Dudley Wolfe. Fritz Wiessner wurde für ihren Tod verantwortlich gemacht. Der bis dato erfolgreichste Versuch am K 2 war in eine Tragödie gemündet.

1953 machte sich Charles S. Houston wieder auf den Weg zum K 2. Während der Anreise erfuhr er, daß Edmund Hillary und der Sherpa Tensing Norgay den Mount Everest bestiegen hatten. Es spricht einiges dafür, daß Houston nun unter einem gewissen Druck stand. Der höchste Achttausender war von einem Neuseeländer bestiegen. Ein Erfolg einer US-amerikanischen Expedition am zweithöchsten Berg erschien da fast schon zwingend. Houston hatte seine Mannschaft mit sehr viel Bedacht ausgewählt. Leistungsfähigkeit, Können, Erfahrung und Teamfähigkeit waren die Hauptkriterien. Und Houston war ein typisch amerikanischer Demokrat. Eine geheime Wahl führte die Gipfelteams zusammen. Acht Mann hoch saßen sie Anfang August in einem der Hochlager auf 7800 Meter – und warteten auf besseres Wetter.

Aber das Wetter wurde nicht besser, im Gegenteil. Nach vier Tagen erwogen sie endlich den Rückzug. Doch die brutalen Höhenstürme trieben die acht Männer immer wieder in ihre Zelte zurück. Nach acht Tagen erkrankte Art Gilkey an einer Embolie im Bein. Am zehnten Tag trafen sie endlich eine Entscheidung. Sie begannen unter schwierigsten Bedingungen den heiklen Abstieg über den Abruzzengrat. Es war zu diesem Zeitpunkt nicht sicher, ob Gilkey noch zu retten war. Doch die Amerikaner ließen ihn nicht zurück. Gilkey wurde in eine Zeltplane geschnürt und Seillänge um Seillänge, Meter für Meter, in endlosen Manövern über die Flanken des K 2 hinabgelassen.

Doch der Riese K 2 war noch nicht fertig mit den restlos erschöpften Männern. Seit Tagen ohne etwas zu essen und ohne Getränke, erreichten sie einen Biwakplatz. Kurz vor den Zelten rutschte einer der Bergsteiger aus und riß vier weitere mit sich. Der sechste Mann, Pete Schoening, hielt die ganze Seilschaft, weil er in dem Moment, als der erste stürzte, geistesgegenwärtig die Spitze seines Pickels hinter einen Felsen rammte. Es grenzte an ein Wunder, daß der eigenwillige Rettungsanker hielt. Die Reibung des Seils hatte Schoenings Handschuhe und Hände verbrannt. Als die nun zum Teil verletzten Männer begannen, die Zelte aufzubauen, schlug der K 2 mit eisiger Faust noch einmal zu. Art Gilkey, immer noch eingehüllt in eine Zeltplane, blieb in den fürchterlichen Verhältnissen einen Moment lang unbeobachtet liegen. Provisorisch gesichert an zwei Eispickeln. Es war nie wirklich zu klären, was nun passierte. Möglicherweise fegte eine kleine Lawine oder ein Schneerutsch Gilkey hinunter. Seine Leiche wurde vierzig Jahre später unweit der Stelle gefunden, an der noch heute das vorgeschobene Basislager für den Abruzzengrat errichtet wird.

Der K 2 hat noch kaum jemanden geschont, der ihm aufs Haupt zu steigen versuchte. Kälte, Lawinen, Steinschlag, Wetterstürze, es hat sicher nicht sehr viele Expeditionen gegeben, bei denen alles glatt gelaufen und nicht irgend etwas ganz haarscharf an einem Unglück vorbeigegangen ist. Der K 2 ist, selbst in Situationen vermeintlicher Ruhe, ständig gefährlich.

Stummer Zeuge: *Gedenkstätte beim K 2-Basislager*

Gilkey zu Ehren wurde nicht weit vom Basislager entfernt ein Memorial aufgeschichtet. An dieser Pyramide wird noch heute all der Bergsteiger gedacht, die am K 2 ums Leben kamen. Dieser stumme Zeuge aus Geröll ist behängt mit Tafeln und vor allem Metalltellern. Mit einem Hammer und einem Felshaken werden der Name und der Todestag eines Verunglückten in den Teller graviert, von dem er gegessen hat. Der Teller wird sturmsicher am Memorial befestigt. Kaum eine Expedition, die den kleinen Abstecher nicht macht, um dort für ein paar bedrückende Augenblicke zu verweilen.

An diesem 30. Juni, als Konrad vom Lager I herunterfunkte und ich mich auf halbem Weg nach Urdukas befand, ahnte noch niemand, daß auch in diesem Sommer wieder ein Teller mit einem Namen versehen und zum Memorial getragen werden würde.

Nun ist an den Achttausendern nicht alles immer nur dramatisch, traurig und erschütternd. Es geschehen auch durchaus kauzige Dinge. Manches Mal ergeben sie sich daraus, wie Expeditionen finanziert werden. Ein Unternehmen an einem der hohen Berge auf die Beine zu stellen ist heute eine schwierige Angelegenheit geworden. Den Sponsoren sitzt das Geld schon lange nicht mehr so locker in der Tasche wie vor fünfzehn oder zwanzig Jahren. Und die Zahl derer, die Mittel aufzutreiben versuchen, wird immer größer, seit sich Expeditionen zu den hohen Bergen praktisch aus dem Katalog buchen lassen.

1998 trafen wir am Kangchenzönga drei Spanier, die versuchten, alle 14 Achttausender innerhalb von zwölf Monaten zu besteigen. Als wir sie im Mai kennenlernten, waren sie nach sieben Monaten bereits an fünf anderen Achttausendern gescheitert und bissen sich schließlich auch am Kantsch die Zähne aus. Einen Großteil ihrer Mammutexpedition hatten sie über das spanische Fernsehen finanziert, für das sie fast täglich eine Live-Schaltung produzierten. Doch aus täglichen wurden wöchentliche Berichte, dann sendeten sie nur noch alle zwei Wochen, dann einmal im Monat und schließlich überhaupt nicht mehr. Die Spanier gaben ihr aussichtsloses Unternehmen entnervt auf.

Am Broad Peak lernten Hans Mutschlechner und ich 1994 durch ein gemeinsames Permit jene Magda King kennen, die sich einem spanischen Parfümhersteller gegenüber verpflichtet hatte, Müll aus dem Karakorum herauszuschaffen. Es war ihr Pech, daß dort in den Jahren zuvor schon immer wieder Reinigungsexpeditionen tätig gewesen waren und sie einfach keinen Unrat mehr fanden. Nachts gingen ihre nepalesischen Sherpas bei den anderen Expeditionen den Müll stehlen. Bis sie schließlich bei den Militärlagern auf dem Gletscher deren Abfall mitnahmen, um wenigstens halbwegs auf die vertraglich vereinbarten 500 Kilogramm zu kommen.

Andere Expeditionen treiben Geld auf, indem sie für Outdoor-Firmen Materialien testen. Der deutsche Achttausender-Bergsteiger Dieter Porsche war 2001 mit einem Unterwäscheproduzenten handelseinig geworden. Über der gleichen Zeltstadt wehte munter die Fahne eines bayerischen Weißbier-Brauers, dem sich Helmut Hackl und Christian Rottenegger verschrieben hatten. Dem Einfallsreichtum sind längst keine Grenzen mehr gesetzt.

Die Basislager von K 2 und Broad Peak liegen nicht weit voneinander entfernt. Eineinhalb, zwei Stunden über die Moräne in Richtung Concordia-Platz, und schon ist man da. Da liegt es nahe, daß sich die Expeditionen immer wieder mal gegenseitig besuchen. Während ich mich noch auf dem Weg nach Urdukas befand und Konrad aus dem Hochlager zurückkehrte, drang die Kunde vom Broad Peak hinüber zum K 2, daß ein paar Tage zuvor eine französische Frauenexpedition eingetroffen sei. Die Französinnen wollten nicht nur den Broad Peak besteigen, sondern auch einen Ofen ihres Hauptsponsors aufbauen und versuchen, in über 5000 Meter Höhe frisches Brot zu backen. Einen solchen Sponsor lobe ich mir, der neben der Expeditionskasse auch noch den Magen füllt.

Da es in einem Basislager nach ein paar Tagen durchaus eintönig werden kann, ist manchmal jede Abwechslung willkommen. Jedenfalls statteten meine vier Freunde am nächsten Vormittag dem Basislager am Broad Peak einen Besuch ab. Dort war eine eindrucksvolle Zeltstadt entstanden, in der die halbe Welt versammelt schien. Chilenen, US-Amerikaner, Deutsche, Schweizer, Österreicher, Tschechen, Franzosen, Iraner, Spanier, Griechen – 15 Expeditionen mit weit über 100 Teilnehmern tummelten sich dort bei den Hügeln der Randmoräne. Zwischen den Zelten hatte sich ein wunderschöner See gebildet. Das Ganze hatte etwas von einer Campingplatz-Idylle. In der Einstiegsflanke zum Broad Peak jedoch ging es bisweilen zu wie auf einem Ameisenhaufen. Bei Hochbetrieb traten sich dort oft zwanzig und mehr Bergsteiger gegenseitig auf die Füße.

Die deutsche Expedition wurde von Ralf Dujmovits geleitet. Da sich Walther und Ralf kennen, war es keine Frage, daß sofort eine Einladung zum Mittagessen ausgesprochen wurde. Dabei ging es so ausgelassen zu, daß der französische Ofen in Vergessenheit geriet und die Französinnen ebenfalls. Als die vier am Nachmittag aufbrachen und zurückspazieren wollten, stolperten wir uns praktisch gegenseitig über die Füße. Ich hatte bei den Schweizern Rast gemacht und dort einen Tee getrunken, als wir zusammentrafen. Kein Mensch dachte mehr an den Ofen und an frisches Brot.

Kapitel 10
Gefangen – Drei-Gänge-Menü in einer Spalte

Vom Basislager des Broad Peak zu dem des K 2 ist es – wie schon erwähnt – nur ein kurzer Spaziergang, aber der hat es in sich. Gewaltige Gletschertische säumen den Weg, spitze, vom Wind und der Sonne bearbeitete Eistürme reihen sich zu einer bizarren Kulisse aneinander. Sehr sanft, kaum spürbar steigt der Gletscher an. Mit der Erwärmung am Mittag bilden sich überall kleine Bäche, Tümpel und Seen. Das Wasser wäscht sich Wege aus, die an Bobbahnen erinnern. Gefährlich ist der Gletscher in diesem Bereich nicht. Die Kräfte des Eises, das von oben schiebt und drückt, haben für kompakte Verhältnisse gesorgt. Wir hatten an diesem Nachmittag alle Zeit der Welt. Gemütlich bummelten wir hinauf, blieben immer wieder stehen, lachten und alberten herum. Die Stimmung war ausgelassen. Wir bewunderten, wie der Farbpinsel der Natur den K 2 viertelstündlich veränderte.

Das schöne Wetter, die Schnelligkeit, mit der ich den langen Anmarsch hinter mich gebracht hatte, der Zufall, daß wir da so überraschend am Fuße des Broad Peak zusammengetroffen waren, die Tatsache, daß alle gesund waren, gut akklimatisiert und voller Energie, all das bescherte mir an diesem Tag einen Moment, in dem ich nur noch einen Gedanken hatte: So, jetzt darfst du endlich versuchen, was du schon so lange machen wolltest, aber immer schiefgegangen ist. Ich begann mich mit dem Berg zu beschäftigen, ohne direkt an den Gipfel zu denken.

An diesem Abend und an den nächsten Tagen notierte ich in meinem Tagebuch ein paar kurze Aufzeichnungen: »... ist es ein unglaubliches Gefühl, wenn ich da herunten stehe und fasziniert beobachte, wie oben am K 2 die Wolken zerfetzen und der Wind mit gewaltigem Rauschen die Wände hinauffährt...« Wenn das Wetter am K 2 tobte, mahnte mich das immer zur Vorsicht: »... müssen wir aufpassen, sonst steckt man da oben schnell in blitzgefährlichen Situationen, diese Gewalten, diese wahnsinnigen Naturgewalten«. Bei perfektem Wetter war die Gemütslage ganz anders: »... und wenn er dann wieder aufmacht, die Winde den Wolkenvorhang wegschieben und er so wunderbar in der Sonne steht, dann möchte ich an keinem anderen Platz der Welt sein. Ein bißchen Fanatismus ist schon dabei. Ich freue mich darauf, daß ich mich an diesem Berg jetzt in den nächsten Wochen endlich versuchen kann...«

Wenn man bedenkt, daß der K 2 der zweithöchste Berg der Erde ist und durch seine formschöne Gestalt der beeindruckendste aller Achttausender, ist es verwunderlich, daß dort so wenig los ist. Seit nunmehr einem Jahrhundert hat der K 2 eine Ausnahmestellung in der Historie des Bergsteigens, und doch ist er ein einsamer Berg geblieben. Zu abweisend seine Grate, zu gefährlich seine Flanken, zu steil seine Wände, als daß Massen von Bergsteigern diese wunderbare Pyramide bevölkern würden. Und es gibt keine Sherpas, die dem Achttausender-Tourismus den Weg ebnen. Den Wunsch, den K 2 besteigen zu wollen, haben sicher viele Kletterer. Den Mut, es dann auch wirklich zu versuchen, nur wenige. Das hängt mit dem Respekt zusammen, den dieser Berg einflößt.

Auch 1999 ging es gemäßigt zu. Unser Basislager befand sich etwa in der Mitte des Gletschers, der zum Abruzzengrat hinzieht, genau in der direkten Fallinie der Südwand. Zwanzig Minuten unterhalb lagerte die koreanische Expedition mit ihrem Leiter Jung Hun Park, die sich unter Zuhilfenahme von künstlichem Flaschensauerstoff an der Cesen-Route versuchte. Direkt neben uns hatte die international besetzte italienische Gruppe ihre Zelte aufgebaut, und hundert Meter weiter campierte das Filmteam von *National Geographic,* dessen Leiterin Heidi Hawkins wegen einer Erkrankung jedoch gar nicht erst angereist war. Die Schweizer Mediziner waren mitsamt ihrem Schnapsexperiment bereits weg, als ich ankam.

Als ich sah, wo unsere Zelte standen, erschrak ich im ersten Moment ein wenig. Am Fuß der mächtigen Südwand, direkt zwischen Süd- und Südostgrad, die Zelte aufzubauen hatte irgendwie etwas Kühnes. Einen Moment dachte ich: Und wenn da eine Lawine aus

Steinige Sitzgruppe: *im Basislager des Broad Peak*

dem Gipfelbereich kommt? Die würde uns bis auf den gegenüberliegenden Broad Peak hinaufblasen. Aber das müßte schon ein Jahrhundertpech sein. Die Zelte blieben, wo sie standen. Ich vermochte auch keine direkte Lawinenschußbahn auszumachen.

Nach meiner ersten Nacht im Basislager schlug das Wetter um. Es wurde kälter. Immer wieder zogen Wolken herein. In der Höhe glaubte ich den Wind zu hören. Wir sortierten die Ausrüstung, spielten Karten, studierten den K 2 auf Fotos, lasen, schliefen, aßen und tranken viel Flüssigkeit. Ich machte mir keine ernsthaften Gedanken um das Wetter, wenn der Wind nicht zuviel Schnee verfrachtete ...

Als meine Freunde zum K 2 gegangen waren, befand sich unter den über 300 Trägern ein Mann, der keine Last auf den Rücken gebunden hatte. Ganz langsam, mit bedächtigen Schritten, bewältigte er scheinbar mühelos die Tagesetappen. Man hatte fast den Eindruck, er ginge im höchsten Gebirge der Welt ein wenig spazieren. Dabei schien er fast schon in einem greisenhaften Alter. Nicht, daß man ihm das ange-

Postkartenidylle: *Gletschersee am Fuß des Broad Peak*

sehen hätte, doch im Vergleich zu den anderen, wesentlich jüngeren Trägern fiel er einfach auf. Abdul Razir hat Walther eines Nachmittags in einem langen Interview von seinen Erlebnissen und dabei auch von seinem Alter erzählt. Abdul Razir ist eine Legende am K 2 und im Karakorum, eine Institution; seine Lebensgeschichte wäre bestens geeignet, einen Film über ihn zu drehen.

Mit 15 Jahren riß Abdul Razir von zu Hause aus. Was an diesem Tag eigentlich plan- und ziellos begann, sollte sein Leben verändern und fortan bestimmen. Durch einen Zufall geriet er in eine Gruppe von Männern, die als Träger eine US-amerikanische Expedition zum Hidden Peak, dem Gasherbrum I, begleiten sollte. Abdul mischte sich unter die Gruppe, nahm in Skardu wie selbstverständlich eine Last, obwohl sein Name auf keiner Liste stand, und stapfte unverdrossen mit bis zum Basislager und wieder zurück. Irgendwie fiel am Ende sogar noch ein karger Lohn für ihn ab. Er kehrte nach Hause zurück, zeigte stolz das Geld und war fortan jedes Jahr für ein paar Wochen weg.

Wie alt er in diesem Sommer 1999 nun wirklich war, konnte er nicht genau sagen. »Zwischen siebzig und neunzig«, lachte er verschmitzt. Bei gutem Wetter eher siebzig. Wenn es tagelang schneite, eher neunzig. »Aber vielleicht doch schon fast neunzig.« Er wisse es nicht, denn seinen Paß habe er schon lange verloren. Natürlich während einer Expedition, als sein Rucksack in den Braldo-Fluß gefallen war. Geboren wurde Abdul Razir in Daraz in Kaschmir. Als dort die Engländer abzogen und der Grenzkonflikt zwischen Indien und Pakistan zu einer militärischen Auseinandersetzung geriet, zog er nach Skardu.

Ein Jahr nach dem Trägerabenteuer am Hidden Peak begleitete er eine japanische Gruppe zur Chogolisa. Im Sommer darauf durfte er in Paju für eine US-amerikanische Gruppe das Essen zubereiten, weil der Koch erkrankt war. Fortan ließ man ihn abspülen und zuschauen. Eine gleichermaßen seltsame wie bemerkenswerte Karriere nahm ihren Lauf. Der junge Abdul sog alles Wissenswerte wie ein Schwamm in sich auf und erhielt schließlich nach ein paar Jahren von der pakistanischen Regierung ein Zertifikat, das ihn als Koch auswies, ohne daß er jemals einen Kurs besucht oder gar eine Ausbildung absolviert hätte. Seitdem hat er für weit über sechzig Expeditionen gesorgt. Über vierzig Mal war er im K2-Basislager und hat dort stets viele Wochen verbracht. Das dürfte ihn zum einsamen Rekordhalter machen: »Wenn wir im Sommer zum K2 hinaufwandern, dann ist mir, als käme ich nach Hause.«

Die älteste Tochter ist inzwischen 43 Jahre alt und hat ihn viermal zum Großvater gemacht. Dreimal war Abdul verheiratet und hat 18 Kinder. Er kann nicht schreiben und nicht lesen. Aber seine Fleischspieße mit Reis sind legendär. Seine Unterschrift markiert er mit dem Daumen und mit Stempelkissenfarbe. Alles nicht so wichtig, sagt er. Das Leben dieses Mannes läßt sich lange schon nicht mehr in eine bürokratische Schablone pressen. Er war während einer Expedition nie wirklich krank. Nicht einmal ein Husten, wie ihn in der Höhe so viele bekommen. Daheim in Skardu zwickt schon mal der Rücken. Doch wenn er Urdukas erreicht, wenn ihm spätestens dann die anderen Träger voller Respekt den Rucksack mit der persönlichen Habe abnehmen, »dann bin ich ein glücklicher Mensch«.

Er war mit Amerikanern und Deutschen, mit Österreichern und Briten, mit Schweizern und Japanern, mit Chilenen und Koreanern an den Achttausendern des Karakorum. Er begleitete sogar die Expedition der Erstbesteiger 1954 und durfte den Triumph von Achille Compagnoni und Lino Lacedelli erleben. Sein einziges Bestreben in all den vielen Jahren war: Jeder sollte zufrieden sein. Das war ihm das Wichtigste. Nur den Amerikanern verweigerte er seine Künste am steinernen Herd, wenn sie nach Hamburgern mit Ketchup und Majonäse verlangten. »Wir kochen hier einheimische Bergkost«, ließ er die verdutzten Amerikaner wissen und servierte Fleischspieße mit Reis. »Die Gesichter werde ich niemals vergessen.«

Abdul Razir hat an den fünf Achttausendern in Pakistan Triumphe und Tragödien erlebt. Ein paar Mal hat er selbst versucht, einen Berg zu besteigen. Ganz hinaufgekommen ist er nie. Am Gasherbrum II und am Masherbrum stapfte er bis zu den zweiten Lagern. Am Angelo Peak machte er auf halbem Weg kehrt, und am Nanga Parbat probierte er es erst gar nicht, »weil es im Basislager auf der Märchenwiese so schön war«. Am Hidden Peak hat er vor vielen Jahren im Basislager während eines wilden Schneesturms mitten in der Nacht ein Zelt aufgebaut. Als er am nächsten Morgen hinauskroch, lag vor seinen Füßen ein Koreaner. Erfroren, ohne daß es jemand gemerkt hatte.

Das Basislager des Masherbrum ist Abdul nicht geheuer. Dort ist er nicht gern, »weil schon das Wasserholen wegen der vielen Spalten sehr gefährlich ist«. Mitte der achtziger Jahre war er dort mit einer japanischen Expedition und erlebte eine geradezu unglaubliche Geschichte. Sämtliche Bergsteiger befanden sich am Berg in den Lagern III und IV. Bis auf einen. Der wollte nach einer stürmischen Nacht vom Basislager zum Lager II aufsteigen. Ganz nah bei den Zelten fiel er frühmorgens in eine grundlos tiefe Spalte, blieb jedoch nach zwanzig Metern auf einer schmalen, recht dünnen Schneebrücke liegen. Seinen Rucksack hatte er während des Sturzes verloren. Der war im Dunkel der Spalte verschwunden. Hilflos lag der Japaner nun da unten, ohne Steigeisen, ohne Pickel, ohne Eisschrauben, ohne jegliche Möglichkeit, sich selbst aus der mißlichen Lage zu befreien.

Lebende Legende: *der pakistanische Expeditionskoch Abdul Razir zwischen all seinen Töpfen und Pfannen*

Nur das Funksprechgerät in seinem Anorak war ihm noch geblieben. Damit erreichte er nach Stunden eines der Hochlager. Doch von dort konnte Hilfe frühestens in zwei Tagen kommen. Das Basislager erreichte er nicht. Dort war auch niemand – außer dem Koch Abdul Razir.

Am Abend, die Sonne war gerade untergegangen, verließ Abdul sein Küchenzelt. In der Hand trug er einen Topf mit Essensresten. Vorsichtig ging er über den Gletscher und kippte die Abfälle schließlich in ein Loch – genau auf den Kopf des Japaners. Er hatte sich schon wieder umgedreht und wollte zurückgehen, als er aus der Tiefe heraus jemanden schwach um Hilfe rufen hörte. Der Japaner hatte sich schon fast aufgegeben, als ihm plötzlich die Essensreste übergeschüttet wurden.

»Ich versuchte den verzweifelten Mann da unten zu beruhigen«, erinnerte sich Abdul an jenem Nachmittag im Sommer 1999, als er in unserem Zelt von seinem bewegten Leben erzählte. Heraushelfen konnte er dem Japaner nicht. Im gesamten Basislager suchte er nach einem Seil, aber er fand nichts. »Wie hätte ich ihn damit auch retten sollen. Von der Technik verstand ich ja nichts, und herausziehen hätte ich ihn allein niemals können.« Was der findige paktistanische Koch jedoch fand, war ein langes Stück dünne Reepschnur. Sie wurde nun für zwei Tage zur Lebensader zwischen dem hilflosen Japaner und dem nicht minder verzweifelten Abdul.

Zunächst ließ er eine zweite Daunenjacke und einen Schlafsack hinunter in das Loch. Es folgten eine Thermoskanne mit heißem Tee, eine Stirnlampe und schließlich ein paar Müsliriegel. Dann begann Abdul in Windeseile zu kochen. Dazwischen lief er immer wieder zurück zu der Spalte und redete auf den Japaner ein, daß er durchhalten möge. Dann servierte Abdul das Abendessen. In einem Topf, angebunden an die dünne Reepschnur, ließ er das Menü hinab in das finstere Loch. Zunächst schwebte langsam eine Suppe auf den Japaner zu. Und dann natürlich – Fleischspieße mit Reis. Die Lage des Japaners hatte sich zwar nicht wesentlich verbessert. Noch immer saß er auf der fragilen Schneebrücke und lief Gefahr, jeden Moment noch tiefer hinunterzustürzen, doch hatte er nun wenigstens den Hauch einer Überlebenschance. Denn er hatte einen Koch.

Nach zwei Tagen kamen die anderen Expeditionsmitglieder von oben herunter und bargen, ohne nennenswerte Verletzungen und nur leicht unterkühlt, ihren Freund aus der schwierigen Lage.

Im Karakorum rufen sie Abdul Razir respektvoll »Uncle«. Niemand kennt ihn unter seinem richtigen Namen. Er ist für jedermann einfach nur der »Onkel«. In den Familien in Kaschmir und Hunza hat das Wort des Onkels Gewicht, er steht neben dem Vater an höchster Stelle und ist somit stellvertretendes Familienoberhaupt. »Uncle« Abdul hat Pakistan nie verlassen. Zu weit, zu teuer, meint er. Zu aufwendig, zu anstrengend, zu aufregend, sagt einer, dessen Broterwerb Expeditionen sind, dessen Zelt auf der Moräne eines kalten Gletschers steht und dessen Leben kaum härter sein könnte, was die äußeren Bedingungen angeht. Auf einmal huschte ein Lächeln über sein Gesicht. »Obwohl«, hob er leise an und beugte sich nach vorn, »ich habe einen guten Freund, einen amerikanischen Arzt. Vielleicht gehe ich mit ihm mal über das große Meer.«

Als wir in diesen ersten Julitagen 1999 im Basislager saßen und auf stabiles Wetter warteten, standen wir vor einer ungewöhnlichen Situation. Zu diesem Zeitpunkt war der K 2 seit fast 24 Monaten nicht mehr bestiegen worden. Ganz unterschiedlich starke Expeditionen hatten sich in der Saison zuvor vergeblich bemüht. Zum Teil hatte es in Sturm und Schnee dramatische Rückzüge gegeben. Als die Expeditionen dem Berg den Rücken kehrten, strahlte nur einer in unvergänglichem Glanz – der K 2.

Die letzten, die den Gipfel erreicht hatten, waren Mitglieder einer japanischen Expedition. Am 19. Juli 1997 schaffte es deren Leiter Osamu Tanabe mit zwei Kollegen. Am 28. Juli standen weitere acht ganz oben, darunter gleich drei nepalesische Sherpas. Sie erstiegen den K 2 jedoch über eine Variante der Westwand-Route. Der Abruzzengrat war noch länger unberührt geblieben. Rund 36 Monate zuvor, im Rekordjahr 1996, als insgesamt 29 Bergsteiger, so viele wie niemals zuvor in einem Jahr, den Gipfel erreichten, waren am 29. Juli vier italienische Kletterer zuletzt über den Normalweg nach oben gekommen. 36 Monate, das ist für eine klassische Route an einem Achttausender enorm viel Zeit.

Im Laufe seiner über 40 Expeditionen zum K 2 ist »Uncle« Abdul Razir selbstverständlich auch zum Wetterpropheten geworden. Er erinnerte sich sehr gut, daß die Schönwetterperioden am K 2 früher oft zehn, zwölf, sogar fünfzehn Tage anhielten, sich aber inzwischen auf sechs, sieben Tage verkürzt haben. Das verringert natürlich die Chancen für eine erfolgreiche Besteigung des Bergs immens. Um so mehr war also bei unserem Versuch Schnelligkeit gefragt. Ich hatte mich sogar schon mit dem Gedanken beschäftigt, ob es nicht möglich sein könnte, vom Lager I aus direkt den Gipfel, nur unterbrochen von einem kurzen Biwak, zu erreichen. Doch um dies mit meinem Partner Konrad Auer zu besprechen und entscheiden zu können, mußte ich zuerst die Verhältnisse weiter oben am Berg sehen.

Fürs erste mußte ich einen Tiefschlag von Onkel Abdul einstecken. Er ließ mir von seinem Küchenhelfer ausrichten, daß er nicht an uns und einen Erfolg am K 2 glaube. Das habe nichts mit uns zu tun, sagte er, sondern vielmehr mit den Verhältnissen. Das Wetter sei nicht stabil genug und werde es in diesem Jahr auch nicht werden. Er jedenfalls habe kein gutes Gefühl. Und im übrigen liege viel zu viel Schnee. Ich staunte. Und er nickte mit dem Kopf, als wolle er sagen, glaub mir nur, so wird es kommen. Als er sich in sein Zelt zurückzog, rief ich ihm nach, was es denn heute bei ihm zu essen gebe. Er hörte mich nicht mehr. Aber die Antwort konnte ich mir denken.

Irgendwie erinnerte mich dieses Gespräch mit dem pakistanischen Koch ein wenig an meine Begegnungen mit dem alten Mönch im tibetischen Kloster Rongbuk am Fuß der Everest-Nordseite. Immer wieder traf ich auf die alten weisen Männer, die im Laufe ihres Lebens so viele Erfahrungen gesammelt hatten. Aber es scheint im Leben einfach so zu sein, daß man als jüngerer Mensch die positiven Weisheiten gern hört und vielleicht sogar annimmt, die negativen hingegen meist ignoriert. Mich beeindruckte, was Onkel Abdul da sagte, aber ich verwarf seinen Einwand schnell. Denn er paßte so ganz und gar nicht in mein Konzept. Ich war am K 2 und wollte es versuchen.

Wohl niemand hätte verstanden, wenn ich nun zu meinem Zelt zurückgegangen wäre, mein Bündel geschnürt hätte und abgehauen wäre. Sorry, Freunde, da hat ein pakistanischer Koch gesagt, das mit dem Wetter wird nichts in diesem Jahr, macht's gut, vielleicht komm' ich nächstes Jahr wieder. Meine Freunde hätten mich für verrückt erklärt. Und ich mich selbst wahrscheinlich auch.

Kapitel 11
Befreit – Riesenglück auf flachem Gletscher

Am 5. Juli, fünf Tage nach meiner Ankunft im Basislager, geschah am Fuß der K 2-Südwand ein Unfall.

Ein paar Tage lang hatte das Wetter wirklich seltsame Kapriolen geschlagen. Bewölkung wechselte mit strahlendem Sonnenschein. Dann schneite es auf einmal wieder eine Stunde lang, bevor der Wind die Wolken erneut vertrieb. Das Wetter kam mal von der chinesischen, mal von der pakistanischen Seite des Karakorum.

Immer wieder sprachen wir über den Berg. Taktische Dinge zumeist. Was möglich war, wieviele Hochlager wir tatsächlich benötigen würden. Ob die Ski einsetzbar wären. Konrad hatte seine Entscheidung getroffen, er wollte mit Ski nichts versuchen. Wir kamen auch auf den flachen Gletscher zu sprechen, der bald hinter dem Basislager zum Eisbruch hinführt. Bretteben, wie ein Fußballfeld. Ein Spaziergang. Konrad hatte der Schweizer Expedition zwei paar Ski abgekauft und die Steigfelle dazu. Er und Hartmann hatten sie bereits ausprobiert. Die Bretter waren vor allem am Nachmittag von großem Vorteil, wenn die enorme Sonneneinstrahlung den Gletscher aufgeweicht hatte und die Schneedecke in einen sulzigen Brei verwandelte.

Hartmann Seeber, unser Kameramann, machte gar kein Hehl daraus. Er hatte großen Respekt vor diesem Stück Gletscher. Obwohl man sie nicht sehen konnte, vermutete er überall Spalten. Dieses Gespräch fand zu einem Zeitpunkt statt, als ich mich noch keinen Schritt vom Basislager entfernt hatte. Tatsächlich war der Gletscher zur Südwand hin aufgeworfen und offenbarte Einblicke in gewaltige Spalten. Hartmann hatte dort bereits gefilmt. »Wenn da einer reinfliegt, der verschwindet auf Nimmerwiedersehen«, sagte er nun. Ich nahm das zwar ernst und doch auch wieder nicht. Ich versuchte zu beruhigen, obwohl niemand wirklich beunruhigt war. »Da spazieren wir doch ganz locker drüber.«

Kein Mensch dachte sich in diesem Moment etwas dabei. Vor der Gesamtgröße des riesigen Bergs schien dieser Gletscher da hinter dem Basislager wirklich wie ein Kinderspiel. Daß der K 2 ausgerechnet dort eine Warnadresse senden würde, damit rechnete niemand.

Am nächsten Morgen verließen wir gegen halb sieben das Basislager. In den schwerbepackten Rucksäcken hatten wir Zelte, Schlafsäcke, Fixseile, Eisschrauben, Kocher, Gaskartuschen, Steigeisen, Eisgeräte und meine Ski. Gemächlich strebten wir dem Eisbruch entgegen. Walther und ich waren ein kurzes Stück vorausgegangen und warteten bei einem großen Stein auf Hartmann und Konrad, die hinter uns filmten. Bernd war im Basislager geblieben. Am Schluß unserer kleinen Gruppe ging Amin Mohamed, unser pakistanischer Guide.

Er war eine Seele von einem Menschen und bemüht, uns jeden Wunsch von den Augen abzulesen. Ein typischer Hunza-Mann. Immer gut aufgelegt, hilfsbereit und stets darauf aus, sich mit anderen Sitten und Gebräuchen zu beschäftigen. Wenn er im Basislager nicht gerade arbeitete oder versteckt in irgendeinem Eck schlief (was er manchmal noch viel lieber tat als arbeiten), konnte er uns Löcher in den Bauch fragen, wie dies und jenes in Europa sei.

Pakistani sind tief in ihren Traditionen und dem Glauben verhaftet. Der Islam ist Staatsreligion, der über den Koran das öffentliche und private Leben der Menschen maßgebend beeinflußt. So ist das Reisen für Frauen ohne Begleitung viel problematischer als für Männer. Mütter mit Kindern hingegen haben es leichter, denn Kinder sind in bestimmten Situationen eine Art Rückversicherung. Das hängt damit zusammen, daß in Pakistan alleinreisende Frauen das Moralempfinden der Männer verletzen. Bei westlichen Frauen sind die Pakistani weniger zimperlich. Ihnen sagen sie einen unersättlichen Appetit auf Sex nach, und manche Männer glauben ernsthaft, Zurückhaltung sei eine Form von Beleidigung. Das wiederum hat zur Folge, daß alleinreisende Frauen sich nicht selten mit ebenso eindeutigen wie aufdringlichen Aufforderungen konfrontiert sehen.

Den Männern aus dem Hunza-Gebiet eilt ein wenig der Ruf voraus, sie seien insgesamt weltoffener und toleranter. Ich hatte keine Gelegenheit, das zu überprüfen. Aber wenn Amin ein repäsentativer Vertreter seiner Hunza-Heimat war, dann mag man das getrost glauben. Er hatte keine Scheu, an kalten Abenden auch mal einen kleinen Schluck aus der Flasche mit dem geistigen Inhalt zu nehmen, obwohl das ganz und gar den islamischen Regeln widersprach.

Seit Amin die pakistanische Hauptstadt Islamabad verlassen hatte, war er ohnehin kaum noch wiederzuerkennen. In seinem Gesicht wucherte, wie bei uns allen, ein wilder Bartwuchs. Seinen traditionellen »shalwar kameez«, ein knielanges Hemd über weiten Hosen, hatte er gegen westliche Kleidung getauscht. Mit Vorliebe blätterte in den paar Magazinen, die wir bei uns hatten. Westliche Werbung interessierte ihn weitaus mehr als die Beschreibung von Kletterrouten in den Westalpen. Einzig die Höhe unserer Berge hatte es ihm wirklich angetan. Wenn er 3500 Meter hörte, begann er zu lachen, deutete auf den K2 und ließ uns in seinem unnachahmlichen Stolper-Englisch wissen: »Sir, this is really high mountain, excuse me, Sir.«

»Sir« war Amins Lieblingswort. »Yes, Sir«, »Please, Sir«, »Sorry, Sir«, »Welcome, Sir«. Er konnte es nicht lassen. So sehr wir ihn auch baten und bettelten, uns beim Vornamen zu nennen, er blieb standhaft beim »Sir«. »Good morning, Sir«, »Breakfast, Sir«, »Tea is ready, Sir«, »Sleep well, Sir«, »You like Whisky, Sir?« Nach ein paar Tagen boten wir ihm eine Wette oder besser einen Kuhhandel an, bei dem er nur draufzahlen konnte. Lachend schlug er ein. Für jedes weitere »Sir« würde er bei unserer Rückkehr nach Islamabad eine Flasche Bier zahlen müssen. Die Zahl seiner »Vergehen« vermerkten wir mit Strichen an der Wand unseres Eßzeltes.

Nach 186 Strichen an einem einzigen Nachmittag gaben wir entnervt auf. Er würde es niemals lassen. Und die Aussicht, in Islamabad, im alkoholfreien Pakistan, offiziell Bier kaufen zu können, ging ohnehin gegen Null. »Thank you, Sir«, jubelte Amin und trollte sich in die Küche.

Kurz vor Beginn des Anstiegs durch den Eisbruch kamen wir vier wieder zusammen. Mit einigem Abstand folgten uns Jay Sieger aus Alaska und der Türke Ugur Uluocak. Die Bergsteiger aus der internationalen italienischen Expedition hatten in den Tagen zuvor den Eisbruch mit Bambusstecken, an die kurze rote Stoffstreifen gebunden waren, durchgehend markiert. Das erleichterte insgesamt, aber besonders bei Nebel, die Orientierung.

Bald darauf erreichten wir das vorgeschobene Basislager am Beginn des Abruzzensgrats. Von dort zieht ein steiles Schneefeld hinauf in Richtung Lager I. Wir machten Rast, sortierten ein wenig unser Gepäck. Dann begannen Konrad, Hartmann und ich den weiteren Aufstieg. Direkt hinter uns folgten Jay Sieger und Ugur Uluocak. »Good luck, Sir«, trompetete Amin Mohamed vergnügt hinter uns her und blieb mit Walther im vorgeschobenen Basislager zurück.

Zu dieser Zeit wurde im österreichischen Bundesland Salzburg eine große Ausstellung vorbereitet. In einer alten Fabrikhalle in Altenmarkt sollte zum ersten Mal der gesamte Alpinismus mit seiner geschichtlichen Entwicklung und sämtlichen Spielarten umfassend präsentiert werden. Viele erfahrene Bergsteiger hatten ihre Mitarbeit zugesagt. Sir Edmund Hillary, der Erstbesteiger des Mount Everest, Reinhold Messner, Kurt Diemberger, der einzige Alpinist, der bei der Erstbesteigung von zwei Achttausendern dabei war, die Extremkletterer Alexander und Thomas Huber aus Berchtesgaden, Norman Dyhrenfurth, Chris Bonington, der Fotograf Heinz Zak und viele andere mehr arbeiteten an diesem ehrgeizigen Projekt mit.

Ich selbst hatte mich zusammen mit Walther Lücker, der zu dieser Zeit noch in Salzburg lebte, verpflichtet, etwas zur Entwicklung an den Achttausendern beizutragen. Da die Ausstellung natürlich in erster Linie von Bildern und Original-Exponaten lebte, stellte ich die komplette Ausrüstung meiner Everest-Besteigung zur Verfügung. Der kleine Rucksack, meine Kamera, der Eispickel, die Teleskopstöcke, die Ski mit der selbstgebauten Bindung, mein Sturmoverall, all das war später in der Ausstellung zu sehen. Eines der letzten Stücke für die Ausstellung steuerte übrigens Kurt Diemberger bei. Eines Tages zog er während einer Besprechung ein kleines Glas aus der Tasche. Darin schwamm das Stück seines am K 2 erfrorenen Fingers, der ihm amputiert worden war.

Für diese Ausstellung, die dann später den Namen »Der Berg ruft« trug und große Beachtung fand, hatte sich Walther vorgenommen, am

K 2 Hinterlassenschaften vergangener Expeditionen zu sammeln. Da die Lawinen vom Abruzzengrat immer wieder Sachen mit herunterbringen, ist die Umgebung des vorgeschobenen Basislagers schon immer eine gute Fundstelle gewesen. Nun begann er mit Amin nach altem Plunder zu suchen. Sie fanden Stücke von alten Fixseilen, den Fetzen einer verwitterten Flagge aus dem ehemaligen Jugoslawien, Zeltreste, eine verbogene Eisschraube, einen Firnanker und schließlich sogar eine leere Sauerstofflasche aus russischen Beständen. All diese Dinge verstauten sie in Amins Rucksack. Walther trug eine Kameraausrüstung und Teile von Hartmanns Filmausrüstung, Akkus und bespielte Cassetten mit sich. An diesem Tag war es brütend heiß über dem Godwin-Austin-Gletscher. Bald nach 14 Uhr begannen Amin und Walther den Abstieg.

Rasch ließen sie den Eisbruch hinter sich und begaben sich auf den flachen Teil des Gletschers. Die Sonne hatte die Schneeauflage in einen weichen Brei verwandelt. Die beiden versanken teilweise bis über die Knöchel und manchmal bis an die Waden im Sulz. Es muß eine innere Eingebung gewesen sein, daß sie irgendwann ihre Rucksäcke herunternahmen und sich ein 15 Meter langes, acht Millimeter starkes Stück Reepschnur um den Bauch banden. Danach gingen sie weiter. Sie machten ihre Späße, gingen manchmal fast nebeneinander her, und Walther nannte Amin immer wieder »Sir«.

Etwa nach einem Drittel des Wegs über den Gletscher, gerade noch vierzig Minuten vom Basislager entfernt, ging Amin vorsichtig auf eine kaum erkennbare Mulde im Schnee zu. Mit einem Teleskopstock stocherte er ein wenig vor seinen Füßen und ging dann problemlos über die Stelle. Er drehte sich um und mahnte zur Vorsicht. Zwischen den beiden waren gut sechs Meter Distanz, und das Seil schleifte ein wenig über den Boden. Als Walther zu der Mulde hinkam, setzte er seine Schritte genau in Amins Fußstapfen. Als er das rechte Bein mit dem Körpergewicht voll belastete, brach die Schneedecke durch und Walther flog in eine Spalte. In vier Metern Tiefe fiel er platschend in eiskaltes Wasser.

Amin wurde durch den plötzlichen Ruck von den Beinen gerissen und konnte im allerletzten Moment verhindern, daß er hinterherstürzte. Vor Schreck und durch das eisige Wasser blieb Walther unten

Eiswürfel in Übergröße: *Godwin-Austen-Gletscher im oberen Teil*

für Momente die Luft weg. Als er sich orientierte, sah er nur eisige Wände und ungefähr vier Meter über sich das Loch, durch das er gefallen war. Die Situation war dramatisch, denn keiner von beiden hatte einen Klettergurt oder Steigeisen dabei, es gab keine Eisschraube und keine Steigklemme. Nur das Stück Seil und zwei Teleskopstöcke, von denen einer oben bei Amin war.

Blitzschnell brachte sich Amin in eine halbwegs günstige Position, schaute kurz in das Loch und begann mit allen Kräften an dem Seil zu ziehen. Das jedoch schob sich unter der Belastung noch weiter an Walthers Körper hoch bis fast unter die Achseln und schnürte ihm vom Rücken her komplett die Luft ab. Beim nächsten Blick in das Loch erkannte Amin, daß er Walther auf diese Weise ersticken würde. Er gab sofort Seil nach, und Walther fiel zurück ins Wasser, aus dem er gerade bis fast zum Bauch herausgekommen war.

Die Situation hatte längst etwas Panisches. Da war kaum noch etwas Rationales, Überlegtes. Es ging nur noch ums nackte Überleben. Wenn man vier Meter tief in eine Spalte fällt und nicht unglücklich aufschlägt, kann man sicher ohne größeren Schaden davonkommen, sofern Ausrüstung für eine Bergung vorhanden ist. Doch wenn man in vier Metern Tiefe einer Spalte im eiskalten Wasser liegt, dann minimieren sich die Chancen.

Unter dem nun vorsichtigeren Zug des Seils versuchte Walther zu klettern. Doch die Seite, der er zugewandt war, bestand aus morschem, faulem, griesigem Eis, in das sich kein Fuß setzen ließ. Auch da hatte die Sonneneinstrahlung ganze Arbeit geleistet. Zwei, drei Mal setzte er an und fiel doch immer wieder zurück ins Wasser. Dazwischen verzweifelt geschriene Wortfetzen von oben und unten. Es schien einfach kein Entkommen aus der Spalte möglich. Es folgte eine Phase der Resignation. Entkräftet von der eiskalten Brühe und der Anstrengung, wurden Walthers Versuche unten immer müder.

In der ganzen Aussichtslosigkeit wollte Amin nun zum Basislager laufen, um dort Hilfe zu holen, und rief dies nach unten. Vierzig Minuten Fußweg. Wenn er rannte, ließ er sich vielleicht auf eine halbe Stunde verkürzen. Bis sich Oskar Piazza, Angelo Giovanetti und der Rumäne Mihai Cioroianu aus der internationalen italienischen Expedition organisiert hätten, würden wenigstens zehn weitere Minuten verstreichen. Mindestens dreißig Minuten zurück zur Spalte. Über eine Stunde in jedem Fall. Bis dahin wäre Walther da unten ertrunken oder erfroren, sein Kreislauf zusammengebrochen oder sein Herz stehengeblieben. Das erkannten beide.

Was nun geschah, war der Ausdruck nackter Angst, totaler Verzweiflung und der daraus resultierenden Resignation. Walther schrie panisch nach oben, daß Amin nicht gehen, sondern warten solle, bis es zu Ende sei. Dieser Schrei rettetete ihm, so kurios es klingen mag, wahrscheinlich das Leben. Denn auch Amin war sich nun darüber im klaren, daß nicht mehr viel Zeit blieb. Er schrie nach unten: »Versuch alles, versuch es noch einmal, du bist ja viel zu jung, um zu sterben.« Walther schaute nach oben, drehte sich im Wasser zum ersten Mal vollständig um und sah auf der anderen Seite der Spalte blaues, blankes Eis. Und aus dem Wasser wuchs bis hinauf zum Spaltenrand eine stabile Eissäule.

Auf einmal ging alles ganz schnell. Amin spannte das Seil, Walther packte mit den Händen, an denen er dünne Fleecehandschuhe trug,

Lebensretter: *Amin Mohamed, pakistanischer Guide*

die Eissäule und hob die Beine, so weit es ging. Die Handschuhe froren am Eis an und gaben Halt, mit den Füßen stemmte er sich gegen das Eis. Mit zwei Zügen war er aus dem Wasser, mit ein paar weiteren ein ganzes Stück oben, und nun verjüngte sich die Spalte. Wie in einem Kamin konnte er sich gegenüber mit dem Rücken anlehnen, kurz verschnaufen und sich dann weiter nach oben arbeiten. Irgendwann packte ihn Amin am Arm und zog ihn hinaus auf die Gletscherlippe.

Da lagen die beiden und schnauften wie zwei Walrösser. Inzwischen war die Sonne untergegangen. Der Gletscher lag im Schatten, und es wurde lausig kalt. Weder im Basislager noch in den Hochlagern ahnte jemand, welches Drama sich da gerade abgespielt hatte. Walther und Amin machten sich auf den Weg zu den Zelten des Basecamps. Sie benötigten erheblich über eine Stunde, bis sie endlich dort ankamen. Aus Angst, noch einmal in ein Loch zu fallen, machten sie bei jeder Mulde und bei jeder zweifelhaften Unebenheit im Schnee weite Umwege.

Als sie endlich ankamen, wurden sie von Dr. Manuel Lugli, Oskar Piazza und Angelo Giovanetti in Empfang genommen.

Niemand konnte zu diesem Zeitpunkt auch nur ahnen, daß die drei nur fünf Tage später, am 10. Juli, zu einer noch viel dramatischeren Rettungsaktion aufbrechen würden.

Als die drei Amin und Walther kommen sahen, packten sie den entkräfteten und unterkühlten Freund, schnitten ihn mit einem Pickel aus den vereisten Schuhen, zogen ihn aus und packten ihn im Zelt in einen Schlafsack. Mit dem ersten Schluck Tee wurde Walther bewußtlos, und sein Kreislauf brach zusammen. Rettungsschock nennen das die Unfallmediziner. Doch Manuel und Oskar holten ihn schnell wieder zurück.

Am Abend, vom Lager I aus, hatte ich Funkkontakt mit dem Basislager. Da erst erfuhr ich, was unten passiert war. Walther war inzwischen wieder recht gut erholt. Und ich konnte sogar riskieren, ein paar Witze zu reißen. Ich sagte ihm, daß er sich ja nicht vom Basislager entfernen solle, beim nächsten Mal wolle ich ihm eine Hundeleine um den Hals binden. Und daß ich überhaupt keine Lust habe, ihm so einen Teller für das K 2-Memorial zu hämmern, er solle also die Scherze lassen. Walther lachte eher gequält. Und irgendwie konnte ich ihn verstehen. Er war schon einmal, am Mont Blanc, in eine Spalte gestürzt, doch da konnte er sich mit Steigeisen, Pickel und einer Seilschlinge praktisch im Alleingang befreien. Nun sagte er am Funkgerät: »Wenn ich gewußt hätte, daß ich mal in eine Spalte voll Wasser fliege, hätte ich Schwimmen unter Extrembedingungen gelernt.«

Walther hat mir ein gutes Jahr später sein Tagebuch dieser Expedition gezeigt. Dort steht auf der Seite mit den Eintragungen für den 5. Juli 1999 in ungewohnt zaghafter Schrift: »Danke, Amin.«

Kapitel 12
Eiskalter Atem – Dreizehn Tote in einem Sommer

Konny, Hartmann und ich übernachteten im Lager I. Endlich war ich am Berg unterwegs. Unser Zelt stand recht exponiert auf einer Kanzel, und ich freute mich, daß wir an diesem Platz in den Nächten nicht würden zittern müssen. Ich dachte, zu diesem Platz können wir einfach hingehen und wenn nicht ein riesiges Unwetter daherkommt, sind wir sicher und müssen wegen ein paar Schneeflocken keine Todesängste haben oder in Panik geraten, weil uns möglicherweise eine Lawine oder Steine treffen könnten. Wir saßen bei schönstem Wetter da oben. Der erste Kontakt mit dem K 2 hatte etwas Positives. Und das war gut so.

Aus der Schneeflanke, die wir hinaufgestiegen waren, ragte ein markanter Felsen heraus. Der erste überhaupt. Dort war eine Verankerung angebracht, an der jede Expedition ihre Fixseile befestigt hatte. An diesem Haken hing praktisch die komplette Besteigungsgeschichte des K 2. Vom Hanfseil bis zum ersten Plastikseil, von Perlonseilen, wie sie die Koreaner gern verwenden, bis hin zur ganz modernen Kevlarschlinge, die Tonnen an Gewicht hält. Mich hat der Anblick so fasziniert, daß ich ein Messer aus dem Rucksack holte, den ganzen Plunder herausschnitt und mitnahm.

Heute liegen diese Seilstücke in meinem kleinen Privatmuseum in Sand in Taufers zusammen mit vielen anderen Erinnerungsstücken von den Achttausendern. Sie sind ein Stück Historie von einem großen Berg und verweisen auf viele große Namen von Bergsteigern, die sich am K 2 versucht haben.

Ich habe mir später einmal eine Liste mit allen K 2-Besteigungen besorgt. Sie umfaßt nicht einmal 200 Personen. Zum Vergleich: Am Everest wurden inzwischen fast 1500 erfolgreiche Besteigungen no-

Von Hanf bis Kevlar: *Fixseilreste aus den Flanken des K 2*

tiert, die meisten davon allerdings mit Flaschensauerstoff. Die Namen der K 2-Bezwinger lesen sich wie ein Who-is-who des Achttausender-Alpinismus: die Erstbesteiger Achille Compagnoni und Lino Lacedelli, Ashraf Aman, der erste Pakistani, Reinhold Messner und Michl Dacher, die italienischen Achttausender-Sammler Fausto di Stefani und Sergio Martini, die Schweizer Norbert Joos und Erhard Loretan, Jean Troillet und Eric Escoffier, die Polin Wanda Rutkiewicz, der Franzose Benoît Chamoux und der Pole Jerzy Kukuczka, der Slowake Peter Bozik, die Österreicher Willi Bauer, Alfred Illmitzer und Kurt Diemberger, Julie Tullis, Christophe Profit und seine französische Kollegin Chantal Mauduit, die US-Amerikaner Scott Fischer und Ed Viesturs, der Mexikaner Carlos Carsolio und der radelnde Schwede Göran Kropp, der Russe Anatoli Bukreev, der Baske Juanito Oiazabal, der Neuseeländer Rob Hall und der Deutsche Ralf Dujmovits. Dazu Japaner und Chilenen, Koreaner und Briten, Dänen und Spanier – sie alle haben an diesem großen, schwierigen Berg ein Stück eigene und auch K 2-Geschichte geschrieben.

Am 16. Juli 1986 stieg schweren Schrittes ein mittelgroßer Mann vom K 2 herunter. Er kam aus einer Höhe von 8300 Metern, passierte den berühmten Negrotto-Paß, der wie ein Pferdesattel zwischen K 2 und Angelo Peak gelegen ist, und stieg in eine steile Rinne, die in den zerrissenen Don-Filippi-Gletscher mündet. Da schien ein Traum zu Ende zu gehen. Renato Casarotto, der charismatische Bergsteiger aus Vincenza, bekannt für seine spektakulären Alleingänge, sah offenbar kaum noch eine Chance für sich, sein Unternehmen erfolgreich zu beenden. Solo wollte er den Südsüdwestgrat hinaufsteigen, an dem Reinhold Messner sieben Jahre zuvor die »Magic Line« ausgedeutet hatte. Jungfräulich präsentierte sich zu diesem Zeitpunkt noch immer die vielleicht schönste Linie am K 2 überhaupt. Kein anderer Grat zieht so elegant, so kühn und so verlockend nach oben wie dieser Südsüdwestgrat.

Drei zielstrebige Versuche hatte Renato Casarotto zwischen Mitte Juni und Mitte Juli an »seinem« Grat unternommen. Bis auf 8300 Meter war er geklettert, bis knapp 300 Meter unter den Gipfel. Doch jedes Mal zwangen ihn Wind und Wolken, Schnee und Chaos wieder zurück. Jedes Mal hatte er das ungleiche Spiel zwischen Mensch und Natur verloren. Der einzig vernünftige Weg führte auch an diesem 16. Juli 1986 nach unten. Casarotto, dessen Frau Goretta im Basislager wartete, galt trotz aller Risikobereitschaft, die ein Solist nun mal haben muß, als umsichtiger Bergsteiger.

Über den Don-Filippi-Gletscher näherte sich der Italiener den Zelten des Basislagers, in dem in jenem Sommer 1986 ein Andrang herrschte wie nie zuvor am K 2. Dort unten bei den Zelten stand auch der Salzburger Kurt Diemberger. Mehr zufällig als daß er wirklich gesucht hätte, konnte Diemberger auf dem Gletscher ganz deutlich einen schwarzen Punkt erkennen, der sich sehr rasch nach unten bewegte. Goretta Casarotto beobachtete ihren Mann gar durch ihr Fernglas. Plötzlich war der Punkt verschwunden. Das ist auf einem Gletscher nicht unbedingt etwas Ungewöhnliches, denn immer wieder verhindern Mulden oder aufgeworfene Eistürme den direkten Blick. Bald darauf sind der oder die Bergsteiger wieder zu sehen.

Doch dieser schwarze Punkt tauchte eben nicht wieder auf. Im Basislager des K 2 entstand Nervosität. Schließlich meldete sich

Renato Casarotto über sein Funksprechgerät. Er war in eine Spalte gestürzt. Er beschwor seine Frau Goretta und auch Kurt Diemberger, ihm zu helfen und dabei vor allem sehr schnell zu sein. In Windeseile wurde eine Rettungsmannschaft zusammengetrommelt. Die Gruppe eilte hinauf zum Don-Filippi-Gletscher, hin zu der Spalte, in der Casarotto gefangen war. Es gelang, ihn nach oben zu holen, doch er war bereits bewußtlos. Wenig später starb er in den Armen von Diemberger und den anderen.

Dieser Sommer 1986 war der schwärzeste in der gesamten Besteigungsgeschichte des K 2. Renato Casarotto war bereits der sechste Tote in diesem Jahr. Und das Sterben sollte noch weitergehen. Es schien, als würde der Berg eiskalt atmen.

Am 21. Juni waren die US-Amerikaner John Smolich und Alan Pennington ums Leben gekommen. Auch sie waren an der »Magic Line« tätig und wurden in 6000 Metern Höhe unter dem Negrotto-Sattel von einer Lawine mitgerissen. Dann starb das französische Ehepaar Liliane und Maurice Barrard. Beide hatten zwar den Gipfel geschafft, doch aus dem Schneesturm, der sie beim Abstieg erfaßte, kamen sie nicht mehr heraus. Der Leichnam von Liliane Barrard wurde Tage später von Koreanern am Fuß des Berges gefunden. Von ihrem Mann fehlte jede Spur.

Am 5. Juli erreichte der Franzose Benoît Chamoux den Gipfel. Er hatte sich die Hochlager vorher wie eine Sicherheitskette eingerichtet und stieg dann in der Rekordzeit von nur 23 Stunden auf den zweithöchsten Achttausender.

Fünf Tage danach stürzte der Pole Tadeusz Piotrowski, ein großartiger Bergsteiger, unterhalb der Schulter am Abruzzengrat in die Tiefe, nachdem er beide Steigeisen verloren hatte. Piotrowski befand sich im Abstieg. In fünf Tagen hatte er, zusammen mit Jerzy Kukuczka, dem Zweiten nach Reinhold Messner, der alle 14 Achttausender bestieg, die extrem schwierige Südwand durchstiegen.

Dann starb Renato Casarotto.

Am 3. August kam der Pole Wojciech Wroz ums Leben. Die Kette der tragischen Ereignisse riß nicht ab. Wroz hatte gemeinsam mit seinem Landsmann Przemyslaw Piasecki und dem Tschechen Peter Bozik das Werk Casarottos vollendet. Sie waren über die »Magic

Line«, den Südsüdwestgrat, auf den Gipfel gestiegen. Extrem steile Schneehänge, schwierige Eispassagen und Felskletterei in 8000 Meter Höhe im vierten und teilweise oberen fünften Schwierigkeitsgrad. Am Gipfel war die Entscheidung klar. Sie wollten über den Abruzzengrat, über den einfacheren Normalweg, absteigen. Kurz vor Mitternacht, in 8100 Meter Höhe, ließ sich Wojciech Wroz an einer schwierigen Stelle mit einem Abseilgerät über ein Fixseil hinunter. Doch am Ende des Seils gab es nicht den sonst üblichen Knoten, der eine Notbremsung veranlaßt. Wroz stürzt tödlich in die Tiefe. Tags darauf wurde der pakistanische Träger Mohamed Ali unterhalb des Lagers I am Abruzzengrat von einem Stein erschlagen.

Und noch immer stand der schlimmste Tag erst bevor.

Am späten Nachmittag des 4. August gelangten die Österreicher Kurt Diemberger, Willi Bauer und Alfred Illmitzer, die Engländerin Julie Tullis und der Engländer Alan Rouse auf den Gipfel. Zwei weitere Bergsteiger waren zurückgeblieben. Nur Willi Bauer und Kurt Diemberger überlebten das sich nun anbahnende Inferno. In einem fünf Tage und fünf Nächte währenden Schneesturm von ungeheurer Wucht starben Diembergers Gefährtin Julie Tullis, deren Landsmann Alan Rouse, die Österreicher Alfred Illmitzer und Hannes Wieser sowie die Polin Dobroslawa Wolf an Erschöpfung oder Höhenkrankheit. Eine geradezu unglaubliche Verkettung von unglücklichen Umständen hatte diese Katastrophe bewirkt. Eine Lawine, zerstörte Hochlager, Überfüllung in einem Zelt, spätes Erreichen des Gipfels, ein Wettersturz, Sturm, Schnee, Kälte – und schließlich gab es kein Entrinnen mehr. Wenn Kurt Diemberger von diesen dramatisch-tragischen Tagen und Stunden erzählt, kämpft er noch heute mit den Tränen.

K 2. Eine nichtssagende, eher an ein Fleckenspray erinnernde Buchstaben-Zahlen-Kombination. Ein Vermessungspunkt zunächst nur auf einer Landkarte. 8611 Meter, 28250 Fuß. Doch K 2 ist die Formel, aus der Bergsteigerträume entstehen. Und Dramen.

Kurios. Viele Achttausender-Tragödien, auch und gerade am K 2, sind in ihrem Hergang sehr genau nachvollzogen worden. Viele Einzelheiten über den Ablauf der Ereignisse sind bekannt. Da ist von Naturgewalten, von objektiven Gefahren, von Lawinen, Wetterstürzen und Steinschlägen die Rede. Ursachen, die nicht kalkulier- und nicht beherrschbar sind. Es wird aber auch von den subjektiven Gefahren berichtet, von menschlichem Versagen. Daraus hätte man in hundert Jahren lernen können, doch das geschieht offenbar nicht. Die Ausrüstung hat sich zwar komplett verändert, die Materialien sind leichter, stabiler geworden. Und trotzdem wird am K 2 und an den anderen Achttausendern weiterhin gestorben. Weil der minimalste Fehler binnen kürzester Zeit eine verhängnisvolle Kettenreaktion bewirken kann, an deren dramatischem Ende vielleicht allenfalls noch Glück oder Unglück über Leben oder Tod entscheiden.

Konny und ich stiegen am 6. Juli 1999 vom Lager I hinauf zu dem Platz des zweiten Hochlagers und stellten dort ein Zelt auf. Wir benötigten fünfeinhalb Stunden und dann noch einmal eineinhalb Stunden, um eine ebene Fläche für unsere Behausung herzurichten. Am frühen Nachmittag kam starker Wind auf und trug ein undurchdringliches Schneegestöber daher. Wir hatten ein bequemes Zwei-Mann-Zelt mit heraufgebracht. Doch der Platz, der zur Verfügung stand, war eher begrenzt, und der ständig stärker werdende Wind machte das Arbeiten da oben immer schwieriger. Die Reste alter Zelte flatterten herum. Wir füllten die Hohlräume dazwischen mit Schnee und ebneten mühsam gerade soviel Platz ein, daß wir die kleine Behausung hinstellen konnten.

An einem Achttausender in der Höhe ein Zelt aufzubauen kann eine unendlich mühsame Angelegenheit sein. Meist sind die Bergsteiger müde und erschöpft, keiner hat mehr die Lust, vielleicht auch nicht mehr die Kraft, alles perfekt zu machen. Und doch muß man darauf achten, sehr sorgsam vorzugehen, denn die Zelte müssen sicher und so geschützt stehen, daß Lawinen und Steinschlag keine Gefahr darstellen. Meist bleiben sie mehrere Wochen stehen und sollten einen gewissen Komfort bieten. Biwaknächte sind aufreibend, und weil der Körper ab einer gewissen Höhe keine Erholung mehr findet, habe ich immer darauf geachtet, daß die Stunden im Zelt wenigstens halbwegs bequem waren. Wenn beim Zeltaufbau dann aber auch noch Sturm und Schneefall dazukommen, wenn man sein eigenes Wort nicht mehr versteht und ständig aufpassen muß, daß einem die Zeltplane nicht davonfliegt, wird es richtig unangenehm. Konny und ich waren jedenfalls froh, als wir endlich unter das schützende Dach kriechen und Tee kochen konnten. Draußen heulte derweil der Wind.

Die Sicherheit eines Hochlagerzeltes wirkt sich entscheidend auf die Psyche aus. Doch selbst wenn man fest davon überzeugt ist, das Zelt perfekt aufgestellt zu haben, sind Zwischenfälle nicht ausgeschlossen. Als wir 1989 bei einer von Reinhold Messner geleiteten Expedition versuchten, eine Route durch die berüchtigte Lhotse-Südwand zu finden, wäre mir eine Nacht im Hochlager fast zum Verhängnis geworden. In einer Höhe von 7300 Meter lagerte ich mit dem französischen Bergsteiger Christophe Profit direkt unter einer Felswand und eigentlich recht geschützt. So glaubten wir wenigstens. Für den nächsten Tag hatten wir den Gipfel angepeilt. Wenn wir nur schnell genug waren, müßten wir es schaffen.

Doch am späten Nachmittag begann es zu schneien. Gegen Abend wurde es immer schlimmer, ständig mußten wir die Schneemassen von der Zeltplane schlagen. Die Lawinengefahr stieg akut. Überall in der riesigen Wand krachte es bereits. Fluchtartig verließen wir schließlich das Zelt und verschanzten uns nicht weit entfernt in einer Gletscherspalte, weil wir glaubten, früher oder später könnte es uns unter der Felswand doch erwischen. Gegen Mitternacht tappten wir durch den Schnee zurück. Es schien sich alles wieder beruhigt zu haben. Wir lagen in unseren Schlafsäcken, die Gesichter nach oben zur Decke, als es auf die Zeltplane prasselte. Sofort schnellten wir instinktiv mit den Oberkörpern hoch und legten beide die Arme über den Kopf, weil wir glaubten, es käme ein Schneerutsch oder gar eine Lawine. Im selben Moment trafen drei Steine unser Zelt.

Einer von ihnen, fast so groß wie ein Fußball, schlug wie eine Bombe zwischen uns ein und verschwand mitsamt unserem Kochtopf im Zeltboden. Die beiden anderen Steine, etwas kleiner zwar, aber immer noch groß genug, trafen dort auf, wo wir Sekunden zuvor noch mit unseren Köpfen gelegen waren. An dem nun freien Blick auf den Sternenhimmel konnten wir uns nicht mehr freuen. Als wir am nächsten Morgen aus der Wand flüchteten, sahen wir uns kopfschüttelnd die nächtliche Bescherung noch einmal an. Nicht den Hauch eines Zweifels hatten wir an der Sicherheit dieses Lagerplatzes gehegt.

Am Morgen waren Oskar Piazza, Angelo Giovanetti, Manuel Lugli und Mihai Cioroianu vom K 2-Basislager ins Hochlager I aufgebrochen. Gegen 15 Uhr traf Jay Sieger im Lager II ein. Eineinhalb Stunden später kam unser Kameramann Hartmann Seeber bei uns an. Und gegen 17 Uhr der Türke Ugur Uluocak. Das entsprach nicht unseren Absprachen. Ein Mißverständnis in der Kommunikation. Dickköpfigkeit vielleicht? Eigensinn? Gleichwie. Nun standen wir da oben. Zu fünft. Mit nur einem Zelt, ausgelegt für zwei Mann.

Das sind genau die Kleinigkeiten, die später in die Katastrophe führen können. Ein Wettersturz, ein Schneesturm, starker Schneefall, vielleicht sogar tagelang wie 1986, und schon herrscht Chaos. Uns drohte da oben im Lager II zunächst sicher keine direkte Gefahr. Und doch ärgerte ich mich damals maßlos. Wir hatten schwere Rucksäcke heraufgetragen, hatten im tiefen Schnee viel gespurt, hatten alte Seile herausgeschnitten und neue fixiert. Eigentlich hatten wir »Feierabend«. Und auf einmal taucht aus dem Schneesturm Jay Sieger auf. Nach ihm Hartmann und schließlich auch noch Ugur.

Nun mußten wir wieder hinaus in die Kälte, denn wir fühlten uns verpflichtet, Ugur und Jay beim mühseligen Aufbau des großen Vier-Mann-Zeltes zu helfen. Hartmann nahmen wir bei uns auf. Qualvoll eng verbrachten wir eine unangenehme Nacht. Wir verzichteten darauf zu kochen, weil wir keinen Platz hatten und womöglich noch das Zelt abgefackelt hätten. Wir alle bekamen in der Enge viel zu wenig Sauerstoff, und am nächsten Morgen fühlten wir uns wie zerschlagen. Ab sechs Uhr in der Früh gab es einen heillosen Funksalat. Es gelang nicht, zwischen Lager I und Lager II eine direkte Verbindung herzustellen. Also spielte Bernd Welz im Basislager den »Moderator«. Zwischen Manuel, Oskar, Angelo und dem Rumänen Mihai im Lager I und Jay und Ugur im Lager II herrschte Unklarheit darüber, wer sich wann wo aufhalten wird, ob weiteres Material wie Kocher, Verpflegung oder Seil benötigt werden. Ugur und Jay gerieten darüber in einen lautstarken Streit.

Wir entflohen dem Chaos und stiegen in Richtung Basislager ab.

Kapitel 13
Erinnerung – Die Falltür öffnete sich lautlos

Als wir nach dem unangenehmen Hochlager-Erlebnis zurückgingen, kam ich nun selbst an dem Loch vorbei, in das Walther zwei Tage zuvor gestürzt war. Ohne Klettergurt, ohne Steigeisen, ohne Eispickel, ja sogar ohne Seil – ich war um keinen Deut besser ausgerüstet. Vielleicht hat es etwas mit der Größe des Bergs zu tun, daß jene Gefahren, die ganz unten an seinem Fuß lauern, so unbedeutend erscheinen. Vielleicht aber auch damit, daß man sich in solchen Situationen sagt, so etwas kann mir nicht passieren. Dabei genügt bereits ein einziger falscher Schritt. Ich hatte diese Erfahrung doch selbst schon gemacht. Und das mehr als einmal.

Die Spalte, in die Renato Casarotto 1986 gestürzt war, barg eigentlich keinerlei Gefahr. Bis zu dem Tag, an dem das Unglück geschah, waren er selbst und so viele andere diesen Weg gegangen. Die Spur war deutlich angelegt. Die Polen, die US-Amerikaner, Italiener, Träger, sie alle hatten mit jedem ihrer Schritte fast einen Graben im Schnee gezogen. Die Route war klar und deutlich vorgegeben, keine Fehltritte, keine Umwege, kein »Verhauer« möglich. Niemand benutzte dort ein Seil oder sonstige Sicherungsmittel. Noch am Abend zuvor waren Mitglieder der polnischen Expedition über diese Schneebrücke gegangen. Und dann brach sie zusammen. Gegen jede Erwartung. Nur noch zwanzig Minuten vom Basislager entfernt...

1996 stand ich an der Shisha Pangma mit meiner Frau und mit Robert Gasser ganz in der Nähe unserer Hochlagerzelte. Wir waren vorbereitet weiterzugehen. Angeseilt, Steigeisen an den Schuhen, Eispickel in den Händen, Klettergurte um die Hüften. Ich wollte nur ein paar Meter gehen, um mich etwas umzuschauen. Nach zwei, drei Schritten warf ich das Seil hinter einen Felsen. Ich tat dies fast unbewußt, es gab keinen zwingenden Grund zu sichern. Plötzlich gab der Boden unter mir nach, und ich flog durch den Schnee in eine Spalte. Nachdem das Seil endlich meinen Sturz abgefangen hatte, baumelte ich freihängend da unten. Als sich unser aller Schreck der ersten Sekunde gelegt hatte, hörte ich oben Brigitte rufen. Dann sagte Robert etwas von einem Flaschenzug.

Die Sache ging glimpflich aus. Überhaupt kein Problem. Mit der Selbstsicherung, den Steigeisen und einer Schlinge war ich ganz schnell wieder draußen. Der Stein, hinter den ich das Seil instinktiv geworfen hatte, verhinderte Schlimmeres. Wenn Brigitte von der Wucht des Sturzes voll erwischt worden wäre, hätte sie mich nie halten können. Und mit ihr wäre auch Robert von den Füßen gerissen worden, und alle drei hätte uns die grundlos tiefe Spalte verschluckt.

Nun schaute ich da in dieses Loch auf dem Godwin-Austen-Gletscher. Acht, neun Meter tief sah ich das Wasser, auf dem eine breiige Schicht Halbgefrorenes schwamm. Am Spaltenrand waren noch die Spuren im Schnee erkennbar, wo Amin »gerauft« und alles versucht hatte. Ich erinnerte mich zwangsläufig an den Sommer 1984, als mir, an der Seite von Reinhold Messner, die bis heute nicht wiederholte direkte Überschreitung von zwei Achttausendern an den beiden höchsten Gasherbrum-Gipfeln gelungen war ...

Nach sieben knallharten Tagen in der Höhe ging es endlich nur noch bergab. Ich kann nicht beschreiben, wie müde ich war. Ich spürte den Hunger nicht mehr, der an mir nagte, und nur manchmal überkam mich noch das unstillbare Gefühl von Durst. Meine Lippen waren aufgesprungen, die Zunge trocken, der Hals rauh. Wir wollten nur noch hinunter, endlich zu den Zelten. Trinken, schlafen, trinken, schlafen. Mehr hatten wir beide nicht mehr im Sinn. Dieses Abenteuer hatte uns alles abverlangt. Aber es war noch nicht zu Ende. Noch nicht ganz.

Über den von Spalten, Eistrümmern und tiefen Löchern zerrissenen Gasherbrum-Gletscher hatte sich dichter Nebel gelegt. Schon während der Überschreitung hatten Reinhold und ich nach dem Abstieg Ausschau gehalten und sehr genau überlegt, wie wir am geschicktesten und vor allem gefahrlos zurückkehren könnten. Von oben war deutlich erkennbar gewesen, daß uns ein mächtiger Felsriegel unterhalb eines wild gezackten Grats, eher ein Turm von der Größe eines Mehrfamilienhauses, den Weg nach unten versperrte. Das könnte Probleme geben. Doch als wir endlich da ankamen, gelang es uns, auch dieses letzte große Hindernis einer in jeder Hinsicht gewaltigen Expedition zu überwinden. Es ging leichter als erwartet. Wir kletterten ein Stück hinauf und dann um den Turm herum.

Danach gelangten wir auf den Gletscher und stocherten im Trüben. Grau in grau waberte der düstere Nebel über das Eis. Plötzlich dröhnte und krachte es in einiger Entfernung. Ein unheimliches Geräusch zerriß die Stille. Es schien für einen Moment, als bebte der Boden unter uns. Vergeblich rätselten wir und versuchten in der Nebelsuppe zu erkennen, was das gewesen sein konnte. Eine Lawine vielleicht? Einerlei. Dieses Etwas aus dem Nichts hatte uns nicht getroffen. Wir wollten nur noch hinunter.

Am Fuß der Gasherbrum-Berge war es mittlerweile später Nachmittag geworden. Noch war es hell. Müde und doch zielstrebig bahnten wir uns einen Weg durch das Spaltengewirr des Gletschers. Eine Stunde noch, vielleicht ein wenig mehr. Die Steigeisen hatten wir an die Rucksäcke gebunden, weil sie an den Schuhen nur lästig waren. Ein schwül-warmer Tag neigte sich langsam dem Ende zu. Die Wärme hatte den Schnee aufgeweicht, der Untergrund war wie ein dicker, klumpiger Brei. Bis zu den Knien wateten wir in dem schmierigen Sulz dahin. Immer wieder hatte der Schnee unter den Steigeisen unangenehme Stollen gebildet. Nach ein paar Schritten mußten wir ständig die Klumpen abschlagen, die sich zwischen den Zacken festsetzten und einem das Gefühl gaben, auf runden, glatten Sohlen zu gehen. Also schnallten wir die Eisen ab. Das Gelände war ja nicht mehr steil.

Unser Seil hatten wir mit einem Knoten locker um den Bauch gebunden. Wir tappten mit einer Sicherungstechnik dahin wie Luis Trenker vor siebzig Jahren. Die bleierne Müdigkeit war fast schon nicht mehr zu bekämpfen. Ich hatte manchmal das Gefühl, ich sei im Gehen eingeschlafen. Ein paar Mal sagte ich zu Reinhold, der hinter mir ging, er solle doch das Seil gespannt halten. Als ich mit einem

Nie wiederholt: *direkte Überschreitung von Gasherbrum II und I*

Fuß in ein Loch trat, erhöhte sich kurz unsere Aufmerksamkeit. Aber schon bald schloß Reinhold in meiner Spur wieder auf und hielt das Seil nicht mehr straff, wie es hätte sein sollen. Ich hatte ihn aber auch ohne jeden Nachdruck aufmerksam gemacht. Vieles, was wir da taten, wurde nur noch vom Unterbewußten her gesteuert. Einen Fuß vor den anderen setzen, das nächste Stück unseres Wegs suchen, das Seil zwischen uns, das nahe Basislager, alles schien Routine.

Plötzlich brach unter mir eine Schneebrücke. Es war, als hätte mir jemand einfach den Boden unter den Füßen weggezogen. Es geschah ohne Vorankündigung, machte kein Geräusch, es war einfach geschehen. Ich flog ungebremst sicher, neun, zehn Meter in eine Spalte, die nicht viel mehr als einen Meter breit war. Sofort verlor ich meinen Pickel, den ich nur lose in der Hand und nicht mit der Schlaufe ums Gelenk getragen hatte. Dann verlor ich fast das Bewußtsein. Denn als sich das Seil endlich spannte, gab es in meinem Rücken einen derart wuchtigen Ruck, daß mir für Sekunden die Luft wegblieb und die Sinne schwanden.

Genauso schnell war ich wieder hellwach. Während meines Sturzes war ich mit dem Rucksack hängengeblieben. Er wurde über meinen Rücken hinaufgerissen, stülpte sich über meinen Kopf und hing, als ich zum Stillstand kam, mit dem Deckel nach unten vor meiner Brust. Ich trug keinen Klettergurt und hatte auch keine Schlinge bei mir, mit der ich eine Aufstiegshilfe hätte knüpfen können. Ich hatte nur dieses dünne Seil um den Bauch, das mir durch Reinholds Zug von oben die Luft abschnürte. Ihn hatte es durch den Ruck nach vorn katapultiert. Doch geistesgegenwärtig war es ihm gelungen, sich selbst und damit mich abzufangen.

Reinhold und seine katzenhafte, aus einem tiefen Instinkt herrührende Gewandtheit. Am Gipfel des Gasherbrum I, als wir zum zweiten Mal binnen weniger Tage ganz oben auf einem Achttausender standen und längst keine Freude, sondern nur noch halben Wahnsinn empfinden konnten, wollte Reinhold rückwärts in eine steile Flanke steigen. Dabei brach er durch die Gipfelwächte und flog rückwärts weg, als hätte ihm einer mit der Faust vor die Brust gestoßen. Mit einer blitzschnellen Drehung und ein paar Sprüngen fing er den Sturz ab und stand ein ganzes Stück weiter unten im Schnee. Keine Ahnung, wie er das gemacht hatte.

Die Spalte war, wie gesagt, nicht viel breiter als einen Meter. An beiden Seiten blankes, blaues Eis. Keine Chance, mich da irgendwie abzustützen, mich vom Druck des Seils zu entlasten. Ich fand keinen Halt. Es war auch kein richtiges Kletterseil, mit dem wir uns zusammengebunden hatten, sondern eine vielleicht fünfzig Meter lange, sechs Millimeter dünne Reepschnur, die wir doppelt genommen hatten. Mit einer Schlinge und einem sogenannten Prusikknoten hätte ich mir schon helfen können. Aber ich hatte nichts dergleichen.

Was ich dann aufgeführt habe, würde ich gern noch einmal versuchen. Ich glaube, es würde mir nicht mehr gelingen. Der Rucksack hing umgedreht vor meinem Oberkörper. Und auf der Deckeltasche waren meine Steigeisen festgeschnallt. Ich nestelte blind herum, bis ich sie in den Händen hielt. Nun hing ich da, frei in der Spalte, mit diesem Seilzug um die Brust, der mir den Atem raubte. Ich hätte gern beide Hände gebraucht, um wenigstens ein Steigeisen anzulegen. Aber mit einer Hand mußte ich das andere Eisen halten, damit es nicht in die Tiefe flog. Ich beugte mich also mit dem Oberkörper nach vorn, winkelte ein Bein an, packte das eine Eisen am hinteren Teil und ließ es mit dem Bügel vorn über die Spitze des Schuhs gleiten.

Es gelang mir sofort beim ersten Versuch. Hunderte Male hatte ich Steigeisen angelegt. Nun kam mir die Routine zugute. Ein Schnapper am Kipphebel und das Eisen saß. Damit hatte ich einen Rettungsanker. Mit einem Fußkick schnellten die Frontalzacken nach vorn ins blanke Eis. Mit dem Rücken lehnte ich mich an die andere Spaltenseite. Endlich war der schnürende Druck von der Brust weg.

Dann legte ich auch das zweite Steigeisen an und begann mich Stück für Stück nach oben zu stemmen. Das kostete zwar Kraft, war aber sonst kein Problem. Als ich mich oben über die Spaltenlippe wälzte, war ich restlos ausgepumpt. Vor mir saß Reinhold, das Seil, diese dünne Reepschnur, wie ganz früher in den Anfängen des Kletterns über die Schulter gelegt. Nachdem ich die Steigeisen an den Schuhen hatte und mich durch das Stemmen entlasten konnte, war das Seil beim Hinaufklettern ein echter Segen, denn für Momente gab es mir immer wieder die Möglichkeit zu rasten. Nun hocken wir beide da oben, schauten uns verdutzt an und pumpten nach Luft. Ich fragte mich, ob ich je zuvor einen derart hohen Puls gehabt hatte.

Ich kann mich bis heute nicht erinnern, wie lange das alles dauerte. Aber es war inzwischen fast dunkel. Eine Stunde entfernt standen die Zelte des Basislagers, und doch sahen wir keine Möglichkeit, sie zu erreichen. Die Gefahr, gleich wieder irgendwo hineinzukrachen, war unter diesen Umständen viel zu groß. Noch eine Biwaknacht also. Unsere siebte. Und keine Ausrüstung mehr. Wir überlegten einen Moment. Nein, keinen weiteren Schritt mehr durch diese Hölle, in der bei jedem Schritt eine Falltür unter uns lauerte. Ein kleines Zelt hatten wir noch. Das stellten wir auf einen ebenen Platz und krochen hinein. Wir konnten von unserem Platz aus die Lichter des Basislagers deutlich erkennen. Etwas zu trinken war so nah und doch unerreichbar fern.

Die Schlafsäcke, die Isoliermatten, alles hatten wir schon »abgeschossen«. Das war sicher nicht besonders umweltfreundlich. Aber als klar war, daß wir am Abend des siebten Tages zurück sein würden, ließen wir alles zurück. Einfach alles. Wir hatten kein Gas mehr und keinen Topf, keinen Kocher und nichts mehr zu essen. Selbst die Hüftgurte an den Rucksäcken hatten wir abgeschnitten, nur um ein paar Gramm Gewicht zu sparen. Das jedoch war mein Glück und rettete mir vielleicht sogar das Leben. Wäre der Hüftgurt dran gewesen und geschlossen, hätte es mir niemals den Rucksack über den Kopf gestülpt. Anders hätte ich jedoch keine Chance gehabt, so blitzschnell an meine Steigeisen zu kommen, bevor mir das Seil um die Brust den Atem und das Bewußtsein nahm.

Wir überstanden die grausam kalte Nacht ohne Schaden, sahen die Lichter und den Tee direkt vor Augen. Egal. Die Entscheidung war richtig. Wir überstanden auch die Stunde, die der Nacht folgte. Ein Kinderspiel. Null Gefahr. Der Gletscher war bockhart gefroren, der Weg ins Basislager ein Spaziergang.

Als wir dort ankamen, sanken wir nieder. Zwei Achttausender hintereinander. Alles, was wir benötigten, hatten wir auf dem Rücken getragen. Es war eine Expedition an die Grenze des Lebens. Ohne Netz und doppelten Boden. Die Gefahren weiter oben waren um ein Vielfaches höher als jene dort unten auf dem Gletscher. Und doch wäre uns dieser Spaltensturz fast zum Verhängnis geworden. Wenn ich dort unten keine Möglichkeit gefunden hätte, die Steigeisen zu erreichen, oder wenn sie mir womöglich aus der Hand gefallen wären, Reinhold hätte irgendwann das Seil losbinden oder ein Messer nehmen müssen, um es durchzuschneiden, wenn er selbst hätte überleben wollen. Er hatte keine Möglichkeit, mich herauszuziehen, und auch nicht, mich da unten zu fixieren, denn wir hatten keine Eisschraube und keinen Karabiner mehr.

Als wir nach acht Tagen endlich vor den Zelten des Basislagers saßen, Werner Herzog, der Filmregisseur, sich zu uns gesellte und wir langsam begannen zu erzählen, blickten wir hinauf zu dem scharfen Grat, über den wir abgestiegen waren. Nun wurde uns schlagartig bewußt, was das Getöse, dieses gewaltige Krachen, was das Beben unter unseren Füßen ausgelöst hatte. Der Turm, von halber Hochhausgröße, hoch oben auf dem Grat, war umgestürzt, einfach zusammengefallen wie ein Kartenhaus und in tausend Teilen als Steinlawine zu

Tal gerumpelt. Ein Stück weiter oben nur, und es hätte uns voll erwischt. Niemals wäre von uns auch nur irgendein Überrest unter den Trümmern gefunden worden.

Der Felssturz war ein Restrisiko, der Spaltensturz ein kapitaler Bock. Der fallende Stein in den Bergen ist nicht aufzuhalten und in seiner Flugbahn nicht zu beeinflussen. Daß man auf einem Gletscher am gespannten Seil geht, sagen wir den Leuten bei den Kursen immer und immer wieder. Daß der Turm umkippte, kurz nachdem wir noch an ihm herumgeklettert waren, ist eine Naturgewalt gewesen. Eine kleine physikalische Spannung, ausgelöst durch Wärme oder Kälte, irgendwo tief drinnen in einem Spalt, genügt schon, um die Kräfte spielen zu lassen. Daß unser Seil am Boden schleifte, war Dummheit, Leichtsinn, Gedankenlosigkeit oder vielleicht einfach nur unserer unendlichen Müdigkeit zuzuschreiben. Unvermeidbar das eine, ganz leicht zu vermeiden das andere.

Bisweilen kommt unter unglücklichen Umständen beides zusammen. Restrisiko und Eigenverschulden. Dann droht meist ein verheerender Ausgang. Sofern man nicht wieder Glück hat.

In den neunziger Jahren, an einem späten Septembertag, war ich mit zwei Gästen an der Kleinen Fermeda unterwegs. Wir kletterten über die warme, sonnendurchflutete Südkante. Herrlichstes Herbstwetter. Ungewöhnlich früh hatte die Natur bereits begonnen, sich zu verfärben. Warme, weiche Farben legten sich über die Dolomiten und die Geislergruppe. Die Tour war eine reine Wonne. Am Gipfel saßen wir auf einem fast schon berühmten Stein. Geformt beinahe wie eine Bank. Dort mußte man sich einfach hinsetzen. Ich ließ meinen Leuten Zeit. Mir war es selbst ein Genuß, hinüberzuschauen zum Langkofel und hinunter ins Grödnertal. Im Kopf ließ ich den Sommer ausklingen, meine vielen Touren an mir vorüberziehen und die Gedanken davonschweifen.

Schließlich mußten wir uns doch von diesem herrlichen Flecken verabschieden, wenn wir die letzte Seilbahn am Col Raiser noch erwischen und einen langen, langweiligen Abstieg ins Tal vermeiden wollten. Wir stiegen ab und eilten mit fröhlich-beschwingtem Schritt über die Almwiesen zur Bergstation. Auf einmal war hinter uns, bei

Steinerne Schönheit: *die Geislerspitzen oberhalb von Villnöss*

den Geislerspitzen, ein Dröhnen und Donnern zu hören. Ein Gewitter? Nein. Das konnte nicht sein. Über uns wölbte sich tiefblauer, wolkenloser Dolomitenhimmel. Vielleicht hatten sie irgendwo gesprengt.

Wir erreichten die Bahn, schwebten hinunter Richtung Wolkenstein und fuhren nach Hause. Ich vergaß die Sache. Ein paar Tage später stieg ich wieder aus der Südkante heraus auf den Gipfel der Kleinen Fermeda. Überrascht schaute ich mich um. Der gesamte Gipfelaufbau dieses vielbestiegenen, klassischen Dolomitenberges fehlte. Einfach weggebrochen und hinuntergestürzt Richtung Villnöss. Schlagartig erinnerte ich mich an das unheimliche Donnergrollen. Nur eine gute Stunde, nachdem wir da oben bei schönstem Sonnenlicht und voller Glück gerastet hatten, war es zu dem Felssturz gekommen. Wir hatten nicht einmal geahnt, wie nah wir dem Verderben gewesen waren.

Was soll man da sagen? Glück gehabt? Ein Schutzengel? Schicksal? Ich bin froh, daß ich solche Dinge gleich wegstecken kann und nicht lange darüber nachdenke. Ein gewisses Maß an Fatalismus gehört sicher dazu. Wievielen Autofahrern ist schon mal ein Reifen geplatzt? Das geschieht vergleichsweise selten, weil Autoreifen eigentlich sicher sind. Ich gehöre zu jenen, denen das schon einmal passiert ist. Auf der Autobahn in Deutschland. Gerade Strecke. Peng. Reifen geplatzt. Ich habe meinen Wagen zum Stehen gebracht. Es ist nichts passiert. Ich habe den Reifen gewechselt und bin weitergefahren. Nach ein paar Kilometern hatte ich es fast schon vergessen. Ein paar Abende, unter Freunden, war es sicher ein Thema. Und dann nur noch, wenn ich es von jemand anderem gehört habe oder in der Zeitung lese. Ich denke mir, das geschieht so selten, und ich habe es schon mal erlebt. Warum sollte es mir ein zweites Mal passieren? Wenn sich das negative Denken festsetzt, dürfte ich keine Treppen mehr steigen, denn es soll schon Menschen gegeben haben, die eine Treppe hinuntergestürzt sind.

Was bleibt, ist die immer wiederkehrende Frage: Wie kalkulierbar ist das Restrisiko, wenn man sonst alles Erdenkliche getan hat, drohende Gefahren zu reduzieren? Und wie hoch ist die Bereitschaft, ein selbstbestimmtes Risiko einzugehen, um ein Ziel zu erreichen? Ich kann meine Reifen alle zwanzig Kilometer kontrollieren und jeden Griff im Fels dreimal prüfen. Ob ich dann jedoch jemals dort ankomme, wo ich hin will?

Kapitel 14
Unstillbare Sehnsucht –
Montagna delle montagne

Der 9. Juli 1999 bescherte uns nach Tagen zum ersten Mal wieder einen wolkenlosen Himmel. Alle waren unten im Basislager. Niemand befand sich am Berg. Es herrschte Hochstimmung. Keiner ahnte, daß Tod und Trauer schon so nah waren.

Die international besetzte italienische Expedition war eine illustre Gruppe unter der Leitung von Manuel Lugli aus Modena. Er war in Indien und Island, in Norwegen und Colorado, in Patagonien und den Alpen geklettert. 1996 war er zur gleichen Zeit wie ich an der Nordseite des Mount Everest gewesen und hatte ein paar Tage, bevor die tödlichen Höhenstürme losbrachen, eine Höhe von knapp 8000 Meter erreicht. Zwei Jahre davor war er am K 2 von China aus bis auf 7300 Meter gelangt, als eine italienische Expedition eine neue Route versuchte, auf 8400 Meter Höhe aber aufgeben mußte.

Oskar Piazza aus dem Kletterparadies Arco unweit des Gardasees erwies sich als wahrer Tausendsassa. Hauptberuflich war er bei der alpinen Flugrettung beschäftigt, war Ausbilder in Norditalien, Betreiber einer Pizzeria und eines weiteren Lokals, Mitarbeiter der damals noch jungen, aber exzellenten Ausrüsterfirma Montura und ein sympathisch-sensibler Mensch. 1986 kletterte er an den Trango-Türmen im Baltoro, 1989 versuchte er sich am Manaslu, scheiterte jedoch und bestieg noch in derselben Saison die Shisha Pangma in Tibet. 1994 stand er auf dem Gipfel des Cho Oyu, 1997 auf dem Gasherbrum I und 1998 auf dem Gasherbrum II. Nun wollte er den K 2 genauso versuchen wie sein bester Freund, der 43 jährige Angelo Giovanetti aus Trento. Mit dem Bergführer und Skilehrer hatte er einige gemeinsame Expeditionen unternommen.

Der 41 Jahre alte Jay Sieger stammte aus Kenai in Alaska. Er war Techniker in einer riesigen Ölfirma, bis er alles für die Achttausender aufgab. Er schmiß den Job, verließ die Familie und verlor gelegentlich sogar die Wohnung. Er bezeichnete sich selbst gern als »Lebenskünstler im Himalaya«. Er war zum ersten Mal in Pakistan und im Baltoro. Und an den Achttausendern hatte er vieles erlebt, allerdings war ihm noch nie eine Gipfelbesteigung gelungen. 1987 machte er am Makalu auf 7000 Meter kehrt. 1989 mußte er am Mount Everest auf 8600 Meter aufgeben. 1995 erreichte er an der Nordseite des K 2 das sogenannte Adlernest in 8000 Meter Höhe. Am Kangchendzönga schaffte er es bis knapp unter die magische Grenze. Am Cho Oyu war er noch 200 Höhenmeter vom höchsten Punkt entfernt und kam doch nicht an. 2001 kehrte er aus dem vierten Lager am Lhotse mit erfrorenen, bereits schwarzen Fingerkuppen zurück – um in Kathmandu das nächste Flugzeug zu besteigen und zum Nanga Parbat zu fliegen. Der Mann hatte einfach kein Glück oder vielleicht auch nicht das notwendige Können. Ein netter Kerl und ein liebenswert heilloser Chaot.

Dann war da Mihai Cioroianu, ein Rumäne, der mit seiner Frau und zwei Kindern in Bukarest lebte. Ein ansteckend fröhlicher und sympathischer Mensch. Es war faszinierend zu hören, wie der gelernte Elektriker das schmale Budget für seine Expeditionen finanzierte. Wenn er daheim hundert Dollar im Monat verdiente, war das viel. Also ging er immer wieder für drei Monate nach Deutschland. Er hatte in Mannheim, in Bad Dürkheim und anderen Städten gearbeitet. Das Geld sparte er zum größten Teil und fand schließlich noch ein paar kleine Sponsoren für sein Hobby. 1996 scheiterte er am Nanga Parbat in 7900 Meter Höhe. Schon ein Jahr später kehrte er zurück und bestieg in einer blitzsauberen Aktion den Gipfel. 1998 schaffte er mit Angelo Giovanetti den Gasherbrum II. Er hatte hohe Berge im Kaukasus und im Pamir-Gebirge bestiegen. Nun, 31jährig, wollte sich der hochaufgeschossene, extrem hagere Mihai am K 2 versuchen. »Montagna delle montagne«, sagte er in diesen Tagen Anfang Juli immer wieder und blickte sehnsüchtig hinauf. Dafür hatte er jeden Tag am Morgen zwei Stunden trainiert und anschließend zwölf Stunden gearbeitet.

Der fünfte im Bunde war der Türke Ugur Uluocak. Er lebte auf der europäischen Seite von Istanbul und war wissenschaftlicher Assistent an der staatlichen Universität Istanbul mit den Fachgebieten Interna-

Gesprächsrunde: *Manuel Lugli, Hans Kammerlander, Oskar Piazza, Konrad Auer, Angelo Giovanetti (v.l., im Uhrzeigersinn)*

tionale Politik und Sportgeschichte. Nebenbei arbeitete er als Journalist und Fotograf für ein bedeutendes türkisches Magazin. Aus seiner Motivation am K 2 machte er kein Hehl: »Mich fasziniert dieser Berg, denn er ist nie monoton, immer abwechslungsreich, und ich will der erste Türke sein, der dort oben steht.«

Es ist das Los kommerzieller Expeditionen, daß sie eher zufällig zusammengewürfelt sind. Diese Gruppe hatte zumindest den Vorteil, daß sich fast alle untereinander von irgendwoher kannten. Und dennoch, der K 2 stand vor ihnen wie ein riesiges, eigentlich fast unerreichbares Ziel. Hinzu kam, daß Oskar Piazza und Angelo Giovanetti nicht im Vollbesitz ihrer Kräfte waren. Beim Anmarsch war Oskar von einem Insekt gebissen worden und bekam hohes Fieber. Dann erwischte Angelo eine Magen-Darm-Infektion.

An diesem 9. Juli war Waschtag bei der italienischen Expedition. Nicht nur die Wäsche wurde gewaschen, auch für sich selbst konstruierten sie aus einem Plastiksack und ein paar Decken eine abenteuerliche Dusche. Es spritzte zwar in sämtliche Richtungen, aber es funktionierte. Wir mußten alle lachen, wie sie da einer nach dem anderen hinter dem Vorhang verschwanden, wie sie prusteten und schnauften, wenn ihr pakistanischer Koch zwischendurch mal kaltes Wasser nachgoß. Als die allgemeine Säuberungsaktion beendet war, feierten wir Angelos Geburtstag – mit Salzstangen und Cola.

Mihai Cioroianu verzichtete auf den nassen Segen von oben. Er bevorzugte das eiskalte Gletscherwasser. Danach telefonierte er via Satellit mit seiner Frau und den Kindern in Bukarest. Vor seinem Zelt saß er schließlich auf einem Stein und zeigte Walther Bilder von seinen Kindern. Sein Plan war klar. Er wollte noch zehn Tage im Basislager bleiben. Sollte sich bis dahin keine Chance ergeben haben, wollte er heimfliegen. Noch nie während einer Expedition habe er eine solche Sehnsucht nach seiner Familie gespürt. Und gerade habe er am Telefon seiner Frau versprochen, daß der K 2 seine letzte Expedition sein werde, daß er das Höhenbergsteigen aufgeben wolle. Als die beiden von dem Stein aufstanden, um zu den Salzstangen und der Cola hinüberzugehen, trug ein Windstoß Mihais unverkennbaren Schlapphut davon. Er tanzte einen Moment fröhlich in der Luft, dann segelte er langsam zu Boden.

Um 16.15 Uhr brach ich mit Konrad im Basislager auf. Wir wollten an diesem Tag noch hinauf ins Lager I und dann so weit nach oben vorstoßen, wie es überhaupt möglich wäre. Als wir gingen, liefen alle zusammen, schauten uns nach oder begleiteten uns noch ein Stück. Schließlich winkten ein paar sogar. Diese Situation, weil unüblich, hatte fast etwas Groteskes.

Mihai schwenkte übermütig seinen Schlapphut. Es war das letzte Mal, daß ich ihn lebend sah.

Kapitel 15
Steinschlag – Protokoll einer Tragödie

Der 10. Juli 1999, ein Samstag, begann als strahlend schöner Tag. Auf der anderen Seite des Godwin-Austen-Gletschers ging schräg hinter dem Broad Peak die Sonne auf und wärmte uns nach einer sternklaren, kalten Nacht. Wir kochten Tee, tranken viel und nahmen um kurz vor neun Uhr Kontakt mit dem Basislager auf. Auch dort unten war alles in Ordnung. Jay Sieger und Mihai Cioroianu waren am frühen Morgen in Richtung Lager I gestartet. Weit konnten sie nicht mehr von uns entfernt sein. Konrad und ich packten die Rucksäcke mit allem, was wir für ein Depot weiter oben am Berg brauchten. Dann schlossen wir das Zelt und setzten unseren Aufstieg fort.

Der folgende Text ist die Wiedergabe der im Basislager angefertigten Mitschrift des damaligen Funkverkehrs sowie des Zeitprotokolls, weshalb auf den nächsten Seiten von mir gelegentlich in der dritten Person die Rede ist.

9.24 Uhr
Im Basislager des K 2 kommt hektische Bewegung auf. Jay Sieger hat aus 5600 Meter Höhe einen Funkspruch abgesetzt. In dem kurzen Kontakt mit Oskar Piazza berichtet er von einem Unfall. Oskar Piazza gibt das Funksprechgerät an Dr. Manuel Lugli weiter. Der bringt in Erfahrung, daß der rumänische Bergsteiger Mihai Cioroianu durch einen Steinschlag an der Schulter verletzt worden ist. Die Schulter sei möglicherweise gebrochen und Mihai nicht mehr in der Lage, selbständig zu agieren. Manuel stellt eine Reihe medizinischer Fragen und versucht die Situation zu klären.

9. 27 Uhr
Binnen Minuten läuft die Vorbereitung für eine Rettungsaktion an. Ein Team wird zusammengestellt. Manuel Lugli, Oskar Piazza und der Türke Ugur Uluocak machen sich bereit, ihrem Freund zu Hilfe zu eilen. Auf der Moräne beginnen sie Ausrüstung auszubreiten. Seile, Karabiner, Sicherungsgeräte, Medikamente, Thermoskannen mit heißem Tee. Beim Team des Südtirolers Hans Kammerlander leihen sie einen zusätzlichen Klettergurt, eine weitere Steigklemme und ein Stück Seil.

9.58 Uhr
Jay Sieger meldet sich per Funk im Basislager. Er berichtet, daß Mihai Cioroianu über starke Schmerzen klagt.

10.14 Uhr
Jay meldet sich erneut. Er korrigiert die Höhe, in der sich beide befinden, von 5600 auf 5700 Meter. Er bittet darum zu klären, ob eine Bergung mit einem Hubschrauber möglich sei.

10.15 Uhr
Im Basislager spricht Manuel Lugli mit dem Verbindungsoffizier der pakistanischen Regierung über die Möglichkeit einer Hubschrauberbergung. Der Regierungsbeamte verneint dies und erklärt, daß Rettungsflüge nur bis zum Concordia-Platz möglich seien, nicht aber darüber hinaus.

Überhaupt ist erst ein einziges Mal die Bergung eines verletzten Bergsteigers in dieser Höhe gelungen. Das war im Katastrophenjahr 1996 am Mount Everest. Am 13. Mai, drei Tage nachdem ein verheerender Schneesturm fünf Menschenleben und einige Verletzte gefordert hatte, startete der nepalesische Armeepilot Lt. Col. Madan Khatri Chhetri (kurz K.C. genannt) im Basislager des Everest mit einem französischen Hubschrauber. Seinen Co-Piloten hatte er abgesetzt, um Gewicht zu sparen.

In über 5500 Meter Höhe bekommt ein Hubschrauber im Vergleich zur Meereshöhe aufgrund des geringeren Luftdrucks nur noch ungefähr die Hälfte des Auftriebs. Deshalb sind Flüge an den hohen Bergen sehr riskant. Bis zu jenem 13. Mai war noch kein Pilot das Risiko eingegangen, bis auf 6000 Meter zu fliegen. Nach zwei Landeanflügen und trotz starkem Rückenwind gelang es K. C. schließlich, über dem Boden schwebend den verletzten Bergsteiger Gau »Makalu« Ming-Ho aus einem taiwanesischen Team aufzunehmen. Er flog zurück ins Basislager und dann tatsächlich noch einmal über den Eisbruch hinauf, um den US-Amerikaner Beck Weathers zu holen. K. C. wurde später mit dem höchsten nepalesischen Tapferkeitsorden ausgezeichnet. Seine Leistung war der höchste jemals geflogene Hubschrauber-Rettungseinsatz in der Geschichte. Mihai lag in einer Höhe von 5700 Meter ...

10.17 Uhr
Manuel Lugli nimmt Funkkontakt mit Jay Sieger auf. Er erklärt, daß eine Bergung mit dem Helikopter nicht möglich sei. Gleichzeitig versichert Manuel, daß nun alles für eine Bergung und rasche Hilfe bereit sei.

Was in diesen hektischen Minuten niemand wirklich bedachte, war die Tatsache, daß weder Manuel Lugli noch Oskar Piazza optimal akklimatisiert waren. Beide waren zu diesem Zeitpunkt der Expedition noch nicht sehr weit über das Lager I hinausgekommen. Aus dem dreiköpfigen Rettungsteam hatte bis dahin nur der Türke Ugur Uluocak zwei Nächte im Lager II verbracht.

10.21 Uhr
Oskar, Manuel und Ugur checken ein letztes Mal ihre Ausrüstung und beginnen den Aufstieg in Richtung vorgeschobenes Basislager und Lager I. Sie gehen angeseilt über den flachen Teil des Godwin-Austen-Gletschers.

10.35 Uhr
Jay nimmt Funkkontakt mit Manuel auf. Er ist nun ernsthaft um Mihai besorgt. Noch einmal wird das Thema einer Hubschrauberrettung diskutiert, jedoch wegen Undurchführbarkeit wieder verworfen. Mihai muß auf die Hilfe seiner Freunde warten.

Der Funkverkehr zwischen Jay Sieger und der im Aufstieg befindlichen Rettungsmannschaft wurde an diesem Tag vereinbarungsgemäß im Basislager mitgehört. Seit dem Anlaufen der Rettungsaktion wurde ein Zeitprotokoll geführt.

10.38 Uhr
Manuel erkundigt sich bei Jay nach Mihais Zustand. Noch immer gehen alle von einem Bruch der Schulter aus. Jay antwortet, daß es Mihai »sehr, sehr schlecht« gehe und er starke Schmerzen habe. Manuel fragt, ob Mihai aus dem Mund blute. Die Frage wird dreimal wiederholt und dreimal verneint. Jay teilt mit, daß er Mihai in eine bequemere Position gebracht und ihm warme Kleidung angezogen habe.

Inzwischen stand zumindest fest, wie es da oben zu dem Unfall gekommen war. Mihai Cioroianu befand sich ein Stück vor Jay Sieger beim Aufstieg in Richtung Lager I. Bei einer Rast hatte er den Rucksack von den Schultern genommen und sich hingesetzt. Er saß mit dem Rücken zu den Flanken des K 2, in Blickrichtung Broad Peak. Oberhalb von ihm löste sich ein Stein von der Größe und der Form einer Diskusscheibe. Der Stein flog schräg zum Hang und traf Mihai unterhalb der Schulter.

10.41 Uhr
Manuel fordert Jay per Funk auf, er solle Mihai vorsichtig und in kleinen Schlucken zu trinken geben. Jay versichert, daß er es versuchen wolle, obwohl Mihai nichts zu sich nehmen will und immer wieder von einem Hubschrauber spricht, der ihn holen solle.

11.03 Uhr
Oskar, Manuel und Ugur erreichen den Einstieg in den Eisbruch unterhalb des vorgeschobenen Basislagers. Sie teilen Jay Sieger dies mit. Er nimmt es emotionslos zur Kenntnis, denn er weiß, daß es noch Stunden dauern wird, bis Hilfe kommt. Gleichzeitig wächst mit jeder Minute seine Besorgnis um Mihais Zustand.

Das Wetter über dem Baltoro-Gletscher war an diesem 10. Juli 1999 weiterhin stabil und sehr warm. Um 11 Uhr wurden im Basislager 44 Grad plus in der prallen Sonne gemessen.

Zu diesem Zeitpunkt bewegten sich Konrad und ich weit oberhalb von Lager II. Wir ahnten nicht, welches Drama sich weiter unten am Abruzzengrat entwickelte. Wir hatten unser Funkgerät ausgeschaltet, um die kleinen Batterien zu schonen, die bei Kälte sehr schnell an Leistungsfähigkeit verlieren. Wir kamen recht gut voran, obwohl wir immer wieder im tiefen Schnee spuren mußten.

Im Basislager wurden inzwischen alle möglichen Szenarien einer Bergung von Mihai eventuell bis zum Concordia-Platz durchgespielt. Die Verbindungsoffiziere überlegten, ob sie schon jetzt Kontakt mit den zuständigen Stellen in Islamabad aufnehmen sollten. Zwei Hochträger hielten sich bereit, um sofort zu helfen, wenn es notwendig sein sollte. In einem in der Zwischenzeit entworfenen Ablaufplan spielte der Zeitpunkt 15 Uhr eine entscheidende Rolle. Bis dahin, so wurde angenommen, müßte das Rettungsteam spätestens bei der Unglücksstelle angekommen sein. Dann erst könnte Dr. Manuel Lugli eine genaue Diagnose stellen, und erst danach konnten weitere Entscheidungen getroffen werden.

11.39 Uhr

Oskar, Manuel und Ugur haben das vorgeschobene Basislager fast erreicht. Sie liegen sehr gut im Zeitplan. Es kommt zu einem kurzen Funkkontakt, in dem Jay erklärt, daß Mihai vor Schmerzen stöhnt. Manuel antwortet, die beiden mögen durchhalten, sie würden sich beeilen.

11.44 Uhr

Jay teilt mit, daß er Mihai in eine andere Position bringen muß, weil der es so nicht mehr aushält und zudem Wind aufkommt. Vom vorgeschobenen Basislager zur Unglücksstelle ist kein Sichtkontakt möglich.

11.56 Uhr

Jay hat Mihai mühsam hinter einen schützenden Felsen gebracht. Im Funkverkehr mit Manuel sagt er, daß Mihais Hoffnung auf Rettung schwinde.

Um 12 Uhr hatten Konny und ich eine Höhe von rund 7000 Meter erreicht. Ich holte das Funkgerät aus meinem Anorak und schaltete es ein. Im Protokoll wird die Zeit mit drei Minuten nach zwölf notiert, als ich mich meldete. Unten im Basislager nahm Walther Lücker, auf einem Stein sitzend, meinen Funkspruch auf. Neben ihm Kameramann Hartmann Seeber, der sich drei Tage zuvor beim Abstieg die Schulter ausgekugelt hatte, und der TV-Reporter Bernd Welz. Konrad Auer und ich waren guter Dinge, denn wir waren weit hinaufgekommen an diesem Tag und wollten nun eine Rast einlegen. Man konnte erkennen, wie lange der K 2 nicht mehr bestiegen worden war. Überall waren wir auf alte, verwitterte Fixseile gestoßen. Und dennoch waren wir zuversichtlich, daß uns vielleicht schon in den nächsten Tagen eine Besteigung gelingen könnte. Wenn nur das Wetter stabil bliebe.

Meine Freude wurde schnell gedämpft, als ich erfuhr, was unterhalb von Lager I geschehen war. Über die Schwere von Mihais Verletzung konnte da noch niemand etwas Genaues sagen. Walther erklärte mir, daß Manuel, Oskar und Ugur zur Unglücksstelle unterwegs seien. Wir beschlossen, daß ich unser Funkgerät eingeschaltet lassen und abwarten würde, denn wir hatten keine Chance, vor den anderen bei Mihai zu sein.

12.07 Uhr
Oskar, Manuel und Ugur setzen vom vorgeschobenen Basislager aus den weiteren Aufstieg in Richtung Lager I fort. Die Sonne hat den Schnee in der langen Flanke nach oben aufgeweicht, und im Basislager bezweifelt Hartmann, daß die Aufstiegsspur unter diesen Bedingungen hält. Tatsächlich brachen die drei Bergsteiger vor allem im unteren Teil der Flanke immer wieder bis an die Knie ein.

12.08 Uhr
Manuel Lugli hat den Funkkontakt zwischen Hans Kammerlander und dem Basislager mitgehört. Da er keine direkte Verbindung nach oben herstellen kann, bittet er Hans via Basislager, daß er einen Schlafsack aus dem Lager II mitbringen solle, ganz gleich, wann Hans Kammerlander und Konrad Auer auch absteigen würden.

Mihai Cioroianu

12.13 Uhr
Zwischen Jay und Manuel gibt es einen Funkkontakt, der aber im Basislager wegen Störungen nicht zu verstehen ist.

12.56 Uhr
Insgesamt acht Mal versucht Jay in Funkkontakt mit dem Rettungsteam zu kommen. Im Basislager ist er weiterhin klar und deutlich zu verstehen. Seine Stimme klingt zunehmend verzweifelt. Alle Versuche, den Funkverkehr wieder aufzunehmen, mißlingen. Manuel, Oskar und Ugur antworten nicht. Sie können Jay aufgrund der Geländeformation am Abruzzengrat nicht hören.

13.01 Uhr
Jay Sieger versucht es erneut. Nach dem dritten vergeblichen Funkspruch schaltet sich im Basislager Walther Lücker ein. Für den Fall, daß es zu Funkproblemen kommen sollte, ist dies so vereinbart. Jay berichtet, daß die Situation zunehmend dramatischer werde, daß Mihai teilweise nicht mehr ansprechbar sei und er große Angst habe.

Walther versucht Jay zu beruhigen und erklärt, daß er Kontakt mit Manuel aufnehmen wolle.

13.03 Uhr
Walthers Versuche, Manuel zu erreichen, mißlingen ebenfalls. Er läßt sich die Funkgeräte anderer Expeditionsgruppen bringen, in der Hoffnung, eventuell mit einer stärkeren Antenne mehr Erfolg zu haben.

13.04 Uhr
Jay meldet sich wieder im Basislager und sagt, daß Mihai seit ein paar Minuten bewußtlos sei und er seinen Puls nicht mehr fühlen könne. Im Basislager herrscht betroffene Hilflosigkeit. Walther fordert Jay auf, den Puls an der Halsschlagader zu fühlen.

13.06 Uhr
Jay funkt ins Basislager und sagt: »We lost Mihai.« Wir haben Mihai verloren. Unten haben sich fast alle Anwesenden um das Funkgerät versammelt. Walther bittet Jay, Ruhe zu bewahren und alles für eine Reanimation zu tun. Jay antwortet mit tränenerstickter Stimme: »I'm sure, we lost Michelino, but I will try everything.« Jay ist sicher, daß Mihai tot ist, aber er will dennoch weiter alles versuchen, was in seiner Macht steht.

13.09 Uhr
Mit vier verschiedenen Funksprechgeräten versucht Walther das Rettungsteam in der Flanke am Abruzzengrat zu erreichen. Manuel, Oskar und Ugur antworten nicht. Sie befinden sich noch immer in einem »Funkloch«.

13.11 Uhr
Im Basislager herrschen Betroffenheit und Verzweiflung. Die Kameramänner haben die letzten Minuten dieser bizarren Situation gefilmt. Walther versucht über Funk weiterhin Jay dazu zu bringen, die Reanimation fortzusetzen. Doch Jay sagt immer wieder, daß es keinen Sinn habe. Mihai zeige keine erkennbaren Reaktionen mehr, obwohl er alles versuche.

13.13 Uhr
Jay erklärt, daß er Oskar nun sehen könne. Er sei schon ganz nah. Manuel und Ugur befänden sich ein kurzes Stück unter ihm.

13.19 Uhr
Oskar meldet sich atemlos im Basislager und sagt, daß er die Unglücksstelle nun erreicht hat. Er habe Mihai in den Armen von Jay liegend vorgefunden. Oskar gibt Jay das Funkgerät zurück. Immer wieder sagt der Bergsteiger aus Alaska, daß er sich nicht einmal von der Stelle gerührt habe. Jay Sieger steht unter Schock.

Seit dem ersten Funkspruch, seit Jay Sieger den Unfall ins Basislager gemeldet hatte, waren drei Stunden und fünfundfünfzig Minuten vergangen. Seit das Rettungsteam gestartet war, zwei Stunden und 58 Minuten. Für drei vergleichsweise mäßig akklimatisierte Bergsteiger eine sehr beachtliche Zeit.

13.24 Uhr
Nun sind auch Manuel Lugli und Ugur Uluocak bei Jay und Mihai eingetroffen. Der Funkverkehr bricht ab. Im Basislager sitzt Angelo Piazza auf dem Stein vor dem Zelt von Mihai Cioroianu und weint. Die pakistanischen Begleiter der Expeditionen beginnen leise zu beten.

Zu diesem Zeitpunkt versuchen Oskar, Manuel und Ugur alles, um Mihai zu reanimieren. Vergebens. Sie haben keinen Erfolg.

14.07 Uhr
Dr. Manuel Lugli bestätigt den Tod von Mihai Cioroianu. Der Todeszeitpunkt wird zwischen 13 und 14 Uhr festgelegt.

Der Stein hatte Mihai ganz offensichtlich nicht direkt an der Schulter, sondern im Bereich des Schulterblatts getroffen. Dabei, so vermutet Manuel, sei möglicherweise ein großes Blutgefäß verletzt worden oder auch die Lunge. Mihai, so Manuel Lugli, sei während der drei Stunden, in denen er noch lebte, innerlich verblutet. Äußerlich gab es, außer einem Hämatom am Rücken, keine erkennbaren Verletzungen.

Manuel beschrieb den Grad von Mihais Verletzungen als »sehr viel schwerer« als ursprünglich angenommen.

15.06 Uhr
Aus einer Höhe von 7400 Meter funkt Hans Kammerlander ins Basislager. Konrad und er haben die Reste eines alten Zeltes gefunden und wollen dort ein Depot mit Material anlegen. Er erkundigt sich nach Mihais Schulter und erfährt nun ebenfalls, daß der Rumäne seinen schweren Verletzungen erlegen ist.
Für fast zwei Minuten schweigen die Funkgeräte.

15.08 Uhr
Hans Kammerlander erklärt, daß er sich gleich wieder melden werde.

Ich war in diesem Moment sehr betroffen. Wir waren uns da oben der Tragweite dieses Unfalls nicht wirklich bewußt. Ich hatte zunächst sogar den vermuteten Schulterbruch von Mihai bezweifelt. Ich dachte, er hätte sich vielleicht die Schulter ausgekugelt und deshalb so starke Schmerzen. Nun saß ich mit Konrad Auer im Schnee und überlegte, was wir tun sollten. Inzwischen war es Nachmittag geworden. Es herrschte zwar immer noch wolkenloses Traumwetter über dem K 2, doch es war recht kräftiger Wind aufgekommen. Wir konnten eigentlich gar nichts mehr tun.

15.29 Uhr
Per Funk teilt Hans Kammerlander dem Basislager mit, daß er wie geplant ein Depot in 7400 Meter Höhe anlegen und dann so schnell wie möglich absteigen werde. Vielleicht, so sagt er, könnten sie es sogar bis zurück ins Basislager schaffen. Wenn dies nicht möglich sein sollte, würden sie im Lager I bleiben und dort übernachten. Mehrmals mahnen Hartmann und Walther, den Abstieg vorsichtig anzugehen. Hans bat die beiden darum, seine Frau Brigitte Kammerlander in Südtirol anzurufen. Einerseits, um ihr mitzuteilen, was passiert war, und andererseits, um möglichen Spekulationen vorzubeugen. Schlechte Nachrichten verbreiten sich an den hohen Bergen schnell, leider aber auch chaotisch.

15.47 Uhr
Walther und Hartmann versuchen vergebens, Brigitte Kammerlander zu erreichen. Schließlich gelingt es, mit dem Satellitentelefon eine Verbindung zu Martina Pircher, der Frau von Kammerlanders Berater Siggi Pircher, herzustellen. Sie veranlaßt alles Weitere und erreicht auch Brigitte Kammerlander.

Unterdessen hatten Oskar, Manuel, Ugur und Jay den Leichnam von Mihai in einen Schlafsack, den sie aus dem Lager I geholt hatten, gebettet und ihn für den Transport nach unten vorbereitet. Es war klar, daß dies angesichts der enormen Steilheit des Geländes weitgehend nur durch Abseilen funktionieren würde.

16.49 Uhr
Manuel Lugli funkt ins Basislager und bittet darum, Angelo Giovanetti ans Gerät zu holen. Die beiden besprechen, was mit Mihais Leichnam geschehen soll. Angelo plädiert für eine Beisetzung am K 2-Memorial bei der »Gilkey-Pyramide«. Oskar und Manuel schlagen eine Beisetzung direkt am Wandfuß kurz unterhalb des vorgeschobenen Basislagers vor. Die Entscheidung wird vertagt. Eine Rückführung von Mihais Leichnam in die rumänische Heimat ist ausgeschlossen, da sich die pakistanischen Behörden weigern, tödlich verunglückte Bergsteiger mit dem Hubschrauber auszufliegen.

Um 17 Uhr ging über dem K 2 die Sonne unter. Die drei Spitzen des Broad Peak wurden in ein unwirkliches goldenes Licht getaucht. Der Concordia-Platz mit dem markanten Gipfel der Chogolisa wirkte, als sei er mit hellgelbem Samt überzogen. Unter der Moräne des Godwin-Austen-Gletschers knackte und krachte das Eis unter der Kältespannung. Am Angelo Peak löste sich mit lautem Getöse eine Steinschlag-Lawine. Auch wir sahen von viel weiter oben diesen berauschenden Sonnenuntergang. Für einem Moment dachte ich bei mir: Die Natur nimmt keine Rücksicht auf menschliche Tragödien.

17.05 Uhr
Oskar, Ugur, Manuel und Jay beginnen mit dem Abstieg. Um den

Schlafsack, in dem die Leiche von Mihai steckt, haben sie eine schwarze Isoliermatte geschnürt.

19.01 Uhr
Nach endlosen und zum Teil schwierigen Abseilmanövern erreichen die vier mit der Leiche das vorgeschobene Basislager. Dort legen sie Mihai in ein Zelt. Nach einer kurzen Rast setzen sie den Abstieg fort.

20.52 Uhr
Im Schein zweier Stirnlampen erreichen Oskar, Manuel, Ugur und Jay das Basislager.

Seit dem Beginn der Tragödie sind rund zwölf Stunden vergangen.

Jay Sieger berichtete an diesem Abend, daß Mihai in der letzten Stunde immer wieder nach künstlichem Sauerstoff gefragt habe, weil er so schwer Luft bekam. Und er berichtete auch, daß er, nachdem der Puls nicht mehr zu fühlen gewesen sei, versucht habe, mit Herzmassage und Beatmung Mihai zu reanimieren. Beim Beatmen habe er ein gurgelndes Geräusch gehört. Dies stützte Manuels medizinische Annahme, Mihai sei innerlich verblutet. Möglicherweise habe der harte Aufprall des Steins eine Arterie zerrissen.

Konrad und ich hatten in 7400 Meter Höhe ein Depot angelegt und waren dann abgestiegen. Kurz vor Einbruch der Dunkelheit erreichten wir das Lager I und blieben dort. Über den Achttausendern des Karakorum verschlechterte sich das Wetter nun rasant. Eine milchige Wolkendecke hing zunächst über den Gipfeln von Broad Peak und K 2. Wie ein weiches Tuch fiel sie binnen kurzer Zeit bis hinunter auf das Basislager. Alles lag in dichtem Grau. Die Temperaturen waren vergleichsweise mild. Zwei Stunden nach Mitternacht begann es zu schneien.

Am nächsten Morgen lagen im Basislager des K 2 fast zwanzig Zentimeter Neuschnee. Der pakistanische Rundfunk meldete die Ausbreitung einer Schlechtwetterfront und prognostizierte ergiebige Schneefälle für die Hochlagen des Karakorum-Gebirges. Sollte der Koch Abdul Razir recht behalten?

Kapitel 16
Zweifel – Tod in der Lawine und ein bitterer Entschluß

Zwischen dem Basislager und dem Gipfel des K 2 liegen rund 3600 Meter Höhenunterschied. Von welcher Seite man auch immer den Berg angeht, überall muß man steil hinauf. In einem heillosen Chaos aus Fels, Eis und Schnee gibt es keine einzige einfache Route. Im Vergleich zum Normalweg auf den K 2 über den Abruzzengrat erscheint die klassische Südroute am Mount Everest fast wie ein Spaziergang. Sämtliche Grate, Wände und Flanken am K 2 fordern den kompletten Alpinisten.

Am Abruzzzengrat reihen sich die Schwierigkeiten aneinander wie bei einer Perlenschnur. Nach dem Anstieg zu den Lagern I und II, der über einen Felsgrat links der Südostwand hinaufführt, kommt man auf eine Höhe von 6700 Meter. Kurz zuvor ist der »House-Kamin« zu überwinden, der zum ersten Mal 1938 von William »Bill« House im Rahmen der US-amerikanischen Expedition erklettert wurde und auch unter der Bezeichnung »Bill's Chimney« bekannt ist. Die Passage weist immerhin Schwierigkeiten im vierten Grad auf.

Es folgt weiter oben die »Schwarze Pyramide«, ebenfalls eine heikle Felspassage, und dann ein scheinbar endlos langer Eishang, der unter die sogenannte Schulter führt. Dort schlagen die meisten Expeditionen ihr drittes Hochlager auf. Das Lager IV liegt dann schon auf der Schulter in knapp 8000 Meter Höhe. Und doch steht der klettertechnisch anspruchsvollste Teil der Besteigung immer noch bevor. Die Schulter mündet im »Bottleneck«, dem »Flaschenhals«. Diese Eisrinne ist sehr steil, und an ihrem Ende stehen gewaltige Seracs. Das sind äußert fragile Eistürme, die sich durch Sonneneinstrahlung, Wind und andere Witterungseinflüsse bilden. Im Flaschenhals bewegen sich die Bergsteiger manchmal bis zu fünf Stunden äußerst gefährdet wie in einer Schußbahn.

Grab aus Stein: *vor der Beisetzung von Mihai Cioroianu*

Diese Seracs werden in einer ausgesetzten Querung umgangen. Von da an wird der Anstieg zwar technisch leichter, doch der höchste Punkt in 8611 Meter Höhe ist immer noch Stunden entfernt.

Am 11. Juli 1999 setzte sich im Basislager des K2 eine größere Gruppe in Bewegung. 16 Männer stapften durch den frischen Schnee in Richtung vorgeschobenes Basislager. Bergsteiger, Begleitoffiziere und pakistanisches Küchenpersonal bildeten eine traurige Kette bunt gekleideter Gestalten. Unterwegs traf die Gruppe auf Mitglieder der koreanischen Expedition, die an diesem Morgen vom Lager I der Cesen-Route in der Südwand herunterkamen. Ehrfürchtig hielten die Koreaner inne und nahmen ihre Mützen vom Kopf. Es war längst bekannt, was am Tag zuvor geschehen war.

Gegen 10 Uhr erreichte ein Teil der Gruppe das vorgeschobene Basislager, wo Mihai Cioroianu in einem Zelt aufgebahrt lag. Ein gutes Stück unterhalb, in einer Felsnische, begannen einige der pakistanischen Begleiter ein Felsgrab herzurichten. Zu dieser Zeit kamen

Gedenken: *Jay Sieger graviert Mihais Namen in einen Metallteller*

auch Konrad und ich über die Schneeflanke herunter zum vorgeschobenen Lager. Wir waren nach wie vor sehr betroffen. Zusammen trugen wir Mihais Leichnam über Felsblöcke und Moränenschutt zu der Felsnische. Dort wurde er beigesetzt. Es war noch immer nicht gelungen, seine Frau in Rumänien zu erreichen. Über dem Grab befestigte Oskar Piazza zwei Eisschrauben, Mihais Pickel und ein Kerzenlicht. Ein Jahr später hatte jemand die beiden Eisschrauben und den Pickel mitgenommen ...

Am Nachmittag dieses Tages begann Jay Sieger im Basislager mit einem Eispickel und einem Felshaken einen Metallteller zu bearbeiten. Über den Zelten breitete sich eine dumpfe und schwermütige Stimmung aus.

An den Achttausendern wird seit Beginn ihrer Besteigungsgeschichte gestorben. Und gleichzeitig so schnell wie in kaum einem anderen Bereich unserer Gesellschaft mit dem »business as usual« weitergemacht. Warum das so ist, läßt sich kaum erklären. Renato Casarotto war 1986 bereits der sechste Bergsteiger, der in dieser Saison starb. Und dennoch wurde weitergeklettert. 1996 machten sich am Mount Everest, nachdem in einer einzigen Nacht fünf Bergsteiger umgekommen waren, schon ein paar Tage danach die Expeditionen wieder in Richtung Gipfel auf.

Als 1991 am Manaslu zunächst der Grödner Carlo Großrubatscher durch einen Absturz unter tragischen Umständen starb und am Nachmittag desselben Tages mein Lehrmeister und Vorbild Friedl Mutschlechner in einem höllischen Höhengewitter vom Blitz erschlagen wurde, wollte ich mit dem Bergsteigen aufhören. Doch irgendwann, als sich Trauer, Ohnmacht und Schmerz legten, kam ich zu der Frage, wem damit gedient sei. Was würde sich ändern, wenn ich das Beste in meinem Leben lassen würde? Damit wäre niemandem geholfen. Mir waren derlei Überlegungen 1991 längst nicht mehr ganz neu. Schon einmal, zehn Jahre zuvor, hatten mich ähnliche Gedanken zermartert.

Reinhold Messners Alpinschule Südtirol hatte mich Mitte Juli 1982 zu einer Tourenwoche am Ortler eingeteilt. Nach den Dolomiten-Zinnen nun Eis und Schnee an Südtirols höchstem Massiv. Vier Gäste hatten sich angemeldet. Ideale Voraussetzungen für meinen Bergführerkollegen Hans von Leon aus Meran und mich. Er mit zweien am Seil und ich ebenfalls. Ich freute mich auf die Tage am Ortler und darauf, mit Hans von Leon unterwegs zu sein. Wir machten Quartier auf der Hintergrathütte und stiegen zum Einlaufen auf den Cevedale. Unsere vier »Kunden« waren am Abend dieses ersten Tages guter Dinge und bei bester Kondition.

Für den Mittwoch sagte der Wetterbericht ein vorübergehendes Tief und Regen voraus. Und so schlugen wir vor, den Höhepunkt der Woche, die Besteigung des Ortler, auf den Dienstag zu verlegen. Danach könnten wir einen ruhigen Tag einlegen. Über den Hintergrat stiegen wir in zwei Dreier-Seilschaften flüssig und ohne Komplikationen auf den Gipfel. 9 Uhr. Wir hatten den ganzen Tag noch vor uns. Für den Abstieg wählten wir den Normalweg. Reine Routine. Von weiter unten kamen uns ganze Kolonnen anderer Bergsteiger entgegen.

Oberhalb des bekannten Bärenlochs querten wir einen Hang, an dessen Ende sich eine Randspalte befand. Ich sicherte meine beiden

König Ortler: *Südtirols höchster Berg ist ein begehrtes Ziel*

Seilpartner hinunter und sprang dann selbst nach. Hans von Leon war mit seinen Gästen gleich hinter uns, und auch er half ihnen mit ein wenig Seilzug über das Hindernis. Während wir bereits weiter abstiegen, sah ich, wie gut 100 Höhenmeter über uns eine riesige Schneewächte brach und direkt auf uns zuschoß. Erschrocken rief ich: »Achtung, paß auf, paß auf!« Hans schnellte nach vorn, sprang über die Spalte in eine von unseren vielen Vorgängern breit ausgetretene Spur.

Mit unglaublicher Geschwindigkeit kam die Lawine auf uns zu. Wir begannen zu laufen. Aber es war zu spät. Die Schneemassen trafen die Seilschaft von Hans mit voller Wucht und von meiner Gruppe den letzten Mann. Ich wäre vielleicht noch davongekommen und hätte möglicherweise anders reagieren können, aber ich konnte wegen des Seils nicht schneller rennen als meine beiden Gäste. Der hintere wurde ebenfalls erfaßt. Es gab einen Ruck am Seil, und ich wurde wegkatapultiert, mitten hinein in den gepreßten Schnee. Der Hang, in dem wir uns befanden, mündete weiter unten in riesigen Gletscherspalten und steilen Abbrüchen.

In mir lief ein Film ab. Der Schnee würde uns den ganzen Hang hinunterfegen und uns entweder in eine Spalte treiben oder über die Abbrüche katapultieren.

Ich versuchte immer noch zu bremsen, aber gegen diese Gewalt hatte ich keine Chance. Ausweglos, dachte ich. Doch auf einmal wurden wir langsamer. Vielleicht drückt es uns jetzt an den Rand der Lawine, schoß es mir durch den Kopf. Ich hatte den Gedanken noch nicht zu Ende gebracht, da riß das Seil wieder an meinem Klettergurt. Ich wurde in die Luft und wieder zurück in den abwärtsschießenden Schnee geschleudert. Das war's, dachte ich, aus und vorbei.

Doch es war noch nicht vorbei. Diese Höllenfahrt nahm wieder an Geschwindigkeit ab. Ich lag auf dem Bauch. Mit Füßen und Händen versuchte ich verzweifelt abzubremsen. Der Fluß wurde zwar langsamer, kam aber noch nicht zum Stillstand. Ein paar Meter unter mir verschwand das Seil über die Randlippe einer Spalte in der Tiefe. Der Schnee um mich herum floß noch immer. Ich begann auf allen vieren dagegen anzugehen. So als würde ich gegen den Lauf eines Fließbands krabbeln. Endlich hielt der tödliche Strom an. Ich kam zum Stillstand, und der Schnee hörte auf zu rutschen. Nun war alles ruhig.

Doch wo war meine Seilschaft, meine beiden Gäste? Wo war Hans von Leon mit seinen Leuten? Das mögliche Ausmaß der Tragödie wurde mir schnell bewußt. Ich stand auf und ging die paar Schritte hin zum Spaltenrand. Als ich hinuntersah, atmete ich auf. Die Schneemassen hatten die Spalte gefüllt, und ein Stück weiter unten stand die Frau aus meiner Seilschaft. Ein paar Meter entfernt, halb vom Schnee verschüttet, mein zweiter Gast. Ich band mich aus dem Seil, stieg hinunter und half der Frau heraus. Sie war unverletzt. Der Mann hingegen klagte über Schmerzen in der Hüfte, bis zu der er im Schnee steckte. Ich überlegte einen Moment und stieg wieder hinunter. Immer wieder kamen von oben kleine Nachrutsche. Ganz langsam versank mein Gast im Schnee. Wenn das so weiterginge, würde er vor meinen Augen verschüttet. Ich konnte einfach nicht so schnell graben, wie von oben der Schnee nachkam. Zum Glück hörte das bald auf, und ich konnte ihn endlich befreien. Er hatte das Becken gebrochen, und während ich ihm vorsichtig nach oben half, hörten wir aus der Tiefe der Spalte jemanden schreien.

Ich stieg erneut hinab und kam bei ein paar Luftlöchern tiefer in die Spalte, die unten nicht mit Schnee gefüllt war. Dort fand ich auf einer Schneebrücke einen der beiden Gäste meines Bergführerkollegen Hans von Leon. Der Mann stand unter Schock. Selbst als ich bei ihm war, schrie er noch immer aus Leibeskräften um Hilfe. Von seinem Klettergurt weg führte ein Seil in die Schneemassen weiter oben. Ich zog daran, doch es rührte sich nichts. Die ungeheuren Kräfte der Lawine hatten alles zusammengepreßt, der Schnee war hart wie Beton. Der Seilknoten vor dem Gurt des Mannes war durch den starken Zug, der auf ihn gewirkt hatte, so gut wie nicht zu lösen. Ich hatte das Gefühl, es dauerte eine halbe Ewigkeit, bis ich ihn endlich aufbrachte. Wir krochen zusammen aus dem Loch an die Oberfläche. Schließlich ging ich noch einmal hinunter und begann zu graben, wo das Seil im Schnee verschwand. Oben standen drei Überlebende; mit mir waren wir vier, die die Katastrophe überstanden hatten.

Aber wo waren Hans von Leon und der andere Gast? Was ich da tat, machte keinen Sinn. Ich mußte hinunterlaufen zur Payerhütte und die Bergrettung alarmieren. Doch von der Hütte aus hatten sie uns mit dem Fernglas längst gesehen, und während ich abstieg, kam der Hubschrauber im Landeanflug. Knapp zwei Stunden später hatten sie Hans von Leon und seinen Gast, die drei Meter unter dem Schnee verschüttet waren, ausgegraben. Für sie kam jede Hilfe zu spät. Ich sah den Hubschrauber mit den Leichensäcken wegfliegen und beschloß, nie wieder auf einen Berg zu steigen.

Was half es, daß uns der Wirt der Payerhütte versicherte, daß er dort oben in fast vierzig Jahren noch nie auch nur den Hauch einer Lawine gesehen habe. Es war zehn Uhr am Vormittag, als wir über die Randspalte gestiegen waren. Noch früher konnte man nicht mehr vom Gipfel heruntersteigen. Von unten kamen ganze Karawanen an Bergsteigern herauf. Die riskierten viel mehr in der Wärme des Tages. Aber uns hatte es erwischt. Wir vier hatten unglaubliches Glück gehabt. Die beiden anderen nicht. Schicksal? Fügung? Was sonst?

Das Kalenderblatt dieses Tages zeigte den 13. Juli 1982 an. Dienstag, nicht Freitag ... Es war dies der Moment, in dem mir bewußt wurde, wie gefährlich der Beruf eigentlich war, den ich gewählt hatte. Mein Bergführerpatent war erst zwei Jahre alt. Und nun war so etwas passiert. Ich überlegte ernsthaft, ob ich da weitermachen sollte, wo ich angefangen hatte. Mir kamen schwere Zweifel. Mit den erlernten Sicherungstechniken, mit meinem Gespür für die Natur und die Berge war ich in der Lage, das Risiko zu minimieren. Aber ein Restrisiko blieb. Auf das hatte ich jedoch keinerlei Einfluß.

Mihai Cioroianu war sicher ein guter Bergsteiger. Das bewies seine saubere Besteigung des Nanga Parbat. Der junge Rumäne bewegte sich stark und schnell. Er sicherte, wo gesichert werden mußte. Und ging ein Risiko ein, wo es ihm kalkulierbar erschien. Doch als von oben der Stein angeschossen kam, hatte er keine Chance. Das Restrisiko, jene Unwägbarkeiten, konnte er nicht beeinflussen. Jeden anderen von uns hätte dieser Stein, an einem anderen Tag und zu einer anderen Stunde, genauso treffen können. Er traf Mihai, und wir anderen saßen am Fuß eines der schönsten Berge der Erde und überlegten, ob wir es nicht besser lassen sollten. Doch wem wäre damit gedient?

Keine Woche nach der Beerdigung meines Bergführerkollegen Hans von Leon in Meran fuhr ich mit Werner Beikircher, einem meiner besten Freunde und Kletterkollegen, in die Dolomiten. Er hatte mich nicht gebeten, nicht gebettelt, er hatte mich überredet. Werner suchte für mich einen Weg aus dem apathischen Brüten. Wir sprachen an diesem Tag nicht viel. Wir kletterten. Unser Auto parkte am Sellajoch, und wir stiegen in die lotrechte Nordwand des Zweiten Sellaturms. »Plattenspieler« nannten wir unsere Erstbegehung, wegen der wunderbaren Passagen über die fast mauerglatten Platten. Der Weg zurück in die Normalität und auch der Weg in die Zukunft hatten mich hinaufgeführt. Bergsteigen war mein Leben und mein Beruf.

1991 war es nicht anders. Zwei Mitglieder meiner ersten selbstgeleiteten Expedition starben oben an den Hängen des Manaslu. Ich hatte nichts für sie tun können, absolut gar nichts. Auch damals lag ich danach mit mir und der Welt im Hader. Alles stellte ich in Frage, am meisten den Sinn meines Lebens und die Richtigkeit meines Tuns. Ich verkroch mich in Ahornach hoch oben über dem Tauferer Tal auf dem Bauernhof meines Bruders. Der Blick hinaus in die nahen Dolomiten, hin zum Peitlerkofel, stieß mich ab. Ich konnte das alles nicht mehr sehen. Wieder fraß der Gedanke in meinem Kopf: Nie wieder auf einen Berg, nie mehr ein Achttausender, nie wieder klettern. Am Tiefpunkt meiner Reise nach innen stand schließlich Daniel vor mir. Achtjährig damals, 1991. Aber schon mit diesem Blitzen in den Augen. Daniel ist mein Neffe, der Sohn von Hubert und Greti, der Schwester meiner Frau Brigitte. Er bettelte mich an, daß ich mit ihm auf den Zwölfer, im Herzen der Sextener Dolomiten, stieg. Seine Eltern sind die Wirtsleute der Büllelejoch-Hütte, und einmal wollte Daniel von ganz weit oben auf das Dach schauen.

Ein Achtjähriger gab mir ein paar Tage später das Leben zurück, das ich schon verloren geglaubt hatte. Sein Glück auf dem Gipfel wurde mein Glück. Wieder hatte mich der Weg hinaufgeführt. Anscheinend gibt es für mich keinen anderen.

Als Oskar Piazza, Angelo Giovanetti und Manuel Lugli am 11. Juli 1999 in einer Felsnische am Fuß des K 2 Steine zu einem Grabhügel aufschichteten, wußte ich, was sie fühlten. Und ich wußte auch, daß niemand ihnen eine Stütze sein konnte. Keine Erfahrung, kein Wort, keine Geste konnten in diesen Momenten Trost sein. Wir kehrten schweigend zu den Zelten des Basislagers zurück.

»Nie wieder.« Wie oft formen die Lippen diese beiden Worte, wenn die Grenze ganz nah oder gar überschritten ist. Ich sagte es nach dem Ortler und nach der Tragödie am Manaslu. Dort wehte der Hauch des Todes. Aber ich sagte es auch am Gipfel des Cho Oyu, weil ich mich am Ende meiner Kräfte glaubte, und ich sagte es nach der Gasherbrum-Überschreitung. Ich sagte auch »Nie wieder« in der Dibonakante der Großen Zinne, als ein handballgroßer Stein keine fünfzig Zentimeter neben mir aufschlug, die Splitter sich in die Haut meines Gesichts bohrten wie Pfeilspitzen und einer mir die Hornhaut verletzte, daß die Narbe in meinem Auge heute noch zu sehen ist.

Aus dem »Nie wieder« haben die Lippen stets ein »Immer wieder« geformt. Es hat Zeit gebraucht. Die Zeit würde auch am K 2 das Ihre bewirken. Und an den Achttausendern begehrt das Leben schneller wieder auf, als der Tod vergessen werden kann.

Kapitel 17
Erstbesteigung – Trick am Everest, Mißverständnis am K 2

Die Erstbesteigung des K 2 fiel in das Jahr 1954. Die Eroberung der Giganten war vor und auch nach dem Zweiten Weltkrieg eine nationale Angelegenheit, geprägt von Stolz und nicht selten politisch motiviert und vorangetrieben. Die Annapurna, 1950 als erster Achttausender überhaupt von Maurice Herzog und Luis Lachenal bestiegen, war der Berg der Franzosen. Der Nanga Parbat machte Geschichte als Schicksalsberg der Deutschen, ehe Hermann Buhl 1953 im Rahmen einer deutsch-österreichischen Expedition den Gipfel im Alleingang erreichte.

Seit der Herzog von Abruzzen 1909 am Südostsporn eine mögliche Aufstiegsroute entdeckt hatte, beschäftigte der K 2 die italienischen Kletterer. Gleichzeitig hatten auch die US-amerikanischen Bergsteiger die formgewaltige Pyramide zu ihrem favorisierten Ziel auserkoren. Aufgrund der geographischen Lage und der politischen Verhältnisse »gehörte« die Shisha Pangma den Chinesen. Der Mount Everest war seit 1921 eine durch und durch britische Angelegenheit.

Über die Erstbesteigung des Everest gibt es viele Geschichten und Historien. Eine der schönsten ist jedoch sicherlich jene, wie die Nachricht vom Erfolg Edmund Hillarys und des Sherpas Tensing Norgay vom Basislager am Fuß des Khumbu-Eisbruchs unter abenteuerlichen Umständen nach London gelangte:

Am 13. Mai 1953 notierte das deutsche Nachrichtenmagazin *Der Spiegel* in gewohnt lästerlicher Manier: »Daß der Krönungstag verregnet sein wird, daß die Tribünen einstürzen, daß die Ladies in der Westminster-Abtei ohnmächtig werden – auf all das nehmen die schmierigen Buchmacher in den Kellerkneipen der Londoner Docks Wetten an. Nur auf das Gelingen oder Nichtgelingen eines Unternehmens zu Ehren Elizabeths II. will kein Engländer Wettgeld kassieren. ›Wenn es um die Hoffnungen Englands geht, wettet man nicht.‹ Englands Hoffnung: dreizehn Männer – unrasierte, seit Wochen ungewaschene Männer in abgetretenen Fellstiefeln; die Gesichter dick mit Fett beschmiert.«

Daß Prinzessin Elizabeth am 2. Juni 1953 zur Königin von England gekrönt werden würde, war für die Briten eine klare Sache. Daß jedoch der dritte Pol der Erde, der 8850 Meter hohe Mount Everest, von einer britischen Expedition erstmals bestiegen werden könnte, war allenfalls eine vage Hoffnung. Nichts, worauf man ein paar Pfund setzen konnte. Zu oft schon waren Bergsteiger von der Insel am höchsten Gipfel gescheitert.

Ganz und gar nicht britisch-distanziert, sondern blumig in der Sprache und doch ganz dem Hofe verpflichtet, hatte ein paar Tage vor dem deutschen *Spiegel* die Londoner *Times*, in einer achtseitigen Sonderbeilage berichtet: »Zum Ruhme Ihrer Majestät sind sie auf dem Weg zum Schloßturm des gigantischen Festungssystems im Himalaya, bei dem Wachturm für Wachturm, jeder mit furchtbaren Zinnen versehen, erfolgreich bezwungen werden muß.«

Am 29. Mai 1953, gegen 17.30 Uhr, legte der englische Bergsteiger Wilfred Noyce nur wenige Schritte unter dem Südsattel in fast 8000 Meter Meereshöhe zwei Schlafsäcke so in den Schnee, daß sie ein »T« bildeten. Noyce und ein nepalesischer Sherpa hockten sich auf die ausgebreiteten Schlafsäcke, damit der eisige Wind sie nicht davontrug. Das »T« stand für »Top« und war nichts weniger als das - ausgemachte Zeichen für den Gipfelerfolg am Mount Everest. Noyce und der Sherpa zitterten knapp zehn Minuten in der Kälte, dann kämpften sie sich ins Zelt zurück. Doch im vorgeschobenen Basislager auf 6400 Meter, im »Tal der Stille«, war die Nachricht unbemerkt geblieben. Eine eher unscheinbare Wolke verwehrte genau zu dieser Zeit den freien Blick auf den Südsattel. Unterdessen nahmen in London die Buchmacher unverdrossen Wetten auf alles an. Nur nicht auf die Besteigung des Everest.

Am Vormittag des 30. Mai 1953 wankte unbeholfenen Schritts der Reporter James Morris von der Londoner *Times* durch den gefähr-

Bauwerke der Natur: *die Gipfel des Mount Everest im Himalaya ...*

lichen Khumbu-Eisbruch. Der Mann hatte in seinem ganzen Leben noch nie einen Berg bestiegen. Das mußte er auch an diesem Tag nicht. Er mußte es nur durch den Eisbruch schaffen, hinauf auf 6400 Meter, wenn er dem Geschehen näher sein wollte. Am frühen Nachmittag traf er auf die übrigen Expeditionsmitglieder, die seit den Morgenstunden mehrere kleine Punkte vom Südsattel her im Abstieg beobachteten. Als James Morris die Zelte des Hochlagers erreichte, meldete der indische Radiosender All-India gerade, daß der »Angriff auf den Everest« gescheitert sei. Von dieser Sekunde grenzenloser Enttäuschung bis zur überschäumenden Freude dauerte es direkt vor Ort nur noch eine Stunde. Dort sollte man es bald besser wissen. Kurz nach 14 Uhr erreichten Edmund Hillary, der Sherpa Tensing Norgay und das übrige Südsattel-Team das Lager. Nun erfuhren es auch die übrigen Bergsteiger: Der Gipfel des Mount Everest war erstmals bestiegen worden – von einem Imker aus Neuseeland und einem nepalesischen Sherpa.

50 Jahre später erinnerte sich Charles Evans, der in der Mannschaft

... und des K 2 im Karakorum

eigentlich für die Erstbesteigung vorgesehen war, an ein kleines Detail aus eben jener Stunde der Freude: »Wir hatten Tee für die beiden gemacht. Aber Tensing wollte essen und Ed Hillary nicht trinken. Ich war fast ein wenig beleidigt, weil Ed wohl vergessen hatte, welch unendliche Mühe es macht, in dieser Höhe Schnee zu schmelzen und eine Tasse Tee zu bereiten.«

Noch während Hillary erschöpft im vorgeschobenen Lager auf 6400 Meter die ersten Eindrücke schilderte und den Wissensdurst seiner Freunde zu stillen versuchte, formulierte *Times*-Reporter James Morris ein Telegramm: »Snow condition bad hence expedition abandoned advance base on 29th an awaiting improvement being all well.« Schlechte Schneebedingungen, Expedition verließ Basislager am 29. in Erwartung besseren Wetters, alle wohlauf.

Morris erwies sich als ganz gerissener Vertreter seiner Journalistenzunft. Er wußte um die Konkurrenz. Im Basislager saßen die Kollegen von *Daily Mail* und der Nachrichtenagentur *Reuters*. Was Morris der Welt – ganz exklusiv – mitteilen wollte, hatte er in einem raffinierten Code chiffriert. »Snow condition bad« stand für »Everest erstiegen«. Jedem Expeditionsmitglied hatte er ebenso nichtssagende Formulierungen zugeordnet. »Abandoned advance base« stand für Edmund Hillary, »awaiting improvement« verschlüsselte Tensings Namen.

Am Abend des 1. Juni wurde eine rote Depeschen-Box durch den Buckingham-Palast zur noch ungekrönten Elizabeth getragen. Morris war in der Dunkelheit durch den Khumbu-Eisbruch zurück ins Basislager auf 5400 Meter geeilt. Noch in der Nacht hatte er das Telegramm von einem Träger ins 50 Kilometer entfernte Namche Bazaar, ein damals noch kleines Nest, im Herzen des Khumbu-Gebiets bringen lassen. Mit Hilfe einer starken Funkstation des indischen Militärs erreichte die geheime Nachricht Kathmandu und schließlich London. Es schien fast, als käme das schönste Geschenk für die angehende Königin direkt von unterhalb des Himmels, aus 8850 Meter Höhe.

Am 2. Juni 1953 wurde die mehr als dreistündige Krönungszeremonie in der Westminster-Abtei einmal kurz unterbrochen. In der Sakristei versammelten sich einige enge Freunde der Familie um Prinz Philip. »Auf die Königin! Und den Sieg am Everest.« In die Gläser floß schottischer Whiskey. Der Herzog von Edinburgh ließ derweil eine ganz und gar britische Nachricht nach Nepal kabeln: »Jedermann ist aufs höchste erfreut über diese wundervolle Nachricht.«

Am 3. Juni meldete die von *Times*-Reporter Morris ausgetrickste Nachrichtenagentur Reuters verschnupft: »Die Meldung des Leiters der britischen Everest-Expedition, Oberst Hunt, über die Besteigung des höchsten Gipfels war chiffriert ...«

Neunmal hatten die Briten am Everest kapitulieren müssen. Der 29. Mai 1953 bescherte ihnen um 11.30 Uhr endlich den langersehnten Erfolg – und dem *Times*-Reporter James Morris unter ganz besonderen Umständen eine ganz besondere Nachricht.

Viel weniger majestätisch, dafür aber geplant wie von einem Generalstab, ging es ein Jahr später am K2 zu. Das italienische Olympische Komitee, der italienische Alpenverein, das Auswärtige Amt, Kommissionen, Diskussionsgruppen, Expertenausschüsse, Zentralkomitees –

Anmarsch: *Der Weg führt über schmale Felspfade ...*

... über reißende Flüsse ...

◀ **Eisiges Vergnügen:** *Wind und Sonne bilden bizarre Eistürme*

... gleißende Gletscher ...

... bis zur Moräne am Fuß des K 2

Farbkasten der Natur: *Gipfelregion des Broad Peak im Abendlicht* ▶

Lagerleben: *moderne Ausrüstung ...*

... eine genußreiche Küche ...

… ein guter Geist im Team …

… und perfekt sitzende Steigeisen sind Voraussetzungen am K 2

Das Dach der Welt: *der schwarze Gipfelaufbau des Mount Everest* ▶

ein schier unglaublicher Aufwand an Bürokratie und Gesprächen ging dem Start der italienischen Expedition zum zweithöchsten Achttausender voraus. Die Kandidaten, die als Expeditionsmitglieder ausgesucht wurden, mußten sich wissenschaftlichen und medizinischen Tests und Untersuchungen stellen.

Ardito Desio, Professor für Geologie an der Universität Mailand, war zum Expeditionsleiter bestimmt worden. Dies verdankte er seinen Ortskenntnissen im Karakorum, seinem Geschick, sich selbst ins Gespräch zu bringen, und schließlich der Tatsache, daß er schon vor dem Zweiten Weltkrieg die Idee hatte, den K 2 zu besteigen. Als der Krieg zu Ende war, zog er seinen alten Plan wieder aus der Schublade und trieb ihn konsequent voran.

Desios Bedingungen für die Bergsteiger, die den italienischen Triumph am K 2 verwirklichen sollten, waren knallhart. Nur wer die Tests bestand, durfte mit. Keiner würde eine wie auch immer geartete Entlohnung erhalten. Jeder mußte vollen Einsatz zeigen. Was darunter zu verstehen war, bestimmte Ardito Desio, der im übrigen auch einen Katalog mit Verhaltensregeln aufstellte. Schließlich wurden die zwölf Bergsteiger Erich Abram und Walter Bonatti, Gino Soldà und Lino Lacedelli, Mario Pùchoz und Sergio Viotto, Achille Compagnoni und Ugo Angelino, Cirillo Floreanini und Pino Gallotti, Ubaldo Rey und Guido Pagani nominiert.

Ein Name fehlte. Der von Ricardo Cassin. Er war noch 1953 mit Professor Desio bei einer Erkundungsexpedition im Karakorum gewesen. Nun hatte man ihn aussortiert. Durchgefallen bei den medizinischen Untersuchungen und Tests, deren Ergebnisse von Desio im übrigen nie veröffentlicht wurden. Nicht auszuschließen, daß Cassin, der Super-Kletterer, die Spinne aus der Zinnen-Nordwand, einer der besten italienischen Alpinisten, dem Professor zu mächtig geworden war.

Noch bevor die italienischen Top-Kletterer am Matterhorn und am Monte Rosa ein von Desio ersonnenes Trainingsprogramm begannen, mußten alle Bergsteiger und auch das vierköpfige wissenschaftliche Team einen Vertrag unterzeichnen. Der legte verpflichtend fest, daß alle Verhaltensregeln befolgt würden und bis drei Jahre nach Abschluß der Expedition absolutes Stillschweigen über sämtliche Ereignisse und Erlebnisse bewahrt werden müsse.

In 400 Holzkisten wurde das Gepäck verstaut und auf ein Schiff verladen. Die Expeditionsmitglieder flogen nach Karatschi und von dort weiter nach Skardu. Dort begann die italienische Expedition zum K 2. Nach Monaten in bürokratischen Mühlen ging es jetzt endlich zur Sache. Nur eines blieb gleich, der geradezu wahnwitzige Aufwand. Fast 700 Träger transportieren sechzehn Tonnen Gepäck. Es war ein Ding der Unmöglichkeit, daß alle gemeinsam reisten. Die Karawane mußte zwangsläufig in Gruppen unterteilt werden, weil so viele Menschen auf einmal in den kleinen Orten am Weg niemals Platz gefunden hätten.

Der Anmarsch entwickelte sich phasenweise zu einem heillos chaotischen Unternehmen. Viele Träger erkrankten an Augenentzündungen, weil nicht genügend Sonnenbrillen gegen die starke Lichteinstrahlung zur Verfügung standen. Nur nach endlosen Verhandlungen waren sie, ein über den anderen Tag, zum Weitergehen zu bewegen. Am Concordia-Platz kehrten am 13. Mai die Hunza-Träger erschöpft und entkräftet der Expedition den Rücken. Nur acht Hochträger blieben, viel zu wenige, um die Lasten bis zum Basislager in 5000 Meter transportieren zu können. Am 19. Mai trafen die Bergsteiger ein. Sie brachten neue Träger mit, doch es dauerte bis zum 31. Mai, ehe die gesamte Ausrüstung am Bestimmungsort eingetroffen war. Dem Unternehmen K 2 lief die Zeit davon.

Und dennoch kamen die italienischen Kletterer gut voran. Bis zum 14. Juni wurden vier Hochlager eingerichtet und eine Höhe von 6500 Meter erreicht. Zwischen Lager I und II bauten die Italiener sogar eine Seilwinde, um den Materialtransport zu erleichtern. Am 16. Juni klagte Mario Pùchoz über starke Halsschmerzen.

Kurz darauf brach der Hochdruck zusammen, und das Wetter verschlechterte sich zusehends. Pùchoz lag im Lager II in knapp 6000 Meter Höhe. Vier Tage später begann der kantige Bergführer aus dem Aostatal unregelmäßig zu atmen, und Dottore Guido Pagani, der Expeditionsarzt, stieg vom Basislager zu ihm hinauf. Er diagnostizierte am 20. Juni eine Lungenentzündung, und man begann den Abtransport vorzubereiten. Pagani versorgte den Schwerkranken mit künstlichem Sauerstoff. Die einzige Möglichkeit, die er hatte, und das einzig Richtige, was er tun konnte. Denn Pùchoz litt zweifelsfrei an einem akuten Lungenödem, einer Form der Höhenkrankheit, über die man damals jedoch noch viel zu wenig wußte. Um ein Uhr nachts, am 21. Juni, starb Pùchoz. Seine Leiche wurde wegen des schlechten Wetters erst sechs Tage später geborgen und an der Gilkey-Pyramide beigesetzt.

Es dauerte, bis sich die anderen Bergsteiger von diesem Schock erholten und die Normalität wieder einkehrte. Am 28. Juli, fünf Wochen später, bezogen Achille Compagnoni und Lino Lacedelli ein Zelt im mittlerweile achten Hochlager auf 7700 Meter. Die Höhentauglichkeit hatte unter den Bergsteigern längst zu einer unvermeidlichen Auslese geführt. Nur Compagnoni, Lacedelli, Walter Bonatti, Erich Abram und Pino Gallotti waren imstande, dort oben diese enorme Leistung zu bringen.

Was von diesem Nachmittag an passierte, beschäftigte in der Folge Gerichte, den italienischen Alpenverein, Buchverleger, Journalisten und zwei Generationen Bergsteiger. Es wurde vereinbart, daß Lacedelli und Compagnoni höher hinaufsteigen sollten, um ein weiteres Lager zu errichten. Gallotti und Bonatti sollten zurückgehen und Sauerstoff nach oben transportieren. Zusammen mit Erich Abram und zwei Hunza-Trägern gingen Gallotti und Bonatti am nächsten Tag den Gewaltakt an, das benötigte Material von Lager VII bis ins Lager IX zu tragen. Bonatti hatte darum gebeten, das Lager IX etwa hundert Höhenmeter tiefer zu placieren, damit es nicht ganz so beschwerlich würde. Im Lager VIII gaben Gallotti und der Hunza Isakhan erschöpft auf. Abram, Bonatti und der Hunza Mahdi stiegen weiter auf. In der nahenden Dunkelheit begannen sie nach Lacedelli und Compagnoni zu rufen. Sie fanden das Lager IX nicht.

Von diesem Zeitpunkt an gibt es unterschiedliche Versionen der beiden Gruppen. Scheinbar machte der Wind die Kommunikation schwierig. Die Rufe von Bonatti und Abram, die wissen wollten, wo das Zelt von Lager IX stand, wurden gehört. »Folgt den Spuren«, lautete die Antwort. Doch die beiden fanden das Zelt einfach nicht. Nun kehrte auch Abram um. Bonatti und Mahdi suchten weiter. Vergebens. Als sie wieder schrien, schienen die antwortenden Stimmen nicht weit entfernt. Lacedelli und Compagnoni stellten es später so dar, daß sie gerufen hätten: »Geht zurück, kehrt um.« Bonatti hatte verstanden: »Habt ihr den Sauerstoff mit?« Als er das bejahte, sei die Antwort gekommen: »Dann laßt ihn da und geht nach unten.« Daraufhin erwiderte Bonatti, sie könnten nicht absteigen, »Mahdi kann nicht mehr«.

Verzweifelt gruben Bonatti und Mahdi mitten in der Nacht ein Loch in den Schnee und verbrachten eine schreckliche Nacht im aufkommenden Sturm. Als es langsam hell wurde, floh zuerst Mahdi in Panik und dann auch Bonatti aus dem Notbiwak. Der Hunza hatte in der extremen Kälte und gänzlich ungeschützt bereits schwere Erfrierungen erlitten, erreichte aber dennoch das Lager VIII.

Als Compagnoni und Lacedelli oben aus ihrem Zelt krochen, begannen sie nach den Sauerstoffflaschen zu suchen, die Bonatti und Mahdi zurückgelassen hatten. Dabei sahen sie einen Bergsteiger nach unten gehen. Nach ihrer Darstellung riefen sie ihm nach. Die Person soll sich kurz umgedreht, aber nicht geantwortet haben. Ob es Mahdi oder Bonatti war, konnten sie nicht erkennen.

Was in diesen Stunden wirklich geschehen ist, konnte nie gänzlich geklärt werden. Lacedelli und Compagnoni schienen von dem Drama ganz in ihrer Nähe nichts mitbekommen zu haben. Bonatti und Mahdi fühlten sich hingegen alleingelassen in ihrer verzweifelten Lage. Später legte sich ein düsteres Licht über diese Expedition. Vielleicht auch deshalb, weil es zu keiner Zeit eine offene Aussprache aller Beteiligten gab. Selbst Jahre später nicht, als Ardito Desio und der italienische Alpenverein Berichte veröffentlichten und Walter Bonatti sein weltbekanntes Buch *Meine Berge* publizierte, in dem er sehr genau die dramatischen Ereignisse jener Stunden am K 2 beschrieb.

Nach einem kurzen Abstieg fanden Compagnoni und Lacedelli die deponierten Sauerstoffflaschen und begannen den Aufstieg in Richtung Gipfel. Unter ihnen lag ein einziges Wolkenmeer, über ihnen blauer Himmel. Das Unternehmen K 2 ging in die Schlußphase.

Bis zu den Hüften versanken die beiden so unterschiedlichen Bergsteiger in den ungeheuren Schneemassen. Achille Compagnoni war 1914 in Santa Caterina im Val Furva geboren und lebte in Cervina am Fuß des Matterhorns. Ein erfolgreicher Skifahrer, grundsolider Bergführer, ein Allroundalpinist, aber kein Künstler im Fels. Lacedelli hingegen galt als Virtuose in den Dolomitenwänden. Er lebte in Cortina d'Ampezzo, zählte zu den stärksten Kletterern seiner Generation und war Mitglied der berühmten »Scoiattoli«. Ihr Markenzeichen war das Eichhörnchen auf den roten Kletterpullovern. Wo sie antraten, durfte man sich auf spektakuläre und schwierige Erstbegehungen im Dolomitenfels gefaßt machen.

Immer weiter wühlten sich die beiden hinauf und kamen schließlich zu jener Stelle, an der Fritz Wiessner 1939 hatte kehrtmachen müssen. Unterwegs ging ihnen der Sauerstoff in den Flaschen aus, was zur Folge hatte, daß sie sich kaum noch auf den Beinen halten konnten. Jahre später behauptete eine Zeitung, Bonatti habe in jener Nacht zuvor den Hunza Mahdi zurückgelassen, den für Lacedelli und Compagnoni bestimmten Sauerstoff genommen und versucht, die beiden anderen im Gipfelsturm zu überholen. Bonatti klagte gegen die Zeitung. Die ungeheuren Behauptungen mußten widerrufen werden. Bonattis Leid wurde dadurch nicht geringer.

Compagnoni war, kurz bevor der Sauerstoff ausging, abgestürzt, landete jedoch im Schnee. Lino Lacedelli überwand schließlich die 30-Meter-Felspassage im vierten Grad. Schritt für Schritt, endlos langsam kamen die beiden nur noch voran. Um 18 Uhr, schon wieder neigte sich ein Tag dem Ende zu, ging es nicht mehr weiter hinauf. Sie standen auf dem Gipfel. Die Inszenierung des letzten Akts hätte dramatischer und gewaltiger kaum sein können. Wie von Geisterhand bewegt, lichteten sich die Wolken und gaben den Blick frei auf das unglaubliche Panorama des Karakorum-Gebirges.

Compagnoni und Lacedelli banden die italienische Fahne an einen Eispickel und rammten ihn in den Schnee. Eine Umarmung, ein paar wenige Fotos, eine kurze Filmsequenz. Nach einer halben Stunde begannen sie den Abstieg. Wieder stürzte Compagnoni ab, wieder passierte ihm nichts. In der Dunkelheit kämpften sie sich hinunter, bis sie kurz vor Mitternacht das Lager VIII erreichten. Dort saßen Walter Bonatti, Erich Abram, Pino Gallotti, die Hunza-Träger Isakhan und Mahdi ...

Kapitel 18
Stilles Chaos – Eine Maus und ein neuer Versuch

Über den Zelten des Basislagers lag in den Tagen nach dem Unfall eine schwermütige, dumpfe Stimmung. Und eine zunehmende Nervosität.

Auch das kannte ich nur allzu gut. In jeder durch ein Unglück belasteten Expedition stellt sich irgendwann die Frage: Und nun? Was tun wir jetzt? Das Unternehmen abbrechen? Zusammenpacken und heimfahren? Weitermachen? Das Begonnene im Sinne des Toten beenden? Wäre das pietätlos oder nur eine logische Konsequenz?

Oskar Piazza, Angelo Giovanetti und Manuel Lugli waren durch die Ereignisse sichtlich schockiert und unfähig, noch einmal den Berg anzugehen. Bei Jay Sieger und Ugur Uluocak sah das schon bald anders aus. Keine Frage, auch sie waren tief betroffen, und doch drängte es sie schon bald wieder hinauf. Das begann mit zaghaften Gesprächen, Überlegungen und Plänen. Dann bekam die Situation eine Eigendynamik. Die beiden wollten die Route wechseln. Weg vom unheilvollen Abruzzengrat und in die Cesen-Route, wo die Koreaner sich langsam, aber stetig mit großem Aufwand immer weiter hinaufwühlten.

Oskar und Angelo standen fassungslos vor dieser Situation. Manuel, immerhin Leiter einer kommerziell organisierten Expedition, saß zwischen allen Stühlen. Moralisch bei seinen Freunden, geschäftlich verpflichtet den Kunden. Zuerst wurde Jay Sieger bei uns vorstellig. Ob er sich Konrad und mir anschließen könne. Ich lehnte das ab, weil Jay für das Tempo, das wir klettern wollten, erheblich zu langsam war und er mir einfach zu wenig souverän in seinem Handeln erschien. Der K 2 ist kein Spielzeug, sondern ein ernstzunehmender Berg, der in extremen Situationen blitzschnelle Entscheidungen erfordern kann.

Jay und Ugur spazierten schließlich die Moräne hinunter und nahmen Gespräche mit den Koreanern auf. Die jedoch verlangten bares Geld für den Fall, daß jemand ihre Fixseile benutzen würde. Enttäuscht kamen die beiden wieder zurück. Nun versuchten sie Oskar und Angelo zum Weitermachen zu überreden. Ich zog mich schließlich in mein Zelt zurück. Diese Entwicklung hatte etwas Unerträgliches.

Am Nachmittag des 12. Juli erreichte ein neuer Bergsteiger das K 2-Basislager und stellte sein Zelt mitten zwischen unsere. Damit löste er zwar allgemeines Kopfschütteln aus, doch erwies sich der Neuankömmling als umgänglicher, lebensfroher Typ. Während Oskar und Angelo, Jay und Ugur debattierten, was mit dem zweiten Lager am Abruzzengrat geschehen sollte, und sie darüber sogar in Streit gerieten, kamen wir mit dem Alleingänger Tommy Heinrich ins Gespräch.

Er war in der Nähe von Buenos Aires geboren, sein Vater Deutscher, die Mutter Schwedin. Er besaß gleich drei Pässe, einen deutschen, einen schwedischen und einen US-amerikanischen. Ein Bummler zwischen den Welten. Ein halbes Jahr lebte er in den USA, vier Monate in Argentinien und den Rest der Zeit war er auf Expeditionen. Der studierte Landwirtschaftsingenieur hatte fünf Jahre als Ausbilder der Pferde von Paul Schockemöhle gearbeitet, bevor sich der 37jährige ganz aufs Bergsteigen, Fotografieren und Filmen verlegte.

1995 hatte er von der Südseite her den Everest bestiegen. 1997 war er oberhalb der dritten Lager an Gasherbrum I und II gescheitert. 1998 stieg er wieder hinauf bis zum Südgipfel des Everest und brachte von Scott Fischer einen Armreif, ein Steigeisen und eine Halskette, an der sein Ehering befestigt war, mit herunter. Fischer war neben Rob Hall einer der beiden kommerziellen Anbieter, die 1996 in jenem Höhensturm am Everest ums Leben gekommen waren und der, zwei Jahre danach, noch immer so in über 8000 Meter Höhe saß, wie er gestorben war. Fischers Frau Jean hatte darum gebeten, die persönlichen Dinge mit herunterzubringen. Tommy Heinrich konnte ihr diesen Wunsch erfüllen. Eine Woche danach erreichte er den höchsten Punkt des Lhotse.

Tommy kam 1999 direkt vom Everest zu uns. Dort war er Mitglied einer schwedischen Expedition gewesen, die von einem Ehepaar geleitet wurde. Er sollte einen Besteigungsfilm drehen. Dabei war er Zeuge von außergewöhnlichen Dingen geworden. Zum einen ließ das schwedische Paar vom Lager I bis hinauf auf den Südsattel von Sherpas durchgehend Fixseile verlegen. Das hatte es bis dahin so überhaupt noch nicht gegeben. Normalerweise wurden immer nur die schwierigen und gefährlichen Passagen gesichert. Die geschäftstüchtigen Schweden verlangten, nachdem ihr Klettersteig fertiggebaut war, 15000 Dollar Benutzungsgebühr von jeder Expedition.

Zum anderen erlebte Tommy Heinrich die Aktion von Babu Chiri mit, die als Nachricht um die ganze Welt ging. Der Sherpa aus dem Solo Khumbu stieg am 15. Mai 1999 auf den Gipfel des Mount Everest und harrte dort oben 22,5 Stunden lang aus. Babu Chiri war damit ein Weltrekord gelungen, der genau in die Kette der Absonderlichkeiten am Everest paßte. Bemerkenswerter schien mir da schon die Tatsache, daß es bereits seine achte Besteigung war. Die neunte gelang ihm elf Tage später, am 26. Mai, als er mit der schwedischen Expedition den Gipfel erreichte. Im Mai 2000 schließlich stieg Babu in 16,5 Stunden auf seinen »Hausberg«.

Für 2001 plante er mit seiner zwölften Besteigung die erste vollständige Solo-Überschreitung des höchsten Berges der Erde. Er wollte von Süden her hinaufklettern und dann über die Nordroute nach Tibet hinunter.

Dazu kam es nicht mehr. Am 29. April 2001 stürzte Babu Chiri im Lager II am Fuße der Lhotse-Flanke 35 Meter tief in eine Gletscherspalte. Es war 16 Uhr, ein traumhafter Nachmittag und die Spalte nur fünfzehn Meter von seinem Zelt entfernt. Der 36jährige wollte ein paar Videoaufnahmen machen. Als man ihn kurz nach Mitternacht endlich fand, kam jede Hilfe zu spät. Die Kamera hing an seinem Handgelenk, und der Film zeigte den gesamten Sturz in die Tiefe. Die Schuhe hatte Babu verloren, als man ihn fand, was vermuten ließ, daß er sie nicht geschlossen hatte. Er hinterließ seine Frau und sechs Töchter, für die er daheim in Solo Khumbu mit einem Teil des Geldes, das er Jahr für Jahr am Everest verdiente, eine Schule gebaut hatte. Über 40 Sherpas bargen Babus Leichnam und trugen ihn durch den Khumbu-Eisfall. Er wurde nach Kathmandu geflogen, und annähernd eine halbe Million Menschen folgte dem Trauerzug durch die Stadt.

Tommy Heinrich hatte 1999, entnervt von der schwedischen Expedition, dem Everest den Rücken gekehrt und war nach Pakistan geflogen. Nun wollte er auf den K2. Ich erzähle das alles so ausführlich, damit sich die Dinge zu einem Gesamtbild zusammenfügen. Wir haben nie herausgefunden, ob Tommy überhaupt eine Genehmigung für den K2 erhalten hatte. Das Wetter spielte unterdessen komplett verrückt. Es schneite jede Nacht stundenlang bis ins Basislager. Wir konnten uns ausmalen, welche Schneemassen in der Höhe niedergingen.

Tommy Heinrich beobachtete die merkwürdige Stimmung in unserem Camp. Auch er wurde von Jay Sieger und Ugur Uluocak mit der Idee konfrontiert, sich doch zusammenzutun. Schließlich kündigte Jay in einem Gespräch mit mir an, daß er versuchen wolle, Konrad und mir zu folgen, einfach immer in unserer Spur zu gehen und so auf den Gipfel zu kommen. Ich machte ihm wieder unmißverständlich klar, daß ich dies zwar nicht verhindern könne, aber unter keinen Umständen wolle. Mir war die Verantwortung, die mir da in den Rucksack gestopft werden sollte, viel zu groß. Die verzweifelten Versuche von Jay, irgendeinen Weg auf den Berg zu finden, schienen mir längst wie ein Gewaltakt. Als ich ihm meine Meinung sagte, begann er zu weinen. Dieser lebensfrohe, freundliche Mensch war seit dem Tod von Mihai nicht mehr er selbst.

Am 13. Juli kam Besuch ins K2-Basislager. Piotr Pustelnik, einer der ganz starken polnischen Bergsteiger, schien besseres Wetter mitzubringen. An diesem Nachmittag schien endlich wieder für mehrere Stunden die Sonne. Der 48jährige Ingenieur aus Lodz hatte sein Zelt im Basislager des Broad Peak stehen. Die Liste seiner Erfolge war beachtlich: 1990 Gasherbrum II, 1992 Nanga Parbat, 1993 Shisha Pangma und Cho Oyu, 1994 Dhaulagiri, 1995 Mount Everest mit künstlichem Sauerstoff, 1996 K2 vom Norden her, 1997 Gasherbrum I und zum zweiten Mal den Gasherbrum II. 1998 hatte er im Frühjahr am Broad Peak und im Herbst am Makalu aufgeben müssen.

Nun war er zurückgekehrt zum Broad Peak und wartete dort unten wie so viele andere auch auf stabiles Wetter. Für den Herbst hatte er Genehmigungen für den Manaslu und den Makalu. Am anderen Morgen war Tommy Heinrich verschwunden. Er hatte Walther einen Zettel ins Zelt geschoben, daß er hinüberwechseln wolle zum Broad Peak, um dort mit Piotr Pustelnik eine Besteigung zu versuchen.

Am späten Nachmittag des 13. Juli kamen wir zu einer Entscheidung. Konrad und ich wollten es noch einmal versuchen. Wir waren gut akklimatisiert, die Ruhetage im Basislager hatten uns körperlich gut getan. Und ich mußte raus aus diesem stillen Chaos. Wir versuchten uns eine ungefähre Taktik zurechtzulegen. Ob sie funktionieren und uns bis zum Gipfel bringen würde, hing von den Verhältnissen weiter oben ab, die sich in den vergangenen Tagen sicher komplett verändert hatten. Unseren Start wollten wir von der Wetterentwicklung der kommenden zwölf Stunden abhängig machen. Niemand konnte zu dieser Stunde sagen, ob wir wirklich eine Chance hatten. Mit Hartmann Seeber war ich über Mittag im Basislager des Broad Peak gewesen. Auch dort war seit Tagen mehr oder weniger alles zum Stillstand gekommen. Ein paar Bergsteiger hatten im Schneetreiben kaum mehr den Weg aus den oberen Lagern zurückgefunden.

Am nächsten Morgen sah es nicht schlecht aus. Keine Wolke am Himmel, durchaus angenehme Temperaturen. Der pakistanische Wetterbericht versprach weitere Besserung. Unter dem Moränenschutt im Basislager gluckste das Wasser und ächzte der Gletscher. Ein untrügliches Zeichen für steigende Temperaturen. Auf einmal war ich wieder voller Auftrieb. Ich war entschlossen, diese wahrscheinlich letzte Chance zu nutzen. Auch bei Konrad war die positive Anspannung zu erkennen. Wir begannen mit viel Bedacht und alles genau abwägend, unsere Rucksäcke zu packen.

Nach dem Mittagessen spielte ich mit Hartmann eine Runde Karten. Wir hatten alle unseren Spaß, weil er ständig verlor. Konrad sagte irgendwann: »Hartmann, in Afrika gibt es ganze Stämme, die dieses

Auf dem Prüfstand: *Selbst im Basislager eines Achttausenders hört die Suche nach optimalem Material und Ausrüstung nicht auf*

Spiel nicht beherrschen. Mach dir nichts draus.« Zum ersten Mal seit Tagen war die Stimmung wieder ein wenig aufgelockert.

Um 15.50 Uhr brachen wir auf. Wieder lief das ganze Basislager zusammen. Wieder wünschte man uns Glück. Niemand war in diesem Jahr so weit hinaufgekommen wie Konrad und ich. Jay Sieger folgte uns nicht. Zerknirscht, aber mittlerweile mit mehr Verständnis, hob er den Arm, berührte mich an der Schulter und sagte: »Do it. Do it for Mihai.« Anscheinend war das seine Art, seinen Frieden mit der ganzen Situation zu schließen.

In weniger als drei Stunden stiegen wir durch den Eisbruch und hinauf ins Lager I. Dort war alles noch genauso, wie wir es zurückgelassen hatten. Unser Zelt stand unversehrt auf der kleinen Kanzel. Wir machten es uns bequem, schmolzen Schnee und kochten Tee. Schließlich ging die Sonne unter. Sofort wurde es empfindlich kalt. Wir krochen in die Schlafsäcke und warteten auf die Nacht. Als ich in meinem Rucksack nach der Stirnlampe kramte, fiel mir ein kleiner Plastiksack in die Hände. Zu meiner Überraschung fand ich dort ein wunderbares Abendessen für uns beide. Unser Koch, Mohamed Ullah Baig, hatte am Nachmittag noch frische Chiapate mit Fleischfüllung gemacht und sie uns heimlich in den Rucksack geschmuggelt. Wir ließen es uns schmecken und schickten ihm per Funk einen Gruß hinunter.

Angesichts der kargen Bedingungen in seiner Küche zauberte Ullah Baig, den wir alle nur »Mammuti« nannten, köstliche Menüs in seinen Töpfen und Pfannen. Zu seinem Spitznamen »Maus« war er gekommen, weil nach ein paar Tagen im Basislager tatsächlich so ein kleiner Nager zwischen dem Küchenzelt und unserem Eßzelt hin und her sauste. Die Maus wurde mit der Zeit ganz zahm und fast zutraulich. Amin Mohamed, unser Guide, wollte uns allen Ernstes erklären, daß die kleine Maus aus einem Flugzeug gefallen sei, was durchaus häufiger geschehe. Tatsächlich aber war sie irgendwie zwischen den Kisten mit den Lebensmitteln bis auf 5000 Meter Höhe gekommen. Probleme mit der dünnen Luft schien sie nicht zu haben. Sie war prächtig akklimatisiert und hatte im Laufe der drei Wochen kräftig zugenommen. Wenn sie wegen der Kälte ihr Fell aufplusterte, sah sie aus wie ein kleiner grau-brauner Ball.

Wir hatten eine ruhige Nacht, verließen sehr früh am Morgen schon das Zelt und erreichten gegen halb neun Uhr das zweite Hochlager. Wir überprüften, ob mit den beiden Zelten alles in Ordnung war, und stiegen direkt weiter hinauf. Das Wetter schien stabil. Draußen bildete sich zwar im Laufe des Mittags eine leichte Quellbewölkung, und um den Gipfelaufbau des K 2 entstand ein weißer Kranz, aber es sah nicht nach einer Veränderung aus.

Kurz nach 16 Uhr erreichten wir eine Höhe von 7400 Meter und damit jenes Depot, das wir fünf Tage zuvor dort oben angelegt hatten. Wir nahmen mit dem Basislager Kontakt auf und gaben unseren Standort durch. Konny und mir ging es blendend, sofern man in dieser Höhe noch davon sprechen kann. Wir hatten fast keine Kopfschmerzen und auch sonst keinerlei Beschwerden außer dem üblichen Höhenhusten. Unten war alles in Ordnung. Das Thermometer hatte in der prallen Sonne zu Mittag wieder die Vierzig-Grad-Grenze erreicht.

Konrad und ich begannen zu kochen. Wir machten Tee und bereiteten eine leichte Mahlzeit zu. Ein wenig Suppe und eine Fertignahrung aus dem Beutel. In der Höhe spürt man den Hunger nicht mehr. Oft habe ich in den Höhenlagen der Achttausender nur noch gegessen, weil ich an den Biwakabenden nichts anderes zu tun hatte. Die zweite Nacht senkte sich über unser Zelt. Diesmal wurde es klirrend kalt. Wir hatten den House-Kamin überwunden und auch die Kletterei an der Schwarzen Pyramide. Danach noch einen Schneehang. Dort hatten wir unser Zelt aufgebaut. Keines der üblichen, relativ geräumigen Hochlagerzelte, sondern ein ganz kleines, dessen Hülle aus dem Material für Gleitschirme genäht war und ein superleichtes Gestänge hatte. Alles zusammen wog nur etwas über ein Kilogramm.

Der Platz, an dem wir das Zelt aufbauten, beunruhigte mich eher ein wenig. Wenn es da in der Nacht zu schneien beginnen würde, konnten wir in Gefahr geraten, denn der Hang hatte genau die Neigung für Lawinenabgänge. Aber es war kalt und sternenklar. Und es schneite die ganze Nacht nicht.

Tags darauf bekamen wir die ganze Härte des K 2 zu spüren.

Geplant hatten wir, an unserem dritten Tag am Berg, nicht mehr als 600 Höhenmeter bis auf die Schulter hinaufzusteigen. Es hätte der Tag werden sollen, an dem wir unsere Kräfte ganz gezielt einteilen und uns schonen wollten. Doch wir waren am Morgen noch keine hundert Meter vom Zelt entfernt, da begannen wir beinahe grundlos im Schnee zu versinken. Manchmal steckten wir bis zum Bauch fest. Jeder Schritt vorwärts wurde zur Anstrengung. Das Tagesziel hatten wir vor Augen, und doch kamen wir ihm kaum näher. In einer Stunde schafften wir oft nur fünfzig Höhenmeter.

Diese Wühlerei kostete unglaublich Energie. In jedem Loch, das wir mühselig in den Schnee stampften, steckte die Kraft für fünf Schritte. Mit den Händen gruben wir, mit den Beinen schoben wir. Wir versuchten, unter uns den Schnee festzutreten, um den Untergrund belasten zu können. Und doch brachen wir wieder durch. Der Graben, den wir einsam durch den Hang zogen, war beeindruckend.

Als wir nach fast zehn Stunden endlich die Schulter erreichten, hatten wir ein hartes Stück Arbeit hinter uns.

Kapitel 19
Fehlerquote – Winter am Peitler, Biwak inklusive

Nun waren wir auf 8000 Meter angekommen. Eine weitere Nacht stand uns bevor. Wieder nahmen wir unsere Schneckenhäuser vom Rücken, stellten unser Minizelt auf und verkrochen uns in die Schlafsäcke. Viel mehr als eine leichte Biwakausrüstung trugen wir nicht mit uns. Ich hatte keinesfalls vor, uns an diesem großen Berg länger einzuquartieren. Entweder kamen wir nun ganz schnell durch, oder wir mußten auf dem schnellsten Weg wieder hinunter.

Jedes Biwak an einem Achttausender, vor allem jenseits von 7500 Meter Höhe, ist eine aufreibende Angelegenheit. Der Körper kann sich nicht mehr erholen, selbst in Ruhephasen baut er immer mehr ab. Mediziner haben uns das mit ihren Versuchen drastisch vor Augen geführt. Was sich dort oben abspielt, ist nichts anderes als ein langsames Sterben. Der menschliche Körper verhungert, verdurstet, vertrocknet. Das Gefährliche ist, daß man es selbst kaum mehr spürt.

Weil der Flüssigkeitsverlust durch Schwitzen und Atmung in dieser Höhe enorm ist, versuchten wir so viel wie möglich zu trinken. Appetit hatten wir beide nicht recht. Was wir auch zu uns nahmen, und wenn es nur ein Müsliriegel war, mußten wir hineinzwingen.

Erneut kroch die Kälte der Nacht in das Zelt. Wir befanden uns etwa an jener Stelle, an der sich 1986 die Tragödie abgespielt hatte, als eine große Gruppe Bergsteiger tagelang in einem mörderischen Höhensturm gefangen war.

In der Nacht kommen an den hohen Bergen die Ängste. Wenn der Körper ein wenig Ruhe findet und die Gedanken sich mit etwas anderem beschäftigen als nur noch mit dem nächsten Schritt, dann kriechen die Zweifel in das Zelt und in den Schlafsack. Was, wenn jetzt Sturm und Schneefall aufkommen? Was, wenn wir auf einmal festsitzen in dieser weißen Falle? Wir hatten nicht viel, um das Überleben zu sichern. Kaum Verpflegung und gerade noch soviel Gas, um die benötigte Flüssigkeit aufkochen zu können. Wenn es brenzlig würde und wir unter schwierigen Bedingungen den Rückzug antreten müßten, kämen wir mit dem bißchen Seil, das wir bei uns hatten, sicher nicht sehr weit.

Ich versuchte, die düsteren Gedanken zu verdrängen und mich mit etwas anderem zu beschäftigen. Ich hatte an den Achttausendern oder auch in den Alpen so unendlich viele schöne Stunden verbracht, aber auch brenzlige Situationen überstanden. Es würde auch diesmal gutgehen. Wie schon so oft.

Ich begann Konrad eine Geschichte zu erzählen. Von einer Winterbegehung in der Nordwand des Peitlerkofel. Diese beeindruckende, graue und rund 600 Meter hohe Mauer am nördlichsten Dolomitenmassiv hatte eine magische Anziehungskraft auf mich. Das lag vor allem daran, daß ich von daheim aus direkt hinschauen konnte und weil es eine meiner ersten großen alpinen Wände überhaupt war. Immer wieder kehrte ich dorthin zurück. Auch heute noch.

Hochlager: *Oft hat ein Biwak etwas Beängstigendes*

Mit einem uralten, klapprigen Fiat 600 knatterten Erich Seeber und ich das Gadertal hinein und bogen dann ab in Richtung Würzjoch. Bei tiefwinterlichen Verhältnissen fuhren wir zum Schluß über die fest angepreßte Rodelpiste, soweit es ging. Mit Ski stiegen wir in Richtung Wandfuß. Die Färbung des Himmels ignorierten wir. »Morgenrot – Schönwettertod« – wir kümmerten uns nicht um die alte Bauernweisheit. Die Temperaturen waren eher mild, und wir freuten uns auf unsere Winterbegehung der Messner-Route in der Nordwand.

Beim Einstieg ließen wir die warmen Pullover, die Hemden zum Wechseln und andere Ausrüstung zurück. So wurden die schweren Rucksäcke um einiges leichter. Dann kletterten wir los. Es war nicht sehr kalt.Wir kamen zügig voran. Alles schien Routine, die Seillängen waren uns vom Sommer her vertraut. Es herrschten gute Verhältnisse. Die milchige Bewölkung interessierte uns wenig. Auch dieses Signal übergingen wir. Sollte es wirklich zu schneien beginnen, wären wir längst am Gipfel und über den Normalweg wieder unten.

Nur noch wenige Seillängen vor dem Ausstieg überraschte uns der Schnee. Von oben, von unten, von der Seite, von überall kam er daher. Es schneite und schneite. Binnen Minuten herrschte tiefer Winter in der Wand. Die riesige Felsplatte, auf der wir kletterten, war nun glatt wie Schmierseife. Es gab kein Weiterkommen mehr. Wir versuchten eine Stunde lang alles. Aber der Weg nach oben war abgeschnitten. Der nach unten ebenfalls. Wir waren nicht ausgerüstet, uns 500 Meter tief abzuseilen, zumal in der Nacht, wenn man in der Wand keine Haken mehr findet. Doch wir mußten hinunter. Wenigstens ein Stück, bis auf das breite Band. Dort könnten wir versuchen, die Nacht zu überstehen. Es schneite immer noch ohne Unterlaß.

Irgendwann während des Rückzugs, inzwischen war es schon stockdunkel, kam ich wieder mal an das Ende der Seile. Ich stand zwar gut auf einem Absatz, fand aber keine Möglichkeit mehr, einen Haken zu schlagen. Es ging einfach nicht, ich hatte kein passendes Material mehr. Ich ließ Erich Seeber, mit dem ich so viele schwere Touren geklettert hatte, nachkommen. Wir suchten zusammen. Erich begann in seinem Rucksack zu kramen und brachte schließlich einen Handmeißel zum Vorschein und einen Bohrhaken, der allerdings von der Größe her nicht zum Meißel paßte. Reiner Zufall überhaupt, daß beides noch vom Einrichten einer Route in der Pursteinwand im Rucksack war. Wir wären sonst nie auf die Idee gekommen, Bohrhaken und einen Handmeißel mit in eine alpine Wand zu nehmen.

Nun begannen wir mit dem Meißel zu drehen und zu hämmern, bis wir den Stahlstift ein Stück im Fels hatten. Dann legten wir einfach das Seil darüber, hielten die Luft an und ließen uns nacheinander ganz vorsichtig nach unten gleiten auf das große Querband. Nur keine falsche Bewegung, ja kein Pendler, bloß nicht zu schnell. Mir war, als würde mir das Blut in den Adern gefrieren.

Auf dem Band angekommen, wußten wir endlich wieder, wo wir waren. Knapp unterhalb der Schlüsselstelle der klassischen Route würde es jetzt sicher besser gehen. Doch es war bereits Nacht. Wir entschlossen uns notgedrungen, auf dem Band, ganz am oberen Ende eines Schneefelds, zu bleiben.

Wir krochen zusammen in einen Biwaksack und zählten fortan die Stunden und Minuten einer schier endlos langen Nacht. Mit einem bangen Gefühl fragte mich Erich, ob ich glaube, daß wir noch lebend aus der Wand kämen. Ich war mir selbst nicht mehr ganz sicher. Dennoch sagte ich zuversichtlich: »Wir starten gleich, wenn es hell wird. In der klassischen Route finden wir schon Haken zum Abseilen.« Erich schaute mich ungläubig an, er wußte genau, daß wir in einer verdammt schwierigen Lage steckten.

Unsere Schuhe hatten wir ausgezogen und in den Biwaksack gesteckt. Als der Morgen graute, holte Erich sein Paar heraus und stellte es auf das Nylon. Ich weiß nicht mehr, ob er oder ich oder wir beide uns bewegt haben, jedenfalls gerieten die Schuhe ins Rutschen. Im letzten Moment, kurz bevor sie über die Nordwand hinunterflogen, konnte ich einen der beiden Stiefel greifen. Damit hatte ich sie beide, denn zum Glück hatte Erich sie zusammengebunden. Was hätten wir getan, wenn er nun ohne Schuhe dagestanden wäre? Ich hätte mich wohl allein abseilen müssen, um dann mit Leuten zurückzukommen, die Erich andere Schuhe gebracht hätten. Aber über die winterliche Wand wieder hinaufklettern? Fast aussichtslos. Möglicherweise wäre er bis dahin erfroren. Also hätten wir zusammen versuchen müssen, uns abzuseilen, und schwere Erfrierungen an seinen Füßen riskiert. Wir schauten uns an – uns war klar, welches Glück wir gehabt hatten.

Steiler Zahn: *die beeindruckende Nordwand des Peitlerkofel*

Als wir unseren Rückzug fortsetzten, war die Wand in dichten Nebel gehüllt. Es hatte zwar aufgehört zu schneien, aber man sah kaum fünf Meter weit. Stück für Stück kamen wir tiefer. Bald hörten wir auf, die Seillängen zu zählen. So ging das Stunden um Stunden. Einen Standplatz mit Haken suchen, nacheinander ablassen, die eisigen Seile abziehen, Schnee wegputzen, einen neuen Haken suchen. Bis es nicht mehr weiterging. Plötzlich standen wir über einem weit ausladenden Überhang. Die Seile fielen unter uns ins Nichts. Waren wir zu weit links in der Wand? Wie auch immer, dort jedenfalls kamen wir unter keinen Umständen hinunter.

Für einen kurzen Moment lichteten sich die Wolken, und wir konnten etwas sehen. Wir waren wirklich zu weit links, aber wir befanden uns nur noch fünfzehn Meter über dem Einstieg. Gleich hätten wir festen Boden unter den Füßen. Wir seilten uns ab und landeten in der Kluft einer großen Randspalte, die sich über Nacht durch die vielen Schneerutsche und kleinen Lawinen gebildet hatte.

Raus da und über das große Schneefeld; nur noch weg von dieser

Wand, das war mein einziger Gedanke. Mit fünf, sechs Schritten war ich oben am Rand und ging nun schräg abwärts im Schnee.

Irgend etwas, wahrscheinlich sein unglaublicher Instinkt, hielt Erich in der Spalte zurück. Das war mein und damit unser Glück. Durch seine Hände glitt langsam das Seil über die Randspalte hinaus in das Schneefeld. Mit einem Mal gab es einen Knall, einen Schnalzer wie mit einer Peitsche. Unter mir riß die Schneedecke der Länge nach auf und ging als Lawine ab. Mich hob es von den Beinen und schwemmte mich wie im Wasser davon. Durch die Reibung des Seils, die über dem Spaltenrand entstand, hatte Erich keine Mühe, mich sofort zu halten. Erschrocken sah ich zuerst der abgehenden Schneeflanke nach und dann nach oben, wo Erichs Kopf auftauchte. Der Schnee jagte mit zunehmender Geschwindigkeit den Hang hinunter, über eine Abbruchkante, hinter der es fünfzig Meter senkrecht in die Tiefe ging. Dort lagen unsere Ski und die warmen Sachen, die wir vor nunmehr rund 36 Stunden da deponiert hatten.

Wieder hatten wir Glück, denn der Schnee war so weit über den Abbruch hinausgeschossen und hatte unterwegs auch noch geringfügig die Richtung verändert, daß wir alles wiederfanden. Entnervt und müde gingen wir zum Auto zurück. Und erlebten prompt die nächste Überraschung. Aufgrund des Wärmeeinbruchs war unser Fiat durch die harte Schneedecke der Rodelbahn gebrochen und saß nun komplett auf. Wir murksten und wühlten eine Weile herum, bekamen das Auto tatsächlich wieder flott, nur um danach immer wieder aufs neue einzubrechen. Die Nadel der Tankuhr war längst im roten Bereich, als Erich sagte: »Du, Benzin bekommen wir heute auch keines mehr.«

»Wieso?« fragte ich und schaute ihn ungläubig an.

»Weil heute in ganz Italien sämtliche Tankstellen wegen Streik geschlossen sind.«

»Das kann doch nicht sein!?« Ich glaubte ihm kein Wort.

»Doch«, sagte Erich und deutete nach hinten auf den Rücksitz, wo die Zeitung von vor zwei Tagen lag.

»Kein Benzin. Streik in ganz Italien!«

»Das gibt es doch nicht«, stöhnte ich und ließ die Zeitung sinken.

Inzwischen hatten wir die Rodelbahn verlassen und rollten ganz langsam, spritsparend die Straße hinunter. In St. Martin in Thurn gab es eine Tankstelle. Und tatsächlich, wir trauten unseren Augen kaum, dort brannte Licht. Mit dem letzten Tropfen Benzin rollten wir vor die Zapfsäule. Erich und ich stürmten hinein und fragten, wie aus einem Mund, das wohl Dämlichste, was man einen Tankwart überhaupt fragen kann: »Wieso hast du heute offen?«

Er schaute uns entgeistert an, dann verstand er: »Weil ich bei so einem Streik-Blödsinn nicht mitmache.« Nach Stunden konnten wir zum ersten Mal wieder befreit lachen.

Es hat Jahre gedauert, bis wir nach und nach mit der ganzen Wahrheit herausrückten. Zaghaft erzählten wir immer mal wieder ein Stück dieser Serie von Dummheiten und Fehlern. Wir hatten die Zeichen des Wetters schon am Morgen beim Einstieg ignoriert, hatten den Rückzug viel zu spät begonnen, hatten für eine Winterwand viel zu wenig Material dabei. Die warmen Sachen ließen wir leichtfertig am Wandfuß liegen. Um ein Haar hätten wir die Schuhe verloren. Dann verstiegen wir uns beim Rückzug. Schließlich gerieten wir noch in eine Lawine, mußten einsehen, daß wir nicht einmal ohne Zwischenfälle parken konnten und an einem Streiktag auch noch ohne genügend Benzin unterwegs waren. Was wiederum daheim, bei unseren Freunden, durchaus den Rückschluß zuließ, daß wir offenbar nicht einmal richtig Zeitung lesen konnten.

Die Nacht in der Peitlerkofel-Nordwand war mir eine Lehre. Danach mußte ich nie mehr in einer Alpenwand biwakieren. An den Achttausendern jedoch war es unumgänglich. Und so zitterten Konrad und ich auf 8000 Meter Meereshöhe dem Morgen entgegen. An richtigen Schlaf ist dort oben nicht mehr zu denken. Es ist mehr ein Dahindämmern, ein Hochschrecken aus vermeintlichem Sekundenschlaf. Dann wieder der Blick auf die Uhr. Eine halbe Stunde weniger.

Mich kostete es in der Früh schon Überwindung, überhaupt die Hände aus dem Schlafsack zu bekommen. Doch wir mußten wieder kochen. Ich hatte wie immer nach einer kalten Biwaknacht das Gefühl, nur etwas Heißes, ein Schluck Tee oder Kaffee vor dem Aufbruch, könnte meine Lebensgeister wecken. Doch dazu mußten die Hände aus dem Schlafsack, und der Gedanke war mir lange unvorstellbar. Endlich raffte ich mich auf, setzte den Kocher in Betrieb und begann Schnee zu schmelzen, den wir in einem Plastikbeutel im Zelt liegen hatten. Langsam raffte sich auch Konrad auf.

Ein guter Schlafsack ist bei extremen Temperaturen Gold wert. Wenn ich sonst auch bei jedem Gramm Gewicht spare, beim Schlafsack nehme ich gern etwas mehr in Kauf, denn da entscheiden ein paar Gramm mehr oder weniger über eine angenehme Nacht oder die Hölle. Der einzige Nachteil ist, daß es am Morgen noch unangenehmer ist, die Wärme zu verlassen. Wenn man dann aufsteht, muß alles blitzschnell gehen. Raus aus dem Schlafsack, die halb gefrorenen Schuhe anziehen, die Steigeisen anlegen und sofort losziehen. Wenn man dann noch länger in der Ausrüstung herumkramt und den Rucksack packt, bekommt der Körper fast einen Kälteschock und wärmt sich kaum noch auf. Das erhöht die Gefahr von Erfrierungen, denn das Blut ist so dick und zähflüssig, daß die Hände und Füße kaum noch versorgt werden.

Wir standen also auf, beeilten uns, aus dem Zelt zu kommen, und gingen sofort los. Die ersten Schritte sind unglaublich anstrengend,

Warten auf morgen: *im Hochlagerzelt auf der Schulter des K 2*

noch viel, viel anstrengender, als ohnehin schon alles andere ist. Nach spätestens fünf Minuten ist der Puls am Anschlag, und man denkt, das ist nicht mein Tag, das kann doch nie etwas werden. Die Erfahrung der Jahre hat mich jedoch gelehrt, daß diese Krise nicht einmal eine Stunde anhält. Wie jeder Motor bei extremen Verhältnissen, muß auch der Körper langsam anlaufen und seinen Rhythmus finden.

Das Wetter präsentierte sich weiter stabil, und die Verhältnisse auf der sogenannten Schulter waren viel besser als weiter unten. Die Höhenwinde hatten den Rücken freigefegt. Wir sanken nur noch schuhtief ein und nicht wie tags zuvor bis über den Bauch. Bis zum Gipfel lagen noch 600 Höhenmeter vor uns. Und doch wußten wir ganz genau, selbst wenn wir hinaufkamen, waren wir noch lange nicht wieder unten. Die meisten Unfälle am K 2 passieren beim Abstieg. Von den 27 Bergsteigern, die 1986 den Gipfel erreichten, starben sieben auf dem Weg zurück.

Sowohl Konrad als auch ich fühlten uns körperlich gut. Keine Erkältung, kaum Höhenhusten, praktisch keine Kopfschmerzen, nur dieses dumpfe Dröhnen. Ganz langsam zogen wir unsere Spur in Richtung Flaschenhals. Diese Rinne wäre klettertechnisch in den Alpen kein großes Problem, aber oberhalb von 8000 Meter ist fast alles mit Schwierigkeiten verbunden. Über kombiniertes Gelände gelangten wir zu diesem mächtigen Kanonenrohr, in dem wir uns nun für einige Stunden bewegen mußten. Wir hatten über diese heikle Passage viel gelesen und viel gehört. Nun waren wir selbst mittendrin. Da ging es fast kerzengerade hinauf, und oben hing der gewaltige Gletscher mit seinen wackligen Seracs. Wir konnten jetzt deutlich sehen, warum gerade diese Passage am K 2 so gefürchtet ist. Wenn dort etwas wegbricht, kann das Eis keinen anderen Weg nehmen als den durch den Flaschenhals. Und Bergsteiger, die sich dort bewegen, haben keine Chance auszuweichen. Wenigstens zwei Stunden, oft aber viel länger, steigt man genau in der Schußbahn hinauf, die lauernde Gefahr immer direkt vor Augen.

Und dann taucht wieder die Frage nach dem Risiko auf. Wieviel Risiko muß man eingehen, um auf den Gipfel eines Achttausenders zu kommen? Wie hoch muß der Einsatz sein, um den schwierigsten unter ihnen zu besteigen?

Kapitel 20
Versunken – Seil aus und der Gipfel so nah

An diesem 17. Juli 1999, einem Samstag, hatte ich am Fuß des Flaschenhalses nur einen Gedanken. Hoffentlich bleibt der Berg für ein paar Stunden ruhig. Kein Foto, keine Erzählung, keine Beschreibung war mit dem vergleichbar, was wir nun mit eigenen Augen sahen. Beim Einstieg in die Rinne war das Gelände übersät mit großen und kleinen Eisbrocken. Steil zog das Couloir hinauf und verjüngte sich nach oben hin zum engen Ausstieg. Dort, bedrohlich überhängend, die Seracs des Gletschers. Wie Eiswürfel verschiedener Größe schienen sie da zu liegen. Ein Schnipser mit dem Finger, so sah es fast aus, würde genügen, Tonnen an Gewicht unaufhaltsam in Bewegung zu setzen.

Wir waren seit fünf Uhr unterwegs. Oben schien es ruhig zu sein. Alles andere war komplett unwichtig. Allein diese gewaltigen Eisformationen interessierten uns. Konrad und ich wechselten einen kurzen Blick. Beide schauten wir hinauf, dann sahen wir uns wieder an. Nur ein kurzes Nicken. Das war alles. Eine stille Einverständniserklärung. Wie ein Handschlag unter Bauern auf dem Viehmarkt.

Als wir in die Rinne stiegen, schien längst die Sonne. Schlagartig wurde uns unglaublich warm. Das lag an unserer warmen Bekleidung und natürlich auch an der Anstrengung. Es schien, als brauchte ich gar keinen Höhenmesser mehr, ich spürte körperlich, wie mit jeden gewonnenen hundert Höhenmetern alles immer beschwerlicher und mühsamer wurde. Eine bleierne Müdigkeit legte sich über alle Bewegungen. Durch die zunehmende Wärme begannen unsere Brillen zu beschlagen, und ich hatte das Gefühl, im dichten Nebel zu gehen. Wenn ich aber die Brille herunternahm, um mit dem Daumen die Schleier wegzuwischen, spürte ich sofort das durch die gewaltige Strahlung der Sonne ausgelöste Stechen in den Augen.

Je weiter wir hinaufkamen, um so schwieriger wurde es. Unten war es noch ganz leicht, im fest gepreßten Schnee aufwärts zu steigen. Weiter oben dann wurde es immer härter, und schließlich standen wir mit den Frontalzacken der Steigeisen im blanken, weißblauen Eis. Alles war gut gelaufen bis jetzt. Nach nur knapp zwei Stunden befanden wir uns bereits fast unter den Seracs.

Ich versuchte eine Eisschraube zu setzen. Diese Geräte haben mittlerweile durch die ständige Weiterentwicklung derart spitze Zähne und ein rasiermesserscharfes Gewinde, daß sie eigentlich bei allen Verhältnissen »beißen«. Doch da oben im Flaschenhals gelang es mir einfach nicht, die Schraube ganz in das glasklare, harte Eis zu drehen. Ich glaube, wenn ich es mit Gewalt weiter versucht hätte, wäre entweder die Öse abgerissen oder die ganze Schraube abgedreht. Mehr als zwei Drittel brachte ich nicht hinein. Egal. In solch einer Situation muß man den Sicherungsplatz so akzeptieren, wie er ist. In dieser großen Gefahr, direkt unter den Seracs, kann man nicht eine halbe Stunde herumfummeln, bis alles hundertprozentig paßt. Da geht es nur noch darum, aus der Gefahrenzone zu kommen. Und vor dem Hintergrund dieser Überlegung bietet Schnelligkeit viel mehr Sicherheit als eine nur zu zwei Drittel versenkte Schraube.

Es gibt eigentlich keine andere Spielart des Alpinismus, bei der Bergsteiger so sehr auf ihre technische Ausrüstung angewiesen sind wie beim Eisklettern. Ganz gleich, ob das nun in einer steilen Rinne oder an einem gefrorenen Wasserfall ist. Die Frontalzacken der Steigeisen, die beiden kurzen Eisgeräte für die Hände, die Eisschrauben für die Sicherungen, die Karabiner, das Seil, das die Kletterer verbindet. Und eben weil in praktisch jeder Bewegung Technik mit im Spiel ist, muß man sich auf das Material absolut verlassen können.

Im Tauferer Ahrntal und in den Seitentälern bilden sich im Winter sehr schöne, zum Teil spektakuläre Eisfälle. Einer der besonders schönen, der »Ursprung«, liegt ganz hinten drin im Reintal, das auf der Höhe von Sand in Taufers in die Rieserferner-Gruppe führt. Dort war ich mit einem Kletterkollegen unterwegs. Ich befand mich im Vorstieg und kam schließlich an eine Stelle, die geeignet war, einen Standplatz einzurichten. Da Eis ein witterungsbedingt vergängliches

Sicherheit:
An einer solchen Eisschraube brach die Öse

Element ist, müssen die Standplätze jedesmal und von jeder Seilschaft neu eingerichtet werden, im Gegensatz zum Felsklettern, wo die Haken in den Wänden steckenbleiben.

Ich nahm eine Eisschraube vom Klettergurt und drehte sie ins Eis hinein. Sie »biß«, wie man das nennt, und saß schließlich vorschriftsmäßig. Für einen perfekten Stand werden normal zwei Schrauben verwendet, um ein sogenanntes Kräftedreieck herzustellen und die Sicherheit zu erhöhen. Doch der Sitz dieser einen Schraube machte einen so guten Eindruck, daß ich auf die zweite verzichtete. Ich hängte einen Karabiner und dann das Seil ein und ließ den Partner von unten nachkommen. Nun wird bei gleich stark besetzten Seilschaften überschlagend geklettert. Der Zweite kam an den Stand, klinkte sich mit einem Karabiner an die Schraube, ruhte sich dort einen Moment aus und stieg dann selbst voraus. Als er oben angekommen war und seinen Stand gemacht hatte, hängte ich unten das Seil und die Karabiner aus. Als ich schließlich die Schraube herausdrehen wollte, brach die Öse, in der die Karabiner eingeklinkt werden, unter der ersten Belastung ab. Das mußte ein Materialfehler gewesen sein, anders war das nicht zu erklären. Doch dieser Materialfehler hätte uns beide das Leben kosten können, und eigentlich war es erstaunlich, daß die Öse nicht schon gebrochen war, als wir beide für diesen kurzen Moment des Wechsels im Stand hingen. Wir waren ganz nah am Absturz gewesen, wegen einer Eisschraube, die keinen Schaden erkennen ließ.

Jahre später kletterte ich mit einem Gast einen anspruchsvollen Eisfall beim Stauwerk in Lappach. An meinem Gurt hing ein Satz neuer Eisschrauben, die ich erst am Tag zuvor von einer Firma zugeschickt bekommen hatte. Am Standplatz verwendete ich eine dieser Schrauben und für den zweiten Fixpunkt das eingeschlagene Eisgerät. Mein Gast kam nach, ich löste mich aus der Sicherung und kletterte weiter. Nach der nächsten Seillänge machte ich erneut Stand und ließ meinen Partner nachkommen. Als der nun unten die Eisschraube herausdrehen wollte, brach diesmal sogar der gesamte Kopf und nicht nur die Öse ab. Damit nicht genug, der ganze Satz Schrauben wies durchgehend denselben Fehler auf. Jedes dieser Geräte hatte ganze feine, kaum erkennbare Risse. Es war für mich eine Horrorvorstellung, daß die Schrauben, die eigentlich den unter Umständen sehr hohen Absturz einen Kletterers halten sollten, nicht einmal das Rein- und Rausdrehen überstehen, daß bei den heutigen Testmöglichkeiten für Werkstoffe so ein Plunder auf den Markt kommt.

Unsere Eisschraube im Flaschenhals am K 2 hielt jedenfalls, auch wenn sie nur zu zwei Drittel im Eis steckte. Ein paar Meter noch, dann standen wir direkt unter den Seracs. Der Anblick war faszinierend und furchteinflößend zugleich. Wir querten unter den tonnenschweren Eismassen nach links hinaus und um eine schwach ausgeprägte Kante herum. Das Schlimmste hatten wir hinter uns. Dachten wir. Nun stünde uns mehr oder weniger steiles Gehgelände bevor. Die Gefahr lag hinter uns, der Rest würde eine reine Willenssache sein. Der Gipfel des zweithöchsten Bergs der Welt lag mit einemmal fast zum Greifen nahe. Es war jetzt kurz nach acht Uhr. Wir lagen optimal in der Zeit.

Inzwischen hatten wir einen guten Rhythmus zwischen Bewegung und kurzen Pausen gefunden. Es war lange schon nicht mehr möglich, längere Strecken am Stück zu bewältigen. Es ging nur noch schrittweise voran. Wir sprachen nicht mehr viel. Warum auch? Es bedurfte keiner Worte, Konrad und ich waren ein eingespieltes Team. Uns verband ein höchstens vierzig Meter langes, sehr dünnes Seil.

In mir machte sich Zuversicht breit. Ein gutes, angenehmes Gefühl verdrängte die letzten Zweifel. Obwohl wir am Tag zuvor soviel Kraft verloren hatten und eine lange Nacht in der Todeszone hinter uns lag, glaubte ich nun wirklich daran, daß es möglich sein könnte, bis ganz hinauf zu kommen. Dieser 17. Juli mußte der Gipfeltag sein, jetzt, da alles zusammenpaßte.

Am Nachmittag des Vortags, also am 16. Juli, hatten wieder zwei Bergsteiger das Basislager erreicht. Die beiden Deutschen Peter Guggemos und Dieter Porsche kamen direkt vom Nanga Parbat. Sie waren am 30. Mai in Frankfurt/M. abgeflogen und hatten Anfang Juli über die Diamir-Flanke den Gipfel des neunthöchsten und sehr anspruchsvollen Achttausenders erreicht. Mit diesem Erfolg im Rücken wollten sie nun auf den K2.

Beide hatten reichlich Erfahrung an den hohen Bergen. Peter Guggemos aus Marktoberdorf im Allgäu, Bauleiter und Gebäudesachverständiger im Zivilberuf, war damals schon zwanzig Jahre im Himalaya unterwegs und überdies seit 1986 mit der Sherpani Tshering aus Namche Bazaar verheiratet. Er hatte 1992 den Cho Oyu, 1996 die Shisha Pangma, 1997 den Broad Peak, 1998 Gasherbrum I und II und nun eben den Nanga Parbat bestiegen.

Exakt die selben Achttausender-Erfolge hatte auch Dieter Porsche aus Tübingen: 1990 Cho Oyu, 1991 Shisha Pangma, 1995 Gasherbrum II, 1997 Broad Peak, 1998 Gasherbrum I und dann der Nanga Parbat. Darüber hinaus hatte sich der Entwicklungsingenieur zweimal, 1993 und 1996, am Everest versucht.

Als die beiden ankamen, waren Konrad und ich hoch oben am K2 unterwegs, und es interessierte uns nicht im geringsten, wer da unten kam oder ging. Wir hatten mit uns selbst genug zu tun. Und dennoch, ohne daß ich die beiden traf, sollte dieser Tage nicht in Vergessenheit geraten. Während wir uns am 16. Juli im tiefen Schnee abmühten, saßen Peter und Dieter mit unseren Freunden 3000 Meter tiefer im Zelt beim Tee. Voller Aufmerksamkeit verfolgten die beiden unsere

Funkkontakte. Auch jenen, bei dem ich sagte, daß ich Zweifel hätte, unter diesen schwierigen Bedingungen den Gipfel erreichen zu können. Und sie bekamen sehr schnell die schwierige Gesamtsituation seit dem Unfall von Mihai mit. Am nächsten Morgen waren die beiden verschwunden.

Ich denke, das war die schnellste Abreise von einem Achttausender, die es je gegeben hat. Die Verhältnisse am Berg, die Stimmung im Basislager, vielleicht auch ein wenig die Müdigkeit nach der Diamir-Flanke am Nanga Parbat hatten Peter Guggemos und Dieter Porsche zu dem Entschluß kommen lassen, besser nach Hause zu fliegen. Daß sie sich am Abend schon mal vorsichtshalber mit den Worten verabschiedeten: »Wenn sich der Kammerlander am K 2 schwertut, werden wir kaum eine Chance erzwingen können«, ehrte mich zwar, entsprach aber auch den Gesamtumständen.

Wer weiß, wo die beiden bereits waren, als Konrad und ich am 17. Juli um diese schwach ausgeprägte Kante neben den Seracs herumkamen.

Vor uns lagen nur noch eine Querung und der Gipfelaufbau. Steiles Gelände, aber ohne größere technische Schwierigkeiten. Das mußte zu schaffen sein. Wir tranken schluckweise, ruhten uns ein wenig aus und nahmen kurz Kontakt mit dem Basislager auf, um zu erklären, wo wir waren.

Hinter der Kante begann ein steiler Hang, den wir nun schräg nach links haltend hinaufmußten. Nach ein paar Schritten auf festem Untergrund brach ich bis zu den Knöcheln ein. Dann bis zu den Waden. Bis an die Knie. Bis an die Oberschenkel. Und dann stand ich wieder bis zum Bauch im Schnee. Ich grub und wühlte. Vielleicht war es ja nur eine Mulde, in die der Wind den Schnee getragen hatte. Vielleicht war ja nach ein paar Metern alles schon vorbei.

Ich irrte mich. Es schien mit jedem Schritt schlimmer zu werden. Die Schneemassen schienen grundlos. Wenn ich mit dem Gesicht zum Hang stand, reichte mir der Schnee bis an die Brust und höher, teilweise versank ich bis fast zu den Schultern. Der Schnee war auch nicht verbunden, sondern wie ein trockener Sandhaufen, wie Grieß oder ungekochter Reis. Es war nicht einmal möglich, dort flach hinauszuqueren, geschweige denn bergwärts. Im Gegenteil, es trieb mich mit jedem Schritt bergab. Das alles war die reinste Hölle.

Im Schneckentempo entfernte ich mich von Konrad, der stehengeblieben war, um mich in diesem maroden und lawinengefährlichen Hang mit dem Seil zu sichern. Zehn, fünfzehn, zwanzig, dreißig Meter. Stück für Stück kam ich voran. Ich mußte mit den Händen einen Graben wühlen und gewann keine Höhe mehr. Mit jedem Schritt geriet ich eher leicht abwärts. Und jeder dieser Schritte kostete mich große Anstrengung. Ich hatte keine Ahnung, wie das weitergehen sollte. Das einzige, was ich noch hatte, war eine vage Hoffnung.

Vor mir, schwer zu schätzen, vielleicht fünfzig, möglicherweise auch hundert Meter entfernt, ragte ein Felsen heraus. Wie eine Insel in diesen ungeheuren Schneefluten. Wenn ich dorthin käme, könnte ich durchatmen und, viel wichtiger noch, einen Sicherungspunkt machen. Zwei Haken baumelten an meinem Klettergurt, mehr hatten wir nicht mit. Nachdem hier alle Bergsteiger vorbeimußten, bestand sogar die Möglichkeit, daß dort vielleicht eine alte Verankerung war. Dort könnte ich mich einklinken und Konny nachkommen lassen. Dann hätten wir uns beim Spuren mal abwechseln können. Egal wie, ich mußte dorthin, wenn es weitergehen sollte.

Ich wühlte wie ein Besessener, als von hinten der Ruf kam: »Seil aus.« Seil aus, hämmerte es in meinem Kopf. Zuerst begriff ich gar nicht. Ich zog am Seil, aber es gab nicht mehr nach. Ich drehte mich um, da stand Konrad, vierzig Meter, genau unsere Seillänge, entfernt und schüttelte den Kopf. Das Seil war zu Ende.

In mir wirbelten die Gedanken durcheinander. Damit war alles aus. Es sei denn ... Ich könnte mich aus dem Seil ausbinden und ungesichert versuchen, zu dem Felsen zu gelangen. Sinnlos, dachte ich. Dann müßte Konrad von drüben ebenfalls ungesichert nachkommen, und niemand konnte sagen, ob der Hang die Belastung ein zweites Mal hielt. Und was kam nach dem Felsen? Wahrscheinlich weiterhin grundlos tiefer Schnee.

Ich drehte mich in meinem Graben um. Konrad hatte die kleine Videokamera aus seinem Sturmoverall genommen und filmte mich, wie ich da stand. Ich hob die Hände und sagte: »Keine Chance, einfach keine Chance.« Auf eine Länge von zwanzig, vielleicht dreißig

Festgewühlt: *tiefer Schnee 170 Höhenmeter unter dem Gipfel*

Meter hatte uns der K2 ein Schnippchen geschlagen. Ich fühlte mich auf den Arm genommen, zuerst wollte ich es gar nicht wahrhaben. Das war so grausam und vor allem so schwer zu begreifen. 170 Höhenmeter unter dem Gipfel ging es einfach nicht mehr weiter.

»Seil aus«, hatte Konny gerufen. Aus, aus, aus, hämmerte es in meinem Kopf wie ein Echo. Aus. Wir kamen unter diesen Umständen nicht hinauf. Wenn wir uns in diesem Moment aus dem Seil ausgebunden hätten, um ungesichert weiterzumachen, wären wir wirklich Kamikaze gewesen. Die Flanke, in der wir uns da bewegten, war in meinen Augen nicht stabil. Solange wir uns am Seil sicherten, könnte zwar auch ein Schneebrett abgehen, aber das Seil hätte mich schon gefangen. Aber ungesichert in diesen Hang? Nein, das war nicht zu verantworten.

Ich unternahm einen letzten, zaghaften Versuch. Ich rief Konny zu, ob er es versuchen wolle. Er schüttelte den Kopf. Wie sinnlos diese Frage im Rückblick erscheint. Er wäre auch nicht weitergekommen, das Seil hätte sich dadurch nicht verlängert. Konny rief sofort zurück, daß er es nicht versuchen wolle. Über uns trug der Wind die Wolkenfahnen von Norden her über den Gipfel. Wir hatten ihn praktisch vor der Nasenspitze, und doch war er unerreichbar weit entfernt. Ich stand da im Schnee und schüttelte den Kopf.

Natürlich waren wir müde, ausgebrannt, unglaublich angestrengt. Aber das war nichts Neues. So oft schon war ich an den Achttausendern am Vormittag so endlos müde, daß ich dachte, das kann niemals etwas werden. Und nach zehn Stunden bin ich dann immer noch gegangen. An diesem Tag am K 2 hatten wir alle Reserven für eine sichere Besteigung. Es war erst zehn Uhr. Selbst im tiefen Schnee und bei langsamem Tempo hätten wir eine Chance gehabt, ganz nach oben zu gelangen. Die Gipfelnähe zu spüren ist ein ganz besonderes Gefühl. Es mobilisiert die Kräfte aufs neue, und dann ist es wirklich nur noch eine Frage des Willens. Und dieser Wille hätte sicher ausgereicht, dieses verdammte Schneefeld zu überwinden. Aber so? Ungesichert? Das Risiko eines 3000-Meter-Absturzes sehend in Kauf nehmen? Nein, das war der K 2 nicht wert.

Es war vorbei. Zwei Worte hatten die Expedition beendet: »Seil aus.«

Kapitel 21
Umkehr – Von alten Seilen und einem Hammerschlag

Ich bin mir sicher, daß schon in jenem Augenblick dort oben, 170 Höhenmeter unterhalb des K 2-Gipfels, in mir der Entschluß reifte, wieder zurückzukommen. Denn ich erinnere mich genau, daß ich, noch während ich durch den tiefen Graben im Schnee zurückging, dachte, jetzt mußt du das alles noch einmal hinauf. Alles wird von vorn beginnen, die Vorbereitung, der Behördenkram, der Flug, der Anmarsch, das Akklimatisieren, der ganze, lange Aufstieg. Und wieder würde es keine Garantie dafür geben, daß es beim nächsten Mal gelingt. Nur eines wußte ich ganz sicher. Es wird ein nächstes Mal geben.

Es war ein bitterer Moment, als ich aus dem tiefen Schnee unter dem Serac wieder bei Konrad ankam. Wir schauten hinaus auf die Karakorum-Berge. Broad Peak, die Gasherbrum-Gipfel, draußen die Chogolisa. Ein Meer an schneebedeckten Spitzen lag unter uns. Wir waren schon so weit oben, daß wir über allen anderen standen. Aber wir waren eben nicht ganz oben. Den Gipfel nicht erreicht zu haben bedeutete, daß etwas fehlte. Nur wer auf dem höchsten Punkt steht, kann zur anderen Seite schauen. Und dieser Blick fehlte uns. So gesehen waren wir gescheitert.

Es war Zeit umzukehren. Wir fällten die Entscheidung, nicht weiterzugehen und die Richtung zu ändern, am Vormittag des 17. Juli 1999, kurz nach zehn Uhr, bei schönstem Wetter, nachdem alle Schwierigkeiten hinter uns lagen und ein unüberwindbares Schneefeld vor uns. Es ist kaum zu beschreiben, was sich in diesen wenigen Momenten in meinem Kopf abspielte. Es war, als hätte man mir mit einem Schlag alles genommen, was Bedeutung besitzt. Und Konrad ging es nicht anders. Es war ihm anzusehen. Über Stunden und Tage hatte sich alles auf einen Punkt der Erde fokussiert. Jeder Gedanke, jede Bewegung, jeder Schritt war zielgerichtet gewesen. Und mit einem Mal verloren wir dieses Ziel aus den Augen.

Umzukehren und abzusteigen ist eine der schwierigsten Entscheidungen in den Bergen. Vielleicht die schwierigste überhaupt. Ich habe lange gebraucht, bis ich das gelernt habe. Sicher hat mir dabei auch meine Bergführertätigkeit geholfen. Ich kann mich an eine Situation aus jungen Jahren noch sehr gut erinnern. Ich führte eine Tourenwoche in den Ampezzaner Dolomiten, die sich rund um Cortina d'Ampezzo gruppieren. Ausgangspunkt war die Cinque-Torri-Hütte bei den gleichnamigen berühmten Felstürmen, die sich wie Obelisken gen Himmel recken. Die Gäste kamen am Sonntag von verschiedenen Orten aus Deutschland angereist. Für den Montag war die Besteigung des Michielli-Strobel-Klettersteigs an der Punta Fiames vorgesehen.

Zum Auftakt einer solchen Woche wählten wir meist einen Klettersteig aus. Ganz einfach, um den Leuten die Gelegenheit zu geben, mit dem Fels vertraut zu werden und sich ein wenig einzulaufen. Gleichzeitig konnten wir Bergführer sehen, wer über welches Leistungsvermögen verfügt und wie trittsicher unsere Gäste waren. Wir fuhren am Montagmorgen die Falzarego-Paßstraße hinunter nach Cortina und weiter bis unter das formschöne Felsmassiv der Punta Fiames.

Der Michielli-Strobel-Steig ist ein sehr beliebter Klettersteig am Westpfeiler des Pomagagnon in den Ampezzaner Dolomiten. Die Route führt über guten gestuften, teilweise ausgesetzten Fels und ist mit Drahtseilen, Eisenklammern und einer Leiter gut abgesichert. Daß man am Ende tausend Meter über den Dächern des altehrwürdigen Olympiaortes Cortina steht, verleiht dem Eisenweg etwas heiter-unterhaltsames.

Auf dem schmalen Weg, der zwischen den Latschen in Serpentinen zum Einstieg führt, trieb es uns allen den Schweiß aus den Poren, obwohl ich ein betont langsames Tempo ging. Es war entsetzlich schwül an diesem frühen Vormittag. Wir stapften mit Kolonnen anderer Bergsteiger den Pfad hinauf, und schon da überlegte ich mir, ob das gutgehen würde. Die drückende Witterung beunruhigte mich. Schließlich standen wir schon angeseilt und startbereit am Drahtseil, als ich noch einmal unseren Zeitaufwand überschlug und dann sagte: »Laßt uns umdrehen. Das hat heute keinen Sinn, das Wetter hält bestimmt nicht.« Zu diesem Zeitpunkt war keine Wolke am Himmel zu sehen.

Für meine Gäste war das nur schwer hinzunehmen. Sie waren von weither angereist. Jetzt standen sie mit den Helmen auf dem Kopf am Einstieg eines Klettersteigs, unter all den anderen Ambitionierten, und da stellte sich ein junger Bergführer vor sie hin und sagte unter strahlend blauem Dolomitenhimmel: »Laßt uns umkehren.« Alle aus meiner Gruppe waren hochmotiviert, sahen, wie andere einstiegen, und sie selbst sollten den Wanderweg wieder hinuntergehen. Es war kein Wunder, daß sie wenig Verständnis dafür hatten und manche sogar richtig bockig wurden. Die Stimmung war im Keller, keiner konnte mich verstehen. Die Leute fühlten sich um ein tolles Erlebnis gebracht.

Wir verbrachten dann den Rest des Tages eher gemütlich an den Cinque Torri, bis es zu regnen begann und in der Ferne ein Gewitter niederging, dessen Donnergrollen wir bis zu uns hören konnten. Gegen Abend fuhr ich nach Hause und kam erst am nächsten Morgen zurück. Unterwegs kaufte ich die Südtiroler Tageszeitung *Dolomiten*, und während ich mit meinen Gästen auf der Hütte Kaffee trank, blieb mein Blick an einer Überschrift auf der Lokalseite hängen: »Zwei Blitztote am Strobel-Steig.«

Überrascht, sprachlos und erschrocken saßen wir alle eine Zeitlang am Frühstückstisch. Im nachhinein hatte sich meine Entscheidung als richtig herausgestellt. Es ist überaus gefährlich, bei aufkommender Gewitterneigung in einem Klettersteig unterwegs zu sein. Das durchgehende Drahtseil wirkt wie ein Blitzableiter, und Fluchtmöglichkeiten gibt es praktisch nicht. Hätte ich nicht entschieden, daß wir umdrehen, wären möglicherweise auch wir betroffen gewesen.

Den richtigen Zeitpunkt zur Umkehr zu treffen hängt im Gebirge vielfach von der Risikobereitschaft des einzelnen ab. Ohne ein nahendes Gewitter und mit ausreichend Zeit im Rücken war es in meinen jungen Jahren kein Problem, zwei Stunden lang in einer schwierigen Wand eine Kletterstelle immer und immer wieder zu versuchen. Bis ich sie schließlich geknackt hatte. Ich habe starke Seilpartner erlebt, die nach drei vergeblichen Versuchen umkehren und heimfahren

Abwärts: *immer noch hoch über dem Godwin-Austen-Gletscher*

wollten. Ich hatte einerseits eine sehr, sehr hohe Risikobereitschaft, sonst wären mir viele Touren niemals gelungen. Andererseits habe ich mich häufig auch entschieden umzukehren, und im nachhinein stellte sich heraus, daß unser Unternehmen doch machbar gewesen wäre.

Wann immer ich später über diese knappe Stunde dort oben unter dem Gipfel des K 2 nachgedacht habe, ging die Überlegung immer auch in die Richtung, ob es nicht vielleicht doch möglich gewesen wäre. Mit ein wenig mehr Risikobereitschaft. Doch am Ende dieses Gedankengangs stand immer das gleiche Ergebnis. Die Entscheidung war richtig. Es durfte in dieser Situation keine andere geben.

Als Konrad und ich umdrehten und den Blick Richtung Tal wandten, wußten wir, wie mühsam der Abstieg werden würde. Mit dem Gipfelerlebnis im Kopf wäre es zwar nicht weniger anstrengend geworden, doch der Erfolg hätte uns sicher ganz anders beflügelt. Nun paarte sich aber die Müdigkeit mit der Enttäuschung. Und das ist eine brisante Mischung. Diese Momente an einem Achttausender sind nicht zu vergleichen mit einer Umkehrentscheidung in den Alpen. Wenn man dort kapituliert, weil die Verhältnisse, das Wetter oder sonst etwas zum Abbruch gezwungen haben, dann kann man eine Woche später wiederkommen und einen neuen Versuch starten. An den hohen Bergen hingegen weiß man ganz genau, es wird mindestens ein Jahr dauern und großen organisatorischen und finanziellen Aufwand kosten, einen neuen Versuch zu starten.

Wir nahmen unser Funkgerät und meldeten uns im Basislager. Dort war die Enttäuschung unter meinen Freunden nicht weniger groß. Jedes Expeditionsmitglied hatte über Wochen hinweg seinen Job gemacht. Unser Erfolg wäre auch ein Stück weit ihr Erfolg gewesen. Es war 10.05 Uhr, als wir unseren Entschluß, doch lieber umzukehren, mitteilten. Einen Moment lang herrschte eine bedrückende Stille. Dann kam eine aufmunternde Stimme von unten: »Ok, wir haben verstanden. Ihr habt sicher alles versucht, was möglich war. Wenn ihr jetzt absteigt, seid vorsichtig und konzentriert. Meldet euch zwischendurch immer mal wieder.« Kein Zweifel, aus diesen Worten klang eine gewisse Besorgnis. Aber es tat gut zu wissen, daß dort unten Freunde saßen, die auf uns warteten und mit denen wir unsere Entscheidung nicht eine Sekunde lang würden diskutieren müssen. Niemand verlangte eine Rechtfertigung, denn niemand wußte besser als wir, was richtig war.

Beim Abstieg vom K 2 müssen sich die Bergsteiger mindestens so sehr konzentrieren wie beim Aufstieg. Der Bewegungsapparat des Menschen ist offenkundig auf Vorwärtsbewegung ausgelegt. Einen Fuß vor den anderen zu setzen ist viel einfacher als rückwärts zu gehen. Doch weit über drei Viertel der 3600 Höhenmeter bis hinunter auf den Godwin-Austen-Gletscher zu den Basislagerzelten müssen mit dem Gesicht zum Berg und rückwärts abgeklettert werden. Das verlangt die Steilheit des Geländes. Wie auf einer endlosen Leiter geht es Schritt für Schritt abwärts. Und jeder dieser Schritte will bedacht sein, denn neunzig Prozent der Route sind Absturzgelände.

Der Flaschenhals, zurück durch den tiefen Schnee, Schwarze Pyramide, die lange Flanke – es war, als würde ein Film stundenlang rückwärts laufen.

Je weiter wir hinunterkamen, um so weicher wurde der Schnee. Die Sonne brannte unbarmherzig auf uns herab und in die Flanken des K 2. Unter unseren Steigeisen bildeten sich unangenehme Stollen. Das machte den Abstieg noch um einiges monotoner und unangenehmer, denn mit den Stollen unter den Füßen kommt man nur ein paar Schritte weit. Sie werden entfernt, indem man das Bein ein Stück anzieht und mit dem Hammerkopf des Eisgerätes an das Steigeisen schlägt. Meist fliegen die Brocken dann sofort weg.

Bei einem so endlos langen Abstieg spürt man die bleierne Müdigkeit und spürt sie doch auch wieder nicht. Alles läuft mechanisch ab, ohne große Überlegung. Körper und Geist sind leer. Nur der Überlebenswille funktioniert noch. Bei den immer gleichen Bewegungsabläufen hob ich irgendwann den rechten Fuß, holte mit dem Eispickel in meiner rechten Hand kurz aus und schlug zu. Doch ich verfehlte das Steigeisen und traf mit dem Hammerkopf die Innenseite meines linken Knies. Genau die weiche Stelle des Gelenkspalts, in dem der Meniskus sitzt und über dem die Bänder sich spannen. Ich vermute, das ist eine der schmerzempfindlichsten Stellen des Körpers.

In mir krampfte sich alles zusammen, der aufzuckende rasende Schmerz war kaum auszuhalten, und ich hatte das Gefühl, mir würde gleich schwarz vor Augen. Ich legte mich ganz schnell nach vorn, mit dem ganzen Körpergewicht und dem Gesicht in den steilen Schneehang, die Beine gespreizt. Mir wurde schlecht. Die Situation als solche war eher harmlos, der Schmerz würde vergehen und die Übelkeit auch. Aber so ein Moment außer Kontrolle genügt, um aus der Wand zu kippen und abzustürzen. Blitzgefährlich. Und wenn ich mir nur eine Knieverletzung zugezogen hätte, die es mir unmöglich gemacht hätte, weiter abzusteigen, wäre ich in eine sehr schwierige Lage geraten. Denn mit Hilfe kann man in dieser Höhe nicht rechnen. Was in den Alpen durch die Möglichkeiten der Flugrettung kein Problem darstellt, kann an einem Achttausender den Tod bedeuten.

Wir waren inzwischen bis auf 6500 Meter hinuntergestiegen. Immer mal wieder stießen wir auf alte Fixseile von früheren Expeditionen. In einer Passage mit kombiniertem Fels-Eis-Schnee-Gelände hing ein Stück blaues Seil aus Plastik, wie es die Koreaner verwenden. Es wirkte nicht verwittert und machte einen guten, soliden,

»gesunden« Eindruck. Ich nahm es in die Hand, weil es dann leichterfallen würde, das Gleichgewicht zu halten. Wenn man so müde ist und sich zudem über viele, viele Stunden an einem derart schwierigen Berg bewegt, greift man nach fast allem, was sich bietet und eine kleine Erleichterung sein könnte. Mit dem Seil in der Hand lehnte ich mich ganz wenig hinaus. In dem Moment riß es. Es gab auf den geringsten Zug hin nach wie ein dürrer Ast, der bricht. Geistesgegenwärtig drehte ich mich blitzschnell seitlich weg. Diese Stelle war fast senkrecht, und ich konnte mich nicht mehr halten. Ich sprang gezwungenermaßen hinunter. Sicherlich fast drei Meter auf ein ungefähr ein Meter breites Band. Mehr eine Stufe. Dort hatte ich nun wirklich gewaltiges Glück, denn ich landete mit beiden Beinen im tiefen Schnee. Es drückte mich bis zu den Knien so fest hinein, daß ich die Füße nicht mehr bewegen konnte. Es war, als sei ich in Blitzbeton gesprungen. Und nur dieser Umstand verhinderte, daß ich erneut nach außen kippte und über die ganze Wand nach unten flog.

Immer wieder diese verdammten Fixseile, immer wieder das alte Material, auf das man sich nie verlassen sollte. Am Matterhorn war mir ein altes Seil in den frühen Kletterjahren fast zum Verhängnis geworden und später dann um ein Haar am Shivling in Nordindien. Am Matterhorn war ich mit Werner Beikircher in der Nordwand unterwegs, als ich mich an einem Stück Seil, das frei herunterhing, nach oben hangelte. Das kam mir in diesem Moment sehr gelegen. Wir verzichteten sogar darauf, unseren Standplatz zu sichern. Mit Hilfe des alten Seils kam ich mühelos hinauf. Als ich dann jedoch dessen Ende sah, stockte mir der Atem. Es war nirgendwo verankert, sondern nur etwa fünfzehn Zentimeter im Eis eingefroren. Am Shivling, im oberen Teil unserer Erstbegehung am Pfeiler, packte mein Partner Christoph Heinz ein altes Fixseil. Von meinem Standplatz aus sagte ich noch zu ihm, er solle es mit einem Ruck auf seine Belastbarkeit prüfen. Er klinkte seine Steigklemme ein und zog kräftig. Im selben Moment riß das Seil, und er flog direkt zu mir in den Stand. Dann kam das Seil, aufgelöst in einzelne Fäden, herunter und legte sich über uns wie ein Spinnennetz. Auf eine Länge von zehn Meter war der Mantel komplett weg. Er hatte sich über einer Felskante ab-

Abgefahren: *Immerhin gelang es noch, ein Stück die Ski zu nutzen*

gescheuert. Der Teil des Seils, den wir hatten sehen können, war vollkommen in Ordnung.

Im späten Herbst 2003 erreichte uns eine besonders tragische Nachricht. Am 11. Oktober war Robert Rackl, ein deutscher Bergführer aus dem AMICAL-Team von Ralf Dujmovits, an der Ama Dablam in Nepal abgestürzt. Ursache war der Riß eines alten Fixseils am Südwestgrat.

Am Matterhorn, am Shivling und nun am K 2 schwor ich mir, mich nie wieder auf ein Fixseil zu verlassen, nie wieder ein solches Lotteriespiel einzugehen.

Im Lager II hatte ich meine Ski deponiert. Als wir dorthin kamen, nahm ich sie, schnallte an und fuhr den Rest des Abstiegs auf den Brettern nach unten. Am Lager I machte ich einen Zwischenstop, stopfte Schlafsäcke und alles Material, was wir dort deponiert hatten, in einen Seesack und wartete auf Konrad. Inzwischen war unser Kameramann Hartmann Seeber zum vorgeschobenen Basislager unter der Einstiegsflanke aufgestiegen. Er wartete dort auf mich und wollte filmen, wenn ich diesen langen Hang auf Ski herunterkam. Zuvor jedoch taten wir es Kurt Diemberger, dem großen österreichischen Bergsteiger, nach. An genau derselben Stelle hatte er bei seiner K 2-Expedition einen Seesack auf eine verrückte Reise geschickt.

Unser Gepäckstück aus Lager I war prall wie eine fette Wurst. Wir trugen den Sack ein Stück hinüber in die Flanke, gaben ihm einen Schubs und schauten zu, was passierte. Unglaublich, was dieser Seesack nun aufführte. Das glich fast einem Ballett. Kurt Diemberger hat die Szene damals gefilmt und zeigt sie heute noch bei seinen Vorträgen. Dieser kleine Film dauert fast fünf Minuten und hat mich sehr begeistert, als ich ihn zum ersten Mal sah. Nun hatten wir das Erlebnis live.

Zuerst rutschte der Sack eher langweilig den Hang hinunter. Dann kam er in Fahrt. Als er durch eine Mulde schoß, stellte er sich plötzlich auf, überschlug sich und purzelte weiter. Schließlich trieb es ihn seitlich und rollend abwärts. Seine Fahrt wurde immer langsamer, und wir befürchteten schon, nun könnte er liegenbleiben. Doch bald kam er wieder in Schwung. Erneut stellte es ihn auf, und er wurde mit mehreren Überschlägen hoch in die Luft katapultiert. Er landete auf dem »Kopf«, hob erneut ab, flog wieder hoch hinaus und rutschte schließlich weiter immer tiefer, bis er nach vielen Minuten endlich unten ankam. Eigentlich sollte man meinen, das Material hält das niemals aus. Doch es passierte nichts, der Sack blieb fast unversehrt.

Kapitel 22
Treuer Begleiter – Wieviel Glück kann ein Mensch haben?

Konrad blieb noch eine Nacht im Lager I. Er war müde und genauso ausgepowert wie ich. Vielleicht war es auch seine Art, sich vom Berg zu verabschieden, indem er noch einmal allein da oben blieb. Spätestens seit unserer Besteigung des Kangchendzönga hatte ich Konrads Charakter und seine Fähigkeiten schätzen gelernt. Er ist ein perfekter Alpinist, ein umsichtiger Bergführer und vor allem einer, der nicht um alles große Worte macht. Andererseits brachte mich sein trockener Humor zum Lachen, wenn es lange schon nichts mehr zu lachen gab. Als dann auch er am Morgen des 18. Juli gesund ins Basislager zurückkehrte, war ich froh, daß wir beide dieses Abenteuer unbeschadet überstanden hatten. Auf den kleinen Display der Videokamera schauten wir uns die Aufnahmen an, die wir von oben mitgebracht hatten. In diesen Sequenzen kamen die Steilheit des K 2, die ungeheuren Schneemassen, aber auch die Gefährlichkeit sehr gut heraus.

Ganz kurz sprachen wir noch einmal über einen weiteren Versuch. Doch diesen Gedanken verwarfen wir schnell. Es würde wenigstens zwei, drei Tage dauern, bis wir so weit regeneriert wären und soviel Kraft aufgetankt hätten, um noch einmal zu starten. Und es würde sicher noch länger dauern, bis sich die Verhältnisse jenseits der 8000-Meter-Grenze so weit stabilisiert hätten, daß wir dann eine realistische Chance hätten. Es blieb bei der Entscheidung, zusammenzupacken.

Am Nachmittag des 19. Juli besuchte uns Jung Hun Park, der Expeditionsleiter des koreanischen Teams, das in der Cesen-Route genauso im Schnee steckengeblieben war wie wir. Der erst 29 Jahre alte Bergsteiger aus Kyjong kam mit einem Schirm die Moräne heraufspaziert. Es regnete in Strömen. Und es sollte tagelang nicht mehr aufhören. Zwei Wochen später, mit dem Abschluß der Saison im Karakorum, wurde die Geschichte am K 2 fortgeschrieben. Auch in diesem Jahr blieb der zweithöchste Berg der Erde ohne Besteigung. Daß niemand soweit hinaufgekommen war wie Konrad und ich, erschien mir eher als ein schwacher Trost.

Bei strömendem Regen verließen wir am 21. Juli das Basislager, in der Höhe schneite es unaufhörlich. Oskar Piazza, Manuel Lugli und Angelo Giovanetti schlossen sich uns an. Jay Sieger und Ugur Uluocak blieben. Es blieben auch das Filmteam von *National Geographic* und die Koreaner, obwohl Jung Hun Park um die Aussichtslosigkeit seines Unternehmens wußte.

Das schlechte Wetter brachte uns um die Möglichkeit, über den Ghondogoro La zu gehen. Der Weg über den hohen, vergletscherten Paß hätte uns wenigstens einen Tag Fußmarsch erspart und noch einmal einen großartigen Ausblick auf K 2, Broad Peak, die Gasherbrum-Gipfel und den Muztagh Tower ermöglicht. Und gleich hinter dem Paß wären wir im Grünen gewesen. So stolperten wir wieder mühselig die Moräne des Baltoro-Gletschers hinunter und vollbrachten dabei noch einmal eine gewaltige Leistung. Nach nicht einmal vier Tagen erreichten wir bereits mit den Jeeps das Städtchen Skardu.

Wir waren förmlich aus dem Tal hinausgerannt. In Korophon war es so angenehm warm, daß wir die Nacht in offenen Schlafsäcken unter freiem Himmel verbrachten. Oskar kochte aus den Expeditionsbeständen ein opulentes Menü. Vorspeise Spargelcremesuppe und dann Berge von Pasta. Als Dessert servierte er frisches Obst. Weiß der Himmel, wo er das aufgetrieben hatte. Die Träger sangen ausgelassen ihre fröhlichen Lieder, und in der Nacht legte sich ein von oben bis unten verlauster Hund direkt neben Hartmann. Oder vielmehr neben dessen Rucksack, in dem aufreizend ein Stück Südtiroler Speck vor sich hin duftete.

In Rawalpindi ereilte uns schnell der Kulturschock. Nach all den Wochen im Zelt wohnten wir nun bis zum Abflug in einem Vier-Sterne-Hotel. Wir schliefen in ordentlich gemachten Betten und nicht mehr in zunehmend stinkenden Schlafsäcken. Das »Shalimar« bot auch sonst einigen Luxus. Es gab einen Swimmingpool, und aus den Duschen kam warmes Wasser. Zu Mittag bogen sich die Tische unter einem gewaltigen Buffet. Am Abend fielen wir wie ausgehungerte

Wölfe über das unter Bergsteigern berühmte »Shalimar-Barbeque« her. Und, welch langentbehrter Genuß, man konnte dort offiziell Bier erwerben, was in einem moslemischen Land nicht selbstverständlich ist. Abgemagert und ausgemergelt, wie wir alle waren, brauchte es keine großen Investitionen, die gewünschte Wirkung zu erzielen.

Während des Rückflugs über Dubai und Frankfurt/M. nach München hatte ich reichlich Zeit nachzudenken. Mir kam natürlich immer wieder der K 2 in den Sinn. Noch einmal ließ ich alle Stationen und Erlebnisse Revue passieren. Irgendwann landete ich bei Glück und Pech. War es Pech, daß wir dort oben im Schnee steckengeblieben waren? Es war auf jeden Fall Glück, daß ich im Schnee landete, als das Fixseil riß. Ich dachte an Mihai und warum er gerade in diesem unglückseligen Moment genau an der Stelle sitzen mußte, wo ihn der Felsbrocken traf. Glück und Pech, wie nahe lagen die doch beieinander.

Am 1. Mai 1999, wenige Wochen vor unserer K 2-Expedition, ereignete sich im Herzen der Rieserferner-Gruppe ein spektakulärer Unfall. Zwei junge Bergsteiger waren in aller Früh zum Hochgall aufgebrochen. Sie kletterten durch die Nordwand und erreichten schon nach wenigen Stunden eine kombinierte Passage unter dem Gipfel. An dieser Stelle ist Blockwerk zu überwinden, und wie überall in den Rieserfernern, ist der Fels teilweise brüchig. Einem der beiden Bergsteiger brach ein Griff aus. Er kippte nach hinten weg und streifte im Fallen noch seinen Partner, der sich allerdings halten konnte. Der andere aber stürzte über die gesamte, 450 Meter hohe Nordwand bis hinunter auf den tiefverschneiten Gletscher.

Nach dem ersten Schock alarmierte der Partner von oben per Handy die Bergrettung. Binnen weniger Minuten flog der Hubschrauber das Tal nach Rein in Taufers hinauf, über die Kasseler Hütte hinweg und weiter zum Hochgall. Der Pilot drehte eine Runde, um sich ein Bild zu machen, dann landete er am Wandfuß. Zu diesem Zeitpunkt wußten die Bergretter noch nicht, was wirklich geschehen war. Sie sahen nur einen kleinen Lawinenkegel, in dem ein Mann saß. Er wurde in den Hubschrauber gesetzt und zur Kasseler Hütte geflogen. Dort fragten ihn die Helfer, wo denn ungefähr der Abgestürzte liegen könnte. Die Antwort konnte verblüffender nicht sein: »Mein Freund

Absturz ohne Folgen: *ungebremst die Nordwand des Hochgall in der Rieserferner-Gruppe hinunter*

sitzt am Gipfel, ich bin der, der abgestürzt ist.« Zunächst glaubten die Bergretter, der Mann, der da völlig unverletzt vor ihnen stand, stehe unter einem schweren Schock und wisse nicht, was er rede. Doch der beteuerte immer wieder, daß sein Partner am Gipfel des Hochgall stehe.

Schließlich flog der Pilot hinauf und holte nun auch den anderen herunter zur Hütte. Beide wurden dann ins Krankenhaus nach Bruneck geflogen und gleich wieder entlassen. Es glich einem Wunder, daß der junge Mann diesen Wahnsinnssturz nicht nur überlebt, sondern auch noch ohne irgendeine Verletzung überstanden hatte.

Am anderen Morgen klingelte auf der Kasseler Hütte das Telefon. Arnold Seeber, der Hüttenwirt und Bruder unseres Kameramanns Hartmann, nahm den Hörer ab und traute seinen Ohren nicht. Da war der Abgestürzte dran und fragte, ob nicht jemand zum Fuß der Nordwand hinaufsteigen könne. Er habe bei seinem Absturz am Hochgall den Rucksack verloren, und dort sei sein Handy drin.

Der junge Mann hatte schnell wieder ins Leben zurückgefunden. Ein anderer Teil der Geschichte ist nicht verbürgt, könnte sich aber durchaus zugetragen haben. Nach ihrer Entlassung aus dem Krankenhaus sollen die beiden nach Hause zurückgekehrt sein und ein Fest auf das neue Leben gefeiert haben. An der Theke des Lokals hörten sie die Leute erzählen: Stellt euch vor, heute ist einer am Hochgall die ganze Nordwand hinuntergeflogen und hat sich anscheinend nichts getan; meine Güte, hat der Schwein gehabt.

Glück. Was gibt es da für unglaubliche Geschichten. Gut 10 000 Meter über dem Meer, 1400 Meter höher als der Gipfel des K 2, glitten meine Gedanken immer weiter davon. Mir fiel ein deutscher Gast aus Siegen ein, ein guter Kletterer und seit Jahren Gast der Alpinschule Südtirol. Er war gern mit unseren Bergführern unterwegs. Oder allein. Mit mir wollte er in diesem Jahr durch die Furchetta-Nordwand steigen. Eine schwere Route in der Geisler-Gruppe der Dolomiten. Als wir uns in Villnöss trafen, trug er ein Pflaster über der Nase, und ich fragte ihn, was ihm denn passiert sei. Das wolle er mir nach unserer Rückkehr erzählen, denn das würde ich eh nicht glauben, antwortete er und ließ mich im Ungewissen.

Wir wanderten über die Gampenalm zum Einstieg. Mein Gast hatte keine Probleme, die zum Teil hohen Schwierigkeiten der Tour zu bewältigen. Nur einmal brach ihm ein Griff aus, und er hing einen Moment lang im Seil. Es passierte nichts, er kletterte gleich danach weiter. Auf dem Gipfel rückte er dann endlich mit der Sprache heraus. Er war von der Schweiz aus nach Südtirol gereist und kam praktisch direkt aus dem Krankenhaus.

Im Alleingang hatte er ein paar Tage zuvor die Südwand des Mönch bestiegen. Im Gipfelbereich kam er über sulzigen Schnee zu einer Wächte, die er nicht richtig einschätzte. Unter ihm brach der Schnee weg, und er stürzte über die 550 Meter hohe Südwand des Mönch hinunter. Dabei überschlug er sich mehrmals und blieb schließlich am Wandfuß liegen. Durch einen Zufall war das Unglück beobachtet und sofort die Bergrettung alarmiert worden. Der Hubschrauber war gleich da, und die Männer von der Bergwacht sahen in der Randspalte die Schlaufe eines Rucksacks aus den Schnee ragen.

Sie gruben den verschütteten Mann aus. Er lebte noch, war jedoch bewußtlos und offenbar lebensgefährlich verletzt, denn sein Kopf war blutüberströmt. Die Bergretter schafften ihn in den Hubschrauber und gaben keinen Pfifferling mehr auf eine Überlebenschance.

Am nächsten Tag stand der Mann im Büro der Bergrettung – einen frischen Kuchen in der Hand und ein ebenso frisches Pflaster über der Nase. Es war ihm praktisch nichts passiert außer einem angebrochenen Nasenbein, einer leichten Gehirnerschütterung und einer kurzen Sauerstoff-Unterversorgung.

Glück. Kann man auf sein Glück bauen? Wohl kaum. Ich ließ mir von der Stewardeß etwas zu trinken geben. Nach einer Zwischenlandung in Dubai nahmen wir nun endgültig Kurs auf Europa. Mir fiel Sepp Mayerl aus Dölsach bei Lienz in Osttirol ein. Zu seiner Zeit einer der absoluten Top-Kletterer, von dem Reinhold Messner sagt, er sei sein Lehrmeister gewesen. Die Mayerl-Verschneidung am Heilig Kreuzkofel im Gadertal zählt zu den legendären Klassikern der Dolomiten. Wenn Sepp Mayerl nicht gerade kletterte, deckte er die wunderschönen Schindeldächer Tiroler Kirchen. Der Mann fürchtete die Höhe nicht und kannte auch keinen Schwindel. Es machte ihm anscheinend überhaupt nichts aus, ganz oben an der Spitze des Kirchturms zu arbeiten.

Bis er eines Tages von einem Turm fiel. Er stürzte auf das Dach der Kirche und wurde von dort, wie von einem Trampolin katapultiert, hinausgeschleudert bis auf den Friedhof. Dort landete er direkt auf einem frischen Grabhügel, inmitten von Kränzen und Blumen, nur wenige Zentimeter neben einem spitzen, schmiedeeisernen Kreuz. Angesichts der Höhe seines Sturzes hatte er eigentlich nicht den Hauch einer Chance gehabt zu überleben. Nur der Tod eines anderen Menschen hatte sein eigenes Leben gerettet. Von den Brüchen, die sich Mayerl zuzog, erholte er sich schnell, und ich freue mich heute jedes Mal, wenn ich ihn auf einer Skitour treffe.

Glück. Wieviel Glück hat ein Mensch? Ist das ein Gut, das man leicht überbeansprucht? In unseren frühen, wilden Jahren entwickelten wir immer mal wieder den Ehrgeiz, mehrere Touren zu einem Gesamterlebnis aneinanderzureihen. Werner Beikicher war mit mir unterwegs, den Hochfeiler, den Hochferner und den Griesferner am Zillertaler Hauptkamm an einem Tag zu besteigen. In aller Seelenruhe passierten wir zwischen Hochferner und Hochfeiler einen flachen Gletscher. Wir waren am kurzen Seil verbunden, blickten dem nächsten Ziel entgegen und unterhielten uns darüber, was im Alpinismus der kommenden Jahre wohl noch alles möglich sei. Ich ging ein Stück vor Werner her und drehte mich während unseres Gesprächs immer wieder mal zu ihm um. Der Eispickel hing in der Schlaufe um mein Handgelenk, und manchmal ließ ich ihn kreisen wie einen Propeller. Wie ein blindes Huhn tappte ich plötzlich in eine Spalte. Es war, als würde ich von einer ebenen Fläche auf einmal ins Leere treten.

Am Spaltenrand schlug mein Pickel auf. Mit der Haue unten und dem Spitz am Stielende nach oben. Wie ein Pfeil schoß er nach oben und streifte mich am Hals, bis hinauf an mein linkes Ohr. Im ersten Moment dachte ich, die Spitze habe sich durch den Hals gebohrt. Aber ich hatte Glück. Es war nur ein blutender Riß der Haut, jedoch ganz nah bei der Halsschlagader. Mit einem solchen Blödsinn, einer kleinen Unachtsamkeit, hatte ich mich fast selbst umgebracht. Ein Spaltensturz ist nicht immer vermeidbar. Er ist häufig das Ergebnis von diffusen Lichtverhältnissen, von Neuschnee, von fehlenden Schattierungen am Boden oder weil eine Schneebrücke das Gewicht nicht hält. Sind die Bergsteiger komplett ausgerüstet, passiert meist nicht viel. Aber einen Eispickel, der fast ein Mordinstrument ist, wie ein Spielzeug zu benutzen und sich dann auch noch ständig nach dem Partner umzudrehen, anstatt auf den Wegverlauf zu achten, ist grob fahrlässig.

Den Japaner, der 1996 in den Flanken des Mount Everest herumirrte, hatten sie im Basislager auf der tibetischen Seite schon für vermißt und praktisch für tot erklärt. Es glich einem Wunder, als er von der deutschen Expedition vom Berg heruntergebracht wurde. Er hatte zwar schwerste Erfrierungen erlitten, aber er lebte. Als er vom Berg zurückkehrte, waren die anderen Mitglieder seiner Expedition gerade dabei, eine Gedenktafel anzufertigen, und hatten nun den größten Streß, sie wieder verschwinden zu lassen. Auch den US-Amerikaner

Beck Weathers erklärten sie am Südsattel mit dem Gesicht nach unten im Schnee liegend dreimal für tot, ehe er wie ein Geist dahergewankt kam. Was also ist Glück? Und was ist Schicksal. Gibt es eine Vorbestimmung, wer wie lange lebt?

Der Engländer Joe Simpson stürzte beim Abstieg vom Siula Grande in Südamerika eine ganze Seillänge vom Grat ab und hing endlos lange im Seil. Bis sein Partner oben vor der Entscheidung stand, das Seil zu kappen und zu versuchen, selbst zu überleben, um nicht dort oben zu erfrieren. Er war sich sicher, daß Simpson tot war, denn er gab keinerlei Lebenszeichen mehr von sich. Schließlich nahm er ein Messer und schnitt das Seil durch. Simpson stürzte hunderte Meter tief bis in eine riesige Randspalte. Mit einem offenen Schienbeinbruch lag er dort unten, mit nicht viel mehr als einem Stück Seil und einem Pickel. Tagelang kämpfte er um sein Überleben, schaffte es aus der Spalte heraus, brach immer wieder für Stunden bewußtlos zusammen und robbte doch zurück bis ins Basislager. Dort kam er an, als sein Freund, gemartert von Gewissensbissen, gerade die Zelte abgebaut hatte und gehen wollte. Wie durch ein Wunder wurde Simpson nur wenige Meter entfernt bewußtlos und mehr tot als lebendig gefunden. Seine Rettung aus eigener Kraft hat er in einem unglaublich spannenden und dramatischen Buch beschrieben, das bezeichnenderweise *Sturz ins Leere* heißt.

Wir landeten in Frankfurt/M. und flogen weiter nach München. Dort hatten Südtiroler Freunde mitten in der Flughafenhalle ein beeindruckendes Buffet mit Speck und Gamswürsten, Käse und anderen Tiroler Spezialitäten aufgebaut. Wir wurden empfangen, als hätten wir den K 2 geschafft. Dabei waren wir 170 Höhenmeter unter dem Gipfel umgedreht. Verblüfft sah ich Konrad an. Er nickte nur. Stilles Einverständnis. Wir würden es zusammen noch einmal versuchen – und dann vielleicht mehr Glück haben.

Glück? Ich wunderte mich, was alles unter dem Begriff Glück eingeordnet werden kann. Es wird als Glück empfunden, einen Spaltensturz in eiskaltes Wasser zu überleben, und ebenso, einfach nur einen Berg zu besteigen...

Kapitel 23
Unberührt – Ein Sechstausender zum Aufwärmen

Ein Jahr später waren wir wieder da.

Vor über dreißig Jahren gründete Reinhold Messner die Alpinschule Südtirol. Es war die erste Bergsteigerschule, die in unserem kleinen Land aufgebaut wurde. Sie hatte ihren Sitz in Reinholds Heimatgemeinde Villnöss unter den berühmten Geislerspitzen. Ziel dieser Schule, die von Reinholds Brüdern geleitet wurde, war es, interessierten Gästen im Lauf der Zeit eine umfassende Ausbildung anzubieten und ihnen Möglichkeiten zu eröffnen, selbständige Bergsteiger zu werden.

Fünfzehn Jahre lang führte Reinhold Messner diese Schule. Als seine Zeit immer begrenzter und knapper wurde, übergab er die Alpinschule Südtirol an einige seiner Bergführer, und ich übernahm die Verantwortung. Wir verlegten den Sitz von Villnöss nach Sand in Taufers, und meine Frau Brigitte übernahm die Leitung des Büros. In den folgenden fünfzehn Jahren kümmerte sie sich intensiv um unsere Gäste. Sie war der Pulsschlag und die Seele der Schule. Mit hunderten Gästen gingen wir klettern und wandern, auf Hoch- und Skitouren, zum Eisfallklettern und auf Tourenwochen.

Und wir brachten vielen unserer Gäste auch die Regionen im Himalaya näher. Immer wieder boten wir Trekkingtouren nach Nepal und Tibet an. Das Khumbu-Gebiet, die berühmte Runde um die Annapurna und das Trekking zum Manaslu, hohe Pässe und die traumhaften Täler zwischen den hohen Bergen wurden zum festen Bestandteil unseres Angebots.

Manchmal war auch eine kleine Expedition dabei. Keine Achttausender, denn das wollte ich nicht, weil es viel zu gefährlich und die Verantwortung einfach zu groß ist. Ich wollte auch nicht zum vielzitierten Ausverkauf der Achttausender beitragen. Seit die Giganten, ganz besonders der Mount Everest, aus dem Katalog kommerzieller Anbieter praktisch von jedermann zu buchen sind, stelle auch ich vieles von dem, was im Himalaya und im Karakorum angeboten wird, in Frage. Die einzige Ausnahme habe ich 1996 an der Shisha Pangma in Tibet gemacht, und auch dort waren nur Bergsteiger dabei, die ich gut kannte, die zu meinem Freundes- und Bekanntenkreis zählten und deren Leistungsvermögen ich gut einschätzen konnte.

1999 war ich mit einer Gruppe unserer Alpinschule Südtirol vor der Expedition zum K 2 am Muzthag Ata in China. Für das Jahr 2000 schrieben wir eine Erstbesteigung im Karakorum aus.

Vom Basislager des K 2 auf dem Godwin-Austen-Gletscher hatten wir 1999 im Westen an jedem wolkenfreien Tag einen wunderbaren, freistehenden Berg betrachtet, der praktisch direkt vor unserer Nase stand. Steil aufragend, mit beeindruckenden Flanken und messerscharfen Graten. Auf der Karte war das Massiv zwar erkennbar und mit einer Höhe von 6206 Meter angegeben. Als wir begannen, bei den Begleitoffizieren und Guides Erkundigungen einzuholen, stellten wir schnell fest, er war namenlos und noch unbestiegen.

Ich beantragte erneut eine Genehmigung zur Besteigung des K 2 und gleichzeitig eine weitere für eine Erstbesteigung des namenlosen Sechstausenders. Als beide Permits vorlagen, boten wir das Abenteuer über unsere Alpinschule Südtirol an. Innerhalb kürzester Zeit waren wir restlos ausgebucht und mußten einigen potentiellen Interessenten sogar absagen.

Daß Konrad Auer mich erneut zum K 2 begleiten würde, war längst besprochen und eine ausgemachte Sache. Nun bat ich ihn obendrein, mich als zweiter Bergführer mit der Expeditionsgruppe unserer Alpinschule zu begleiten. Und obendrein lud ich auch Hans Mutschlechner ein, mit dem ich am Broad Peak, am Manaslu, bei unzähligen Skitouren in den Alpen und den Dolomiten soviel erlebt hatte, mich zu begleiten. Immer wieder hatte er sich als findiges Organisationstalent erwiesen. Ihm mußte ich etwas nur einmal erklären, dann erledigte er es still und schnell.

Wenn dieser namenlose Berg irgendwo anders, in den Alpen oder sonstwo stünde, wäre er mit absoluter Sicherheit ein sehr begehrter

Gipfel unter den Bergsteigern, vielleicht sogar im Rang des Matterhorns oder des Großglockners. Aber die Verschiebung der Erdkruste hat es vor über dreihundert Millionen Jahren so eingerichtet, daß er mitten unter all den anderen spektakulären Massiven steht und ihm deshalb komplett die Show gestohlen wird.

Auf mich übte er trotzdem eine Faszination aus. Während der Wochen im Basislager 1999 dachte ich mir oft, wie schön es jetzt wäre, dort oben zu stehen. Eine Erstbesteigung hat immer einen sehr großen Reiz. Da wird Neuland betreten, ein weißer Fleck auf der Landkarte. Wiederholt man eine Route, weiß man immer, daß dort vorher schon jemand gewesen ist, und wenn es Probleme gibt, denkt man stets daran, daß es doch möglich sein muß, weil andere auch über die Schwierigkeiten weggekommen sind.

Der Vollständigkeit halber: Nachdem ich als Nachfolger von Reinhold Messner die Alpinschule Südtirol ebenfalls fünfzehn Jahre lang geleitet hatte, entschloß ich mich 2003, sie an meine Bergführer Maurizio Lutzenberger, Werner Tinkhauser und Konrad Auer weiterzugeben. Sie haben inzwischen den Sitz und das Büro nach Niederdorf im Oberpustertal verlegt und stehen auf eigenen Füßen. Mein Büro in Sand in Taufers existiert nach wie vor. Ich gehe auch noch mit Gästen klettern, wandern, ins Eis und auf Skitouren, mein verkleinertes Programm ist lediglich nicht mehr in einen Bergschulbetrieb eingebunden.

Ein Teil meiner Räumlichkeiten in Sand ist einem kleinen privaten Museum vorbehalten, in dem viele Exponate von Expeditionen und einige Erinnerungsstücke aus Nepal, Tibet und Pakistan ausgestellt sind. Ein anderer Teil ist ein umfangreiches Materiallager. Im Frühjahr 2000 begannen sich dort wieder die blauen Expeditionstonnen zu stapeln. Es roch förmlich nach einer neuen Expedition. Beim Eisfallklettern, bei Ausdauerläufen, beim Skilaufen und auf Skitouren holte ich mir die notwendige Fitneß.

Ende Mai steigen wir in München ins Flugzeug. Frankfurt/M., Dubai, Islamabad. Hotel, Behörden, Inlandsflug nach Skardu, Jeepfahrt nach Askole. Alles begann wieder von vorn. Alles wiederholte sich und war doch irgendwie neu. Ich will gar kein Hehl daraus machen, Nepal

Thang Ri – Steiler Berg: *2000 gelang die Erstbesteigung*

liegt mir mehr als Pakistan. Vielleicht deshalb, weil ich in Nepal mehr Freunde habe, dort viel häufiger war und ich einfach die Menschen im drittärmsten Land der Welt so sehr schätze.

In Zusammenarbeit mit der Nepalhilfe im deutschen Beilngries ist es im Lauf der vergangenen Jahre gelungen, Schulen und ein Waisenhaus zu bauen, um den Kindern eine Zukunft zu geben und vor allem eine Ausbildung zu ermöglichen. Nein, ich werde gewiß nicht müde, wildfremde Menschen um Geld anzubetteln, wenn es darum geht, diese Projekte unter dem Dach der Welt zu unterstützen. Und keiner, der sich nur ein wenig mit dem Land und seinen Menschen beschäftigt hat, verwehrte mir bislang seine Unterstützung. Dabei war es vollkommen gleichgültig, ob jemand bei einem meiner Vorträge einen Euro spendete oder mir vor lauter Begeisterung heimlich fünfhundert Euro in die Jackentasche stopfte.

Ganz gleich, wie das mit dem K 2 diesmal ausgehen sollte, eines war sicher: Ich würde auf jeden Fall so schnell wie möglich wieder nach Nepal reisen. Für das Jahr 2002 gab es bereits Gespräche mit der deutschen ARD, unter der Federführung des Westdeutschen Rundfunks, die Besteigung eines spektakulären, aber nicht ganz so hohen Himalaya-Bergs live im Fernsehen zu übertragen. Aber nun freute ich mich auf Pakistan, obwohl dort die Menschen so viel verschlossener und aufgrund ihres Glaubens für uns Europäer schwieriger zu verstehen sind.

Die Gruppe, mit der wir in den Jeeps von Skardu nach Askole rumpelten, bestand aus 16 Bergsteigern. Ein illustrer Haufen.

Das Basislager stellten wir auf den Godwin-Austen-Gletscher. Allerdings ein ganzes Stück weiter unten, ungefähr auf Höhe der Memorials an der Gilkey-Pyramide. Von dort hatten wir es nicht weit bis zum Einstieg zu unserem Berg. Für Konrad und mich war es sicher nicht unbedingt die optimale Vorbereitung, weil wir nicht weit genug hinaufkamen, um uns wirklich gut für den K 2 zu akklimatisieren. Doch diese Erstbesteigung war sehr reizvoll, und wir nahmen die Herausforderung mit voller Überzeugung an.

Auf dem Weg zum Basislager hatten wir in Urdukas den üblichen Ruhetag eingelegt. Die Träger nutzten ihn, um sich mit Verpflegung für die Tage auf dem Gletscher einzudecken, und wir erholten uns. Es wurde viel fotografiert, andere haben gelesen, wir schrieben Postkarten. Die Atmosphäre war angenehm entspannt. Als wir den Concordia-Platz erreichten, begann es stark zu schneien. Es schneite die ganze Nacht, und wir beschlossen einen weiteren Rasttag. Nun blieb es nicht mehr so ruhig wie noch in Urdukas.

In der Gruppe waren der Auftrieb und die wachsende innere Anspannung deutlich zu spüren. Die meisten hatten überhaupt keine Expeditionserfahrung, manch einer hatte noch nie die ganz hohen Berge der Erde gesehen. Einige sahen wegen des winterlichen Wetters und des anhaltenden Schneefalls die Chancen schwinden, auch nur in die Nähe des Gipfels zu gelangen. Es fiel den Teilnehmern einfach schwer, diesen Tag in Ruhe zu akzeptieren, und die wichtigste Frage war, wann es wohl aufhören würde zu schneien und wie sich danach die Verhältnisse am Berg entwickeln könnten. Es machte sich eine richtige Unruhe breit.

Als wir am nächsten Tag weiterwanderten, war der Himmel immer

Erlebnis: *in den Flanken eines unbestiegenen Karakorum-Bergs*

noch bis weit herunter von Wolken verhangen. Mißmutig stapften einige die Moräne hinauf, bis sich die Stimmung schlagartig änderte. Ein wenig Wind hatte den Vorhang geöffnet. Über uns ein blauer Himmel, vor uns der K 2 in seiner ganzen Pracht und auf der anderen Seite die drei Gipfel des Broad Peak. Nun drehte sich die Stimmung. Mit einemmal war der zuvor verlorengeglaubte Tag am Concordia-Platz ein guter Tag, hatte er doch der besseren Akklimatisierung gedient, und eigentlich war es auch richtig schön. Alles wendete sich wieder ins Positive.

Wir warteten ein paar Tage und begannen dann, im unteren Teil unseres Bergs die kritischen Stellen mit Fixseilen zu sichern. Ich stieg noch ein Stück höher hinauf und sah mir den weiteren Verlauf der geplanten Route genauer an. Ganz ungefährlich, was drohenden Steinschlag anbelangt, war sie nicht, aber es war möglich, immer wieder ganz geschickt auszuweichen. In etwa halber Höhe stellten wir ein Zelt auf und legten ein kleines Depot an. In erster Linie taten wir dies für Notfälle, aber auch für den Fall, daß jemand nach dem

Gipfel dort eine Nacht in einem Hochlager verbringen wollte. Auf dem Grat gab es eine ideale Kanzel, auf der sogar noch ein weiteres Zelt Platz gehabt hätte. Aber wahrscheinlich würden wir keines benötigen.

Ich stieg mit meinem Teil der Gruppe gemütlich ab, und am nächsten Tag ging Konrad mit den anderen Teilnehmern hinauf, um sich zu akklimatisieren. Über Funk erfuhr ich kurz nach Mittag, daß es beim Abstieg zu einem Zwischenfall gekommen war. Magdalena Mutschlechner, eine trittsichere und gewandte Bergsteigerin aus Bruneck, war von einem Stein getroffen worden. Mich durchfuhr ein gewaltiger Schreck. Wieder ein Steinschlag. Zum Glück hatte der Brocken sie nicht am Kopf oder am Körper, sondern am Arm getroffen. Aber es war doch eine üble Verletzung. Aus einer etwa fünf Zentimeter langen, klaffenden Schnittwunde blutete sie ziemlich stark. Dabei hatte Magdalena noch großes Glück gehabt. Beim Abstieg hatte sie die Steigklemme nicht eingehängt und ging ungesichert. Sie hielt sich nur leicht mit der Hand am Seil fest, weil das Gelände in diesem Schneehang für einen geübten Bergsteiger nicht wirklich schwierig war. Dennoch verlor sie in der Schrecksekunde in dem tief ausgetretenen Graben den Halt und rutschte nach unten. Ihr Vordermann unter ihr hatte zum Glück seine Klemme am Seil und konnte den drohenden Sturz abfangen.

Ich schnappte mir sofort einen Rucksack und stieg hinauf. Sie war bereits notdürftig versorgt worden, und nun half ich ihr hinunter. Im Basislager des K 2 weilte zu diesem Zeitpunkt eine US-amerikanische Expedition mit einem Arzt. Der versorgte und nähte die Wunde. Die Sache war noch einmal glimpflich ausgegangen.

Wir ruhten uns zwei Tage aus und beschlossen dann, den Gipfel zu versuchen. Wieder wurde die Gruppe geteilt. Mit allen zusammen hinaufzugehen wäre kaum machbar gewesen, da hätten wir uns nur gegenseitig behindert und vielleicht alles verbaut.

Ganz früh am Morgen starteten wir und kamen, nachdem wir den richtigen Rhythmus gefunden hatten, gut und zügig voran. Wir stiegen die Flanke hinauf, passierten das Zelt auf der Kanzel und gelangten nach einigen Stunden in durchwegs alpinem Gelände und über blanke Eisfelder unter eine große Gipfelwächte. So gewaltig, daß wir sie durchstechen mußten. Wir bohrten ein richtiges Loch hinein. Ich war mir sicher, daß wir nun den Gipfel erreicht hätten, aber es war nur der Gipfelgrat, über den wir noch mehr als 150 Meter weitermußten. Dieser Grat präsentierte sich als äußerst kühn, fast so scharf wie die Schneide eines Messers.

Für mich war das genau das Erlebnis, das ich erhofft hatte. Wie Zwerge zwischen all den Achttausendern tasteten wir uns Schritt für Schritt voran, bis wir den höchsten Punkt erreichten. Uns präsentierte sich ein herrliches Panorama. Der K 2 wirkte noch wuchtiger, als er ohnehin schon ist, und hinter dem Broad Peak ging gerade die Sonne auf. Zu siebt, Hans Mutschlechner, Kameramann Hartmann Seeber, Martha Gamper, Vinzenz Duregger, Andreas Mair, Christian Engstle und ich, standen wir dort oben und genossen die Aussicht. Auf allen Gesichtern war eine große Freude zu erkennen.

Wenn ich gewußt hätte, daß ich viel mehr auch nicht erreichen würde, hätte ich zusammengepackt und wäre direkt nach Hause gefahren.

Schon am Nachmittag waren wir wieder zurück im Basislager. Dort bereiteten uns vor allem unsere einheimischen pakistanischen Begleiter einen sehr herzlichen Empfang. Der Rest der Gruppe hielt sich spürbar zurück. Die anderen wußten, daß nun sie am nächsten Morgen aufbrechen würden, und wirkten sehr angespannt, als wir herunterkamen. Ich sagte ihnen, daß der Weg nach oben frei sei und der Spitzenbergführer Konrad Auer sie begleiten würde.

Irgend etwas lief danach schief in der Gruppendynamik. Mit jedem Wort, das geredet wurde, mit jeder Schilderung der Verhältnisse und der Steilheit im Gipfelbereich entstand eine zunehmende Spannung, ja sogar eine gewisse Angst. Inzwischen war klar, daß wir den Berg »Thang Ri« nennen würden. Das traf genau sein Erscheinungsbild, denn Thang Ri heißt nichts anderes als »steiler Berg«. Der Erfolg der ersten Gruppe, von der alle Teilnehmer den Gipfel erreicht hatten, wirkte nicht sehr motivierend, eher im Gegenteil.

Ein Teil aus Konrads Team zog sich zurück und unternahm am nächsten Tag nicht einmal einen Versuch. Einer trat gleich hinter dem

Basislager in ein Gletscherloch voller Wasser und kehrte um, weil er bis zur Hüfte naß geworden war. Und auch der Rest der Gruppe gab nach und nach auf und kam zurück. Konrad war schließlich der einzige, der den Gipfel erreichte. Das war schade, denn ich hätte allen dieses Erlebnis gegönnt. Auf der anderen Seite waren alle stark genug, selbständig ihre Entscheidung zu treffen.

Während der gesamten Zeit unserer kleinen Vorbereitungsexpedition präsentierte sich das Wetter über dem Karakorum, wie es schöner kaum sein konnte. Jeder Tag hatte aufs neue Sonnenschein und angenehme Temperaturen gebracht. Der K 2 stand da im schönsten Licht, und es schienen gute Verhältnisse zu herrschen. Jetzt, nach der erfolgreichen Erstbesteigung des Thang Ri, konnte ich es kaum noch erwarten, das eigentliche Ziel anzugehen, endlich dahin zu wechseln, wo mein eigentlicher Traum lag.

Unsere Gruppe stieg in Richtung Tal ab, Konrad Auer, Hartmann Seeber, Hans Mutschlechner und ich wanderten eine knappe Stunde über die Moräne hinauf zum K 2-Basislager.

Kapitel 24
Kapriolen – 22 Tage in Schnee und Regen

Von der Erstbesteigung des K 2 1954 bis zum zweiten Erfolg vergingen 23 Jahre. Das lag einerseits daran, daß eine deutsch-amerikanische Expedition 1960 scheiterte, eine US-amerikanische auf einer neuen Route am Savoiasattel aufgab und eine polnische am Nordostgrat vergeblich den Aufstieg versuchte. Zum anderen wurden die Berge des Karakorum während der Zeit politisch-kriegerischer Wirren zwischen 1960 und 1975 kurzerhand für Besteigungen gesperrt. Erst 1977 standen Mitglieder einer japanischen Expedition wieder auf dem Gipfel. Sie rückten mit 52 Bergsteigern und über 1500 Trägern an. Sechs japanische Kletterer und der Pakistani Ashraf Aman erreichten am 8. und 9. August den höchsten Punkt. Aman wurde wie ein Nationalheld gefeiert.

Die erste Besteigung ohne Flaschensauerstoff fiel in das Jahr 1978, nur wenige Wochen, nachdem Peter Habeler aus dem Zillertal und Reinhold Messner am Mount Everest vorgemacht hatten, daß es möglich ist, den höchsten Punkt der Erde ohne »englische Luft« zu erreichen, wie die Sherpas den künstlichen Sauerstoff nennen. Einer US-amerikanischen Expedition unter Leitung von James Whittaker, die sich dem Gipfel über den Nordostgrat näherte, dann aber in die Normalroute hineinquerte, gelang dieses Glanzstück. Seither gilt der Flaschensauerstoff am K 2 als verpönt, obwohl er immer wieder, vor allem von Expeditionen aus Korea und Japan, verwendet wird. Der Erfolg der Amerikaner war gleichzeitig die dritte Besteigung. Die vierte gelang ein Jahr später dann schon Reinhold Messner, der ursprünglich die »Magic Line« angepeilt hatte, dieses Ziel jedoch aufgab und am 12. Juli zusammen mit Michl Dacher aus dem bayrischen Peiting den Gipfel über die Normalroute am Abruzzengrat erreichte.

Von da an fielen die Grate einer nach dem anderen. Den Westgrat bestiegen die Japaner 1981. Sie waren 1982 auch zum ersten Mal von der chinesischen Seite über den Nordsporn erfolgreich. Die Magic Line am Südsüdwestgrat wurde 1986 von Polen bestiegen.

In jenem tragischen Sommer 1986, der mit seiner Serie an Unglücken alle Erfolge überschattete, wurde noch eine weitere spektakuläre Linie eröffnet. Im Rahmen einer jugoslawisch-slowenischen Expedition unter der Leitung von Viki Grošelj stieg Tomo Cesen links vom Abruzzengrat durch die Südwand. Er tat dies im Alleingang und erreichte in 7800 Meter Höhe die Schulter. Dort vereinte sich seine Route mit dem klassischen Anstieg. Cesen erreichte jedoch den Gipfel ganz offensichtlich nicht, und sein Name wird auch in keiner Gipfelliste geführt. Es wurden auch nie letzte Zweifel ausgeräumt, ob seine Schilderungen aus der Südwand wirklich den Tatsachen entsprachen. Es gab schließlich vor einigen Jahren sogar eine Diskussion, ob man Tomo Cesen nicht sogar aberkennen sollte, daß die Route im rechten Teil der Südwand seinen Namen trägt.

Für die Cesen-Route hatte ich mir im Sommer 2000 eine Genehmigung von den pakistanischen Behörden ausstellen lassen. Obendrein hatte ich die mündliche Zusage, daß Konrad Auer und ich dort allein unterwegs sein dürften. Ich plante eine Skibefahrung des K 2 vom Gipfel weg und war fest davon überzeugt, daß bei einer entsprechenden Schneelage möglich sein könnte, was am Abruzzengrat nicht machbar war – nämlich eine durchgehende Abfahrt. Doch es hing auch in der Südwand alles von den aktuellen Verhältnissen ab. Das Problem bestand darin, daß im Aufstieg Schnee nur hinderlich war, für die Abfahrt jedoch brauchte ich ihn.

Als wir nun an den Fuß des K 2 gelangten, mußten wir ebenso überrascht wie enttäuscht feststellen, daß bereits seit einigen Wochen die koreanische Expedition von Jung Hun Park in »unserer« Route unterwegs war. Sehr weit waren sie zwar noch nicht hinaufgekommen, doch im unteren Teil hatten sie hunderte Meter Fixseile verlegt. Irgendwie mußten wir uns mit ihnen arrangieren. Die Koreaner waren genauso überrascht wie wir. Auch sie hatten eine Zusage von den Behörden, daß sie dort allein seien. Wir führten ein recht angenehmes

Pyramide aus Fels und Eis: *die Südseite des K 2*

Gespräch, stellten ihnen einen Teil unserer Fixseile als Entschädigung zur Verfügung, zahlten noch ein paar Dollar und versuchten ansonsten eine gewisse Distanz zu halten. Sonderlich anstrengen mußten wir uns dabei nicht, denn viele Gelegenheiten, daß wir uns hätten begegnen können, gab es nicht mehr.

Im Basislager war eine größere Zeltstadt entstanden. Neben den Koreanern lagerten dort auch eine internationale Expedition des Himalaya-Veteranen Gary Pfisterer, eine weitere Gruppe internationaler Bergsteiger um Waldemar Niclevicz und ein paar Japaner.

Die Witterungsbedingungen waren immer noch optimal. Kaiserwetter am K 2. Konrad und ich begannen unverzüglich mit unserer weiteren Akklimatisierung, packten die Rucksäcke und stiegen hinauf bis auf 7000 Meter. Dort schlugen wir ein Zelt auf und richteten ein Depot ein. Meine Ski steckte ich vor dem Zelt in den Schnee. Wir stiegen gleich wieder hinunter ins Basislager. Dort erholten wir uns. Blauer, wolkenloser Himmel auch an unserem Ruhetag.

Nach ein paar Tagen kletterten wir wieder bis zu unserem Zelt, übernachteten dort und gingen weiter bis zur 8000-Meter-Grenze, wo sich die Cesen-Route mit dem Normalanstieg vereint. Wir verbrachten eine weitere Nacht im Hochlager. Wir waren guter Dinge, denn nun waren wir sehr gut an die Höhe angepaßt. Es konnte eigentlich gar nichts mehr schiefgehen. Aber für einen Gipfelversuch am nächsten Tag war es noch zu früh. Wir mußten noch einmal hinunter, um dem Körper die Chance zu geben, sich an die Umstellung zu gewöhnen. Wir stiegen mit der Beruhigung ab, daß für den Gipfelgang alles vorbereitet war. Die Ski waren oben, und nun erkundete ich noch einmal ganz genau die Abfahrtsmöglichkeiten. Die Verhältnisse waren fast traumhaft gut und noch immer keine Wolke am Himmel.

Am nächsten Morgen wurde ich in meinem Basislagerzelt wach und wunderte mich, daß es noch nicht hell war. Ich drehte mich noch einmal um und schlief gleich wieder ein. Als ich die Augen erneut aufschlug, dachte ich immer noch, es sei Nacht. Ich zog den Reißverschluß des Zelts auf. Dichter Nebel hatte das gesamte Basislager ein-

Tag 22: *immer noch Schnee und Regen*

gehüllt. Eine Stunde später begann es ganz leise zu schneien. Ich hörte den Schnee auf das Zelt rieseln, und als ich das nächste Mal hinausschaute, war schon alles weiß.

Es schneite den ganzen Vormittag und den ganzen Nachmittag. Es hörte nicht mehr auf. Und wir wußten genau, was nur eine Stunde Schneefall ausmacht. Schon innerhalb kurzer Zeit sind die Traumverhältnisse oben zunichte gemacht. Dann bauen sich die Lawinenhänge auf, in den leichten Flanken sammelt sich der vom Wind herangebrachte Triebschnee. Wir würden wieder spuren müssen, würden wieder nicht auf den Berg steigen, sondern uns hinaufwühlen müssen.

Es schneite auch noch am nächsten Tag. Und am übernächsten. Dann beruhigte es sich für ein paar Stunden, begann aber in der Nacht wieder von neuem. So ging das tagelang. Wann immer die Wolken einmal aufrissen und die Sonne ein paar Stunden schien, stiegen Konrad und ich ein Stück hinauf. Immer mit dem Gedanken, nur nicht zu weit und bloß nicht in die gefährlichen Hänge. Den ganzen Tag über krachten die Lawinen und Schneerutsche über die Südwand herunter. Wenn es uns dort oben plötzlich einschneite, säßen wir in einer gefährlichen Falle. Der Gipfel war in weite Ferne gerückt. Wir stiegen nur deshalb immer mal wieder in die Route ein, um in Bewegung zu bleiben und nicht einzurosten. Zu mehr gaben uns die Schneemassen keine Möglichkeit.

Tag um Tag saßen wir Basislager herum. Kartenspielen, Kartenspielen und noch mal Kartenspielen. Aber irgendwann ist Kartenspielen kein Spiel mehr, weil man dem Partner schon an der Nasenspitze ansieht, was er für ein Blatt in der Hand hält. Auch der Gesprächsstoff geht irgendwann aus. Irgendwann waren alle Witze erzählt und begannen sich zu wiederholen. Sämtliche Bücher und Zeitschriften hatten wir gelesen. Die Langeweile fraß uns auf, alle verfielen in Lethargie, und wenn ich am Morgen aus dem Zelt schaute und wieder alles im Nebel lag, war es mir einfach egal.

Bis zu dem Moment, da ich zu überlegen begann, was das alles noch für einen Sinn macht, war es nicht mehr weit. Ich war lange schon nicht mehr mit Überzeugung bei der Sache. Das Ziel schien verschwunden, der K 2 zeigte sich oft tagelang nicht. Es war mir einerlei, ob es schneite oder nicht, ob die Wolken hoch oder tief hingen.

Zweiundzwanzig Tage saßen wir im Basislager fest. Nach zweieinhalb Wochen ertappte ich mich bei dem Gedanken, hoffentlich schneit es noch viel mehr. Es soll niedergehen, was der Himmel nur hergibt, dann fällt die Entscheidung ganz leicht. Wenn es aufgehört hätte, würde es ohnehin Tage dauern, bis sich die Verhältnisse normalisierten, bis die Schneemassen »absitzen«, zusammensacken und die verschiedenen Expeditionen wieder aufsteigen könnten. Mit uns warteten auch die anderen Gruppen.

Die Koreaner hatten bereits einen Teilerfolg für sich gebucht. Am 29. Juni, an jenem Tag, an dem wir unser Biwak auf 8000 Meter stellten, brachen sie in der Nacht um ein Uhr in Richtung Gipfel auf. Sie waren mit Flaschensauerstoff ausgerüstet, bis auf ihren Expeditionsleiter Jung Hun Park, den wir vom Vorjahr her gut kannten. An diesem Tag erreichten neben Park noch vier weitere koreanische Bergsteiger den Gipfel. 72 Stunden später schafften es weitere vier Koreaner aus Parks Expedition. Auch sie benutzten Flaschensauerstoff. Es war seit dem 28. Juli 1997, also seit fast genau drei Jahren, das erste Mal, daß wieder Bergsteiger auf dem höchsten Punkt des K 2 standen.

Als Konrad und ich an diesem 29. Juni aus dem Zelt kamen, hatte ich den kühnen Gedanken, wir sollten es einfach mal versuchen. Aber wir waren nicht ausreichend akklimatisiert. Wir spürten es schon nach wenigen Schritten. Wenn man die Beine nachzieht, anstatt zu gehen, wenn jede Bewegung eine einzige Qual ist, dann ist das ein deutliches Anzeichen dafür, daß im Blut viel zu wenig Sauerstoff transportiert wird. Nach fünfzig Metern war die Energie schon verbraucht, und wir unterließen den wahnwitzigen Versuch, den K 2 aus dem Stand zu besteigen.

Zweiundzwanzig Tage später kamen wir zu dem Schluß, daß es keinen Sinn hatte, noch länger zu warten. Das Wetter hatte uns einen Strich durch die Rechnung gemacht. Der Traum vom K 2 war wieder ausgeträumt. Langsam brachte mich dieser Berg um den Verstand. Wir begannen zu packen. Unsere beiden Biwakzelte in der Route mußten wir aufgeben. Es bestand keine Möglichkeit, sie zu holen. Während ich meine Siebensachen sortierte und in die Expeditionstonnen verteilte, kam Abele Blanc, der bekannte Achttausender-Bergsteiger aus dem Aostatal, zu mir herüber. Er war mit der international besetzten Gruppe zusammen, und auch sie überlegten, ob es nicht besser sei, zu gehen und heimzufliegen. Abele sagte, sie würden noch ein paar Tage warten, allerdings auch nicht mehr lange. Auch ihn nerve es, ständig herumzusitzen, ohne zu wissen, ob es überhaupt noch einen Sinn habe. Wir verabschiedeten uns, und ich packte weiter. Abele Blanc verschwand wieder in seinem Zelt.

Am nächsten Tag kamen die Träger. Wir verteilten unser Gepäck und wanderten mißmutig über den Moränenschutt das Tal hinaus. Das Wetter war immer noch schlecht.

Das sind die Stunden, in denen man mit allem und jedem hadert. Wieder spürte ich dieses Gefühl von Gescheitertsein wie bitteren Geschmack. Das konnte doch alles nicht sein. Beim ersten Versuch von Bürokraten aus der Genehmigung geworfen, beim zweiten Anlauf die Füße erfroren, beim nächsten Mal im Schnee versunken und nun über drei Wochen ein Wetter, bei dem man keinen Hund vor die Tür jagen würde.

Aber war ich wirklich gescheitert? So sehr ich auch mit mir selbst ins Gericht ging, ich konnte mir keinen taktischen Fehler nachweisen. Vielleicht am Kangchendzönga, als mir die Zehen erfroren. Das jedoch hatte nur indirekt mit dem K 2 zu tun. Gegen die Bürokraten war ich machtlos und auch gegen den Schnee und das Wetter. Nein, Krankheit, Witterungsbedingungen, die Verhältnisse am Berg, das alles war und ist nicht beeinflußbar. Das waren nur äußere Umstände. Mit einem Hochlagerzelt, mit einem Fixseil, fehlender Ausrüstung, einem falsch gewählten Zeitpunkt des Aufbruchs war uns nie wirklich ein Fehler unterlaufen.

Also war ich auch nicht gescheitert. Und die Entscheidung, 1999 umzukehren, war die einzig richtige gewesen. Somit war auch das in Ordnung. Und dennoch wurde ich ein paar Tage lang dieses bittere Gefühl nicht los, etwas nicht richtig gemacht zu haben. Jeder kennt diese bohrende, zermarternde Frage: Was hab ich nur falsch gemacht? Gut möglich jedoch, daß es genau dieses Gefühl war, das in mir die Aufbruchstimmung weckte. Zugegeben, ein wenig Trotz war schon auch dabei. Wie bei einem Kind, dem man das Spielzeug nicht läßt. Ich wollte auf diesen Berg.

Zwölf der vierzehn Achttausender hatte ich bestiegen. Den Mount Everest, den Kangchendzönga, Lhotse und Makalu, Dhaulagiri und Cho Oyu, Nanga Parbat, Gasherbrum I und II, die Annapurna, den Broad Peak und die Shisha Pangma. Der Manaslu spielte in meinen Überlegungen keine Rolle mehr, zu tief saßen die belastenden Erinnerungen. Wenn es stimmt, daß Bergsteigen die Eroberung des Nutzlosen ist, dann hatte ich eine Menge Nutzloses getan. Warum also nicht noch einmal den K 2 anpacken? Am Everest hatte ich auch drei Anläufe benötigt, bis ich endlich hinaufkam. Von den vier Versuchen, den K 2 zu besteigen, war ich zweimal überhaupt nicht zum Berg gekommen. So gesehen, läge der dritte wirkliche Anlauf noch vor mir.

Wir stiegen ins Flugzeug und kehrten zurück nach Südtirol. Dort tat ich, was ich im Sommer immer tat. Ich half meinem Bruder auf dem Bauernhof in Ahornach beim Heu, wollte dann mit den Gästen unserer Alpinschule klettern gehen, den warmen Dolomitenfels und die ruppigen Gletscher am Alpenhauptkamm genießen. Ich begann das lausige Wetter am K 2 zu vergessen.

Wir waren gerade ein paar Tage zurück, da traf es mich wie ein Keulenhieb. Hartmann Seeber, unser Kameramann, kam in unser Büro und fragte mich: »Hast du es schon gehört?«

»Was gehört?«

»Daß sie auf dem K 2 waren!«

»Woher hast du das?« wollte ich wissen.

»Von Renato Moro in Mailand«, antwortete Hartmann.

»Ja ist denn das möglich, bei dem Sauwetter?«

»Es muß schön geworden sein, als wir gerade weg waren.«

Ich begann selbst noch einmal nachzuforschen. Ich telefonierte und bat meine Frau Brigitte, im Internet zu recherchieren. Und tatsächlich, wir hatten Skardu noch nicht erreicht, da begann eine anhaltende Schönwetterperiode. Die Verhältnisse am K 2 besserten sich schnell, und die Lawinenhänge stabilisierten sich. Danach ging es am Gipfel Schlag auf Schlag. Am 26. Juli erreichten die Italiener Abele Blanc und Marco Camadona, der Türke Nashuh Mahruki und der Brasilianer Waldemar Niclevicz den Gipfel. Am 30. Juli der Koreaner Ki Young Hwang, der Japaner Yamano Yasushi, die US-Amerikaner

Chris Shaw und Billy Pierson, der Kanadier Andy Evans und der Brite Andy Collins. Am 31. Juli schaffte es der nepalesische Sherpa Serap Jangbu mit fünf weitere Koreanern im Schlepptau sowie der Ecuadorianer Ivan Vallejo.

Fünfundzwanzig Erfolge in diesem Kapriolensommer 2000. Siebzehn Bergsteiger stiegen auf den K2, nachdem wir das Basislager verlassen hatten! Ich konnte es kaum fassen.

Und da war sie wieder, die bohrende Überlegung, ob ich an diesem Berg einfach alles falsch machte. Ich nahm ein Buch über den K2 heraus und betrachtete die großformatigen Fotos. In dieser Stunde kam ich zu einen Jetzt-erst-recht-Vorsatz. Ich wollte noch einmal starten, es noch einmal versuchen, noch einmal alles wagen. Das Erlebnis 2000 konnte noch nicht alles gewesen sein. Zuerst ein paar Tage zu spät am Berg und dann ein paar Tage zu früh abgehauen – das war doch lächerlich.

So früh wie selten zuvor begann ich mich ganz konkret mit meinem Vorhaben auseinanderzusetzen. Ich wollte auf keinen Fall noch einmal auf den Abruzzengrat. Direkt am Grat war es zwar objektiv ungefährlicher, weil die Steine rechts und links wegflogen, aber dort konnte ich die Ski nicht so einsetzen, wie es mir vorschwebte. Nein, ich wollte noch einmal in die Südwand, in die Cesen-Route einsteigen. Gut akklimatisiert und in bester Verfassung macht man dort unglaublich schnell Höhenmeter. Bei einer durchschnittlichen Neigung von 60 bis 65 Grad entspricht die Längsstrecke fast schon den Höhenmetern. Jeder Schritt war ein direkter Höhengewinn. Siebentausend, achttausend – es genügten zwei Hochlager. Wenn die Verhältnisse paßten, könnte ich auf der Route blitzschnell sein.

Respekt nötigte mir jedoch die durch die Steilheit bedingte Lawinengefahr in der Route ab. Wenn dort der Schnee in Bewegung geriet und die Massen herunterkamen, verschwand der ganze K2 in einer gewaltigen Staubwolke. Ein Jahr später sollte ich sehen, wie berechtigt meine Befürchtung war.

Kapitel 25
Überlebt – Einer kam auf Knien zurückgekrochen

Es geschah in einem schwierigen Pendelquergang in 7200 Meter Höhe und entwickelte sich zu einem der dramatischsten Momente der jüngeren Himalaya-Geschichte.

1977 machten sich sechs langhaarige, zottelige Briten ins zentrale Karakorum auf. Doug Scott und Chris Bonington zählten zu dieser Zeit zu den besten Bergsteigern der Welt. Mo Anthoine, Clive Rowland, Paul Braithwaite und Nick Estcourt waren nicht weniger gut, wenn auch vielleicht nicht ganz so bekannt. Ihr Ziel war der 7285 Meter hohe Ogre, ein gewaltiges, gelb-graues Granitmassiv inmitten riesiger Gletscherströme. Dieser Berg ist so beeindruckend, daß einem beim ersten Anblick der Atem stockt. Japaner hatten sich 1976 vergeblich um die Erstbesteigung bemüht. Nun kamen die Briten.

Die Gruppe teilte sich auf. Doug Scott und Paul Braithwaite versuchten sich am markanten Südpfeiler links der Südwand. Die anderen kamen von Südwesten. Scott und Braithwaite mußten den wunderbaren Zentralpfeiler bald aufgeben, nachdem Scott einen Stein losgetreten hatte, der eine Rinne hinabschoß und Braithwaite so unglücklich an der Hüfte traf, daß er für den Rest der Expedition praktisch außer Gefecht gesetzt war. Unterdessen erreichten Anthoine, Rowland, Bonington und Estcourt über eine 1200 Meter hohe Rippe eine Gletscherterrasse, über der sich der Aufbau des Westgipfels erhebt. Estcourt litt an einer starken Halsentzündung und fiel nun ebenfalls aus. Die Kletterei auf den Westgipfel bewältigten die verbliebenen vier.

Nun sollte der Hauptgipfel drankommen. Kaum eine Woche später brachen Anthoine, Rowland, Scott und Bonington erneut auf. Sie kletterten über eine neue, überwiegend technische Route wieder auf den Westgipfel, überschritten ihn und stiegen bis in den Sattel zwischen Haupt- und Westgipfel ab. Dort gruben sich die vier in einer Schneehöhle ein und übernachteten wie in einem Kühlschrank. Am nächsten Morgen gingen Bonington und Scott den mächtigen Felsturm des Zentralgipfels an. Dabei vollbrachten die beiden fast Unglaubliches. In freier und teilweise technischer Kletterei überwanden sie Schwierigkeiten im oberen fünften Grad. Schwerer war nie zuvor in solch einer Höhe geklettert worden. Die Tatsache, daß der Felsakrobat Doug Scott fünf Seillängen hintereinander im Vorstieg kletterte, war ein Husarenstück.

Inzwischen war es Nachmittag geworden, Anthoine und Rowland waren längst umgekehrt, und immer noch gab es jede Menge Probleme zu lösen. Bonington und Scott arbeiteten mit allen Mitteln. Einmal kletterten sie mit nur ganz wenigen Zwischenhaken einen endlos langen Riß, dann kamen sie wieder nur mit Trittleitern weiter und schließlich stieg Scott auf Boningtons Rücken, um einen Überhang zu überwinden. Die beiden gaben wirklich alles.

Als sie endlich den Gipfel erreichten und in wahre Begeisterungsstürme ausbrachen, ging gerade die Sonne unter. Die Nacht kommt schnell im Karakorum. Ohne Schlafsäcke und nur mit dünnen Windanzügen bekleidet, mußten sie unbedingt weg vom Gipfel. Rasch wurde es dunkel. Die beiden begannen den Abstieg und richteten gleich unterhalb des höchsten Punktes eine Abseilstelle ein. Als Scott sich am Seil hinunterließ, erschien es ihm sinnvoll, einige Haken vom Aufstieg mitzunehmen. Doch um sie zu erreichen, mußte er recht schwierig dorthin pendeln. Mit der Nacht hatte sich blitzschnell auch die Kälte über das Karakorum gelegt.

Eine wasserüberronnene Stelle, die nun mit einer glasigen Eisschicht überzogen war, wurde Scott zum Verhängnis. Er verlor schlagartig den Halt, rutschte weg und pendelte in weitem Bogen über die Wand. Er verlor seine Brille und den kurzen Pickel. Schließlich schlug er mit Wucht wie ein Geschoß gegen den Felsen – die Beine voran. Er glitt den Rest des Seils hinunter, und als er schließlich versuchte, einen winzigen Vorsprung zu erreichen, stellte er fest, daß er sich beide Knöchel gebrochen hatte.

An jedem anderen, weit niedrigeren Berg wären die Verletzungen schon schlimm genug gewesen. In über 7200 Meter Höhe am Ogre

Gewaltig: *Der Ogre war Schauplatz einer dramatischen Besteigung*

waren sie ein wahrer Alptraum. Chris Bonington seilte sich zu Doug Scott ab. Auf einem Schneeband verbrachten sie eine eiskalte Nacht. Tags darauf erreichten sie nach weiteren schwierigen Abseilmanövern den Sattel, in dem sie die Schneehöhle gegraben hatten. Dort warteten Anthoine und Rowland. Zu dritt schafften sie Scott in das Biwakloch.

Dort saßen sie zwei Tage und Nächte fest. Ein Schneesturm machte das Weiterkommen unmöglich. Anthoine und Rowland spurten am dritten Tag auf den Westgipfel, denn das war die einzige Möglichkeit, der Falle zu entkommen. Dabei verlegten sie Fixseile, an denen sich Doug Scott mühselig hinaufhangelte. Auf der anderen Seite ging es nicht weniger qualvoll hinunter. Scott war längst nicht mehr in der Lage, seine gebrochenen Knöchel zu belasten. Wann immer er sich weiterbewegen mußte, es gelang ihm nur noch auf den Knien.

Das große Glück für die vier war, daß sie den Aufstieg nicht durchgehend im alpinen Stil durchgeführt hatten. Immer mal wieder trafen sie jetzt auf ihre Fixseile und konnten sich so wieder ein Stück weiterhelfen. Eines dieser Seile rettete sowohl Scott als auch Bonington das Leben, um das mittlerweile längst alle vier verzweifelt rangen. Bei einem Abseilmanöver rutschte Scott mit seinem Abseilgerät durch das Seilende und bekam im letzten Moment noch das Fixseil zu fassen. Anderenfalls wäre er bis auf den Gletscher hinuntergestürzt. Bonington unterlief derselbe kapitale Fehler. Er brach sich dabei zwei Rippen und bekam in der Folge auch noch eine Lungenentzündung.

Es dauerte acht Tage, bis Doug Scott auf allen vieren das Basislager auf dem Uzun-Brakk-Gletscher erreichte. Sie hatten ihm fünf Überhosen angezogen, nur um die Knie zu schützen. Er scheuerte sie alle durch. Zu den Zelten kam er mit großen Löchern sogar in den Unterhosen und mit blutenden Knien. Seit Tagen hatten die vier nichts mehr gegessen. Und als sie endlich unten ankamen, war das Basislager verlassen. Nick Estcourt und Paul Braithwaite waren aufgebrochen, um Hilfe zu holen und einen Hubschrauber zu organisieren. Es dauerte weitere fünf Tage, ehe endlich Scotts Abtransport auf einer Trage begann. Bonington war inzwischen schwerkrank und kaum mehr in der Lage zu gehen. Daß schließlich auch noch der Hubschrauber nach einer Bruchlandung in Skardu ausfiel, paßte in das unglückliche Gesamtbild.

Es grenzt an ein Wunder, daß alle Beteiligten mit dem Leben davonkamen. Einzig seiner unbeugsamen Willenskraft und einem unbändigen Überlebenstrieb hatte es vor allem Doug Scott zu verdanken, daß er die mörderische Tortur überstand. Als er endlich den Wandfuß erreicht hatte, war er noch fast fünf Kilometer über den Gletscher und die Moräne gekrochen.

Alle weiteren Versuche einer zweiten Besteigung scheiterten. Der 1. Juli 1977, an dem Scott und Bonington den Gipfel des Ogre erreicht hatten, wurde zu einem geschichtsträchtigen Tag. Den beiden Franzosen Michel Fauquet und Vincent Fine gelang es zwar am 15. Juni 1983, bis auf den Kopf des Südpfeilers in 6500 Meter zu klettern, den Gipfel erreichten sie aber nicht. Immer wieder kamen Expeditionen zum Ogre, doch ganz hinauf gelangte niemand mehr. So wurde das Massiv mit seinen drei Spitzen zu einem Mythos.

Im Frühsommer 2001 fuhr ich die Gadertalstraße hinauf in Richtung Dolomiten. Seit Monaten schon lag bei mir im Büro eine Genehmi-

Technik:
Klettern in einer Eiswand oberhalb Lager I am Ogre

gung für eine K 2-Besteigung. Und ein Permit für den Ogre. Mich interessierten der steil aufragende Südpfeiler und das große kombinierte Gelände in Fels, Eis und Schnee. Es war für viele Bergsteiger eine enorme Herausforderung, nach Bonington und Scott die zweite Seilschaft auf dem Gipfel zu sein.

An diesem herrlich warmen Tag war ich auf dem Weg zum Grödner Joch, um dort eine Gruppe über den Klettersteig auf die Kleine, die westliche Cirspitze zu begleiten. Zu der Zeit wurde im Gadertal bereits an einem ehrgeizigen Bauprojekt gearbeitet, bei dem kilometerlange Tunnel die kurvenreiche und steinschlaggefährdete Straße entschärfen sollen. Um die Baustelle zu umfahren, mußte man unter der Woche über ein schmales Bergsträßlein ausweichen. Dort oben klingelte nun mein Handy. Am anderen Ende war Thomas Huber aus Berchtesgaden. Die Huber-Brüder Alexander und Thomas gehören zu den besten Freikletterern der Welt. Manchmal scheint es so, als läge die ganze Hoffnung des modernen Alpinismus auf ihren Schultern. Besonders Thomas lag der Ogre am Herzen. Schon einmal hatte er sich dort versucht, war aber wieder umgekehrt.

Nun eröffnete er mir, daß er gehört habe, außer ihm hätte auch ich eine Genehmigung für den Ogre erhalten. Und dazu noch eine US-amerikanische und eine kroatische Expedition. Alle für den Südpfeiler. Und jeder einzelnen Gruppe war von den pakistanischen Behörden natürlich zugesagt worden, daß sie allein auf der Route sein würde. Thomas Huber war wegen dieser Situation hörbar verärgert. Vier Expeditionen an ein und derselben Pfeilerkante, das war natürlich zu viel. Alle würden sich gegenseitig auf die Füße treten, und damit wären alle Möglichkeiten für ein heilloses Chaos gegeben.

Thomas Huber klagte mir also sein Leid und versuchte mich zunächst zaghaft und schließlich recht massiv dazu zu überreden, daß wenigstens ich mir eine andere Linie suchen sollte. Wir debattierten eine Weile hin und her, denn ich sah nicht ein, warum ausgerechnet ich weichen sollte. Die Sache ließ sich so kurzfristig über die Behörden nicht klären, und wir beschlossen, vor Ort eine abschließende Lösung zu finden. Notfalls, so versicherte ich, wollte ich in die klassische Bonington-Scott-Route ausweichen, obwohl die wegen Stein- und Eisschlag als überaus gefährlich galt.

Zu der Zeit hatte ich gerade meine Partnerwahl getroffen. Mein Wunschkandidat war zweifelsfrei wieder Konrad Auer. Doch er entschloß sich, nicht mitzukommen, weil er Vater wurde. Ich konnte es verstehen, daß er unter diesen Umständen nicht an einer so großen Expedition teilnehmen wollte, bei der er über Wochen von daheim weggewesen wäre. Ich sprach auch mit Maurizio Lutzenberger, der die Shisha Pangma bestiegen hatte und mit dem ich am Nuptse East soweit hinaufgekommen war. Er konnte sich einfach nicht aufraffen und sagte schließlich ab.

Zufällig traf ich dann auf Lois Brugger, einen Bergführerkollegen aus dem Ahrntal. Ein überdurchschnittlicher Alpinist und ein Spezialist im Fels. An der Ama Dablam in Nepal hatte er ein beispielhaftes Zeugnis des modernen Alpinismus abgelegt. Seilfrei und in reinem Alpinstil durchstieg er dort die Westwand auf einer neuen Route. Mit teilweise spektakulären Alleinbegehungen hatte er in den Dolomiten auf sich aufmerksam gemacht. Als er den brüchigen Vinatzerriß in der Steviawand in Gröden solo kletterte, staunte die gesamte Fachwelt.

Er war sofort interessiert, nachdem er lange nicht mehr an den hohen Bergen gewesen war. Er hatte sie fast schon gemieden, nachdem er am Lhotse am Fuß der Südwand nur mit sehr viel Glück einen Lawinenunfall überlebt hatte. Er war damals mit zwei Polen unterwegs, als die Lawine daherkam. Sie schoß mit ungeheurer Wucht herunter, und die drei begannen zu rennen, als sie sahen, welche Unmengen Schnee sie mit sich führte. Aber sie hatten natürlich keine Chance, der Lawine davonzulaufen, die am Wandfuß aufprallte und sich dann mit einer sehr starken Druckwelle und Schneestaub über den toten Gletscher ausbreitete.

In letzter Sekunde sprang Lois Brugger in seiner Verzweiflung mit vollem Risiko in eine Gletscherspalte. Im selben Moment fegte orkanartig die Lawine über das Eis und nahm alles, was sich ihr entgegenstellte, wie ein Blatt Papier mit. Einer der beiden Polen überlebte die Druckwelle nicht, der andere wurde schwer verletzt. Lois Brugger, der glücklicherweise bei seinem Sprung in die Spalte auf einer Schneebrücke landete, zog sich ein paar Prellungen zu, blieb ansonsten aber unverletzt.

Als ich ihm den Ogre vorschlug, war er gleich Feuer und Flamme. Vom K 2 wollte er nichts wissen. Das war für ihn kein Thema. Vor allem auch deshalb, weil er bald nach dem Lhotse-Erlebnis geheiratet und eine Familie gegründet hatte. Er wollte wie Konrad nicht wochenlang weg sein. Das Hauptproblem war jedoch sein begrenzter Urlaub. Als Angestellter bei der Naturparkverwaltung konnte er nicht fast den ganzen Sommer über an einer Expedition teilnehmen.

Für mich hatte der Ogre mit jeder Minute, in der ich über ihn nachdachte und je mehr ich mich in die Fotos vertiefte, an Bedeutung gewonnen. Die steilen Granitplatten, das Eis, der Schnee, all das zog mich immer mehr in den Bann. Ich war sogar so weit zu sagen, wenn wir am Ogre eine Chance hatten und den Gipfel erreichten, wollte ich vor Ort entscheiden, ob ich dann überhaupt noch zum K 2 hingehe. Denn mittlerweile stand er fast wie ein Dämon über mir. Anmarsch, Basislager, Aufstieg, das schien alles Routine geworden. Mir kam das vor, als ob ich jedes Jahr dasselbe Urlaubsziel wählen würde. Eine Besteigung des Ogre wäre ein großer Erfolg. Dafür hätte

Freund und Partner: *mit Lois Brugger aus dem Ahrntal am Ogre*

ich den K 2 glatt sausen lassen, wenn die Kräfte nicht mehr ausreichen würden.

Lois Brugger bekam von der Naturparkverwaltung genau vier Wochen Urlaub. Keinen Tag länger. Das war wenig Zeit, aber mit etwas Glück könnte es vielleicht klappen. Der Anmarsch zum Ogre ist einige Tage kürzer. Schon vor Urdukas zweigt der Zustieg in nördlicher Richtung ab. Wenn wir relativ schnell waren, konnten wir da schon Zeit sparen.

Wir einigten uns auf die vier Wochen. Das war der zweite Fehler, den ich bei der Vorbereitung machte. Die Zeit war viel zu kurz bemessen. Der erste Fehler war die Auswahl der Bergs. Der Ogre ist kein Vorbereitungsberg. Viel zu schwierig, viel zu kräftezehrend, viel zu aufreibend, viel zu streßig durch die technischen Passagen.

Wir trafen mit Thomas Huber und seiner Expedition am selben Tag im Basislager ein. Das Chaos der Expeditionen löste sich nun auf. Thomas und die US-Amerikaner nahmen den Pfeiler in Angriff.

Silvo Karo aus dem ehemaligen Jugoslawien ging den Ogre von Osten her an. Lois und ich wichen auf die klassische Route der britischen Erstbesteiger aus. Das gefährlichste Los hatten sicherlich wir. Die Scott-Bonington-Route ist zwar technisch einfacher und sicher schneller zu besteigen, aber objektiv viel gefährlicher. Im Lauf der Jahre hat sich in der Route ein mächtiger Eiswulst gebildet, den es so bei der Erstbesteigung noch nicht gab. Wenn dieser Serac bricht, fliegt das Eis zwar nach links und rechts weg, doch ganz sicher konnte man nicht sein. Und am größten wäre die Gefahr in den Stunden direkt unter dem Eis.

Beim Anstieg zum Basislager ging es Lois überhaupt nicht gut. Er hatte sich den Magen verdorben und zeigte schließlich sogar erste Anzeichen einer nahenden Höhenkrankheit. Er klagte über Gleichgewichtsstörungen, Schwindelgefühl und Übelkeit. Anzeichen für ein Hirnödem. Wir entschieden blitzschnell. Lois stieg in Begleitung unseres Kochs sofort in tiefere Lagen ab, um sich dort zu erholen. Nach drei Tagen kam er wieder. Geschwächt von der Erkrankung, vom Durchfall und der Anstrengung.

Wir warteten noch ein wenig, dann begannen wir uns zu akklimatisieren. Und schon gerieten wir wieder in Schwierigkeiten. Vom Basislager aus war es möglich, ein ganzes Stück über den Gletscher auf Ski zurückzulegen. Auf dem Weg zum Wandfuß gingen wir parallel nebeneinander her, als Lois plötzlich einbrach. Es schien, als würde unter ihm ein Brett brechen oder eine Falltür sich öffnen. Geistesgegenwärtig und blitzschnell riß Lois die Arme auseinander und konnte so einen wahrscheinlich tödlichen Sturz verhindern. Als er sich wieder herausgearbeitet hatte, schauten wir in das Loch. Unter uns tat sich eine riesige, dunkle Spalte auf, groß wie ein Kirchengewölbe, und es glich einem Wunder, daß der Schnee nicht weiter aufgebrochen war und mich auch noch hatte verschwinden lassen.

Der Gletscher war flach, und von einer Spalte war nichts zu erkennen gewesen. Wir hatten die Situation unterschätzt und einfach Glück gehabt. Anderenfalls wäre das ein Flug in die Nacht geworden. Chancen- und hoffnungslos. Dieser Zwischenfall schockte uns. Nun wurden wir vorsichtiger und waren jedesmal froh, wenn wir den Gletscher hinter uns hatten.

Falle: *Eine blitzschnelle Reaktion verhinderte den Sturz ins Leere*

Am Fuß der Wand stellten wir ein Zelt auf und verbrachten einige Tage in diesem vorgeschobenen Basislager. Eine Möglichkeit, mit der nötigen Zielstrebigkeit in den Fels einzusteigen, hatten wir nicht, denn es begann zu schneien, und das Wetter wurde nicht stabil. Die Verhältnisse in unserer Route hätten die Kletterei durchaus zugelassen, während der Südpfeiler tief winterlich eingeschneit war. Dort hingen mächtige Eiszapfen in den Dächern und Überhängen. Auch Thomas Huber und die US-Amerikaner stockten in ihren Bemühungen.

Uns begann die Zeit davonzulaufen, und wir beschlossen eine Hauruck-Aktion. Nur mit dünnen Schlafsäcken, ohne Zelt und mit einer Schaufel, um uns ein Biwak im Schnee graben zu können, setzten wir auf Schnelligkeit. Wenn wir in zwei Tagen nicht auf den Gipfel kämen, müßten wir wieder hinunter. Ein Kocher, Gaskartuschen, damit wir uns mit Flüssigkeit versorgen konnten, dazu unsere Kletterausrüstung – wir wollten mit ganz leichtem Gepäck unterwegs sein.

Vom vorgeschobenen Basislager in 5000 Meter Höhe starteten wir in noch tiefdunkler Nacht. Wir kletterten schließlich in den jungen Tag hinein, und als die Sonne herauskam, färbten sich die vielen kleinen Wölkchen rot. Dies war der typische Bote für einen erneuten Wetterumschwung. Gegen zehn Uhr am Vormittag näherten wir uns dem mächtigen Serac, und uns näherten sich düstere Wolken. Kurz danach begann es zu schneien. Erst ganz leicht nur, dann immer heftiger. Uns wurde schnell klar: Das war der Ogre. Unter diesen Umständen machte es keinen Sinn, es weiter zu versuchen.

Wir traten sofort den Rückzug an, und das war auch gut so. Denn wir gerieten in ein heilloses Schneetreiben, das den Rückzug mehr und mehr zum Problem machte. Es war schon später Nachmittag, als wir endlich wieder unser Zelt erreichten. Wir packten in Windeseile zusammen und flohen ins Basislager. »Das war jetzt kurz und schmerzlos«, knurrte Lois am Abend. Ihm war genau wie mir klar, daß wir die Expedition abbrechen würden, daß wir angesichts der Kürze der Zeit überhaupt nie eine wirkliche Chance gehabt hatten, diesen großen, schweren Berg zu besteigen. Für den Ogre braucht man sechs Wochen, und selbst dann darf nicht viel schiefgehen.

Schon am nächsten Tag bauten wir das Basislager ab, verabschiedeten uns von Thomas und den anderen und traten den Rückweg an. Ich begleitete Lois bis nach Askole. Noch am selben Nachmittag nahm er dort einen Jeep und war weg. Ich stand da wie bestellt und nicht abgeholt. Am liebsten wäre ich hinterhergerannt und auch mitgefahren. Der K 2 schien mir in diesem Moment so weit entfernt wie niemals zuvor. Ich wußte, daß ich einen Monat Zeit für nichts verplempert hatte, daß ich praktisch überhaupt nicht akklimatisiert war, und vor allem, daß ich diesmal am K 2 allein sein würde.

Ich stand da und schaute in die Staubwolke, in der Lois mit dem Jeep verschwunden war. Ich wußte wirklich nicht, was ich tun sollte.

Kapitel 26
Gewaltmarsch – Im Höllentempo zum Basislager des K 2

2001 leitete Peter Guggemos aus Marktoberdorf im Allgäu eine kommerzielle Expedition am Mount Everest. In diesem Jahr ging es am höchsten aller Achttausender zu wie selten zuvor. Die Zeltstadt auf der Moräne unter dem Khumbu-Eisbruch nahm die Ausmaße eines kleinen Dorfes ein. Japaner, Koreaner, Spanier, Argentinier, Deutsche, Österreicher, Inder, Amerikaner, Italiener – die Zahl der Expeditionen schien unüberschaubar. Und im Basislager weilte auch Eric Weihenmayer, der als erster Blinder den Gipfel erreichte.

Peter Guggemos wurde unter anderen von seinem langjährigen Partner Dieter Porsche begleitet. Das Unternehmen stand unter keinem allzugutem Stern. Schon in den ersten Tagen erkrankten zuerst der deutsche Peter Schorcht und dann Andreas Steger aus Kitzbühel. Schließlich erwischte es Christian Rottenegger. Der Tierarzt Andreas Zürner gab später auf, und als die Zeit für den Gipfel reif war, kam zunächst niemand so weit hinauf wie Dieter Porsche und Helmut Hackl aus Burgkirchen in Bayern. Sie standen schon am Vorgipfel, als ihnen die Fixseile ausgingen und sie zurückmußten. Wenige Stunden später stiegen zwei Spanier in der Spur bis zum höchsten Punkt. Damit war der Weg frei für all die vielen Bergsteiger, die in diesem Frühjahr 2001 folgten.

Während ich in Askole der Staubwolke hinterherschaute, war die Saison am Everest längst zu Ende. Der Sagarmatha-Nationalpark schließt Ende Mai seine Pforten und bleibt während des Monsuns sich selbst überlassen. Das ist die Zeit, in der nur wenige hundert Kilometer Luftlinie entfernt die Kletterzeit im Karakorum beginnt. Peter Guggemos war vom Mount Everest direkt weitergereist zum K 2, und ich hatte mich ein halbes Jahr zuvor in seine Genehmigung eingekauft. Zu den gleichen Bedingungen, die ich stets in solchen Fällen vereinbarte. Ich nutzte die Organisation bis zum Basislager, aber am Berg wollte ich selbständig sein. Wir waren uns zum ersten Mal 1994 am Broad Peak begegnet, und dann kamen wir uns noch einmal sehr nahe, als ich 1999 oberhalb der Schulter am K 2 hüfttief im Schnee steckte und Peter das Geschehen für einen Tag im Basislager verfolgte, bevor er wieder verschwand.

Ich wußte wirklich nicht, was ich tun sollte. Auf einmal stand ich ganz allein da und vor mir der riesengroße Berg. Mißmutig schlug ich in Askole mein Zelt auf. Dann kamen die drei Träger, die mich ins Basislager begleiten sollten. Langsam besserte sich meine Stimmung. Einer der drei begann für uns alle zu kochen, und als mir der Geruch in die Nase stieg, war ich schon fast wieder der alte. Nach dem Essen vereinbarte ich mit meinen Begleitern einen frühen Aufbruch, kroch in meinen Schlafsack und träumte dem K 2 entgegen.

Am nächsten Morgen sprach ich noch einmal mit den Trägern und schlug ihnen vor, immer so früh aufzubrechen, dann wären wir schneller im Basislager und benötigten nicht die sonst üblichen zehn Tage. Das schien ihnen sehr recht, eröffnete es doch die Möglichkeit, gleich wieder zurückzukehren und eventuell noch eine Trekkinggruppe zu begleiten. Doppelter Job, doppeltes Geld. Da sind die pakistanischen Träger phantastische Rechner. Sie sagten mir voller Begeisterung, ich solle nur gehen, soweit ich wolle, sie würden mir schon folgen. Doch ich wollte die Männer auf keinen Fall hinaufschinden. Ich erwiderte, sie sollten gehen, und ich käme ihnen nach.

Von da an konnte ich kaum noch Schritt halten. An der Stelle, an der normalerweise die erste Tagesetappe endet, kochten sie sich einen Tee zum Frühstück. Am Ende des zweiten Zielpunkts tranken sie aus dem Bach einen Becher Wasser, und am Abend erreichten wir Paju. Ich dachte mir, wenn die so weiterrennen, muß ich passen, dieses Tempo würde ich niemals durchhalten können. Sie hatten aus drei Wandertagen einen gemacht. Wir waren bereits an der Zunge des Baltoro-Gletschers angekommen. Kopfschüttelnd schaute ich zu, wie sie ihre 25 Kilogramm schweren Lasten vom Rücken wuchteten, während ich mit meinem Fünf-Kilo-Rucksack ins Schwitzen gekommen war.

Blitzschnell: *Mit den Trägern ist schwer Schritt zu halten*

Zum Glück machten sie tags darauf in Gore II halt und übernachteten dort. Sie kochten wieder, und wir bekamen recht netten Kontakt zueinander. Das ist in Pakistan viel schwerer möglich, in Nepal dagegen eine Selbstverständlichkeit. Im Himalaya sind die Träger immer mit den Expeditionsgruppen zusammen, lachen, albern und tanzen mit den Bergsteigern. Im Karakorum sind die Balti viel zurückhaltender und bleiben unter sich. Doch diesmal war alles anders. Sie erzählten von sich und ich von mir. Und schon jetzt hofften wir, daß wir uns noch einmal irgendwo treffen würden. Daß es tatsächlich so kommen sollte, ahnte keiner von uns.

Eines dieser drei Konditionswunder war schon ein wenig älter. Wenn er am Morgen aufstand, war sein Knie angeschwollen, und er hinkte. Ich machte mir ernsthaft Sorgen um ihn. Aus meinem Rucksack kramte ich eine Salbe hervor, trug sie dick auf und machte mit einer elastischen Binde einen für meine Verhältnisse recht ordentlichen Verband. Der Träger strahlte über das ganze Gesicht, hinkte aber logischerweise noch immer. Ich fragte ihn, ob er lieber zurückbleiben wolle. Das jedoch verneinte er entschieden. Er trank einen Becher Tee, schulterte das Gepäckstück und marschierte los – wie eine Feder, als sei nie etwas gewesen. Wenn er einmal in Bewegung war, ging er ganz normal und war genauso schnell wie am Vortag.

Am dritten Tag gegen Mittag erreichten wir bereits das Basislager des K 2. In diesem Tempo war ich bislang allenfalls aus dem Karakorum herausgekommen. Daß es so schnell auch aufwärts gehen würde, hätte ich nicht für möglich gehalten.

Als wir ankamen, war ich einigermaßen geschafft von dem Kraftakt. Im Basislager standen einige Zelte, und die internationale Gruppe, mit der ich das Permit teilte, war komplett versammelt. Das Allgäuer Urgestein Peter Guggemos, der in Deutschland geborene Franzose Christian Tomsdorf, Jean-Christophe Lafaille aus Frankreich und der Neuseeländer David Jewell. Bei ihm hatte ich schon bald das Gefühl, daß er sich da oben verlaufen hatte. Er paßte so gar nicht dazu, sprach kaum ein Wort, wusch sich höchst selten, was den Kontakt weiter erschwerte, und der Berg war für ihn viele Nummern zu groß. Ein paar Mal versuchte ich mit ihm ins Gespräch zu kommen, aber das war nicht möglich. Er war kein unguter Typ, aber er war halt einfach nur da, und ich wurde doch das Gefühl nicht los, daß er gar nicht da war.

Die Besteigungsgenehmigung für unsere Expedition war auf den Abruzzengrat ausgestellt. Schon am Ogre und später dann beim Anmarsch zum K 2 hatte ich mir den Kopf zerbrochen, wie ich den Begleitoffizier davon überzeugen könnte, daß ich in die Cesen-Route wollte. Das Problem hatte sich jedoch längst von allein gelöst. Die anderen waren von Beginn an dort unterwegs, wo ich auch hinwollte. Sie hatten sich das Permit abändern lassen und waren inzwischen schon bis auf etwa 7000 Meter hinaufgekommen. Die schwierigen Passagen waren mit Seilen gesichert. Die Taktik war klar. Peter Guggemos, Christian Tomsdorf und David Jewell, der dann jedoch nie wirklich versuchte aufzusteigen, planten eine Besteigung im ganz normalen Expeditionsstil mit drei Hochlagern. Jean-Christophe Lafaille hingegen hatte etwas ganz anderes im Sinn. Er wollte sich in der Cesen-Route akklimatisieren, den anderen dabei helfen, die Route zu präparieren, und schließlich eine ganz neue Route in der Südwand versuchen. Ich selbst wollte wieder so vorgehen wie im Jahr zuvor. Ein Biwak auf 7000, ein weiteres auf 8000 Meter Höhe, dann zum Gipfel und auf Ski über die Cesen-Route wieder hinunter.

Doch richtig wohl war mir bei dem Gedanken nicht. Noch immer lag der Gipfel so weit entfernt. In mir machten sich viele negative Gedanken breit. Ich fühlte mich so gut wie überhaupt nicht akklimatisiert, ich war allein, und es fehlte mir vor allem an Entschlußkraft, die Sache auch durchzuziehen. Eher halbherzig stieg ich ein Stück hinauf, versuchte mir einen Plan zurechtzulegen, doch ich kam nie zu einem positiven Abschluß. So viele Hindernisse bauten sich vor mir auf, immer wieder blieb ich gedanklich stecken, denn ich wußte ja genau, wie dieser Berg ist. Wie er alle Register ziehen, wie er bremsen kann, selbst wenn man dort oben zu zweit unterwegs ist. Dabei fürchtete ich weniger die psychischen Probleme des Alleinseins als vielmehr die physischen, wenn ich mich womöglich ganz allein durch tiefen Schnee kämpfen müßte. In meinem schlechten körperlichen Zustand hätte ich dann sicherlich keine Chance.

Der Berg lastete immer stärker auf mir. Der K 2 gab mir das Gefühl, ein kleiner, ohnmächtiger Zwerg zu sein. Das entsprach so überhaupt nicht meiner Einstellung, die ich sonst an den Achttausendern hatte. Und mich überkamen die negativen Gedanken nicht nur in der Route, sondern auch im Basislager, wo sich eigentlich Entspannung breitmachen sollte. Das Wetter war nicht besonders gut. Ich saß vor meinem Zelt und überlegte, ob ich wieder hinaufsteigen sollte. Und prompt kamen die Erinnerungen an das Jahr zuvor, als es 22 Tage lang fast nur geschneit und der Sturm uns Fesseln angelegt hatte. Was, wenn ich aufstieg und es mich oben einschneite, ganz allein in einem lawinenschwangeren Hang?

Vor allem in den Nächten fraßen mich diese Überlegungen förmlich auf. Ich fand keine Taktik, keine Vorgehensweise, die mich selbst überzeugt hätte. Der K 2 begann mir den letzten Nerv zu rauben. Ich ließ aber auch fast nichts aus, das alles noch zu fördern. An einem Nachmittag spazierte ich hinunter zur Gilkey-Pyramide. Am Memorial hingen die Gedenktafeln, und das machte mich noch nachdenklicher. Ich würde mich von Grund auf am K 2 akklimatisieren müssen, wenn ich eine Chance haben wollte. Aufsteigen, oben bleiben, übernachten, am nächsten Tag noch ein Stück weiter und dann wieder ganz zurück bis ins Basislager. Ich wußte, wie mich ein Biwak aufrieb, diese endlos langen Nächte, und wie sie alle düsteren Gedanken förderten. Alles in mir sträubte sich, es überhaupt nur zu versuchen. Dann nahm ich wieder allen Mut zusammen und sagte mir, geh hinauf auf 7000, bleib ein paar Tage und Nächte oben, einfach nur im Zelt liegen und Höhe tanken.

Und schließlich kamen wieder die Wolken. Und mit ihnen die Erinnerungen, wie ich mit Konrad in kritische Situationen hineingeklettert war, voller Mut und Energie, wie uns das Seil, dieser seidene Faden, wie eine Nabelschnur verbunden hatte. Dieses Gefühl von Sicherheit, es fehlte diesmal komplett. Fürchterlich. Und ich fand einfach keinen Weg aus diesem Loch heraus. Ich bedauerte es längst, nicht mit Lois Brugger abgehauen und nach Hause geflogen zu sein.

Irgendwann zwang ich mich. Halbherzig zwar, aber immerhin. Ich sprach mit Peter Guggemos, und er gestattete mir, das Zelt in seinem Lager I zu benutzen. Ich packte einen Rucksack, stopfte ein weiteres Zelt hinein und startete noch bei Dunkelheit. Vom Basislager bis zum Einstieg in die Cesen-Route ist es nicht sehr weit. Ich erreichte den Wandfuß im Morgengrauen. Am liebsten wäre ich da schon wieder umgekehrt, denn ich stolperte direkt über die sterblichen Überreste eines menschlichen Körpers.

Es war ein grauenhafter Anblick. Keine Arme, keine Beine, nur Rumpf und Kopf lagen da vor mir, bereits sehr stark verwest. Verstreut einige Kleidungsstücke, zerrissen und zerfetzt. Unter anderem Teile einer Jacke, blau, mit einer gelb-weißen Aufschrift. Es war nicht auszuschließen, daß sie der britischen Bergsteigerin Alison Hargreaves gehörte, die am 13. August 1995 als fünfte Frau überhaupt den Gipfel des K 2 erreichte und beim Abstieg ums Leben gekommen war.

Vor Alison Hargreaves hatten es erst vier weibliche Kletterinnen bis auf den höchsten Punkt dieses harten Berges geschafft. In jenem tragischen Sommer 1986 war es der Polin Wanda Rutkiewicz, der Französin Liliane Barrard und der Britin Julie Tullis gelungen. Im August 1992 gelangte die Französin Chantal Mauduit bis ganz hinauf und dann eben Alison Hargreaves. Keine dieser fünf Frauen ist mehr am Leben. Liliane Barrard, Julie Tullis und Alison Hargreaves starben beim Abstieg. Wanda Rutkiewicz verunglückte am Kangchenzönga und Chantal Mauduit überlebte 1998 unter tragischen Umständen ein Hochlager am Dhaulagiri nicht. Den Leichnam, der da vor mir lag, zu identifizieren, war nicht möglich.

Ich war gerade erst ein paar hundert Meter gegangen, hatte mich zusammengenommen – und nun so etwas. Viele Jahre war ich aktiv bei der Bergrettung und hatte dort einiges gesehen. Wie oft war ich an Achttausendern auf tote Bergsteiger gestoßen. Ich war eigentlich davon überzeugt, daß ich ein wenig abgehärtet und nicht so leicht aus der Fassung zu bringen sei. Doch das überstieg im ersten Moment alles, was ich bislang gesehen hatte. Ich wandte mich schließlich ab und zwang mich, weiterzugehen.

Relativ zügig erreichte ich das Zelt von Peter, übernachtete und stieg am nächsten Morgen bis auf 7200 Meter. Dort wollte ich eine weitere Nacht verbringen.

Grabungsstätte: *Hochlagerzelt im tiefen Schnee versunken*

Wenn ich heute darüber nachdenke, muß ich fast lachen. Wenn man der Meinung wäre, daß der K2 ein eigenes Innenleben hätte, müßte man ihn vermenschlichen und sagen: Es ist unglaublich, was dieser Berg im Lauf der Jahre alles mit mir aufgeführt hat. Kein anderer wehrte sich so sehr, keiner hat mir soviel abverlangt, mit keinem anderen raufte ich so verbissen. Es schien, als würde er sich mit Leibeskräften, mit allen aus seiner Natur heraus gebotenen Mitteln wehren, daß ich ihm aufs Haupt stieg. 1999 hatten mich meine Kollegen sogar dabei ertappt, als ich mit ihm sprach. Warte nur, murmelte ich damals am Concordia-Platz im strömenden Regen, ich komme wieder, und dann bist du reif. Er schien es gehört zu haben. Denn er zeigte mir ein Jahr später wieder seine hämisch grinsende Fratze. So könnte man es sehen, wenn man versucht, einem Berg Leben einzuhauchen, damit er wenigstens etwas Menschliches bekommt.

Es war einfach nicht zu glauben. Ich baute mein kleines Zelt auf, packte Schnee in einen Plastiksack, um später kochen zu können, und beobachtete mit bangem Blick, wie sich mit hohem Tempo eine

Aufreibend: *In der Nacht kriechen die Ängste in den Schlafsack*

Wolkenfront näherte. Eine Stunde später begann es zu schneien. Es schneite den ganzen Nachmittag und die ganze Nacht. Am Morgen ließ es ein wenig nach, dann wurde es wieder heftiger. Während der kurzen Unterbrechungen dachte ich, es würde aufhören. Aber es begann immer wieder von neuem. Dann kam die Nacht, und es schneite immer noch. Ich hatte in diesen endlos langen Stunden nur noch den einen Gedanken, die erste beste Gelegenheit zu nutzen, um von da oben wegzukommen. Nur noch absteigen ins Basislager, alles zusammenpacken und weg. Ich nahm mir vor, nicht mehr wiederzukommen, auf jeden Fall aber einige Jahre zu warten.

Schließlich kam Wind auf. Er blies in die Wolken, und es hörte endlich auf zu schneien. Es war noch stockdunkle Nacht, als ich das Zelt verließ. Meine Entscheidung stand fest, ich wollte weg von diesem verdammten Berg. Der Abstieg gestaltete sich leichter, als ich dachte, die Lawinengefahr hielt sich in Grenzen. Nur in den Mulden hatte es meterhoch den Schnee zusammengeweht.

Ich erreichte das Basislager um die Mittagsstunde und versuchte den anderen klarzumachen, daß ich am nächsten Tag verschwinden würde, daß ich die Schnauze gestrichen voll hatte und ganz einfach nicht mehr wollte. Sie versuchten mich zaghaft zu überreden. Allen voran Peter mit seiner positiven Einstellung: »Wart halt noch ein paar Tage, vielleicht kommt eine stabile Wetterphase, und dann gibt es vielleicht eine Chance.« Ich schüttelte den Kopf und zog mich schließlich zurück. Das hatte alles keinen Sinn.

Am Abend kam Jean-Christophe Lafaille zu meinem Zelt. Die Sonne war längst untergegangen, auf dem Gletscher war es empfindlich kalt geworden. Er trug eine Daunenjacke und wenigstens zwei Hosen übereinander. Ich kroch aus dem Zelt, und wir schauten eine Zeitlang schweigend in die Flanken des K 2. Aschfahles Licht ließ ihn nun noch kälter und abweisender wirken. Mit seiner ruhigen, besonnenen Stimme begann der immer freundlich-zurückhaltende Franzose langsam zu reden ...

Kapitel 27
Überredet – Ein Franzose und eine Monsterlawine

Der erste Auftritt endete in einer Katastrophe. 1992 reiste der Felsspezialist und Spitzenbergsteiger Jean-Christophe Lafaille zum ersten Mal in die Berge des Himalaya. An der Seite von Pierre Beghin hatte er vor, die Annapurna von Süden her zu besteigen. Lafaille war sofort von Nepal begeistert. Wie so viele andere Kletterer ließ er sich bereitwillig in den Bann dieses wunderbaren Landes, seiner Kultur und der Menschen ziehen. Die beiden Franzosen suchten in der Südwand des zehnthöchsten Achttausenders (8091 m) eine neue, direkte Route.

In sehr sauberem Stil kamen die beiden gut voran. Bis zu jenem Tag, als es in 7200 Meter Höhe zu einem Unfall mit tödlichem Ausgang kam. Pierre Beghin, ebenfalls ein Ausnahmebergsteiger, hatte für ein Abseilmanöver einen sogenannten Friend in einen Felsriß geschoben. Das ist ein kompliziert aussehendes, aber kinderleicht zu bedienendes Sicherungsmittel, das im Lauf der vergangenen fünfzehn Jahre den klassischen Felshaken in vielen Einsatzbereichen verdrängt hat. Das doppelachsige Gerät mit einem raffinierten Federmechanismus wird in Risse geschoben und verklemmt sich bei Gegenzug.

Beghin plazierte den Friend, hängte das Seil ein und lehnte sich aus der Wand hinaus, um mit dem Abseilen zu beginnen. Genau in diesem Moment brach der Fels mitsamt dem Friend heraus. Vor den Augen von Jean-Christophe Lafaille stürzte Pierre Beghin über die Annapurna-Südwand in die Tiefe. Schockiert und vollkommen hilflos schaute Lafaille dem Freund hinterher, wie er rutschte und stürzte, in Schneeflanken wieder auftauchte und über senkrechte Stufen wieder verschwand. Minutenlang dauerte das schreckliche Drama.

Das schien auch das Todesurteil für Lafaille zu sein. Denn nun stand er allein mitten in dieser schwierigen Wand. Ohne Partner, ohne Seil und in einer psychischen Verfassung, die ganz und gar nicht dazu geeignet schien, einen auch nur halbwegs geordneten Rückzug einzuleiten. Jean-Christophe Lafaille, damals gerade 26 Jahre alt und seit zwei Jahren Bergführer, beschrieb seinen Zustand mit einem einzigen knappen Satz: »Ich befand mich in der Mitte des Nichts.« Während er in 7200 Meter mit dem ersten Schock kämpfte, gab es Momente, in denen er angesichts der Aussichtslosigkeit der eigenen Situation drauf und dran war, Pierre Beghin hinterherzuspringen.

Es dauerte, bis Lafailles Überlebenswille neu aufkeimte. Nur noch mit Steigeisen und zwei Eisbeilen ausgerüstet, begann er langsam über das steile, gestufte Gelände abzusteigen. Immer wieder mußte er in der Wand auf Felsbändern, in steilen Schneeflanken und eisigen Abbrüchen hin- und herqueren, da er ohne Seil in der direkten Linie nicht mehr hinunterkam. Am ersten Tag schaffte er so gerade 150 Höhenmeter Abstieg. Er biwakierte unter schwierigsten Umständen und stieg dann weiter ab. Doch seine Chancen, zu überleben, sanken mit jeder Stunde, in der sich der verzweifelte Kampf fortsetzte.

Am zweiten Tag traf ihn ein Felsbrocken mit großer Wucht und

Weltklasse: *der französische Bergsteiger Jean-Christophe Lafaille*

brach ihm den rechten Unterarm. Mit einem Tuch fixierte Lafaille den Arm am Körper und stieg, das Eisgerät nun in der linken, viel ungeschickteren Hand, weiter abwärts. Es dauerte schier endlos, einen gangbaren Abstieg zu finden. Erst vier Tage nach dem Unfall hatte das Martyrium endlich ein Ende. Lafaille erreichte das Basislager – mit den Kräften und den Nerven am Ende. Er beschloß damals, 1992, nicht mehr zu den hohen Bergen zurückzukehren.

Doch schon ein Jahr später war er wieder da. Und nun begann eine der beachtenswertesten Bergsteigerkarrieren der Neuzeit. 1993 erreichte Jean-Christophe Lafaille über die Polen-Route den Gipfel des Cho Oyu. 1994 stieg er zuerst über den Normalweg auf die Shisha Pangma und eröffnete danach eine neue Anstiegslinie von Norden her. 1995 kehrte er zur Annapurna zurück, machte aber auf 7500 Meter kehrt. Im Jahr darauf reiste er zum ersten Mal ins Karakorum-Gebirge und stieg innerhalb von nur vier Tagen zuerst auf den Gasherbrum II und dann auf den Gasherbrum I.

1997 näherte er sich allein und im Winter dem Dhaulagiri. Doch schon beim Zustieg versank er hoffnungslos im Schnee und erreichte wegen der katastrophalen Verhältnisse noch nicht einmal das Basislager. Er wechselte blitzschnell in das Khumbu-Gebiet und stand kaum vier Wochen später auf dem Gipfel des Lhotse, der sich direkt neben dem Mount Everest erhebt und der vierthöchste Berg der Erde ist. Ein Jahr später versuchte er wieder durch die Südwand der Annapurna zu kommen, gab aber erneut auf. Im Jahr 2000 stieg er solo durch die Nord-Ost-Wand des Manaslu.

Und nun stand er vor mir und begann mit seiner ruhigen Stimme ein Gespräch. Aufgrund der Verhältnisse am K 2 habe er seine Idee von der Erstbegehung einer neuen Route verworfen, weil er dort keine wirkliche Chance sehe, im Alleingang durchzukommen. Er sagte auch, daß er es sehr bedauern würde, wenn ich nun dem Berg den Rücken kehre und abreise. Ich versuchte ihm klarzumachen, in welchem Zustand ich war. Schlecht akklimatisiert, ohne die richtige Einstellung und bei den schwierigen Bedingungen allein mit meinem Plan, den K 2 schnell zu besteigen, um dann eine Ski-Befahrung zu versuchen.

Jean-Christophe hörte sich das alles schweigend an. Erst dann machte er mir den Vorschlag, daß wir es doch alle miteinander versuchen könnten und so womöglich eine realistische Chance hätten, uns durch die zu erwartenden Schneemassen zu kämpfen. Wieder standen wir eine Weile da und schauten in die Flanken des K 2. Dieser wunderbare Berg baute sich unendlich hoch und wie ein uneinnehmbares Bollwerk vor uns auf. Es hat Solobegehungen am K 2 gegeben, doch sie hingen immer von den Verhältnissen ab. Die Steilheit und die sehr vielen anstrengenden Kletterpassagen für sich genommen kosten schon sehr viel Kraft. Wenn man aber dann auch noch durch meterhohen Schnee spuren muß, ist ein Bergsteiger allein hoffnungslos überfordert. Um eine Spur in tiefen Schnee zu legen, muß man sich in großen Höhen abwechseln. Fünf bis maximal zehn Schritte gehen, einen Schritt seitwärts machen, stehenbleiben, sich überholen und den anderen vorausgehen lassen.

Ich ließ Jean-Christophes Worte auf mich wirken. Ich wußte genausogut wie er, daß wir mit unseren geplanten Alleingängen unter diesen Umständen keine Chance haben würden. Auf einmal, ganz allmählich, löste dieses Gespräch eine neue Motivation und den Anflug von Begeisterung aus. Ein Spitzenpartner wäre an meiner Seite, dazu die Erfahrung von Peter Guggemos und Christian Tomsdorf – die Situation veränderte sich für uns alle schlagartig. Das zermürbende Gefühl, allein an diesem riesigen Berg zu sein, wich einer positiveren Einstellung. Jean-Christophe war es mit wenigen, klaren Worten gelungen, ein Team zusammenzubringen, das es so zuvor nicht gegeben hatte.

Viele Bergsteiger, längst nicht nur aus dem deutschsprachigen Raum, unterhalten seit Jahren einen guten Kontakt nach Innsbruck. Dort, im Fürstenweg 180, nicht weit vom Flughafen entfernt, ist die Zentralanstalt für Meteorologie und Geodynamik mit ihrer Regionalstelle Tirol ansässig. Ihr Leiter ist Dr. Karl Gabl. Ein höchst interessanter Mann, denn er ist in der Lage, die Wetterentwicklung in den Himalaya- und Karakorum-Regionen mit sehr hoher Trefferquote zu prognostizieren. Er verfügt über Techniken und Programme, die selbst seine engsten Mitarbeiter nicht kennen. Der 57jährige Wissenschaftler hat es sich zum Steckenpferd gemacht, die Wetterentwicklung an

Warten auf bessere Zeiten: *Christian Tomsdorf, Peter Guggemos und der pakistanische Begleitoffizier*

den hohen Bergen der Welt genau zu analysieren und entsprechende Prognosen daraus abzuleiten, auch wenn das im Himalaya und dem Karakorum oft ungleich schwieriger ist als anderswo auf der Erde.

Seit das Satellitentelefon praktisch zur Standardausrüstung von Expeditionen gehört, ist Karl Gabl ein gefragter Mann. Wenn einer in der Lage ist, eine Vorhersage zum Wetter an den Achttausendern zu machen, dann er. Und seine Meinung wird ernst genommen. Ein schöneres Kompliment kann man diesem Mann wohl kaum machen.

Auch wir stellten nun eine Verbindung nach Innsbruck her. Voller Hoffnung warteten wir auf eine Beantwortung unserer Anfrage. Ein paar Stunden später hatte Karl Gabl alle Daten beisammen. Und tatsächlich, er machte uns Mut. Er sagte eine tagelange Schönwetterperiode, frei von Niederschlägen und Höhenstürmen, voraus. Aus dem Fürstenweg in Innsbruck gab es grünes Licht.

Zu viert saßen wir in unserem Eßzelt am Tisch und beratschlagten die Taktik. Ich erklärte noch einmal meine Einstellung in Sachen

Biwak. Daß ich so wenig wie möglich in der Höhe übernachten wolle. Die Kälte der Nacht und das mühsame Aufstehen am Morgen war mir wie immer ein grauenvoller Gedanke. Ich glaube, für die endlosen Biwaknächte bin ich einfach nicht hart genug. Viel lieber sind mir die langen Tage und am besten ein Teil der Nacht noch dazu. Gerade an den Achttausendern habe ich immer wieder gemerkt, daß ich nach acht, zehn Stunden das Gefühl hatte, ich sei am Ende. Und dann ging es doch immer noch mehrere Stunden weiter.

Schnell kristallisierte sich heraus, wie es laufen sollte. Peter Guggemos und Christian Tomsdorf würden einen Tag vor Jean-Christophe und mir starten und im Lager I auf 6000 Meter übernachten. Am zweiten Tag ginge es weiter in das zweite Lager auf 7200 Meter, wo sie genau wie ich bereits ein Zelt stehen hatten. Am dritten Tag wollten sie die Schulter in knapp 8000 Meter Höhe erreichen, wo die Cesen-Route und der Normalweg über den Abruzzengrat zusammenkommen. Für den vierten Tag war das Erreichen des Gipfels geplant.

Jean-Christophe und ich hingegen wollten direkt, in einem Zug, bis in das zweite Lager aufsteigen, dort mit den anderen zusammentreffen und den Weg, wenn möglich, miteinander fortsetzen. So müßte es funktionieren. Schon einen Tag nach dieser Besprechung stabilisierte sich das Wetter, genau wie von Karl Gabl vorhergesagt. Wir mußten nun ein paar Tage abwarten, bis sich der Schnee in der Höhe abgesetzt hatte. Vier Tage später, am Morgen des 19. Juli 2001, brachen Peter und Christian voller Zuversicht auf.

Jean-Christophe und ich ruhten uns aus, tranken viel und redeten wenig. Jeder schien sich mit den Passagen des Bergs zu beschäftigen, die wir bereits kannten. Ich erzählte Jean-Christophe kurz davon, wie es war, als Konrad und ich im Jahr zuvor umgekehrt waren. In mir war eine Mischung aus Hoffen und Bangen, daß es nicht wieder so käme. Am Nachmittag dieses 19. Juli packten auch wir die benötigte Ausrüstung zusammen. Dann ließen wir uns am Abend willig von unserem pakistanischen Koch verwöhnen und gingen früh schlafen.

Um drei Uhr piepste der Wecker. 20. Juli 2001. Der Countdown lief an. Draußen war es klirrend kalt, und der aufgeregte Koch, der wahrscheinlich vor lauter Nervosität kein Auge zugetan hatte, servierte das

Frühstück. Als wir aufbrachen, war es noch Nacht, und schon nach ein paar Schritten kehrten wir um. Das Geröll auf der Moräne war mit einer dünnen, rauhreifartigen Schneekruste überzogen. Es hatte keinen Zweck, in der Dunkelheit auf den eisglatten Steinen fast eine Stunde lang zum Einstieg zu stolpern. Wir beschlossen zu warten, bis es hell würde. Dann könnten wir auch die Stirnlampen zurücklassen und hätten wieder Gewicht gespart.

Wir tranken noch eine Tasse nicht so starken Kaffee und besprachen abermals die Taktik. Diese knappe Stunde Wartezeit würde unser Konzept nicht durcheinanderbringen. Ich fühlte in mir einen starken Auftrieb und diese ungeduldige Aufbruchstimmung vor großen Unternehmungen. Ich war glücklich, daß ich geblieben war. Alles, was ich nun tat, erschien mir auf einmal so ganz und gar nicht mehr halbherzig, sondern sehr gezielt und geplant. Draußen wurde es langsam hell. Wir schulterten zum zweiten Mal an diesem Tag die Rucksäcke und machten uns erneut auf den Weg. Es war zwar immer noch glatt wie auf einer Eisbahn, aber nun sahen wir wenigstens, wo wir hintraten. Der K 2 stand im ersten Morgenlicht direkt vor uns. Groß, mächtig, unnahbar.

Nach nicht einmal drei Minuten auf dem Moränengeröll des Godwin-Austen-Gletschers blieben Jean-Christophe und ich stehen. Zuerst war es nur ein Rauschen, dann ein bedrohliches Wummern. Wir blickten nach oben, sahen aber nichts. Dann schwoll das unheimliche Geräusch zu einem Lärm an, wie er von einem tieffliegenden Flugzeug verursacht wird. Es schien, als würde sich direkt über unseren Köpfen ein Gewitter mit mächtigem Donnergrollen entladen.

Wir hatten nicht einmal Zeit, richtig nachzudenken, da kam sie auch schon über die Schulter herausgeschossen: Eine riesige Eislawine katapultierte sich ganz oben vom K 2, wahrscheinlich von oberhalb des Flaschenhalses, wie über eine Sprungschanze hinaus. Niemals zuvor hatte ich eine so gewaltige Lawine gesehen. Da mußte der Serac gebrochen sein. Anders war das überhaupt nicht möglich.

Die Eis- und Schneemassen bauten sich blitzschnell zu einer mächtigen, alles vernichten wollenden Naturgewalt auf, die nun die Wände und Flanken des Bergs hinunterdonnerte. Das mußten zig Tonnen sein, die da fast direkt auf uns zukamen. Während dies geschah, riß

Naturgewalt: *Lawinenabgänge gehören zu den großen Gefahren an den Achttausendern*

ich unsere kleine Kamera heraus und begann zu filmen. Dann versuchte ich zurück in Richtung Basislager zu laufen. Aber das war sinnlos, wir konnten dem nicht entkommen. Also blieben wir wieder stehen, schauten, was da auf uns zukam, und bereiteten uns darauf vor, daß uns die Druckwelle womöglich von den Füßen fegen würde. Genau in diesem Moment donnerte der Schnee mit ohrenbetäubendem Getöse am Wandfuß auf und bildete nun eine gewaltige Staubwolke. Die Druckwelle, der Wind und der Schneestaub erreichten gleich darauf das Basislager. Dann war es still.

Minutenlang war der K2 nicht mehr zu sehen. Es dauerte einige Zeit, bis sich der feine Niederschlag gelegt hatte. Schaden war glücklicherweise keiner entstanden. Als dann nach dem Schneestaub auch unser Schreck nachließ, schoß uns sofort der einzig naheliegende Gedanke durch den Kopf: Peter und Christian. Die Lawine war genau über unsere Aufstiegslinie gefegt. Sie konnten nicht den Hauch einer Chance gehabt haben. Wir rissen unser Funkgerät heraus. Hoffnung hatten weder Jean-Christophe noch ich. Die beiden konnten den enormen Luftdruck nicht überlebt haben.

Ich schaltete das Gerät mit bangem Gefühl ein. Ich wollte schon die Sprechtaste drücken und sagen: »Peter in Lager I, bitte kommen.« Da knisterte und knackte es aus der kleinen Membran. Jean-Christophe und ich schauten uns ungläubig an. Dann hörten wir Peters Stimme: »Lager I an Basislager, könnt ihr uns hören?« Wir konnten es nicht glauben. Die beiden lebten und erfreuten sich ganz offensichtlich bester Gesundheit. Peter berichtete, daß die Lawine über den Felsvorsprung, unter dem die Zelte standen, also ganz nahe bei ihnen, in eine flache Mulde geschossen sei und von dort weiter die Wand hinunter. Sie hätten den Luftdruck gespürt, und eine riesige Staubwolke sei über ihnen niedergegangen. Aber es sei nichts passiert.

Jean-Christophe setzte sich auf den nächsten größeren Stein, und ich hockte mich neben ihn. Es dauerte, bis wir begriffen, welch unglaubliches Glück wir gehabt hatten. Wenn die Feuchtigkeit der Nacht nicht die Steine vereist hätte und wir wie geplant aufgebrochen wären, hätten wir keine Überlebenschance gehabt, denn dann wären wir mitten in die Lawine hineingerannt. Und es war auch unglaublich, daß Peter und Christian im Lager I nichts passiert war. Ihr Zelt stand auf der Kanzel des Grats unter schützenden Felsblöcken. Der Grat hatte die Lawine praktisch über ihren Köpfen geteilt.

Nichts Negatives, an dem nicht auch etwas Positives zu finden ist. So war es auch in unserem Fall. Nachdem sich der erste Schreck gelegt hatte, gewannen wir der Sache rasch etwas Gutes ab. Die Route war nun sehr viel sicherer geworden. Ein großer Teil der unheilschwangeren Seracs über dem Flaschenhals war weggebrochen und über die Wand gerauscht. Damit dürfte der Flaschenhals, möglicherweise sogar die gesamte Linie, an objektiver Gefahr verloren haben.

Wir starteten zum dritten Mal an diesem Morgen. Inzwischen war es Tag geworden, und wir gelangten rasch zum Wandfuß. Zweihundert Höhenmeter über dem Einstieg, am Ende eines mäßig steilen Schneefelds, hatten wir gleich zu Beginn unserer Bemühungen um den K 2 ein Depot angelegt. Dort ließen wir im Abstieg stets unsere Steigeisen, die Eiskletterkgeräte, Helme, Klettergurte, ein paar Eisschrauben und Felshaken sowie Seile zurück. Nach einer guten halben Stunde erreichten wir nun diesen Platz unter einem Felsen. Doch

Endlos: *ein Meer von Gipfeln im Karakorum*

Stürmisch: *im Schneetreiben am Ogre*

◀ ***Spitzentanz:*** *Auf den Frontalzacken der Steigeisen im Eis des Ogre*

Bretter der Welt: *mit Ski am K 2 unterwegs*

Hoch hinaus: *steile Flanken und tiefe Blicke am K 2*

Schlüssel zum Gipfel: *Jean-Christophe Lafaille im Flaschenhals* ▶

Bald oben: *Traverse in einem steilen Schneefeld*

Fast oben: *Die Steilheit läßt nicht nach*

Gleich oben: *Bergsteiger auf dem Weg zum Gipfel des K 2*

Ganz oben: *der Gipfel des K 2, zweithöchster Punkt der Erde*

Der Vorhang zu und alle Fragen offen: *K2 im Wolkenkleid verhüllt*

da war nichts mehr von alledem, was wir dort zurückgelassen hatten. Ein einzelnes Steigeisen aus den Beständen von Jean-Christophe fanden wir noch. Alles andere war weg. Die Lawine, der Luftdruck, die Gewalt der Natur, hatte unsere komplette Ausrüstung mitgenommen.

Es blieb uns keine andere Wahl. Wir mußten noch einmal über die Einstiegsschneeflanke und das Moränengeröll hinunter und zurück ins Basislager. Im Eiltempo stiegen Jean-Christophe und ich wieder ab. Im Basislager suchten wir in Windeseile nach dem benötigten Material. Ich plünderte die Sachen von Peter Guggemos und fand schließlich noch ein paar Steigeisen. Wir rafften die Sachen zusammen und machten uns zum vierten Mal an diesem Tag auf, den zweithöchsten Berg der Erde zu besteigen. Wäre die Sache nicht so ernst gewesen, hätte sie eine gute Nummer für die »Versteckte Kamera« abgegeben.

Inzwischen schien die Sonne. Im Lauf dieser verlorenen Stunden war sie, fast klammheimlich, hinter dem Broad Peak aufgestiegen und wurde uns nun zur unbarmherzigen Begleiterin.

Wir stapften über die Moräne und stiegen das Schneefeld erneut hinauf. Dann legten wir die Steigeisen an. Um die Hebelwirkung zu verbessern und das unangenehme Aufstollen des Schnees etwas zu vermindern, feile ich die Spitzen und auch die Frontalzacken meiner eigenen Eisen normalerweise um einen guten halben Zentimeter zurück. Doch dazu war jetzt keine Zeit. Ich mußte nehmen, was noch im Basislager vorhanden war. Ich hatte das Gefühl, auf den ungewohnten Steigeisen »herumzueiern«, als hätte ich ewig keine mehr an den Schuhen gehabt. So mußte es sein, wenn eine Frau auf hohen Stöckelabsätzen versucht über ein Kopfsteinpflaster zu gehen. Aber ich war dort oben nicht auf der »Kö« in Düsseldorf und auch nicht auf den Champs Élysées in Paris, sondern am K 2.

Es dauerte einige Zeit, bis ich mich an die fremde Ausrüstung gewöhnt hatte. Einen Klettergurt hatte ich unten nicht mehr gefunden. Ich band mir kurzentschlossen eine Bandschlinge um den Bauch. Eine einzige Eisschraube und einen ganz leichten Titanhaken nahm ich mit. Die beiden kurzen Eispickel stammten aus eigenen Beständen, es waren noch die von Lois Brugger. Er hatte sie mir mitgegeben für den Fall, daß am K 2 vielleicht eine meiner messerscharfen Klingen brechen sollte. Wie gut, daß ich sie dabei hatte.

Drei Stunden waren mittlerweile verstrichen, zerronnen wie Wasser zwischen den Fingern. Es bestand nicht der Hauch einer Möglichkeit, sie wieder aufzuholen. Wir kämpften uns in der brütenden Sonne über den unteren Teil der Südwand hinauf. Genau das hatten wir mit dem frühen Aufbruch vermeiden wollen. Die Hitze trieb uns den Schweiß aus allen Poren und saugte uns komplett aus. Im Schatten des frühen Morgens wäre das alles eine vergleichsweise einfache Angelegenheit gewesen, doch nun kostete es viel Kraft. Erst am ganz späten Nachmittag erreichten wir das Lager II in 7200 Meter Höhe. Wir kamen praktisch zeitgleich mit Peter und Christian an.

Den Gedanken, möglicherweise am zweiten Tag von hier aus direkt zum Gipfel zu steigen, hatte ich im Lauf der vergangenen Stunden aufgegeben. Der Verlust an Energie war enorm gewesen. Unsere Körper hatten durch den schweißtreibenden Anstieg in der prallen Sonne viel mehr Flüssigkeit verloren, als wir durch Trinken wieder zu uns nehmen konnten. Doch wir mußten auftanken und versuchen, uns wenigstens etwas zu erholen. Ein weiteres Biwak war unumgänglich. Weitere achthundert Höhenmeter am nächsten Tag, das schien uns ein vernünftiges Maß. Dann kämen wir bis auf die Schulter und könnten dort die Kräfte für den Gipfelanstieg bündeln. Doch viel durfte nicht mehr dazwischenkommen.

Kapitel 28
Kältekammer – Die Nacht vor dem Gipfelversuch

Stundenlang schmolzen wir in den Hochlagerzelten Schnee, tranken immer wieder einen guten halben Liter und versuchten uns möglichst ruhig zu verhalten. Langsam kam der Abend und schließlich die Nacht. Schlaf war mir nicht sonderlich wichtig. Ich achtete vielmehr darauf, daß ich tief und gleichmäßig atmete und ständig trank. Durch die Geschehnisse des Tages, die vertane Zeit, das wiederholte Umkehren, die zusätzliche Anstrengung hatte sich meine ohnehin eher mäßige Verfassung nicht gerade verbessert. Ich fühlte mich nach wie vor schlecht akklimatisiert. Wesentlich schlechter jedenfalls als Jean-Christophe, Peter und Christian, die bereits Wochen am Berg waren und viele, viele Stunden länger in der Höhe verbracht hatten.

Wenn ich eine Chance haben wollte, den K 2 endlich zu besteigen und den höchsten Punkt in einem Zustand zu erreichen, der es mir erlaubte, auch unbeschadet wieder hinunterzukommen, würde dies auch eine Frage von Kraft, Kondition und Ausdauer sein. Aber die noch wichtigeren Kriterien dürften mentale Stärke, Erfahrung und vor allem ein ausgeprägtes Gefühl für meinen Körper sein. Ich mußte versuchen, ihn wegen der fehlenden Akklimatisierung zu überlisten. Der geringste Fehler, hundert Höhenmeter zu schneller Anstieg, eine zu lange Rastpause, zu wenig Flüssigkeit, zu hoher Kräfteverschleiß, konnten an so einem hohen Berg schon das Aus bedeuten. Ich lag ruhig im Schlafsack und versuchte die Kräfte zu konzentrieren.

Neben mir hatte sich Jean-Christophe Lafaille zusammengerollt. Auch er schien nicht zu schlafen. Dafür atmete er viel zu tief ein und aus. Nur die ausreichende Versorgung des Bluts mit Sauerstoff gewährleistet in diesen Höhen ein Mindestmaß an Erholung oder zumindest die Erhaltung des gegenwärtigen Zustands und keine Verschlechterung.

Eiskalt: *Jean-Christophe Lafaille in der zweiten Biwaknacht*

Die Nacht in unserem ersten Hochlager war nicht sonderlich kalt, und weil wir einen recht späten Zeitpunkt für unseren Aufbruch gewählt hatten, war es am Morgen auch nicht so hart beim Aufstehen. Wir tranken wieder, schälten uns aus den Schlafsäcken, zogen die Schuhe an, krochen aus dem Zelt und starteten ohne größere Zeitverzögerung. Auch Peter Guggemos und Christian Tomsdorf begannen den weiteren Aufstieg mit uns. Knapp 800 Höhenmeter bis hinauf zur Schulter lagen vor uns. Wir hatten den ganzen Tag Zeit. Im kombinierten Gelände kamen wir trotz der heiklen, abschüssigen Felsplatten gut voran und erreichten schließlich jenen Platz, an dem ich mit Konrad Auer ein Jahr zuvor schon einmal biwakiert hatte.

Zwei Tage zuvor, als wir im Basislager unsere Ausrüstung sortierten, hatte ich ernsthaft überlegt, ob ich die Ski überhaupt mitnehmen oder darauf hoffen sollte, das andere Paar vom Vorjahr wiederzufinden. Aber dieses Risiko schien mir dann doch zu hoch. Zumal die neuen Ski noch einmal erheblich verbessert worden waren. Sie waren etwas kürzer, ein klein wenig mehr tailliert und die Bauweise noch

Skiverleih: *In 8000 Meter Höhe fanden sich die Ski aus dem Vorjahr*

kompakter. Wie schon am Everest und an anderen hohen Bergen hatte ich die Ski an meinem Klettergurt, der diesmal nur eine einfache Bandschlinge war, befestigt und sie wie einen jungen Hund hinter mir hergezogen.

Am 21. Juli, gegen 16 Uhr, erreichten wir die weitausladende Schulter des K 2 und standen bald vor dem Zelt, das Konrad und ich zwölf Monate zuvor dort oben hatten zurücklassen müssen. Es ragte nur noch zur Hälfte aus dem Schnee. Die Höhenwinde, die oft mit mehr als zweihundert Stundenkilometern über den Berg fegen, hatten ihm schwer zugesetzt. Die Stangen waren verbogen oder gebrochen. Hart gepreßter Schnee füllte jeden Millimeter unter der Zeltplane. Das Ganze sah aus wie ein verpackter Eisblock. Die Behausung war völlig unbrauchbar geworden. Keine zwei Meter entfernt jedoch steckten, bis zur Bindung eingeweht, meine Ski vom Vorjahr. Ich konnte es kaum fassen: In 8000 Meter Höhe stand ich mit zwei Paar Brettern da. Ich hätte fast einen Skiverleih eröffnen können...

Gemütlich, ohne Hektik, fast provozierend langsam begannen wir zu viert im Schnee des mäßig geneigten Hangs mit einer Schaufel Platz für unsere beiden Zelte zu schaffen. Ich hatte wieder ein speziell für meine Bedürfnisse entwickeltes Superleichtmodell dabei. Das Gestänge und die hauchdünne Plane aus extrem belastbarem Gleitschirmtuch wogen zusammen kaum mehr als ein Kilogramm. Ohne Hast richteten wir das Hochlager ein. Wir überlegten jeden Handgriff, denn alle Kraft, die man oberhalb von 7500 Meter, in der sogenannten Todeszone, vergeudet, kommt nicht mehr zurück.

Wir krochen in unsere Zelte und begannen wieder Tee zu kochen. Solange die Sonne schien, war es recht angenehm in der kargen Behausung. Es war wichtig, sofort mit dem Kochen anzufangen, denn schon durch dieses bißchen Wärme im Zelt ließ sich viel Gas sparen. Nun begann die ewig gleiche Prozedur. Schnee in den Topf geben, Gasflamme anzünden, warten, bis der Schnee geschmolzen ist, nachfüllen, warten, nachfüllen, warten, nachfüllen. Es dauert schier endlos, bis man auf diese Weise einen Liter Wasser zusammenbringt. Wir aßen praktisch nichts mehr und verhielten uns ruhig. Es ging uns gut. Wir mußten über keine Beschwerden klagen. Die Stimmung konnte nicht besser sein. Peter Guggemos und ich blödelten herum oder unterhielten uns mit den unsichtbaren Nachbarn im Nebenzelt.

Weil wir gerade beim Kochen waren, erzählte ich von einem Erlebnis 1996 an der Shisha Pangma, als Hans Mutschlechner mit seiner Lebenspartnerin Karin Weichhart im Hochlager Tee zubereiten wollte und während der Prozedur die Gaskartusche wechseln mußte. Dabei vergaß er jedoch den Regler zuzudrehen, und eine hohe Stichflamme schoß aus der Düse des Kochers. Das ganze Zelt stand in Flammen, Hans und Karin konnten sich mit angesengten Haaren gerade noch aus dem Inferno retten. Isoliermatten, vier Hochlager-Schlafsäcke und allerlei Ausrüstung verbrannten. Schlimmer jedoch war der Verlust des Zelts, denn nun mußten die beiden sofort ins Basislager zurückkehren. Hans schimpfte und lärmte am Funksprechgerät wie ein Rohrspatz, bevor er den Abstieg begann. Derart verärgert war er über sein eigenes Mißgeschick, daß er sich tagelang beharrlich weigerte, wieder hinaufzusteigen und einen neuen Anlauf zu unternehmen.

Gegen Abend an diesem 21. Juli 2001 zogen vom Tal dichte Wolken herauf, und es dauerte nicht lange, bis wir komplett von ihnen eingehüllt waren. Sofort waren die negativen Gefühle wieder da. Ich dachte darüber nach, was sein würde, wenn es jetzt wieder zu schneien begänne. Mehr Pech als ich konnte an diesem Berg ein Mensch gar nicht mehr haben. Ich erinnerte mich an die vielen Gespräche mit den österreichischen K 2-Besteigern Willi Bauer und Kurt Diemberger, die 1986 mit so vielen anderen fast genau an dieser Stelle tagelang eingeschneit waren, so daß das ganze Unternehmen schließlich in einer Katastrophe endete. Ein Rückzug aus dieser exponierten Höhe und bei viel Schnee würde zu einem fast aussichtslosen Unternehmen werden.

Doch die Energie der letzten Sonnenstrahlen verbrannte die Wolken so schnell, wie sie heraufgezogen waren. Gleichzeitig wurde der Gipfelaufbau des K 2 in ein wunderbar gold-gelbes Licht getaucht. Im Tal dämmerte es bereits, während die Natur den Pinsel tief in den Farbkasten tauchte. Allein dieses Schauspiel entschädigte für alles, was ich bisher an dem Berg erlebt hatte. Ich hätte mir in diesen wenigen Momenten keinen schöneren Platz auf der Welt vorstellen können. Wir krochen sogar noch einmal aus den warmen Schlafsäcken heraus, fotografierten und filmten. Nach und nach schienen die Gipfel abzutauchen, und für Minuten ragten nur noch die Achttausender heraus. Der Broad Peak direkt vor uns, weiter hinten die beiden Gasherbrums und weit draußen das wuchtige Massiv des Nanga Parbat. Eine einzigartige Welt.

In der Nacht zum 22. Juli wurde es in den Höhenlagen des K 2 klirrend kalt. Durch die hauchdünne Zeltplane kroch der Frost herein. Ich hatte, um Gewicht zu sparen, nur einen ganz leichten Daunenschlafsack mit nach oben genommen. Draußen lagen die Temperaturen sicher bei minus vierzig Grad, und drinnen war es nicht sehr viel wärmer. Ich versuchte ein wenig in Bewegung zu bleiben. Meine Jacke zog ich aus, schloß den Reißverschluß und stülpte sie am Fußende über den Schlafsack. Immer wieder richtete ich mich auf und massierte meine Füße, damit sie nicht zu kalt wurden.

Irgendwann mußte ich wohl doch ein wenig eingeschlafen sein.

Gipfel im Licht: *die Stunde vor dem aufkommenden Tag*

Am Morgen war das Zeltinnere von unserem Atem und der Körperwärme voller Rauhreif. An den Wänden, auf dem Boden, auf den Schlafsäcken, überall hatte sich eine weiße Schicht gebildet. Mit der ersten Bewegung stoben mir die Eiskristalle ins Gesicht. Ich richtete mich auf und begann wieder Schnee zu schmelzen. Das Ende dieses Biwaks war wie immer einfach nur grausig. Peter trank Tee, und ich braute mir einen leichten Kaffee. Mir ist Kaffee am Morgen lieber. Aber er darf nicht zu stark sein, sonst muß man sich sofort übergeben.

Wir würgten einen schokoladenumhüllten Müsliriegel hinunter. Er schien mir hart wie Beton. Mit den warmen Getränken erwachten langsam auch die Lebensgeister. Mechanisch zogen wir die Schuhe und Jacken wieder an und mühten uns aus dem Zelt. Ich hatte das Gefühl, ich sei hundert Jahre alt. Draußen war es noch immer schneidend kalt.

Blitzschnell brachen wir auf. Aber was heißt in dieser Höhe schon blitzschnell? Die Bewegungen laufen im Zeitlupentempo ab. Alles fällt unendlich schwer. Da war sie wieder, diese erste Stunde, in der man glaubt, es geht überhaupt nichts mehr. In der man denkt, man bringt keinen Fuß vor den anderen. In der alles so träge, fast wie gelähmt wirkt. In der jedes Gramm Gewicht vierfach zu wiegen scheint. In der aufgeben soviel leichter fallen würde als weiterzugehen. Der Körper ist wie ein eingefrorener Dieselmotor. Über diese erste Stunde jedoch muß man hinwegkommen, und dazu braucht es einen eisernen Willen. Ich kenne das gut. Es liegt noch soviel Berg vor einem, und dabei ist man schon nach dem Anziehen der Schuhe müde.

Ganz allmählich wurde mir etwas wärmer. Meine Bewegungen kamen mir nun flüssiger vor. Ich fand langsam meinen Rhythmus. Im Schneckentempo näherten wir uns dem Einstieg zum Flaschenhals. Von seinem oberen Ende, wo die mächtigen Seracs sich auftürmten wie überdimensionale Dominosteine, war drei Tage zuvor diese unglaubliche Monsterlawine heruntergekommen.

Ich ging mit Jean-Christophe ein wenig voraus. Immer wieder hielten wir an, um zu rasten. Als wir uns umdrehten, deuteten Peter und Christian hinunter und signalisierten, daß sie umkehren würden. Sie kamen offenbar über die Krise des Morgens nicht hinweg. Sie zeigten ins Tal, und bald danach drehten sie um. Mir tat das sehr leid, denn jetzt waren wir schon so weit gekommen, hatten einiges geleistet an diesem großen Berg, und nun kamen die beiden nicht weiter. Gerade Peter und Christian hatten im unteren Teil der Route, beim Verlegen der Fixseile, sehr viel Einsatz gezeigt.

Für Peter und Christian mußte es besonders bitter sein, denn innerhalb von knapp zwei Monaten kehrten sie nun schon zum zweiten Mal an einem der beiden höchsten Achttausender um. In der Nacht zum 22. Mai war Peter Guggemos am Südsattel des Mount Everest in Richtung Gipfel aufgebrochen. Doch nach einer guten Stunde bekam er Probleme mit der vereisten Sauerstoffmaske und gab das Unternehmen enttäuscht auf. Es war bedauerlich, daß es ihm nun am K 2 – ohne Sauerstoffgerät – ähnlich ging, obwohl er so gut akklimatisiert war. Es konnte aber auch möglich sein, daß die beiden ausgebrannt waren, daß sie am Everest schon zuviel Energie gelassen hatten.

Ich konnte mir gut vorstellen, was nun in den beiden vorging, denn das hatte ich selbst schon erlebt. Im ersten Moment wirkt die Entscheidung wie eine Erleichterung. Doch schon nach ganz kurzer Zeit

Eisiger Fluß: *atemraubende Tiefblicke auf die Gletscher des Baltoro*

schlägt dieses Gefühl in Enttäuschung um, und drängend schiebt sich die Frage in den Vordergrund, ob es nicht vielleicht doch gegangen wäre. Nachdem wir uns zu einem Team zusammengetan hatten, wäre es schön gewesen, wenn wir nach den Mühen des Aufstiegs auch die Freude am Gipfel hätten teilen können. Doch das sollte offenbar nicht sein. Wir blieben noch einen Moment stehen und schauten den beiden nach, wie sie sich langsam zurückbewegten.

Am frühen Morgen, vor unserem Aufbruch, hatte ich mir etwas zu trinken für unterwegs zubereitet. Einen ganz leichten Kaffee mit ein wenig Zucker. Und eine Mineraltablette hatte ich darin aufgelöst. Damit hatte ich in den vergangenen Jahren stets gute Erfahrungen gemacht. Ich füllte meinen Spezial-Mineralkaffee in eine Thermosflasche ab, die ich in Skardu auf dem Markt gekauft und gegen meine viel schwerere Flasche ausgetauscht hatte. Sie war mit Plastik ummantelt und hatte innen einen isolierenden Glaseinsatz.

Nachdem man im letzten Lager meist so gut wie überhaupt nicht schläft, kämpfen die meisten Bergsteiger am Gipfeltag immer wieder mit einer bleiernen Müdigkeit. Vor allem während der Rastpausen, wenn man vornübergebeugt, mit dem Kopf auf den Pickel gestützt, gegen die Erschöpfungszustände ankämpft, ist die Gefahr eines Sekundenschlafs enorm groß. Genau in diesen Momenten hilft mir meist ein Schluck Kaffee. Gleichzeitig nehme ich damit zumindest ein wenig Flüssigkeit auf.

Als wir nun den Einstieg zum Flaschenhals erreichten, nahm ich den Rucksack herunter. Ich dachte mir, trink noch etwas, bevor es da hinaufgeht. Trink, noch bevor der Durst sich einstellt. Ich nahm die Thermosflasche heraus und schraubte den Deckel ab. Im Inneren klingelte es verdächtig. Zunächst dachte ich, daß sich mein Getränk bereits in gewürfelten Eiskaffee verwandelt haben könnte. Doch dann wurde mir schnell klar, daß der Glasbehälter unter dem Plastikmantel zerbrochen war.

Irgendwo mußte ich angestoßen sein und hatte nun ungenießbaren Kaffee mit Glasscherben. Ich wußte, daß nun alles noch härter werden würde. Sich in der extrem trockenen Luft oberhalb von 8000 Metern dauerhaft ohne etwas zu trinken aufzuhalten, kann fatale Auswirkungen haben. Ich erinnerte mich an meine Besteigung des Mount Everest, als ich während des siebzehnstündigen Gipfelmarathons viel zu wenig zu trinken dabei hatte. Meine Zunge fühlte sich damals wie ein Stück altes Leder an, bis ich sie schließlich überhaupt nicht mehr spürte und das Schlucken fast unmöglich wurde. In den nächsten Stunden würde ich kleine Eisstücke lutschen müssen. Doch das ist keineswegs ideal, weil man davon nur noch mehr Durst bekommt und die Linderung im Mund nur von sehr kurzer Dauer ist. Doch umkehren wollte ich deswegen auf keinen Fall.

Im oberen Teil des Flaschenhalses war bereits Bewegung. Dort mühten sich einige Koreaner, die beiden Spanier Carlos Pauner und Pepe Garcés sowie die nepalesischen Sherpas Pasang und Serap Jangbu.

Die koreanische Expedition wurde von Young Seok Park geleitet, der erst ein paar Wochen zuvor den Lhotse und damit – nach eigenen Angaben – seinen dreizehnten Achttausender bestiegen hatte. Young Seok Park galt zu diesem Zeitpunkt längst als verbissen ehrgeiziger Höhenbergsteiger, und ihm eilte der Ruf voraus, daß er den Erfolg um fast jeden Preis suche. Er organisierte seine Expeditionen meist mit großem Personal-, Zeit- und Materialaufwand. Er und sein Team waren nun schon seit Tagen auf der Normalroute unterwegs.

Die Bergsteiger aus Parks Team hatten die Nacht ebenfalls auf der Schulter verbracht. Wir konnten sie und ihre Zelte jedoch nicht sehen. Noch in der Dunkelheit, Stunden vor uns, waren sie aufgebrochen, und dennoch holten wir sie nun Meter um Meter ein. Sie hatten den oberen Teil des Flaschenhalses bereits erreicht und befanden sich jetzt in der größten Gefahrenzone. Diese Passage ist in der Normalroute über den Abruzzengrat die Schlüsselstelle. Sie ist schwerer zu überwinden als der House-Kamin und auch die Schwarze Pyramide. Entsprechend langsam kamen die Bergsteiger nun dort oben voran.

Auch für uns ging die Besteigung jetzt in die entscheidende Phase. Objektiv gesehen drohte die Gefahr einer neuerlichen Eislawine, denn noch immer hingen über dem Ausstieg aus dem Flaschenhals unheilschwanger die gewaltig großen Seracs. In solch brenzligen Situationen neigen Bergsteiger meist dazu, diese Zonen möglichst schnell hinter sich bringen zu wollen. Im Flaschenhals gibt es keine Fluchtmöglichkeit, nicht einmal einen Felsen, hinter den man springen könnte, wenn von oben etwas herunterkommt. Diese Passage ist eine haltlose, glatte und im oberen Teil kombinierte Rinne. Wenn man dort zügig vorankommt, verkürzt man konsequenterweise die Zeit, in der man schutzlos exponiert ist. Doch nur, weil über uns latent die Gefahr lauerte, konnten wir nicht sinnlos hinaufrennen. Wir mußten unseren Rhythmus beibehalten, um die Gipfelchance zu wahren. Auch wenn der Kopf noch so sehr die Bedrohung registrierte und nach Schnelligkeit verlangte.

Wir schauten uns kurz an und nickten beide. Es schien, als würden wir neuerlich einen Pakt schließen. Dann stiegen wir ein. Die anderen Bergsteiger über uns blieben mittlerweile nach fast jedem Schritt stehen.

Kapitel 29
Dopingfrei – Vier Stunden für 160 Meter

Am 16. Juli, drei Tage bevor Peter Guggemos und Christian Tomsdorf zum Lager I aufgebrochen waren, hatten die Koreaner alle anwesenden Expeditionen in ihr Camp eingeladen. Wir dachten, es sei eine Einladung zum Tee, wie sie in den Basislagern an den hohen Bergen durchaus üblich ist. Doch Young Seok Park hatte etwas ganz anderes im Sinn. Die vermeintlich frohe Runde entwickelte sich schnell zu einer zielgerichteten Besprechung mit nahezu militärischen Zügen. Park wollte erreichen, daß wir uns alle auf der Schulter träfen und die Gipfelbesteigung von dort aus gemeinsam anpackten.

Parks Vorstellungen waren so klar und deutlich formuliert, daß ich ihm genauso klar antwortete. »Nein«, sagte ich, »das kommt für mich nicht in Frage.« Alle in der Runde schauten mich verwundert an. Also wurde ich noch deutlicher: »Ich lehne es aus Prinzip ab, mich mit Expeditionen zusammenzutun, die mit Flaschensauerstoff arbeiten.«

Park riß für einen Moment die Augen auf. Der Koreaner, für den künstlicher Sauerstoff an den Achttausendern das Normalste der Welt schien, verstand mich nicht. Er wiederholte seinen Vorschlag und rühmte die Vorzüge einer großen Gruppe von Bergsteigern.

»Nein«, widersprach ich, »ich werde nicht mit einer Expedition zusammenarbeiten, die mit Sauerstoff auf den K 2 gehen will!«

Damit war das Thema für mich beendet. Höflicherweise trank ich meinen Tee aus und ging. Auch Peter Guggemos und Jean-Christophe Lafaille staunten im ersten Moment über meine rigorose Ablehnung. Doch dann verstanden sie, warum ich eine saubere Besteigung wollte. Ich hatte bei all meinen Expeditionen niemals eine Sauerstoffflasche angerührt und mich überdies auch niemals mit einer Expeditionsgruppe zusammengetan, die künstlichen Sauerstoff verwendete. Ich wollte dies auch an meinem dreizehnten Achttausender so halten.

1978 haben Peter Habeler und Reinhold Messner die Welt des Höhenbergsteigens praktisch über Nacht verändert. Mit ihrer Besteigung des Mount Everest ohne künstlichen Sauerstoff haben sie bewiesen, daß der Mensch, wenn auch nur für kurze Zeit, selbst nahe der 9000-Meter-Grenze ohne Atemmaske im Gesicht überleben kann. Vielleicht war dies Messners größte Leistung überhaupt. Spätestens von diesem Zeitpunkt an wäre es wünschenswert gewesen, den Flaschensauerstoff von den Achttausendern zu verbannen. Der Natur wäre damit einiges erspart geblieben. Doch auch nach 1978 wurden die Flaschen zu Hunderten zum Südsattel des Everest hinaufgetragen.

Höhenbergsteigen ist im bettelarmen Nepal, aber auch in Pakistan ein nicht zu unterschätzender Wirtschaftsfaktor. Nur zehn Expeditionen am Everest pro Saison bringen allein durch die Gipfelgebühren 750000 US-Dollar in die Staatskasse. Oft genug jedoch sind mehr Gruppen unterwegs. Bis heute hat noch niemand herausgefunden, was eigentlich mit diesem Geld geschieht. Es vermag auch niemand zu berechnen, in welcher Höhe weitere Devisen durch die Bergsteiger ins Land fließen. Schätzungsweise jedoch werden an und mit den acht Achttausendern in Nepal pro Jahr mindestens zwischen vier und fünf Millionen Dollar umgesetzt. Und das ist im drittärmsten Land der Erde sehr viel Geld. Würde man die Besteigungen mit künstlichem Sauerstoff untersagen, würde diese Einnahmequelle fast völlig versiegen, denn es gibt nicht viele Achttausender-Bergsteiger auf der Welt, die in der Lage sind, aus eigener Kraft auf den Mount Everest zu gelangen.

Und doch werde ich nicht müde, die immer selben Argumente vorzutragen. Ich tue dies bei jeder sich bietenden Gelegenheit. Ob dies nun bei den Behörden in Nepal und Pakistan ist, in Gesprächen mit anderen Bergsteigern, auf Podiumsdiskussionen, während meiner Vorträge und in meinen Publikationen. Die Besteigung eines Achttausenders mit Flaschensauerstoff ist keine saubere Sache. Durch die Verwendung von »englischer Luft« wird der Everest um wenigstens 1500 Höhenmeter kleiner gemacht. Weil jedoch bei einer Sauerstoffbesteigung mit einem künstlichen Mittel nachgeholfen wird, ist das für mich Doping und damit nicht fair.

Bergsteiger, die nicht ohne Sauerstoffflasche und Atemmaske auf den Mount Everest oder den K2 steigen können, sollen es bleiben lassen oder sich einen kleineren Berg suchen, dem sie ohne Hilfsmittel gewachsen sind. Kein Alpinist der Welt käme auf die Idee, in die Nordwand der Grand Jorasses, eine der drei großen, klassischen Nordwände in den Alpen, einzusteigen, wenn er nicht annähernd sicher wäre, dieser Tour auch gewachsen zu sein. Spätestens jedoch, wenn erkennbar wird, daß das Leistungsvermögen nicht ausreicht, kehren die Kletterer unter normalen Umständen um. In einer extremen Sportkletterroute ist es praktisch unmöglich, auch nur die ersten paar Meter hochzukommen, wenn man die Schwierigkeiten nicht bewältigen kann. Fast überall im Gebirge setzen die Höhe eines Bergs, die Steilheit seiner Wände und Grate die Grenzen für den Menschen. Der Alpinismus hat diese Grenzen im Lauf von über hundert Jahren Zug um Zug nach oben verschoben. Immer größere Schwierigkeiten wurden mit Kraft und Ausdauer, Geschick und Willenskraft überwunden. Selbst das Zeitalter der technischen Kletterei in den großen Wänden basierte allein auf der körperlichen Leistungsfähigkeit der Bergsteiger.

Einzig an den Achttausendern wird beim Bergsteigen versucht, die Gesetze der Natur zu überlisten, indem der Mensch mit Hilfe von künstlichem Sauerstoff auf den Gipfel gelangen will. Er versucht sich und dem Berg ein Schnippchen zu schlagen, indem in Flaschen abgefüllt wird, was oben nicht für jedermann in ausreichendem Maße vorhanden ist, nämlich Sauerstoff. Und der einzige Ehrgeiz, dies zu tun, die einzige Motivation, die Grenzen der eigenen Leistungsfähigkeit durch zusätzliche Luft aus der Flasche zu verrücken, ist die Eitelkeit jener, die das scheinbar letzte Abenteuer auf den höchsten Bergen der Erde erleben wollen, obwohl sie dafür eigentlich überhaupt nicht geeignet sind.

In dieser Deutlichkeit erklärte ich das den Koreanern zwar nicht, doch meine Einstellung war klar. Und alle Beteiligten wußten, woran sie mit mir waren. Peter und Jean-Christophe konnten mich durchaus verstehen, zumal es Jean-Christophe genauso hielt und Peter immer noch darüber nachdachte, ob er nicht möglicherweise am Everest ein paar Wochen zuvor ohne Sauerstoffmaske größere Chancen gehabt hätte.

Nun näherten wir uns der Gruppe Koreaner und Spanier Schritt für Schritt. Inzwischen standen sie mehr, als daß sie gingen. Die Verhältnisse im Flaschenhals waren gut. Die Lawine hatte den gesamten Schnee aus der Rinne gefegt, teilweise kletterten wir mit den Frontalzacken unserer Steigeisen auf blankem Eis. Das war mir allemal lieber als im Schnee, denn es eröffnete uns die Möglichkeit, mit einer Eisschraube gelegentlich eine Sicherung anzubringen, und wir wußten wenigstens, auf welchem Untergrund wir uns bewegten.

Beim Ausstieg aus dem Flaschenhals holten wir die anderen ein. Mächtig hingen die Seracs nun direkt über uns. Alles sah ganz anders aus als noch zwei Jahre zuvor, als ich mit Konrad unweit dieser Stelle kehrtgemacht hatte. Viel weniger Schnee, viel mehr Felsen. Steil war es immer noch, aber das Gelände machte einen viel stabileren Eindruck. Die ganze Zeit über hatten wir uns südseitig bewegt, nun mußten wir mehr in Richtung Westen, um die Seracs zu umgehen. Genau dort trafen wir auf die beiden Spanier und die Koreaner. Sie wurden von den beiden nepalesischen Sherpas Pasang und Serap Jangbu begleitet. Mittlerweile den fünften Tag am Berg unterwegs, wirkten die beiden genauso wie alle anderen matt und zerschlagen. Sie machten den Eindruck, als hätten sie sich alle total aufgerieben, besonders die beiden Sherpas. Es war anzunehmen, daß vor allem sie – genau wie am Everest üblich – die Sauerstoffflaschen und viel zu viel Gepäck hinaufgeschleppt hatten.

Fast mühelos überholten wir die Gruppe. Auch ich spürte nun diese endlose Müdigkeit, und ich spürte sie mehr als an jedem anderen Achttausender zuvor. Das lag natürlich einerseits daran, daß ich für diese Höhe einfach viel zu schlecht akklimatisiert und vorbereitet war. Andererseits hatte ich in den vergangenen Stunden viel zu wenig getrunken. Ich schwitzte zwar kaum, doch die Luft in diesen Höhen trocknet den Körper auch so aus wie eine Dörrpflaume. Die meiste Flüssigkeit verliert man beim Atmen. Und ich hatte nichts, womit ich den Verlust ein wenig hätte ausgleichen können. Von den kleinen Eisbröckchen, die ich immer wieder lutschte, bekam ich noch mehr Durst und mußte auch verstärkt husten.

Steil stiegen wir jetzt den vor uns liegenden Hang hinauf und hielten auf die linken Ausläufer der Seracs zu. Die Koreaner wurden

Maskiert: *Bergsteiger mit Sauerstoffgerät*

immer langsamer, nur Pasang und Serap Jangbu sowie die Spanier Carlos Pauner und Pepe Garcés hielten mit uns mit. Die Sherpas trugen wie die Koreaner Sauerstoffmasken. Die beiden Spanier waren ohne unterwegs. Ich empfand das schnarrende Geräusch der Masken fast unerträglich. Ich kam mir vor wie ein Verdurstender in der Wüste. Ich konnte die Quelle direkt neben mir plätschern hören. Alles wäre mit einem Zug aus der Sauerstoffflasche einfacher geworden. Aber ich hatte und wollte auch keine.

Knapp zweihundert Höhenmeter trennten uns noch vom Gipfel. Wenn das Gelände so blieb, müßten wir bald oben sein. Ich war wieder so nah dran wie schon zwei Jahre zuvor. Langsam näherten wir uns dem Ende der Querung. Die Steilheit des Hangs machte mir nicht viel aus. Wenn nur kein Schnee mehr käme. Ich spürte, wie mir ganz langsam die Luft ausging, wie mühsam das alles war. Jean-Christophe kam spätestens jetzt zugute, daß er wesentlich länger am Berg war. Und die anderen, außer den Spaniern, hatten die Atemmaske, ohne die sie wohl überhaupt nicht mehr vorwärtsgekommen wären.

Am seidenen Faden: *spanischer Bergsteiger jenseits der 8000 Meter*

Dann erreichten wir das Ende der schräg nach oben ziehenden Traverse. Wir gingen langsam um die Seracs herum. Hinter mir schnarrte die Atemmaske eines Koreaners. Ich filmte ihn während seines Aufstiegs. Alles war jetzt nur noch eine Willenssache und eine Frage der verbliebenen Kräfte. Vor uns begann nun ein Schneehang. Fünfzig, fünfundfünfzig Grad geneigt. Er schien kompakt, nicht lawinengefährlich. Nach ein paar Schritten versanken wir bis fast zu den Oberschenkeln im Schnee.

Nein, dachte ich, das kann doch nicht sein, nicht schon wieder. Wir begannen abwechselnd zu spuren. Wieder wühlten wir einen Graben aus. Wenn ich vorn war, schob ich mit den Händen den pulvrigen Schnee zur Seite. Mit der Brust berührte ich praktisch den Hang. Dann versuchte ich mit den Schuhen eine Stufe festzutreten und noch mehr Schnee vor mir wegzuräumen. Anschließend stieg ich das kleine Stückchen nach oben und gewann so dreißig oder vierzig Zentimeter Höhe. Wenn die fragile Stufe brach, rutschte ich zurück und stand im selben Schneeloch wie zuvor. Dann mußte ich wieder

Willenssache: *koreanischer Bergsteiger gekrümmt im Schnee*

innehalten, mich aufstützen und versuchen, den Puls halbwegs zu normalisieren. Danach begann die Arbeit von vorn.

In diesen Phasen des Höhenbergsteigens lebe ich nur noch von den kleinen Erfahrungen. Ja nichts erzwingen. Nur nicht mit Gewalt an die Sache herangehen. Das kostet viel zu viel Energie. Vor einem neuen Versuch, etwas Boden zu gewinnen, muß der Körper Ruhe haben. Tief ein- und ausatmen. Und möglichst nicht nach oben schauen. Nur nicht die Gipfelwächte ins Visier nehmen, sie kommt ohnehin nicht näher, und der Blick nach oben ist zermürbend.

Nein, schön ist das alles nicht mehr, wenn man da oben praktisch auf allen vieren dahinkriecht. Und das auch noch freiwillig. Wer etwas anderes behauptet, hat niemals eine solche Situation erlebt. Eine Situation, in der es viel einfacher wäre, sich hinzulegen und zu sterben, als den nächsten Schritt zu machen.

Alles ging unendlich langsam. Ich verwendete nun zwei Skistöcke. Eine Spezialanfertigung, wie ich sie schon am Everest dabeihatte. An den Griffen waren etwa zwanzig Zentimeter lange Plastikstücke in

Anhängsel: *mit einem Paar Ski am Gurt dem Gipfel entgegen*

der Form einer Pickelhaue montiert. Mit allen möglichen Mitteln versuchte ich die Auflagefläche und den Druck meines Körpers auf dem Schnee zu verteilen. Mit den Füßen wäre ich viel zu tief in den grundlosen Schneemassen versunken. Ich nutzte die Schienbeine und die Unterarme. Und ich hatte die Stöcke. Mit der Haue und ihrer gesamten Länge legte ich sie in den Schnee und konnte auf diese Weise immer auch ein wenig an ihnen ziehen.

Diese Methode verhalf mir zu mehr Stabilität, erhöhte mein Gleichgewicht und schien mich weniger Kraft zu kosten. Für den Nachkommenden war es nicht unbedingt ein Vorteil. Er konnte zwar die Treppe nutzen, doch die Gefahr, daß eine Stufe unter ihm einbrach und er zurückrutschte, war ständig gegeben, denn ich hatte den Untergrund mit weniger Gewicht belastet. Das waren die Kleinigkeiten, mit denen ich angesichts schwindender Kräfte versuchte, meine Chance auf den Gipfel zu wahren.

Wenn es überhaupt noch eines Beweises bedurfte, daß Jean-Christophe Lafaille zu den besten Höhenbergsteigern der Welt gehört, dann wurde er in diesen Stunden erbracht. Es war unglaublich anzusehen, wie er mit seinen Kraftreserven haushielt, wie er bei der wechselnden Spurarbeit in diesen katastrophalen Verhältnissen seine Energien einsetzte, über welche Kraft dieser kleine, nur 1,60 Meter große Mann verfügte.

Alle, die nach uns den Hang hinaufstapften, gingen in unserer Spur. Die beiden Sherpas Jangbu und Pasang versuchten sich am Anfang noch mit uns abzuwechseln, aber sie waren mit ihren Kräften am Ende und seit Tagen mit viel zu schweren Rucksäcken belastet. Nach zwei Schritten ließen sie sich schon wieder überholen und reihten sich hinten ein. Der Spanier Carlos Pauner war noch der Stärkste aus der anderen Gruppe. Er half, wann immer er konnte, doch irgendwann ließ auch er sich zurückfallen.

Während meiner Ruhepausen schaute ich immer mal wieder auf die Anzeige meines Höhenmessers. Wir lagen zwar gut in der Zeit und mußten uns deswegen noch keine ernsthaften Gedanken machen, aber wir kamen unendlich langsam voran. Zwei, drei Schritte, dann mußten wir wieder rasten. Unerträglicher Durst plagte mich. Immer wieder stellte ich mir die Frage, ob meine Reserven wohl reichen würden, um ganz hinaufzukommen. Sie würden reichen, da war ich mir ganz sicher. Ich kannte meinen Körper sehr genau. Ich wußte, daß mein Akku nicht von einem zum anderen Moment leer sein würde, daß ich von den Kräften her nicht schlagartig abbaue. Ich war müde, unendlich müde. Aber die Erfahrung signalisierte mir, daß ich noch viele Stunden weitergehen könnte, wenn ich es nur wollte.

Sekunden, Minuten, Stunden verstrichen. Wir wühlten uns wie Maulwürfe den Hang hinauf. Kaum ein Wort wurde gesprochen. Es kostete mich immer häufiger Überwindung, die nächste Stufe im Schnee zu belasten, aus Angst, sie könnte einbrechen und ich würde wieder zurückrutschen, ohne vorwärtsgekommen zu sein. In meinen Ohren hörte ich den eigenen Pulsschlag und meinen rasselnden Atem. Oder war es der von Jean-Christophe? Manchmal war ich mir nicht mehr sicher.

Für 160 Höhenmeter benötigten wir mehr als vier Stunden ...

Kapitel 30
Gipfelsekunden – Wenn es nicht mehr höher hinaufgeht

... auf einmal wurde die gelbe Gestalt vor mir schneller. Fast unmerklich nur, aber sie wurde schneller. Geringfügig vergrößerte sich der Abstand zwischen der dick vermummten Gestalt und mir. Dann blieb sie stehen. Und auch ich stoppte. Ich mußte anhalten. Es ging nicht anders. Mein Atem flog, mein Herz raste, mein Körper versuchte reflexartig die Lungen mit Sauerstoff zu füllen. Ich konnte förmlich spüren, wie zäh und dickflüssig das Blut durch meine Adern pumpte. Und dazu der ständige Husten. Das war nicht ein kehliger, befreiender Husten, sondern ein ekelhafter Reizhusten, ausgelöst durch die Temperaturen, die Höhe und die trockene Luft...

Ich überlegte, obwohl mir das Denken nun schon einigermaßen schwerfiel, wie weit der Weg bis hierher gewesen war. Nicht allein an diesem Tag und an den Tagen zuvor. Sondern in all den Jahren. Es war dies immerhin mein fünfter Anlauf, den Berg aller Berge zu besteigen. Und zwischen meinem ersten Achttausendergipfel, 1983 am Cho Oyu, und diesen intensiven Momenten am K2 lagen achtzehn Jahre. Alles zusammengenommen hatte ich dreißig Expeditionen unternommen.

Jean-Christophe Lafaille war ein kurzes Stück vor mir. Und der Abstand zwischen uns vergrößerte sich. Wurde ich langsamer oder er tatsächlich schneller? Ich beobachtete seine Bewegungen. Kein Zweifel, er erhöhte sein Tempo. Kaum merklich zwar, aber er wurde wirklich schneller. In der vergangenen Stunde hatten wir fast nur noch gestanden. Immer länger wurden unsere Rastpausen. Der tiefe Schnee forderte in immer kürzer werdenden Intervallen seinen Tribut. Wenn wir anhielten, beugten wir uns keuchend vornüber, und ich legte den Kopf auf meinen Arm, der den Teleskopstock hielt.

Vor mir drehte sich Jean-Christophe um. Er machte eine Bewegung

Schritte: *Die Steilheit läßt nach, der höchste Punkt ist nah*

mit der Hand. Ich weiß nicht, ob er dabei lachte. Ich warf einen kurzen Blick auf die Anzeige des Höhenmessers. Wenn er noch richtig anzeigte, konnte es nicht mehr weit sein. Dreißig, vielleicht vierzig Höhenmeter. Höchstens. Ein Grat schien nach links wegzuziehen. Als ich dorthin gelangte, bestätigte sich meine Annahme. Das Gelände legte sich zurück, es wurde flacher, und der Schnee war verschwunden. Der Wind hatte ihn mitgenommen. Weggeblasen, irgendwohin. Wie angenehm. Jean-Christophe wartete. Vor uns lag nur noch ein letzter Aufschwung.

Das war ein ganz und gar bemerkenswerter Moment. Ich war fix und fertig nach der Wühlerei in den vergangenen Stunden, und doch tankte ich mit einem Mal wieder auf. Der Stumpfsinn hatte ein Ende, ich fühlte neue Kräfte in mir aufkeimen. Das Ziel lag direkt vor mir. Der Gipfel war so nah. Nichts und niemand hätte mich jetzt noch aufhalten können. Ich begann die letzten Schritte zu genießen. Schritte hin zum zweithöchsten Punkt der Erde. So viele Jahre hatte ich auf diesen Moment gewartet, hatte versucht, mir vorzustellen, wie das

Ganz oben: *Jean-Christophe Lafaille und Hans Kammerlander*

sein könnte, am schwierigsten Achttausender diese letzten Schritte zu gehen.

Und dann standen wir oben. Es ging nicht mehr weiter hinauf, sondern überall nur noch hinunter. Der Augenblick war da, und er dauerte nur ein paar Sekunden.

Glück. Ich empfand einen dieser kostbaren Momente des Glücks. Es ist schwer zu beschreiben, was wirklich in mir vorging. Ich spürte die Erleichterung, physisch wie psychisch. Das Brennen in den Muskeln ließ nach, die Atemfrequenz senkte sich, und der Puls wurde wieder normal. Mein Kopf sagte mir: Endlich! Endlich angekommen! Gleichzeitig sandte er das Signal Erleichterung. Von mir schienen Zentnerlasten abzufallen. All das zusammengenommen machte diese wenigen Sekunden des Glücks aus.

Warum gratulieren sich Bergsteiger auf dem Gipfel? Händeschütteln, eine kurze Umarmung, ein Glückwunsch, ein stummes Kopfnicken, ein kurzer Augenaufschlag. Vielleicht ist die Gratulation am höchsten Punkt, diese Anerkennung für den Partner, die einzige Möglichkeit, in dem kurzen ersten Moment die eigene Leistung zu erfassen. Jean-Christophe schaute mich an und streckte mir die Hand entgegen. Ich nahm sie gern. Angekommen. Wir waren tatsächlich oben angekommen. Die Sekunden des Glücks wichen der Zufriedenheit. Es war schon vorbei mit dem außerordentlichen Gefühl.

Ich schaute hinüber zum Broad Peak, wo 1994 das Abenteuer K 2 begonnen hatte. Wie klein er doch wirkte. Fast sechshundert Höhenmeter niedriger. Ich drehte mich langsam im Kreis. Das Panorama schien endlos. Vielleicht war es eine optische Täuschung, aber ich glaubte die Erdkrümmung zu erkennen. Ich kramte die Kamera heraus und machte ein paar Bilder. Dann drehte Jean-Christophe ein paar kurze Videosequenzen. Langweilige Szenen eher, aber immerhin der Beleg, daß wir oben waren. Alles an diesem Berg schien mir spannender als der Gipfel, der nichts mehr war als ein runder Rücken, der nach allen Seiten hin steil abfiel.

Dann kamen Carlos Pauner und Pepe Garcés, die beiden Spanier. Danach Serap Jangbu und Pasang, die nepalesischen Sherpas. Schließlich die Koreaner Hee Jun Oh, Young Seok Park und Seong Gyu Kang. Einer von ihnen war zurückgeblieben. Neun Bergsteiger erreichten an diesem 22. Juli 2001 gegen 14.30 Uhr den Gipfel des K 2. Es war der einzige Tag der Saison, an dem der Gipfel bestiegen wurde. Für Serap Jangbu war es ein ganz besonderer Augenblick, denn er erreichte als zweiter Bergsteiger überhaupt den Gipfel des K 2 zum zweiten Mal. Ein Jahr zuvor war er, ebenfalls im Rahmen einer koreanischen Expedition, zum ersten Mal oben gewesen. Das hatte bis dahin nur der Tscheche Joschka Rakoncaj geschafft, der den K 2 1983 zunächst von der chinesischen Nordseite her und 1986 noch einmal über den Abruzzengrat bestieg.

Nachdem ich ein paar Fotos gemacht hatte, zog ich schleunigst die Handschuhe wieder an, denn es war extrem kalt. Wir schätzten die Temperatur auf unter vierzig Grad. Lange war es dort oben nicht auszuhalten, wenn wir nicht Erfrierungen riskieren wollten.

Bergbesteigungen haben es so an sich, daß der Gipfel nur der halbe Weg ist und der Berg dir erst gehört, wenn du wieder unten bist.

Die meisten Probleme, die meisten Unglücke und die meisten Todesfälle am K 2 gab es stets beim Abstieg. Die Geschichte des Bergs spricht da eine sehr deutliche Sprache. Jenen 22. Juli 2001 eingerechnet, an dem wir den höchsten Punkt erreichten, gab es am K 2 198 Besteigungen durch 196 Kletterer. 21 von ihnen kamen auf dem Rückweg ums Leben. Vor allem Übermüdung und mangelnde Konzentration waren die Ursachen. Und diese Statistik beinhaltet nur jene Todesfälle von Bergsteigern, die zuvor den Gipfel erreichten. Die Gesamtzahl der Unfälle mit tödlichem Ausgang am K 2 ist wesentlich höher.

Nach dem intensiven Erlebnis am Gipfel mußten wir nun all unsere Sinne für einen sicheren Abstieg schärfen. Doch für mich sollte es kein Abstieg, sondern eine Abfahrt auf Ski werden. Tagelang hatte ich den Berg von unten Meter für Meter mit dem Fernglas studiert und versucht, mir bestimmte, ganz markante Geländeformationen einzuprägen. Auch während des Aufstiegs war ich stets darauf bedacht, an schwierigen, nicht logischen oder unübersichtlichen Stellen Möglichkeiten für mein Vorhaben zu finden und mir zu merken. Vor mir lag wieder Kopfarbeit, denn nun würde alles anders sein. Ich würde nicht mit den bissigen Steigeisen und mit dem Gesicht zur Wand nach unten klettern, sondern die glatten Ski an die Schuhe schnallen und mich in eine unglaubliche Steilheit wagen.

Allein der Wechsel war mühsam. Die Steigeisen abzunehmen, in die Bindung der Ski zu steigen und sie dann zu schließen war Schwerarbeit. Nachdem die Spezialkonstruktion extrem hart eingestellt war, damit ich unterwegs nur ja keinen Ski verlieren würde, mußte ich recht lange in der Hocke bleiben, bis ich sie geschlossen hatte. Schon das raubte mir schon wieder den Atem.

Um mich herum waren die Koreaner, die Spanier, die beiden Sherpas und Jean-Christophe. Alle waren mit irgend etwas beschäftigt, und trotzdem beobachteten sie mich ganz genau. Mir fiel das alles viel leichter als 1996 am Mount Everest, als ich ganz allein auf dem Gipfel stand und einfach den Knoten in meinem Kopf nicht lösen konnte. Damals dauerte es lange, bis ich den Mut aufbrachte, loszufahren. Am K 2 war das anders. Da waren andere Bergsteiger, und deswegen fühlte ich vielleicht nicht so sehr die Gefahr, die nun vor mir lag. Obwohl das, was ich vorhatte, mindestens genauso risikoreich war wie das Unternehmen am Everest.

So ähnlich muß sich ein Skirennläufer fühlen. Auch er hat lange auf diesen bestimmten Moment des Wettbewerbs hintrainiert. Vieles im Training ist nur halbherzig, und oft ist man nicht richtig bei der Sache. Das kenne ich von mir selbst. Doch wenn der Rennläufer dann vor dem Start in der Aufwärmphase ist, wenn die Serviceleute um ihn herum sind, wenn sich alles auf einen Punkt fokussiert, dann ist er voll motiviert und konzentriert. So ging es mir nun auch. In mir spannte sich alles, und ich war froh, daß das Wegfahren diesmal so einfach war.

Jean-Christophe Lafaille hatte mit dem Abstieg bereits begonnen. Er war schon ein ganzes Stück voraus. Glücklich war er ganz gewiß nicht, daß ich nun die Ski nahm und er allein hinuntermußte. Ich machte noch ein paar Rutscher, um mich an die Bretter zu gewöhnen, dann fuhr ich los. Es ging recht gut, die Knie spielten das geforderte Spiel mit. Ich bekam das Gefühl, mein Gleichgewicht ganz anders zu halten als noch kurz zuvor bei unserem Aufstieg. Die schwierige Umstellung von den Steigeisen auf die Ski gelang gut. Ich hatte Jean-Christophe gebeten, ein paar Filmaufnahmen zu machen, wenn ich vom Gipfel wegfahren würde. Doch nun tappte er über den Grat abwärts und drehte sich nur ein oder zweimal kurz um. Er war viel zu müde, um noch einmal die Handschuhe auszuziehen, die Kamera herauszuholen, sie einzuschalten, zu filmen und dann wieder alles wegzupacken.

Ich kam auf meinen Skiern nicht viel schneller voran als mein französischer Partner zu Fuß. Hinter dem Grat, in der steilen Flanke, rutschte ich seitlich ab oder sprang, wenn es die Steilheit zuließ, spitze Bögen im Schnee. Es war sehr mühsam, kostete enorm viel Kraft und wirkte ganz gewiß nicht sonderlich elegant.

Nach nicht einmal 150 Höhenmetern war es vorbei. Schon während wir die paar Minuten am Gipfel verbrachten, hatte es aus der Ferne dichte Wolkenbänke in Richtung K 2 und Broad Peak gedrückt. Sie kamen nun rasant immer näher und verdeckten schließlich die Sonne. Vor mir sah ich nur noch eine weiße, kontrastlose Fläche. Ich erkannte keine Geländeformationen mehr, sah keine Kuppen, keine Mulden, keine Unebenheiten mehr. Das diffuse Licht bescherte mir binnen weniger Minuten fast einen Blindflug. Weil ohnehin schon alles sehr langsam ging, wußte ich manchmal nicht mehr, ob ich stehe oder noch fahre.

Bei solchen Lichtverhältnissen auf Ski zu stehen ist für viele Menschen schon auf einer präparierten Piste nicht einfach, bei Skitouren im freien Gelände kann das zu einem ernsthaften Problem werden. Am K 2 war es ein Ding der Unmöglichkeit. Ein paarmal stieß ich mit den Skispitzen irgendwo an. Dann wieder lief ich Gefahr, ins Rotieren zu geraten, mit der Hüfte nach unten zu drehen oder Übergewicht zu bekommen. Solche Fahrfehler konnte ich mir nicht leisten. Bei einem Sturz gäbe es in dem steilen Gelände kein Halten mehr.

Zu diesem Zeitpunkt befand ich mich ganz in der Nähe von Jean-Christophe. Ich hielt an und schaute zum Himmel. Alles dicht. Es hatte keinen Sinn, weiterhin ins Nichts abzufahren. Ich würde mich in Lebensgefahr begeben. Also stieg ich aus der Bindung, schnallte die Ski an meinen Rucksack und befestigte die Steigeisen wieder an meinen Stiefeln. Dann setzten wir den Abstieg gemeinsam fort. Jean-Christophe schien mir fast ein wenig erleichtert. Nun waren wir wieder ein Team wie schon beim Aufstieg. Wir könnten uns gegenseitig ein wenig helfen, wenn es nötig wäre. Nicht beim Klettern, sondern vielmehr beim Kampf gegen die Müdigkeit.

Wir machten uns mit dem Gedanken vertraut, hinter dem Flaschenhals, unten auf der Schulter, noch einmal biwakieren zu müssen. An einem Tag kamen wir nicht bis in das andere Camp auf 7000 Meter, geschweige denn bis auf den Gletscher und ins Basislager. Doch mit dem Gipfelerfolg im Rucksack und all den positiven Gedanken im Kopf sahen wir selbst einer weiteren Nacht in der Todeszone eher gelassen entgegen. Es würde sicher noch einmal sehr kalt werden, aber das wäre durch den Erfolg vielleicht etwas leichter zu ertragen.

Ohne Streß stiegen wir fast parallel ab. Nun war es an vielen Stellen der grundlos tiefen Schneeflanke egal, ob der Schnee unter unseren Füßen nachgab oder nicht, ob wir rutschten oder Schritt für Schritt gehen konnten. Im Flaschenhals beeilten wir uns, denn nach-

Unmöglich: *Statt Skiabfahrt blieb nur der Weg zu Fuß nach unten*

mittags war die Gefahr unter dem Eisbruch noch größer. Wir beobachteten die anderen Bergsteiger, wie sie langsam hinter uns herkamen.

Gut elf Stunden nach unserem Aufbruch erreichten Jean-Christophe Lafaille und ich das Hochlager auf der Schulter. Seit fast elf Stunden hatte ich schon nichts mehr getrunken. Wir begannen ohne Unterlaß Schnee zu schmelzen und Tee zu kochen. Und ich trank und trank. Nicht schnell, nicht hastig. Sonst hätte ich mich sofort übergeben müssen. Immer wieder nahm ich kleine Schlucke, die mein Körper aufsaugte wie ein trockener Schwamm.

Gegen Abend kamen endlich auch die anderen über die Schulter gewankt. Sie machten einen kurzen Stopp bei unserem Zelt. Dabei erfuhren wir, daß einer der Koreaner im Mittelteil des Flaschenhalses ausgeglitten war, ungesichert bis zum Einstieg abgestürzt und von dort in der Südwand verschwunden war. Ich wurde das Gefühl nicht los, daß die Koreaner nicht sonderlich aufgewühlt waren und uns die

Nachricht viel mehr zu schockieren schien. Ich konnte mir jedoch nicht erklären, woran das lag.

Der Koreaner mußte nahe bei uns vorbeigestürzt sein, doch wir hatten nichts mitbekommen. Es war auch nicht herauszufinden, ob ihm möglicherweise ein Steigeisen gebrochen oder ihm die extreme Müdigkeit nach sechs Tagen am K 2 zum Verhängnis geworden war.

Notgedrungen nahmen wir ein weiteres Biwak in Kauf. Lieber wären wir beide weiter abgestiegen. Doch wir waren einfach zu müde. Wieder wurde es lausig kalt. Schlimmer noch als in der Nacht zuvor. Möglicherweise empfanden wir das auch nur so, weil unsere Körper so ausgelaugt waren. Doch wir würden es überstehen, und nur ein Schneesturm konnte uns noch auf dem Weg nach unten aufhalten. Daß uns das Wetter den Weg abschneiden könnte, war jedoch unsere einzige Sorge. Wir freuten uns trotz der Müdigkeit über den Gipfelerfolg, lagen in den Schlafsäcken, tranken, und irgendwann schlief ich ein.

Es kam zu keinem Wettersturz in dieser Nacht. Die Wolken verzogen sich wieder, es wurde klirrend kalt, und am Morgen hatten wir wieder alle Mühe, aus den Schlafsäcken zu kommen. Schritt für Schritt, sehr vorsichtig und fast ausschließlich mit dem Gesicht zur Wand, begannen wir den weiteren Abstieg. Anders war das wegen der Steilheit nicht möglich. Manchmal fanden wir Seile von einer koreanischen Expedition aus dem Vorjahr. Natürlich nutzen wir sie, allerdings nicht ohne sie vorher einer Belastungsprobe zu unterziehen.

Um die Mittagszeit erreichten wir den Platz, an dem wir drei Tage zuvor unsere erste Nacht verbracht hatten. Wir beeilten uns, Tee zu kochen, und tranken wieder. Allzulange dehnten wir die Rast nicht aus, denn wir fürchteten, daß uns erneut diese bleierne, alles lähmende Müdigkeit übermannen könnte. Noch immer lagen über zweitausend Höhenmeter Abstieg bis hinunter auf die Moräne vor uns. Und das Gelände wurde nicht leichter. Inzwischen war es schon wieder Nachmittag geworden. Die Zeit schien im Flug zu vergehen. Die Sonneneinstrahlung war extrem. Mit jedem Schritt, den wir tiefer kamen, wurde die Luft sauerstoffreicher, doch gleichzeitig wurde es auch immer wärmer. Wir packten zusammen und brachen wieder auf.

Durch die Erwärmung erhöhte sich die Steinschlaggefahr enorm. Wenn eine Expedition beginnt und die Lawinen ins Tal donnern oder von irgendwo ein Steinhagel daherkommt, erschreckt man am Anfang jedesmal. Doch im Lauf der Zeit stumpft man ab, die Lawinen regen kaum mehr jemanden auf, weil sie meist weit weg sind, und nicht immer geht es so zu wie bei dieser Monsterlawine, die wir erlebt hatten. Dasselbe gilt auch für den Steinschlag. Die Gleichgültigkeit nimmt zu.

Doch nun mußten wir wirklich aufpassen. Wie Geschosse kamen die Steine als kleine schwarze Punkte von weit oben herunter, veränderten mit jedem Aufschlag ihre Schußbahn, und oft erst im letzten Moment war ungefähr zu kalkulieren, ob sie uns gefährden konnten oder ob sie, drei, vier Meter entfernt an uns vorbeisprangen.

Daß ich am Ende dieses Tages noch eine gehörige Portion Glück haben würde, ahnte ich zu diesem Zeitpunkt nicht. Vorerst hatten wir nur ein Bestreben. Wir wollten hinunter, endlich weg von diesem Berg, endlich nicht mehr absteigen müssen.

Kapitel 31
Bedrückend – Abschied von den Achttausendern

Der Stein kam lautlos daher. Ich hörte ihn nicht und sah ihn auch nicht.

Zu meiner Standardausrüstung an den Achttausendern gehörten in den vergangenen Jahren immer auch ein Paar Teleskop-Wanderstöcke. Am Griff hatte ich sie, wie erwähnt, etwas umbauen lassen. Ansonsten waren sie, wie man sie im Geschäft kaufen kann. Bei unserem Abstieg vom K 2 hatte ich die drei in der Länge verstellbaren Teile ineinandergeschoben. Einer der beiden Stöcke war am Rucksack befestigt, den anderen trug ich in der linken Hand. In der rechten hatte ich ein kurzes Eisgerät. Wenn ich nun, mit dem Gesicht zur Wand, abstieg, steckte ich den Stock schräg in den Hang, um das Gleichgewicht besser zu halten. Den Pickel brauchte ich selten.

Immer wieder konnten wir nun auch unsere eigenen Fixseile nutzen. Durch die Abseilfahrten verloren wir rasch an Höhe. Und doch schien alles noch immer endlos lange zu dauern, denn wir mußten weiterhin vorsichtig sein. Der K 2 ist in keiner Phase, praktisch in keiner Minute zu unterschätzen. Wir waren schon fast unten. Jean-Christophe sagte erleichtert, daß wir es nun wohl gleich geschafft hätten. Unter den Steigeisen stollte der Schnee auf, und die Flanke war immer noch zu steil, um vorwärtsgehen zu können.

Dann passierte es. Ich hatte den Teleskopstock nicht mit der Schlaufe am Handgelenk, sondern hielt ihn einfach nur am Griff. Von oben kam ohne Geräusch ein Stein daher. Ich sah nicht einmal, wie groß er war. Alles ging blitzschnell. Der Brocken schlug mit voller Wucht genau auf den Stock. Es gab einen Ruck an meinem Handgelenk, und ich konnte den Stock nicht mehr festhalten. Er landete weiter unten in der Schneeflanke, wo ich ihn später wiederfand. Den Stein hatte ich nicht mal gesehen, als er in der Tiefe verschwand.

Es ist am K 2, im Gegensatz zu den allermeisten anderen Achttausendern, üblich, einen Kletterhelm zu tragen. Doch gegen diesen Brocken hätte mich auch der Helm nicht geschützt. Glück. Schon wieder war mir das Glück zur Seite gestanden. Ich mußte an Mihai Cioroianu denken. Ihn dürfte vor zwei Jahren der Stein genauso unvermittelt getroffen haben.

Kurz nach diesem Vorfall erreichten wir endlich den Wandfuß. Jetzt war es nur noch eine halbe Stunde, in unserem Zustand vielleicht auch eine ganze, bis zum Basislager. Über den ebenen Gletscher würden wir nun gemütlich dahingehen können. Endlich unten, endlich wurde es eben. Dennoch mußten wir auf die Spalten achten und darauf, daß wir nicht wie Walther in ein verstecktes Loch stürzten und es uns so erging wie 1986 Renato Casarotto. Noch immer trug ich den Stock in der Hand. Der Stein hatte ihn beim Aufprall fast in einem rechten Winkel verbogen. Ich wollte ihn mit nach Hause nehmen und als Erinnerungsstück aufheben.

An einer Stelle auf dem Gletscher mußten wir eine Spalte über-

Vorbei: *nach der Rückkehr ins Basislager auf der Gletschermoräne*

queren. Ich machte einen großen Schritt, kam für Bruchteile von Sekunden aus dem Gleichgewicht und ließ dabei den Stock los.

Er fiel in die Spalte. Nicht sehr tief, ich sah ihn rund drei Meter weiter unten auf einer Schneebrücke liegen. Unter normalen Umständen wäre es ein leichtes gewesen, hinunterzusteigen und den Stock wieder heraufzuholen. Doch in dieser letzten Stunde war nichts mehr normal. Ich war viel zu müde. Ich spürte, daß ich am Ende meiner Kräfte war. Das lag sicherlich auch daran, daß wir nun in Sicherheit waren und spürbar wurde, was wir geleistet hatten. Hätten wir weiter absteigen müssen, wäre es sicher noch gegangen. So aber verzichtete ich auf das bemerkenswerte Souvenir, das ohne zusätzliche Mühe nicht mehr zu erreichen war.

Bald darauf kamen wir ins Basislager. Peter, Christian, unser Koch, das andere Personal, sie alle hatten uns schon von weitem gesehen. Sie kamen uns nun mit Tee entgegen, und wir tranken mit gierigen Schlucken.

Es war vorbei. Ich hatte mein Ziel erreicht. Ich war am K 2 bis zum höchsten Punkt gestiegen. Jetzt, während ich vor den Zelten auf einem wackligen Klappstuhl saß und sich der Abend über das Basislager legte, kam ein seltsames Gefühl in mir auf. Es war vorbei. Das war schon richtig. Wir hatten es geschafft, vom zweithöchsten und schwierigsten Achttausender der Erde unbeschadet wieder herunterzukommen. Aber das war es nicht allein. Meine Empfindungen waren diesmal ganz anders.

Wenn ich früher von einem der ganz hohen Berge zurückkam, wußte ich stets, daß ich mich nun ausruhen und neue Kräfte sammeln würde, um dann sofort eine neue Expedition zu planen und wieder zu starten. Der Weg hatte immer wieder von neuem begonnen. Es war wie der Kreislauf meines Lebens. Doch nun hatte ich meinen Traumberg bestiegen und gleichzeitig meinen dreizehnten Achttausender. Ein langer Weg. 1983 Cho Oyu, 1984 die beiden Gasherbrum-Gipfel, 1985 Dhaulagiri und Annapurna, 1986 Makalu und Lhotse, 1990 Nanga Parbat, 1994 Broad Peak, 1996 die Shisha Pangma und den Mount Everest, 1998 den Kangchendzönga und nun, 2001 den K 2. Dreizehnmal ganz oben.

Schon am Gipfel war mir jedoch bewußt geworden, daß diesmal bei der Rückkehr alles anders sein würde. Denn ich war mir natürlich darüber im klaren, daß mir nun nur noch der Manaslu, einer der kleinen, eher leichten Achttausender, fehlte, um in die Runde derer aufgenommen zu werden, die sie alle bestiegen haben. Doch der Manaslu war und ist für mich noch immer tabu. Ich bin nie wirklich über den Tod von Friedl Mutschlechner und Carlo Großrubatscher hinweggekommen. Es zieht mich überhaupt nichts zu diesem Berg, der sicher zu den schönsten Achttausendern gehört. Alle vierzehn in meinem Tourenbuch stehen zu haben ist mir nicht wichtig genug, um dort noch einmal ganz hinaufzugehen, wohl wissend, daß die toten Freunde dort oben im ewigen Eis liegen.

Jetzt, vor den Zelten des Basislagers, verstand ich, was mich am höchsten Punkt des K 2 für einen Moment so sehr berührt hatte, warum ich mich so schwer von dem kleinen, eher unscheinbaren Flecken Erde getrennt hatte. Weil es das letzte Mal sein würde, daß ich diesen Augenblick auf einem Achttausender erleben würde. Diese wenigen Momente auf dem Gipfel waren auch ein Abschied von den hohen Bergen. Denn die Motivation, einen von ihnen ein zweites Mal zu besteigen, würde ich wohl kaum aufbringen können.

Ich muß zugeben, das waren bedrückende Gedanken und tiefgehende Gefühle, die sich da mit der Freude über die Besteigung des K 2 mischten. Es war vorbei. Im doppelten Sinne.

Am nächsten Tag packte ich meine Sachen zusammen. Es waren gerade drei Träger im Basislager, die frische Lebensmittel heraufgebracht hatten. Zwei von ihnen kannte ich von jenem Gewaltmarsch ins Basislager. Mit ihnen wollte ich hinausgehen nach Askole. Und das auf dem schnellsten Weg. Es gab nichts mehr, was mich am Fuß des K 2 halten konnte. Ich wollte heim, zurück nach Südtirol, hinauf nach Ahornach. Vielleicht würde ich meinem Bruder auf dem Bauernhof beim Heu machen helfen oder zum Klettern in die Dolomiten fahren.

Die anderen hatten es nicht eilig. Ich verabschiedete mich von den Mitgliedern unserer Expedition, von Peter Guggemos und Christian Tomsdorf. Und schließlich von Jean-Christophe Lafaille. Er war mir ans Herz gewachsen, dieser kleine große Mann. Der K2 war sein siebter Achttausender. Und diese beispielhafte Karriere sollte danach nicht zu Ende sein. Ein Jahr später bestieg er endlich die Annapurna, an der er die größte Tragödie seines Lebens mitgemacht hatte und an der er danach noch zweimal gescheitert war.

2003 gelang ihm schließlich ein tollkühnes Unternehmen. Innerhalb von nicht einmal zwei Monaten bestieg er hintereinander drei Achttausender. Am 20. Mai stand er auf dem Gipfel des Dhaulagiri in Nepal. Dann flog er nach Pakistan und eröffnete am Nanga Parbat mit dem Italiener Simone Moro eine neue Linie, die auf 7000 Meter Höhe in die Kinshofer-Route mündet. An diesem Punkt traf er am 23. Juni auf Ed Viesturs und bestieg mit ihm den Gipfel, nachdem Moro aufgegeben hatte. Am 15. Juli schließlich erreichte er – wieder mit Ed Viesturs – den höchsten Punkt am Broad Peak. Der Mount Everest, der Makalu und der Kangchendzönga fehlen ihm nun noch, falls er den Ehrgeiz hat, alle vierzehn zu besteigen.

Den Großteil meiner Expeditionsausrüstung ließ ich in Expeditionstonnen verpackt zurück. Wenn in ein paar Tagen die anderen Träger kämen, würden sie hinaustransportiert und in meinem Depot bei Ashraf Aman eingelagert werden. Ich nahm nur das Wichtigste mit. Die drei Träger standen am nächsten Tag schon in aller Früh in den Startlöchern. Sie schienen sich fast zu freuen, es mir noch einmal zu zeigen, wie schnell sie gehen können. Und tatsächlich, es war einfach nicht zu glauben, was die drei wieder für ein Höllentempo vorlegten. Ich mußte mir Mühe geben, um halbwegs Schritt zu halten. Innerhalb eines Tages erreichten wir Urdukas.

Am Concordia-Platz hatte es zu schneien begonnen. Die kurze Hochdrucklage war zusammengebrochen. Im Nu lag die ganze Landschaft im Winterkleid. In tieferen Lagen ging der Schnee in strömenden Regen über. Als wir in Urdukas ankamen, hatte ich keinen trockenen Faden mehr am Leib. Die Träger rollten sich unter einem großen Stein zusammen. Dort war es trocken. Ich fand mit meinem feuchten Schlafsack Unterschlupf im Küchenzelt einer kleinen US-amerikanischen Trekkinggruppe, die auf dem Weg zum Basislager des K2 war. Am anderen Morgen hatte ich die Augen noch nicht richtig offen, da

Süße Köstlichkeiten: *Aprikosen im Land der Balti*

scharrten meine pakistanischen Freunde schon wieder mit den Füßen. Es regnete noch immer in Strömen.

Sie stürmten mit mir weiter über die Moräne des Baltoro-Gletschers bis hinaus nach Paju. Hinter dem riesigen Gletschermaul, aus dem ungeheure Wassermassen, eine sandige, grau-braune Brühe, herausschossen, mußten wir viele kleine Bäche überqueren. Dort geht es rauf und runter wie in einer Achterbahn. Es war ermüdend nach all den Strapazen. Aber ich sagte nichts. Und auch die Träger schwiegen. In Paju schien die Sonne. Im Nu waren unsere Sachen getrocknet, und die drei gingen schon wieder weiter. Gegen Abend erreichten wir das Teehaus in Korophon, ganz nah bei einer großen Hängebrücke. Dort gab es schon wieder Cola zu kaufen. Es roch förmlich nach Zivilisation, wenngleich wir ganz bestimmt alles andere als einen sauberen, zivilisierten Eindruck hinterließen. Die Träger machten frische Chiapate und luden mich zum Essen ein. Ich rollte meine Matte aus, legte mich in den Schlafsack und schlief unter klarem Sternenhimmel sofort ein.

Mitten in der Nacht wachte ich erschrocken auf. Es rauschte, als würde ein Bach über mir fließen. Meine Hand lag in einer Pfütze, und es stank wie inmitten einer Herde nasser Schafe. Ich wußte überhaupt nicht, wo ich mich befand, denn über mir war der Himmel verschwunden. Es dauerte einen Moment, bis ich schlaftrunken die Orientierung wiederfand. In der Nacht hatte es wieder zu regnen begonnen, was der Himmel nur hergab. Die drei Träger sahen mich ungeschützt in meinem Schlafsack unter freiem Himmel liegen, doch wecken wollten sie mich unter keinen Umständen. Und so nahmen sie ihre Plastikplane und krochen leise zu mir herüber. Dann rückten sie vor und hinter mir ganz dicht zusammen. Und schließlich deckten sie diese stark nach Wildnis duftende Schlafgemeinschaft aus Menschenleibern nahezu luftdicht mit der Plane zu.

Wir überlebten alle vier und spazierten am nächsten Tag noch das kurze Stück hinaus bis nach Askole. Dort warteten die Jeeps. Ich zahlte den Trägern den üblichen Lohn und schenkte ihnen überdies all mein Bargeld, das ich noch bei mir hatte. Mit ein paar hundert Dollar war ihnen schon geholfen, denn sie waren ernsthaft in Not. Ein paar Wochen zuvor hatte ein Murenabgang ihr gesamtes Dorf verwüstet. Die Häuser waren entweder zerstört oder erheblich beschädigt worden. Die Menschen dort standen vor dem Nichts. Weder von der pakistanischen Regierung noch von einer Hilfsorganisation hatten sie irgendeine Hilfe erhalten. Ich freute mich, daß ich ihnen wenigstens ein bißchen zur Seite stehen konnte.

Während mein Gepäck in einen der Jeeps verladen wurde und die holprige Fahrt in Richtung Skardu beginnen konnte, kam ich mit einem Mann ins Gespräch. Er erzählte mir etwas, das mich doch sehr erleichterte. Wochen zuvor, als ich mit Lois Brugger von Skardu nach Askole fuhr, waren wir zu einer Unglücksstelle gekommen, an der kurz zuvor ein Jeep ein Stück in eine Schlucht gestürzt war und nun 150 Meter von der Straße entfernt lag. Das völlig überladene Fahrzeug hatte sich einige Male überschlagen, und mehr als zehn, zum Teil sehr schwerverletzte Männer lagen hilflos in einem nur mühsam zugänglichen Gelände.

Wir halfen bei der Bergung und versuchten einen Hubschrauber anzufordern. Doch wenn Einheimische verletzt werden, kommt kein

Hubschrauber, weil niemand die Kosten tragen kann. Mit unserer kleinen Rucksackapotheke versuchten wir zu helfen, wo es nur ging. Dann trugen wir die Männer, von denen einige bewußtlos waren, zur Straße und legten sie in die Jeeps, die wir via Satellitentelefon angefordert hatten. Allein die Vorstellung, daß sie nun stundenlang mit ihren schweren Verletzungen über diese holprige Straße gerüttelt wurden, ließ mich das Schlimmste befürchten. Der Mann in Skardu berichtete mir nun, daß alle das Unglück überlebt hatten und die meisten bereits wieder in ihre Dörfer zurückgekehrt waren.

Diesmal verließ ich das Karakorum-Gebirge und Pakistan versöhnt. Es blieb kein fader Beigeschmack. Nur dieses Gefühl von Wehmut.

Ich konnte es damals nicht und will es auch heute nicht ganz ausschließen, daß ich vielleicht wieder einmal zu den Achttausendern ziehe, wenn mich ein lohnendes Ziel lockt, wenn ich einen der ganz hohen Berge von einer anderen Seite anschauen würde und mich dort ein Pfeiler anlacht. Bei mir verhielt sich das anders als bei Spitzen-

Absturz: *Ein Jeep-Unfall forderte einige Schwerverletzte*

sportlern zum Beispiel, die ihre Karriere beenden. Der K 2 war nicht mein letztes Fußballspiel mit der Mannschaft, mein letztes Ski-Weltcuprennen, meine letzte Teilnahme an einer Leichtathletikweltmeisterschaft, nicht meine letzten Olympischen Spiele, nicht mein letztes Formel-1-Rennen und auch nicht mein letzter Boxkampf. Es war nicht eine endgültige Entscheidung, kein Abschied auf Nimmerwiedersehen. Ich sah nur kein Ziel mehr an den Achttausendern. Ich hatte – und wenn auch vielleicht nur vorübergehend – verloren, was mich all die Jahre unter Spannung gehalten hatte.

Wichtiger als Erinnerungen sind neue Ziele. Ich würde eines finden, da war ich mir sicher.

Als ich in Skardu das Flugzeug bestieg und bald darauf aus dem kleinen Fenster dieses Meer an Gipfeln unter mir sah und einen Moment lang glaubte, ganz weit entfernt, halb in Wolken gehüllt, die mächtige Pyramide des K 2 zu erkennen, da kam mir eine Idee. Es gab da einen Berg in Nepal. Hoch und noch niemals bestiegen. Dort könnte ich doch eigentlich...

Kapitel 32
Ungelöst – Neid, Mißgunst und eine neue Aufgabe

Über den Wolken, unter uns die Vereinigten Arabischen Emirate, entstand ein neuer Plan. Auf dem Rückflug von Islamabad nach Frankfurt/M. streifte ich im Geist durch die Bergwelt des Himalaya und stieß dabei auf einen Gipfel, der mir schon länger im Kopf herumspukte. Aber ich hatte ja Zeit. Wenigstens ein Jahr. Doch der Gedanke an ein neues Ziel beruhigte mich sehr. Ich schlief ein und wurde erst wieder wach, als die Stewardeß mit einem Tablett vor mir stand.

Meine Rückkehr nach Südtirol fiel gleichermaßen herzlich wie unsanft aus. Es war daheim längst Sommer geworden. Im altehrwürdigen Ansitz Neumelans in Sand in Taufers wurde ich mit einem großen Bahnhof begrüßt. Auf einer Pressekonferenz berichtete ich von unserem Versuch am Ogre und von der Besteigung des K 2. Dann feierten wir im Garten ein Fest. Da waren viele gute Freunde, Sponsoren, Bergsteiger und natürlich auch ein paar der ewigen Schulterklopfer. Direkte Neider konnte ich an diesem Tag nicht erkennen. Sie hielten sich noch bedeckt.

Am 2. August 2001 hatte ich das zweifelhafte Vergnügen, die Zeitung lesen zu dürfen.

Dem Südtiroler Magazin *ff* entnahm ich unter der Überschrift »Hans Kammerlander hat den zweithöchsten Berg der Erde bezwungen. Ein Sieg mit Niederlage« folgende Zeilen:

»Die Nachricht vom Gipfelsieg Hans Kammerlanders über den K 2 war noch keine zwei Stunden alt, da meldeten sich schon kritische Stimmen. Während der Ahornacher Bergprofi im Ausland nach wie vor hoch im Kurs steht (der *stern* sicherte sich die Exklusivrechte), hat er in Südtirol trotz breiter Unterstützung der Athesia-Medien Schwierigkeiten, seine eigenen Kollegen von der Großartigkeit seiner

Leistungen zu überzeugen. Als einer der ersten relativierte der Sterzinger Kammerlander-Kritiker Hans Peter Eisendle in der *Tageszeitung* das Unternehmen K 2. Tatsache ist, Kammerlander teilte sich am 22. Juli den Gipfel nicht nur mit dem Franzosen Jean-Christophe Lafaille. Laut einer zuverlässigen Quelle aus Pakistan waren neben Kammerlander und Lafaille am selben Tag nicht weniger als neun Menschen am 8607 Meter hohen K 2: die Spanier Pepe Garcés und Jose Carlos Pauner, der Koreaner Perak Young Spok, die beiden Nepalesen Pasang Poering und Jangbus Arpa sowie zwei bislang unbekannte Bergsteiger. Und zwar seien alle über den Abruzzengrat (Normalroute) aufgestiegen. Kammerlander, der jetzt 13 der 14 Achttausender geschafft hat (es fehlt der Manaslu), hatte angegeben, über die schwierigere Cesen-Route geklettert zu sein. Das Vorhaben, mit den Skiern abzufahren, mußte er nach wenigen hundert Metern abbrechen.«

Einmal abgesehen davon, daß der K 2 8611 Meter hoch ist und in diesem kurzen Artikel die Hälfte aller Namen falsch geschrieben war, mußte ich mich einfach nur wundern, wie da mit brachialer Gewalt schon wieder versucht wurde, innerhalb der Bergsteigerkreise die Leistungen anderer zu schmälern, zu kritisieren und herabzuwürdigen. Da war der Berg, dann kam das Tal und dann die neidischen Kritiker.

Viele Jahre hat mich mit dem Sterzinger Bergführerkollegen Hans Peter Eisendle mehr als nur das Seil unserer Kletterpartnerschaft verbunden. Und ich kann mir bis heute keinen rechten Reim darauf machen, was ihn so sehr gegen mich aufgebracht hat, den Versuch, mich nach unserer K 2-Besteigung von der viel schwierigeren Cesen-Route auf den Normalweg am Abruzzengrat zu verlegen, empfand ich als tiefe Enttäuschung. Ich dachte, wie ist es nur möglich, daß ein ehemaliger Freund so etwas von sich gibt.

Es war offenkundig, daß in Pakistan Erkundigungen über unsere Expedition eingezogen worden waren. Die Listen mit den Expeditionen, ihren Teilnehmern und der beantragten Route liegen offen für jedermann. Daß Peter Guggemos eine Genehmigung für den Abruzzengrat hatte, dann aber mit dem Begleitoffizier vereinbarte, in die freie Cesen-Route zu wechseln, war Hans Peter Eisendle oder wer auch immer in Islamabad recherchiert hat, entgangen. Und so posaunte er die fehlerhafte Information unreflektiert in die Welt hinaus. Ein einziger Anruf bei mir hätte genügt, und ich wäre gern bereit gewesen, ihm den wahren Sachverhalt zu erläutern.

Ich hatte auch zu keiner Zeit behauptet, daß ich mit Jean-Christophe den Gipfel an diesem Tag allein erreicht hatte. Mir wären die paar Minuten ganz oben in Einsamkeit zweifelsfrei lieber gewesen. Aber ich kann anderen Bergsteigern weder verwehren, Sauerstoff zu benutzen, noch sie daran hindern, einen Berg am selben Tag zu besteigen wie ich. Mich traf das alles hart, und immer wieder schoß mir durch den Kopf: das war mal ein Kollege, mit dem du klettern warst, mit dem du in einer Alpinschule zusammengearbeitet hast, mit dem dich einmal das Seil verbunden hat.

Doch im Grunde war all dies nicht mehr als der Höhepunkt einer offenbar gezielten Kampagne. Denn mit derlei Tiraden war ich nicht zum ersten Mal konfrontiert. Hans Peter Eisendle hat mich als »Show-Alpinist« bezeichnet, als Schneetreter auf den Normalwegen der Achttausender, und in Landro, am Fuße der Drei Zinnen, begrüßte er mich im Beisein seiner und meiner Gäste lautstark als »Marathon-Wanderer« wegen meiner 24-Stunden-Tour. Spätestens an diesem Herbsttag 2003 beklagte ich das Niveau, wie er in seiner Eigenschaft als Bergführer und Ausbilder des Südtiroler Bergführerverbandes einen Kollegen begrüßt.

Als wir im August 1991 jenen kühnen Plan verwirklichten und binnen 24 Stunden durch die Nordwand des Ortler und die Nordwand der Großen Zinne stiegen und die 247 Kilometer Distanz zwischen beiden Wänden mit dem Rad zurücklegten, war Hans Peter Eisendle mein Partner. Kein Wort damals von Show-Alpinismus und auch nicht davon, daß er am Fuße der Zinnenwand unserem Freund Hans Mutschlechner seine Kletterpatschen in die Hand drückte und ihn bat, die Tour für ihn zu Ende zu klettern, weil er sich am Limit glaubte. Praktisch über Nacht begann er später meine Erlebnisse an den Achttausendern zu kritisieren und zu zerpflücken. Er selbst hat nie den Gipfel eines Achttausenders erreicht.

Konrad Auer hat in einem Leserbrief schon im Oktober 2000 geschrieben: »Ich würde mir wünschen, daß Hans Peter sich die Steigeisen anschnallt und dort hinaufsteigt, wo das Höhenbergsteigen erst wirklich beginnt. Nämlich in der Todeszone ab 7500 Meter, wo die echten psychischen und physischen Probleme erst anfangen...«

Spätestens mit diesem durch nichts gerechtfertigten Tiefschlag stand für mich eines unumstößlich fest: Nie wieder würde ich mich mit Hans Peter Eisendle in ein Seil einbinden, weder bei einer Bergführer-Fortbildung noch privat. Wäre die Kritik direkt von einer Bergsteigergröße mit Achttausender-Erfahrung gekommen, hätte ich mich weiter damit auseinandergesetzt. Aber so und auf diesem untersten Niveau konnte, wollte und werde ich nicht diskutieren.

Ich beschloß, mich anderen Dingen zuzuwenden. Es war nicht einmal der momentanen Aufregung wert, geschweige denn der Mühe, sich weiter damit zu beschäftigen oder gar auf eine Richtigstellung zu drängen. Ich wußte, wo ich gewesen war, und es gab genügend Zeugen, unter anderem einen der besten aktuellen Höhenbergsteiger der Welt. Ich zog mich in die heimatlichen Berge zurück.

An einem verregneten Herbsttag suchte ich daheim in Ahornach in meinen Dias nach einem ganz bestimmten Motiv. Ich wußte, daß ich es bei den Bildern aus dem Jahr 1997 finden würde.

Der bloße Anblick dieses Bergs läßt Betrachtern mit ungeschultem Auge den Atem stocken. Unter Bergsteigern hingegen galt er als »eines der großen ungelösten Probleme im Himalaya«. Auch ich sah das so.

Solange ein Berg noch unbestiegen oder eine Wand noch unberührt ist, die Besteigung aber schon vergebens versucht wurde, neigen Alpinisten zu einem gewissen Pathos. Unbezwingbar, unmöglich oder eben »das letzte Problem«, heißt es dann. Damit erhält die Tour offenbar erst ihren wahren Wert und wird zum magischen Anziehungspunkt. Die Sache bekommt den gewissen Pfiff. Dann kommen sie aus aller Welt daher und tüfteln an der Lösung, bis die Nuß endlich geknackt ist. So war das auch in diesem Fall. Ich sah den Berg indes nicht als Problem, sondern vielmehr als Aufgabe an.

Ungelöst: *Der linke Pfeiler war 2003 das Ziel am Nuptse East*

Wie ein riesiges Hufeisen ragen auf der Grenze von Nepal und Tibet im Khumbu-Gebiet die gewaltigen Massive von Mount Everest, Lhotse und Nuptse zum Himmel auf. Dieses Dreigestirn ist die höchste Bergkette der Weltgebirge. 8850 Meter hoch der Everest, 8516 Meter der Lhotse und der Nuptse nur ganz knapp unter der magischen Achttausender-Grenze. Seit der Erstbesteigung des Everest sind diese drei so unterschiedlichen Gipfel, der Abstufung ihrer Höhe gemäß, im Blickfeld von Alpinisten aus der ganzen Welt.

Der bestiegene Hauptgipfel des Nuptse kann mit einer Höhe von 7879 Metern zwar nicht direkt mit dem Everest und dem Lhotse um die Gunst der Bergsteiger buhlen, weil er die Achttausendermarke nicht übersteigt, aber trotzdem gab es am 7804 Meter hohen Ostgipfel des Nuptse noch eine große Aufgabe zu lösen.

Nach der erfolgreichen Besteigung des Lhotse Shar war 2003 der Ostgipfel des Nuptse East I der höchste noch unbestiegene Berg der Welt. Insgesamt sieben Spitzen zieren den Nuptse, doch der Nuptse East gilt aufgrund des Höhenunterschieds zu den anderen als eigen-

Fußarbeit: *kombiniertes Gelände in Fels, Eis und Schnee*

ständiger Gipfel. Einige der leistungsfähigsten und besten Bergsteiger der Welt hatten sich seit 1961 immer wieder am Nuptse East versucht. Allesamt mußten sie aufgeben. Franzosen, Engländer, US-Amerikaner, Italiener, Deutsche, Spanier und Russen, sie alle kapitulierten irgendwann auf dem Weg nach oben vor den enormen technischen Schwierigkeiten, der brutalen Kälte, den eisigen Höhenstürmen, den gewaltigen Schneemassen und der Lawinengefahr.

Am Nuptse East bot bis 2003 ein kühner, spektakulärer Pfeiler, der bis auf eine Höhe von 6750 Meter hinaufragt und fast schon ein Berg vor dem Berg ist, die einzig halbwegs sichere Route. Gleichzeitig war klar, daß in der Besteigung dieses markanten Pfeilers auch die Hauptschwierigkeiten des gesamten Unternehmens liegen. Felsprobleme im siebten Grad, die in dieser Höhe nur noch schwer zu klettern sind, gewaltige Passagen im senkrechten Eis, riesige Rinnen und Rippen machten den Reiz und damit die Spannung am Nuptse East aus.

Den Kopf des Pfeilers hatten schon einige Expeditionen erreicht. Die klassische Schlußwand in kombiniertem Gelände, die schließlich zum Gipfel leitet, war jedoch noch nie berührt worden. Alle Versuche, überhaupt dorthin zu gelangen, scheiterten schon vorher.

An wohl kaum einem anderen Berg im Himalaya haben so viele Spitzenbergsteiger aufgegeben. Und in den letzten Jahren entwickelte sich fast ein Wettlauf, wer zuerst den höchsten Punkt erreicht. 1997 hatte ich bereits einen Versuch mit meinem Südtiroler Bergführerkollegen Maurizio Lutzenberger aus Sterzing unternommen. Wir erreichten eine Höhe von 6300 Meter. Dort deponierten wir an einem vermeintlich sicheren Platz ein kleines Zelt. Wir überlegten an diesem Nachmittag einige Zeit, ob wir nicht oben bleiben und sofort am nächsten Tag einen Gipfelversuch unternehmen sollten.

Das Wetter schien stabil, die Verhältnisse waren gut. Wir hätten es wagen können. Und doch entschieden wir, noch einmal abzusteigen, im Basislager ein oder zwei Tage zu warten und dann mit neuen Kräften in die Schlußwand und damit in unbekanntes Gelände vorzudringen. Dieser Entschluß rettete Maurizio und mir das Leben.

Am nächsten Morgen saßen wir bei strahlendem Sonnenschein vor den Zelten und frühstückten. Mit dem Fernglas studierten wir noch einmal den oberen Wandteil und suchten nach einer halbwegs logischen Linie in diesem Chaos aus Fels, Eis und Schnee. Unseren Hochlagerplatz und das Zeltdepot suchten wir indessen vergebens. Ein Eissturz hatte es in der Nacht weggefegt und in die Tiefe gerissen. Schockiert von der Gewalt des Nuptse East packten wir damals in Windeseile unsere Sachen zusammen und flogen nach Hause.

Doch auch in den Jahren danach ließ mir der Nuptse mit seinem unbestiegenen Ostgipfel einfach keine Ruhe mehr. Der Pfeiler, die Schlußwand, die direkte Nachbarschaft zum Mount Everest, dessen Gipfel nur zwei Kilometer Luftlinie entfernt liegt, übten auch auf mich eine große Anziehungskraft aus. Nachdem ich den Everest und den K 2 bestiegen hatte, wollte ich noch einmal den Nuptse versuchen. Mit einer kleinen, aber sehr starken Mannschaft hatte ich vor, eine der großen Aufgaben im Himalaya zu lösen.

2003 jährte sich zum fünfzigsten Mal die Erstbesteigung des Mount Everest durch Ed Hillary und Tensing Norgay. Es war zu erwarten, daß alle, die zwei Beine, genügend Geld und ein wenig bergsteigerische Kenntnisse besaßen, zum höchsten Berg der Welt pilgern würden. Ich konnte mir plastisch vorstellen, wie es vielleicht sein würde, wenn sie sich in den Flanken der »Muttergöttin der Erde« gegenseitig auf die Füße stiegen und am Gipfel ein heilloses Gedränge herrschen würde, während wir vom Gipfel des Nuptse East neidlos hinüberschauten...

Die ersten Versuche am Nuptse East waren 1961 von einer britischen Expedition und Leitung von Joseph Walmsley unternommen worden. Der eigentliche Run auf den Berg hob jedoch erst 1986 an, als die US-Amerikaner Jeff Lowe und Marc Twaight gleich zweimal binnen eines Jahres anrückten. 1994 erreichte eine französische Expedition angeblich eine Höhe von 7200 Meter. Obwohl die Bergsteiger die Hauptschwierigkeiten scheinbar schon hinter sich hatten, mußten sie – entnervt vom schlechten Wetter und entkräftet von der schweren Kletterei – aufgeben.

2400 Höhenmeter extremes, kombiniertes Gelände in Fels und Eis, davon 1800 Höhenmeter am sogenannten Diamond Tower, zehren gleichermaßen an Kräften und Nerven der Expeditionen. Auch eine Expedition des Deutschen Alpenvereins kapitulierte 1995. Die Kletterer berichteten von Windgeschwindigkeiten bis zu 200 Stundenkilometer und mehr als 30 Grad Kälte.

Vermutlich auch genau deshalb, weil immer wieder einige der besten Alpinisten der Welt am Nuptse East unverrichteter Dinge umkehren mußten, war dieser Berg eine solche Herausforderung.

Im Frühjahr 2002 reisten zwei Expeditionen zum Nuptse. Der Kanadier Steve House und der Russe Valeri Babanov. House überschritt die 7000-Meter-Grenze, Babanov drehte auf 6300 Meter um. Der Kanadier fuhr nach Hause und kam nicht wieder. Babanov war schon im Herbst wieder da. Fortan blickte die Bergsteigerwelt auf den Russen und registrierte aufmerksam, wie er sich mühte, dem Gipfel näher zu kommen. Während Babanovs erstem Versuch, im Frühjahr 2002, weilte ich ebenfalls im Khumbu-Gebiet. Zusammen mit dem Kameramann Hartmann Seeber und Hans Mutschlechner kletterte ich zu der Zeit auf die Ama Dablam, einen der schönsten Berge der Welt. So steil aufragend wie das Matterhorn und genauso freistehend.

Diese Besteigung wurde live vom Frühstücksfernsehen der ARD in Deutschland übertragen.

Auf dem Gipfel der Ama Dablam jodelte Hartmann vor Freude, was seine Kehle noch hergab. Unterdessen gab Babanov am Nuptse im Alleingang alles. Dieser Mann beeindruckte mich. Andererseits faszinierte mich spätestens im Herbst, als er zum zweiten Versuch startete, seine unglaubliche Zähigkeit. Er schien es wirklich wissen zu wollen. Und er würde wohl kaum Ruhe geben.

Im Frühjahr 2003 packten wir in Südtirol unsere Ausrüstung für den Nuptse East zusammen. Ich hatte aus meiner Expedition mit Maurizio Lutzenberger gelernt. Ein Zwei-Mann-Team erschien mir zu klein. Vier Bergsteiger hingegen könnten zwei Seilschaften bilden, und wir würden uns viel weniger aufreiben. Ich lud Konrad Auer, Lois Brugger und Wilfried Oberhofer ein, mich zu begleiten. Und Robert Alpögger. Er sollte Hartmann Seeber bei seiner Tätigkeit als Kameramann unterstützen. Daß ihm schon bald nach unserer Ankunft eine ganz andere Rolle zukommen würde, ahnte er nicht, als er zusagte.

Unser Team war optimal besetzt: Konrad Auer, der bewährte Wunschpartner vom Kangchendzönga und vom K 2, den ich zu den stärksten Eisspezialisten in Südtirol zähle. Alois Brugger, der mich neben seinem Können im Fels und Eis vor allem mit seiner unglaublichen Zähigkeit überzeugte. Und Wilfried Oberhofer, der im Fels ein souveräner Kletterer ist. Alle drei sind Bergführer, alle drei verfügen über große Erfahrung, und alle drei sind sehr ausgeglichene Partner.

Obendrein begleitete uns ein Fernsehteam des Hessischen Rundfunks mit dem Redakteur Peter Weinert und dem Kameramann Jürgen Volz. Die beiden hatten große Erfahrung in den Himalaya-Ländern. Sie hatten in Nepal und Tibet, Buthan und Ladakh immer wieder großartige, sensible und beeindruckende Kulturfilme gedreht. Der Tontechniker Manfred de Lorenzi reiste zum ersten Mal in die Berge des Himalaya. Doch nach ein paar Tagen fühlte er sich dort so wohl, als wäre er nie woanders gewesen.

Manfred entwickelte ein außergewöhnliches Gefühl für die Bedürfnisse dieser schwierigen Expedition. Wann immer er glaubte, daß es notwendig sei, ging er zu seinem Zelt, kramte ein wenig herum und

Nächtliche Teestunde: *Konrad Auer, Alois Brugger, Robert Alpögger und Hans Kammerlander*

zauberte herrliche Köstlichkeiten heraus. Mal eine Tafel gute Schokolade, dann wieder eine Salami oder ein Stück vom besten Südtiroler Speck. Ich werde nie den Tag vergessen, als er im Basislager selbst kochte. Und er lud nicht nur uns, sondern auch unsere nepalesischen Begleiter, den Koch, den Küchenjungen und die Sherpas ein. Selchkarree mit Sauerkraut und Kartoffeln – wir alle trauten unseren Augen nicht, als er die Töpfe aus der Küche brachte und vor uns hinstellte.

Schon als wir in Kathmandu ins Flugzeug gestiegen waren, um nach Lukhla zu fliegen, hatte ich das Gefühl, niemals zuvor mit einem so gut ausgeklügelten Plan und mit einer solchen passenden Mannschaft unterwegs gewesen zu sein. Ein paar Tage später gerieten meine Überlegungen zum ersten Mal ins Wanken. In Namche Bazaar, dem Zentrum der Sherpas in Nepal, wurde Wilfried Oberhofer krank. Er klagte über Kopfschmerzen, Übelkeit und hatte Durchfall. Er glaubte, sich den Magen verdorben zu haben. Da er zum ersten Mal in Nepal reiste, konnte es durchaus sein, daß er irgendwo unvorsichtig gewesen war. Ein Salatblatt, ein Schluck Wasser am falschen Ort, und schon kann man krank werden. Wir legten einen Ruhetag auf unserem Trekking zum Nuptse ein, machten eine kleine Wanderung, und Wilfried blieb im Bett.

Als wir am Abend zurückkamen, ging es ihm schon etwas besser, und er war überzeugt, am nächsten Tag weitergehen zu können. Ich sagte ihm, er solle das alles nicht unterschätzen und vielleicht besser noch einen oder zwei Tage bleiben. Es würde kein Problem sein, denn er könnte mit einem unserer Begleiter nachkommen. Doch am nächsten Morgen fühlte er sich kräftig genug mitzugehen. Er wollte nicht allein in Namche bleiben. Als wir am Nachmittag Pangboche erreichten, fühlte er sich wieder sehr schlecht. Er wirkte apathisch, hatte starke Kopfschmerzen, und der Durchfall hatte zu einem extremen Flüssigkeitsverlust geführt. Dazu kam die Höhe. Immerhin befanden wir uns nun bereits auf 4500 Meter.

Wir vereinbarten, daß wir weiter Richtung Basislager gehen würden und er bleiben sollte. Wenn sich sein Zustand bis zum nächsten Nachmittag nicht besserte, wollte er bis Namche Bazaar absteigen und sich dort in geringerer Höhe erholen. Schon zwei Tage nachdem wir das Basecamp in 5300 Meter erreicht hatten, kam Wilfried bei uns an. In der Überzeugung, sich ein wenig erholt zu haben, war er uns gefolgt. Doch nun glaubte ich einen alten Mann vor mir zu sehen. Er wirkte ausgemergelt, erschöpft, grau im Gesicht und befand sich in einem denkbar schlechten Zustand. Wir gaben ihm viel zu trinken und auch das entsprechende Medikament.

Zu diesem Zeitpunkt hatten wir mit der Besteigung des Nuptse East bereits begonnen. Wie so oft an den hohen Bergen kam alles anders, als es geplant war. Der Russe Valeri Babanov weilte mit seinem kasachischen Kletterpartner Vladimir Suviga bereits im Basislager und stieg in seine Route auf. Wahrscheinlich hatte er von unserer Genehmigung erfahren und war bereits vier Wochen vor uns angereist. Spätestens da war zweierlei klar: Er würde sich sein Ziel nicht ohne weiteres wegschnappen lassen, und wir konnten auf keinen Fall in seine Route einsteigen. Das hätte ganz und gar meinem Stil widersprochen. Eine bereits durchstiegene Linie nachzuklettern ist eine Sache. Wenn aber bei einer Erstbesteigung zwei Teams in der gleichen Route konkurrieren, ist das nicht fair. Babanov hatte meiner Ansicht nach durch seine beiden vorangegangenen Expeditionen die älteren Rechte am Pfeiler. Darüber hinaus hatte er in seiner Route bereits Fixseile verlegt, und an denen wollte ich unter keinen Umständen hinaufsteigen.

Nach unserer Ankunft im Basislager dauerte es keine Stunde, bis wir mit dem Fernglas links von jenem Pfeiler, den bisher fast alle Expeditionen versucht hatten hinaufzusteigen, einen weiteren Pfeiler und an ihm eine ebenfalls traumhaft schöne Route ausgemacht hatten. Dort waren wir inzwischen eingestiegen und hatten begonnen, den unteren Teil des Bergs mit Fixseilen zu sichern. Fast 400 Höhenmeter lagen bereits unter uns. Hartmann Seeber gelangen dabei einige spektakuläre Filmaufnahmen.

Wilfrieds Zustand erregte immer mehr unsere Besorgnis. Als wir am Tag nach seiner Ankunft vom Klettern zurückkamen, war er noch immer nicht aus seinem Zelt herausgekommen, und als ich ihn dort sah, erschrak ich. Sein Gesicht wirkte angeschwollen, und er litt unter Gleichgewichtsstörungen. Er mußte unter allen Umständen und sofort in tiefere Lagen absteigen. Das waren klare Anzeichen für eine Höhenkrankheit. Wir brachen sofort auf, und ich brachte ihn noch am selben Tag bis hinunter nach Chukkung. Dort blieben wir über Nacht. Am nächsten Morgen kam der Hubschrauber und brachte Wilfried ins Krankenhaus nach Kathmandu.

Kapitel 33
Neuland – Eine Route, überraschender Besuch und Höhensturm

Wilfried erholte sich schnell und flog nach ein paar Tagen zurück nach Europa. Damit hatte sich jedoch mit einem Schlag unsere Situation komplett verändert. Meine Planung mit den beiden Zweierseilschaften schien über den Haufen geworfen. Zu dritt konnten wir unmöglich so schnell und effektiv vorgehen, wie ich mir das vorgestellt hatte. Also bat ich Robert Alpögger, an Wilfrieds Stelle einzuspringen, nachdem er in den vergangenen Tagen ohnehin schon ein paarmal im unteren Teil mit uns geklettert war. Für ihn eröffnete sich damit überraschend eine Gipfelchance, gleichzeitig aber stand Hartmann mit seiner schweren Kameraausrüstung nun ohne Unterstützung da. Der Film jedoch war wichtig, denn er war fester Bestandteil der Finanzierung unserer Expedition.

Keine zwei Wochen vor unserem Abflug hatte Hartmann nachts Bauchschmerzen bekommen. Fünf Stunden später hatten sie ihn im Krankenhaus in Bruneck am Blinddarm operiert. Es wunderte mich ohnehin, daß er überhaupt mitgeflogen war und es nicht nur bis ins Basislager geschafft hatte, sondern inzwischen auch wieder mit großem Einsatz filmte. Nun gönnte er sich endlich ein paar Tage Ruhe, weil erstens nicht viel passierte und er zweitens Probleme mit dem Klettergurt über der frischen Operationsnarbe bekam. Auch mit einem Bergführer an seiner Seite hätte er kaum eine Chance gehabt, die immer schwieriger werdenden Passagen zu klettern.

Immer weiter stiegen wir abwechselnd hinauf. Ich kletterte mit Lois Brugger, Konrad Auer mit Robert Alpögger. Wir rasteten auch im Wechsel, so daß am Berg immer Betrieb herrschte. Unser Pfeiler entpuppte sich als anspruchsvoll, mit hohen Schwierigkeiten im Fels und extremen Passagen im Eis. Die Seilschaft, die nicht kletterte, ruhte sich im Basislager aus und tankte neue Kräfte.

Beeindruckt: *Konrad Auer entscheidet sich nach Lawinenabgang*

An einem jener Nachmittage, an denen Lois und ich faul unten bei den Zelten ausspannten, kamen Konrad und Robert von oben zurück. Rasch näherten sie sich durch eine schluchtartige, vereiste Rinne dem Wandfuß. Dort angelangt, mußten sie noch fünfzig Meter hinausqueren, um ein Depot zu errcichen, das wir dort an einer geschützten Stelle angelegt hatten. Sie begannen gerade, ihre Helme, Klettergurte, die Pickel, Karabiner und andere Ausrüstung abzulegen, als eine mächtige Lawine durch die Rinne herunterjagte. Mit lautem Dröhnen und Krachen schossen die Schnee- und Eismassen wie in einer Bobbahn daher und verteilten sich in einer großen, weißen Wolke am Einstieg unserer Route.

Robert und Konrad krochen in ihrem Schreck unter einen Felsvorsprung, doch sie waren ohnehin weit genug vom Gefahrenbereich entfernt. Konrad ist ein ebenso mutiger wie umsichtiger Bergsteiger und Bergführer. Er weiß genau, daß ohne ein gewisses Maß an Risikofreudigkeit keine schwere Tour zu bewältigen ist. Doch wie wir alle fürchtete auch er nichts mehr als die vernichtende Naturgewalt

Ausgesetzte Luftigkeit:
Lois Brugger am Nuptse East

von Blitzschlag und Lawinen. Als er in das Basislager zurückkehrte, war er von diesem Ereignis schwer beeindruckt, wenn nicht sogar schockiert.

Seit der Geburt seiner Tochter Nadine hatte Konrad schon ein paarmal gesagt, daß sich sein Leben sehr verändert habe, daß er die Verantwortung spüre und das Risiko unseres Tuns ganz anders einordne. Dieser Ausnahmekletterer ist nie ein Mann großer Worte gewesen, er übertreibt nicht, aber er verniedlicht auch nichts. Als die beiden nun unsere Zelte erreichten, stieß er, teils erleichtert, aber immer noch extrem angespannt, zischend seinen Atem durch die zusammengepreßten Lippen und sagte nur: »Puh, das war knapp.«

In rund 7000 Meter Höhe hatten wir unser einziges Hochlager geplant. Das wollten wir nun aufbauen. Die Route war optimal gesichert, und es ging nur noch darum, daß wir uns noch besser akklimatisierten. Ein, zwei Tage dort oben, dann könnten wir nach einer Erholungsphase im Basislager vielleicht schon den Gipfel versuchen. Am Abend vor unserem Aufbruch eröffnete uns Konrad, daß er nicht mit uns aufsteigen werde. Er fühlte sich durch die Lawine verunsichert, und die Sache ging ihm nicht aus dem Kopf.

Ich akzeptierte diese Entscheidung sofort, obwohl ich wußte, daß uns nun ein wichtiger Partner fehlen würde. Es gab keine Diskussion, keine Einwände und keine Überredungsversuche. Vor uns stand ein reifer Alpinist, der genau wußte, daß er sich damit womöglich um die Gipfelmöglichkeit brachte, weil ihm eine ganz wichtige Phase der Akklimatisierung fehlen würde. Uns allen nötigte diese Entscheidung jedoch großen Respekt ab. Ich wußte, wie gern Konrad klettert und mit welchem Ehrgeiz und Nachdruck er ein Ziel verfolgt. Das hatte er bei seinen Erstbegehungen in extrem schweren Eisfällen oft genug bewiesen. Er konnte sich stundenlang an einer Stelle festbeißen, bis er das Problem endlich gelöst hatte. Nun aber halbherzig am Nuptse weiterzuklettern lehnte er ab. Er wollte, wie wir alle, auf den Gipfel. Aber nicht um jeden Preis. Und er war stark genug, das offen zu sagen.

Am anderen Morgen brachen wir zu dritt auf. In den schweren Rucksäcken hatten wir die gesamte Hochlagerausrüstung. Kocher, Gaskartuschen, Schlafsäcke, Matten, Seile, Klettermaterial. Stunde um Stunde mühten und quälten wir uns mit dem Gepäck über die schwierige Wand hinauf. Am Ende des Tages präparierten wir in einem weiteren Akt unglaublicher Schinderei einen Lagerplatz im Schnee und stellten zwei Zelte auf. Robert und Lois schlüpften in das größere, ich selbst in das kleinere Zelt. Gerade als sich Erleichterung einstellen wollte, begann es zu schneien.

Ich lag im Zelt und schüttelte den Kopf. Schnee, dachte ich, immer muß mich der Schnee erwischen. Alles weitere war wie gehabt. Es schneite die ganze Nacht, und es schneite auch noch den ganzen nächsten Tag. Mit jeder Stunde wurden die Schneemassen immer höher. Ich machte mir inzwischen ernsthafte Sorgen, denn mit jeder Stunde erhöhte sich auch akut die Lawinengefahr, und unsere Zelte standen nicht unbedingt am sichersten Fleck der Welt. Ab und zu kroch ich hinaus, filmte ein wenig und wechselte ein paar Worte mit Robert. Lois dagegen zog es vor, im Zelt zu bleiben.

Am späten Nachmittag des zweiten Tages fragte Robert aus dem anderen Zelt, ob ich auch Stimmen hören würde. Ich lauschte angestrengt in die Stille. In all den langen Stunden hatte ich außer dem leisen Schneefall auf die Zeltplane kein anderes Geräusch gehört. Aber nun vernahm ich es auch. Da rief jemand. Ich öffnete den Reißverschluß meines Zeltes. Neben mir streckte Robert ebenfalls den Kopf heraus. Wieder ein Ruf und gleich darauf noch einmal. Wir schrien zurück.

Valeri Babanov und Vladimir Suviga waren ebenfalls in ihrer Route am Berg unterwegs. Das wußten wir. Aber sollten sie bei diesem lausigen Wetter auch oben steckengeblieben sein? Waren sie in Schwierigkeiten? Ich kroch ganz aus dem Zelt. Wieder riefen wir aus Leibeskräften. Eine Zeitlang blieb es still, dann hörten wir wieder die Stimmen. Robert war der Meinung, sie müßten von oben kommen, Lois glaubte sie von unterhalb zu hören. Wir rätselten auch, ob das Seilkommandos sein könnten oder gar Hilferufe. Inzwischen war es fast dunkel geworden, und es schneite noch immer heftig. Uns von den Zelten zu entfernen war ein Ding der Unmöglichkeit. Und so riefen wir immer weiter, nur um den anderen eine Orientierung zu geben, einen Anhaltspunkt für den Fall, daß sie wirklich Probleme hatten, sich zurechtzufinden. Doch nun blieb es still.

Es schneite auch noch in der zweiten Nacht weiter. Immer wieder ging ich hinaus und legte mein Zelt frei. Wir mußten nach unten, solange der Rückzug noch möglich war, solange wir noch eine Chance hatten. Am Morgen klarte es auf und wir bereiteten mit zwei 60 Meter langen Seilen unseren Rückzug vor. Das Zelt von Robert und Lois war fast völlig im Schnee versunken. Sie hatten es irgendwann aufgegeben, den Schnee von der Plane zu schlagen und das Zelt freizulegen. Als Lois herauskam, konnte er sich kaum auf den Beinen halten. Bei dem Versuch, seine Steigeisen anzulegen, fiel er fast um. Es ging ihm überhaupt nicht gut.

Ein paar kleine Fehler hatten ihn in einen Zustand gebracht, der mir ernsthaft Sorge bereitete, denn das alles deutete auf erste Anzeichen einer Höhenkrankheit hin. Er schien unter erheblichem Sauerstoffmangel zu leiden. Dafür verantwortlich waren möglicherweise drei Faktoren. Erstens war er nie aus dem Zelt heraus an die frische Luft gekommen, zweitens hatte er wahrscheinlich mit dem Kopf zu tief im

Schlafsack gesteckt, drittens hatten die beiden ihr Zelt nicht mehr vom Schnee befreit und den Eingang geschlossen, so daß zu wenig Luft hereinkam. Dadurch war es offenbar zu einer Unterversorgung mit Sauerstoff gekommen. Lois mußte sofort in tiefere Lagen.

Der Rückzug entwickelte sich zu einem kriminellen Unternehmen. Im immer wieder aufziehenden Nebel und in tiefem Schnee tasteten wir uns an dem langen Seil nach unten. Lois torkelte wie ein Betrunkener und konnte kaum mehr sein Gleichgewicht halten. Ein paarmal trieben wir Haken in den Fels, um uns sichern zu können. Unsere Fixseile, auf die wir weiter unten trafen, waren tief eingeschneit und vereist. Stundenlang wühlten wir uns die Wand hinunter und kamen schließlich erst am späten Nachmittag im Basislager an. Mit jedem Meter jedoch, den wir tiefer gestiegen waren, hatte sich der Zustand von Lois Brugger gebessert.

In der Südwand des Nuptse East war es Winter geworden. Und oben saßen noch immer die beiden Russen fest. Tatsächlich waren sie es gewesen, die am Abend zuvor gerufen hatten. Als wir sie hörten, waren sie gerade im Begriff, ihren Rückzug einzuleiten. In der Dunkelheit und angesichts des Schneetreibens gab es für sie jedoch große Probleme, sich zu orientieren. Schon nach ein paar Metern traten die beiden ein Schneebrett los und rauschten fast dreihundert Höhenmeter über eine steile Flanke nach unten. In einer Mulde wurden sie gestoppt und blieben dort liegen. Bis sie schließlich ihr Zelt aufgebaut hatten, war es tiefe Nacht. Und nun sahen wir die beiden, wie sie aus knapp 7000 Meter Höhe sehr langsam über ihre eigene Route an den Fixseilen zurückkamen. Das waren wirklich harte Burschen. Selbst im einsetzenden Schneetreiben zwei Tage zuvor hatten sie noch versucht, weiter nach oben zu kommen. So lange, bis sie steckenblieben. Sie riskierten in einer Situation noch alles, in der ich aus Sicherheitsgründen schon lange aufgegeben hätte.

Wir telefonierten mit Karl Gabl vom Wetterdienst in Innsbruck. Er sagte für einige Tage Höhenstürme mit Windgeschwindigkeiten bis zu 200 Stundenkilometer voraus. Wir sollten es uns im Basislager bequem machen, die Füße hochlegen und abwarten. Das verhieß nichts

Begegnung: *Reinhold Messner begutachtet die neue Nuptse-Route*

Gutes. Doch vor Ort wurde das Wetter von Stunde zu Stunde immer besser. Wir begannen zu diskutieren. Vielleicht hatte sich Karl Gabl dieses Mal geirrt. Es wirkte alles so ruhig, nicht einmal eine Windfahne war am Gipfel des Nuptse East erkennbar. Wir wogen das Für und Wider ab. Inzwischen lief uns langsam die Zeit davon, denn die Rückflüge waren fix gebucht.

Nachdem wir die Hochlagerzelte stehen hatten, bekamen wir überraschend Besuch. Plötzlich stand Reinhold Messner vor uns. Wir hatten sieben Achttausender miteinander bestiegen und uns seit einer gemeinsamen Wanderung rund um Südtirol nur noch selten gesehen. Wenn, dann trafen wir uns bei Veranstaltungen in geschlossenen Räumen. Manchmal hatte ich es bedauert, daß sich unser einst so gutes und entspanntes Verhältnis phasenweise verkrampft hatte. Irgendwann begann ich es hinzunehmen. Und wenn er mich und mein Tun kritisierte, verstand ich ihn oft nicht mehr. Doch nun war er mit einer Trekkinggruppe unterwegs, die von der Hamburger Wochenzeitung *Die Zeit* organisiert und von Reinhold Messner geführt wurde.

Auf dem Weg zum Everest-Basislager ließ sich Reinhold eine Stippvisite bei uns nicht nehmen. Wir plünderten unsere Vorräte an Südtiroler Speck und Käse. Ich freute mich, daß er gekommen war. Mit dem Fernglas begutachtete er unseren Pfeiler und unsere Route. Sein Kennerblick verriet ihm natürlich sofort alle schwierigen Schlüsselpassagen. Er wollte alles über die Tour wissen, und seine Anerkennung für dieses große Unternehmen war nicht zu überhören.

Schließlich, nach vier Tagen, gab ich dem Zeitdruck und unserem Auftrieb nach. Wir planten einen schnellen neuen Versuch. Entweder es klappte, oder wir würden es lassen.
Nun war auch Konny wieder dabei. Seine Krise hatte er überwunden, die Lawine fast vergessen. Er packte seelenruhig seinen Rucksack, als sei es das Selbstverständlichste von der Welt. Er überraschte mich schon wieder, denn ihm fehlten bei der Höhenanpassung unsere beiden Nächte, die wir oben verbracht hatte. Fast mühelos kletterte er hinauf, half uns die vereisten Seile herauszuhacken und die vom Steinschlag durchtrennten Seilstücke zu ersetzen. Die Höhe schien ihm nicht das geringste auszumachen. Er wirkte frisch und munter, als wir gegen 17 Uhr unsere Hochlagerzelte erreichten. Besser gesagt das, was davon noch übrig war.
Bis hinauf auf 6000 Meter war das Wetter perfekt, keine Wolke am Himmel, Sonnenschein, und angesichts des vielen Schnees, der gefallen war, herrschten recht passable Verhältnisse in unserer Route. Kaum zu glauben, aber der gute Karl Gabl hatte sich offensichtlich geirrt, zum ersten Mal, seit ich ihn kannte. In 6500 Meter Höhe kam Wind auf, doch wir dachten uns nichts dabei. Das werden Strömungen sein, Fallwinde vielleicht, vermuteten wir. Auf 6800 Meter blies uns schon scharfer Wind um die Ohren. Und als wir schließlich den Sattel erreichten, auf dem wir eine knappe Woche zuvor den Lagerplatz eingerichtet hatten, peitschte uns der Sturm mit Gewalt ins Gesicht.
Die Zelte wurden vom Wind gebeutelt. Bei dem größeren war bereits die Außenhaut zerrissen und flatterte wie eine Fahne im Sturm. Vor unseren Augen zerriß nun auch das andere. Das einzige, was wir nach zwölf Stunden Anstieg noch tun konnten, war entweder

zusehen oder retten, was noch zu retten war. Zu dritt hielten die anderen nun die Zelte fest und ich schnitt blitzschnell die Schnüre durch, an denen sie verankert waren. Sie mußten alle Kräfte aufbieten, um unsere Behausungen ein Stück wegzuziehen und sich mit ihnen fünf, sechs Meter tief in eine Spalte zu flüchten. Es sah aus, als würden sie gegen einen Heißluftballon ankämpfen.

Am Sattel tobte unablässig der Sturm. In der Spalte war es nicht besser. Dort bildeten sich offenbar starke Luftwirbel. Lois, Konrad und Robert konnten sich kaum auf den Beinen halten, während sie versuchten, die Reste unserer Habe irgendwie zu befestigen. Und auch ich hockte inzwischen oben auf den Knien und hielt, was es noch zu halten gab. Mittlerweile war eines der Zelte komplett zerrissen, und uns war längst klar, daß wir keine Möglichkeit mehr hatten, uns in der Höhe vor dem Sturm in Sicherheit zu bringen.

Ich versuchte dieses ganze Drama noch ein wenig zu filmen, doch es war inzwischen so lausig kalt, daß ich sofort die Handschuhe wieder anziehen mußte, wollte ich nicht meine Finger riskieren. Die anderen hatten in der Spalte gerade eben noch die Schlafsäcke in die zerrissenen Zelte gestopft. Dann waren sie plötzlich verschwunden. Ich sah keinen der drei mehr.

Ich bekam einen Schreck und dann ein ungutes Gefühl. Das konnte doch nicht sein, wo waren die hin? Von dem Platz, an dem zuvor unsere Zelte standen, wollte ich auf die andere Seite des Sattels hinübergehen. Doch das gelang mir nicht mehr aufrecht. Ich mußte wieder auf die Knie und kroch schließlich auf allen vieren, das Eisbeil zur Unterstützung in der Hand, das kurze Stück hinauf. Auch auf der anderen Seite war niemand zu sehen. Ich schaute die Flanke hinunter, über die wir heraufgekommen waren. Auch dort war niemand. Hatte eine Sturmböe sie über die Wand hinuntergeschleudert? Verzweiflung stieg in mir hoch.

Eilig stieg ich in die Flanke ein. So schnell es eben möglich war. Dann kam ich zu einem großen Felsbrocken. Und nun endlich sah ich sie. Zusammengekauert warteten sie hinter dem Stein auf mich. Alle drei waren in guter Verfassung. Es war niemanden etwas passiert, und ich fühlte mich spürbar erleichtert.

Inzwischen war es schon nach sechs Uhr. Wir begannen den zweiten schwierigen Rückzug binnen Wochenfrist. Spätestens jetzt konnte ich nachvollziehen, warum am Nuptse East so viele Expeditionen abgeblitzt waren. Noch immer tobte der Sturm, und wir mußten so schnell wie möglich aus der Gefahrenzone. Hundert, zweihundert, dreihundert Meter stiegen und seilten wir abwärts. Auf einmal wurde es ruhiger. Im Schein der Stirnlampen glitten wir an den Fixseilen tiefer und überwanden so noch einmal fünfhundert Höhenmeter. Auf 6000 Meter herrschte Windstille. Nur das Heulen und Brummen des Sturms von oben war noch zu hören. Ich dachte an Karl Gabl und schüttelte ungläubig den Kopf.

Im unteren Bereich mußten wir die Seile teilweise freihacken, da sie von einem dicken Eispanzer überzogen waren. Bei den Abseilmanövern spritzte uns die eisige Schicht ins Gesicht. Gegen 23 Uhr war unser kalter Ausflug am Nuptse-Massiv beendet. Wir erreichten das Basislager und sahen aus wie die Schneemänner. Mir war schon während des Abstiegs klar, daß wir den Gipfel abschreiben konnten. Diesen Sturm werteten wir als einen möglichen Vorboten des nahenden Monsuns, und wenn der erst mal da war, würde gar nichts mehr möglich sein. Oder wir müßten praktisch wieder von vorn anfangen: Seile austauschen, Material hinauftragen, vor allem Zelte, denn mit den kümmerlichen Resten dort oben war nichts mehr anzufangen.

Wir waren kaum unten, als etwas geschah, das den gesamten Verlauf dieser Expedition und die Einstellung des Teams widerspiegelte. Noch vor dem ersten Schluck Tee begann Robert inmitten der allgemeinen Erschöpfung und auch der ersten Resignation bei uns allen aufzuzählen, was wir beim nächsten Anstieg alles mit hinaufnehmen müßten und was wir beim nächsten Versuch ändern könnten. Ich bekam fast den Mund nicht mehr zu. Selbst Valeri Babanov hatte zusammengepackt und war im Begriff, dem Nuptse den Rücken zu kehren. Und nun stand dieser unermüdliche Südtiroler Krankenpfleger vor mir und packte, gerade dem Chaos entflohen, praktisch schon wieder seinen Rucksack. Sein Wille war ungebrochen.

Mein Entschluß hingegen stand fest. Ich wollte nicht mehr. Wir legten uns in die Zelte und sprachen am nächsten Tag darüber, wie wir weiter verfahren wollten. Ich sah keine Chance mehr, in diesem Jahr noch etwas auszurichten. Der Gipfel war durch die Schneefälle

Rückzug: *Ein Höhensturm beendet den Traum von der Erstbesteigung*

und die Zerstörungswut der Höhenstürme in weite, weite Ferne gerückt. Ich bot an, die anderen zu unterstützen, wenn sie es noch einmal versuchen wollten. Aber sie waren über Nacht längst selbst zu der Überzeugung gekommen, daß es keinen Sinn mehr hatte. Wir waren die einundzwanzigste Expedition, die vergebens versucht hatte, auf den Gipfel des höchsten noch unbestiegenen Bergs der Erde zu kommen.

In der Stunde der Entscheidung jedoch beschloß ich, wenn möglich mit demselben Team im nächsten Frühjahr wiederzukommen. Wir blickten hinauf zum Nuptse East und verfolgten mit den Augen diese traumhafte Linie, die wir erstbestiegen hatten. Diese Route würde uns keiner mehr nehmen. Alle künftigen Expeditionen stünden von nun an vor der Entscheidung, ob sie den zentralen oder den linken Pfeiler für ihren Versuch wählten. Und der linke von beiden war unserer. Nicht so markant wie der Diamond Tower, an dem Babanov tätig war, aber genauso spektakulär zu klettern.

Geschätzte Konkurrenz: *Valeri Babanow gelang im Herbst der Gipfel*

Im nächsten Jahr ... so nahm ich mir vor, und mit diesem Gedanken flog ich mit den anderen nach Hause.

Am 11. November, fast sechs Monate nach unserer Rückkehr, hielt ich einen Vortrag in Deutschland. Ich bat meine Frau Brigitte, von unserem Büro in Sand in Taufers aus eine E-Mail zu versenden.

Zwei Tage später, am Vormittag, holte Brigitte mit einem Mausklick die Antwort auf den Bildschirm, die um 6.14 Uhr eingegangen war:

Hallo Hans,

vielen Dank für deine Glückwünsche.

Ja, es ist gelungen!!!!! Ich bin so glücklich. Es war einer meiner größten Träume. Aber es war nicht einfach, ihn zu verwirklichen. Wir mußten uns entscheiden, die letzten drei Tage ohne Schlafsäcke, mit einem Minimum an Proviant, Gas und Kleidung auszukommen. Es war eine große Herausforderung. Aber wir haben gewonnen!

Vom Biwak in 7450 Meter Höhe bis auf den Gipfel und wieder zurück kletterten wir 16 Stunden, ohne anzuhalten. Von 7450 Meter bis auf den Gipfel kletterten wir in kombiniertem Gelände – Fels, Eis und steiler Schnee. Das war kein Gehen – das war wirklich schwere Kletterei.

Den Gipfel des Nuptse East erreichten wir am 2. November um 19.30 Uhr. Es war bereits Nacht. Aber es war so schön und wunderbar. Der Mondschein beleuchtete alles um uns herum. Es war wirklich so, so, so schön. Aber es war sehr kalt und windig.

Der Nuptse hat uns viel Energie geraubt. Wir beginnen gerade langsam, unsere Kräfte zu regenerieren, soviel hat uns der Berg genommen.

Hans, ich werde ab Anfang Dezember den ganzen Winter über in Chamonix sein. Ich werde dort als Bergführer arbeiten und selbst klettern gehen. Vielleicht können wir uns diesmal in den Alpen treffen.

Meine besten Wünsche
Valeri Babanov

Langsam ließ ich das Blatt mit der E-Mail sinken, das Brigitte für mich ausgedruckt hatte. Was für ein Bursche, dachte ich.

Babanov war also gleich im Herbst, nun mit dem Kasachen Yuri Koshelenko, wieder zum Nuptse gegangen, und bei seinem vierten Anlauf hatte er endlich Erfolg. Ich gönnte ihn ihm von ganzem Herzen.

Ein paar Tage später hielt ich einen Vortrag über meine K 2-Besteigung in Roding im bayrischen Landkreis Cham. Am Ende der Veranstaltung, als die Musik verstummte, der Applaus sich legte und ich noch auf der Bühne stand, fragte mich eine Frau, was denn nach dem K 2 meine nächsten Ziele seien. Mir wurde kalt und warm zugleich. Ich suchte nach Worten. Doch ich fand keine. Der Nuptse East war bestiegen. Mein Ziel war weg.

Ich werde mir ein neues suchen.

Epilog

Im Juli 2000 kam es im Karakorum zu einer Explosion.

Ich war mit einer Expeditionsgruppe unterwegs zu jenem unbestiegenen 6240 Meter hohen Berg unweit des K 2, der später den Namen Thang Ri erhalten sollte. Wir wanderten von Skardu kommend gemütlich unserem Ziel entgegen und kamen nach ein paar Tagen nach Paju, der letzten Station vor dem Baltoro-Gletscher. Der Tradition der Baltiträger folgend, legten wir einen Ruhetag ein. Die Pakistani schlachteten ihre Ziegen, verteilten das Fleisch in Portionen, legten ihre Chiapate auf die Bleche über dem offenen Feuer und trafen Vorsorge für die Tage auf dem Gletscher. Die Szenerie verbreitete trotz des Gewirrs vieler Stimmen und trotz der ungewohnten Atmosphäre eine gewisse Harmonie und Gelassenheit.

In unserer Gruppe befand sich auch Reinhold Plaickner, einer meiner ganz guten Freunde aus Luttach im Ahrntal. Gelernter Tischler, Barmann in einer viel besuchten Discothek in Sand in Taufers und ein Pik-As im Ärmel, wenn es um die Verbreitung guter Laune geht. In meinem Haus in Ahornach hat er mir mit uraltem Holz einen Weinkeller hergezaubert. Reini ist ein begeisterter Bergsteiger. Doch sein Motiv ist nicht der Weg in eine Wand und das Ziel nicht der Gipfel. Er sucht nach Steinen, nach den Edelsteinen der Alpen. Es kann schon mal vorkommen, daß er zwei, drei Tage von der Bildfläche verschwindet und mutterseelenallein in einer weglosen Flanke der Zillertaler Berge herumhämmert, bis er wieder einen Stein herausgebrochen hat. Sein Lebensmotto ist erheiternd: »Wer uns zu Freunden hat, braucht keine Feinde mehr.«

In Paju zauberte er aus seinem Expeditionsgepäck drei vakuum-verschweißte Plastikfolien: kleingehacktes trockenes Brot, das bei uns

Knödelbrot heißt, Speck, in feine Würfel geschnitten, und Mehl. Mit ein paar Eiern und ein wenig Salz knetete er einen festen Teig und zog sich schließlich in eine primitive Gemeinschaftsküche zurück, um unser Team später mit Tiroler Speckknödeln zu verwöhnen.

In dieser primitiven Küchenhütte ging es hoch her. Denn dort waren nicht nur Reini und unser pakistanischer Koch am Werk, sondern auch etliche Balti-Träger. Während solcher Expeditionen wird in den Küchen sehr viel mit Dampfdrucktöpfen gearbeitet. Doch diese Geräte sind in den hohen Gebirgen Nepals und Pakistans mit äußerster Vorsicht zu genießen. Das kleine Geheimnis ist das Ventil auf dem Deckel, das den Garprozeß reguliert und abschließt. Weil der Druck mit zunehmender Meereshöhe jedoch abnimmt und das Wasser schon erheblich unter hundert Grad seinen Siedepunkt erreicht, blockieren die pakistanischen Köche das Ventil und überlisten so den Dampfkochtopf.

Reinholds Knödel, weit über vierzig an der Zahl, schwammen im Wasser und uns lief schon beim bloßen Gedanken das Wasser im Mund zusammen. Wir genossen draußen die Sonne und das grandiose Panorama, während in der Großküche viele Hände am Werk waren. Plötzlich zerriß der laute Knall einer Explosion die idyllische Szenerie. Aufgeschreckt rannten die Träger in alle Himmelsrichtungen davon und flohen die nahen Hänge hinauf oder hinunter. Auch aus der Küchentür drängten einige Männer in Panik.

Als sich die erste Aufregung gelegt hatte, war die Ursache schnell gefunden. Auf dem Herd hatte es einen der Dampftöpfe zerrissen, in denen die Träger den Schädel einer geschlachteten Ziege auskochten. Das Ventil war blockiert worden, und irgendwann konnte das Gerät dem enormen Druck nicht mehr standhalten. Der Topf ging hoch wie eine Bombe. Das siedende Wasser ergoß sich über die nackten Beine unseres Kochs und verursachte so schwere Verbrennungen, daß er mit Salben und Verbänden behandelt werden und schließlich nach Skardu zurückbegleitet werden mußte.

Die Verletzungen des Kochs waren schlimm genug, und doch war es ein großes Glück, daß nicht noch Schlimmeres passiert war.

Wann immer Dinge geschehen, bei denen Glück ein gewichtige Rolle spielt, vor allem Glück in Verbindung mit Risiko, dann muß ich fast zwanghaft über mein Leben nachdenken. Oft sind dies nur wenige Momente, manchmal dauert es etwas länger. Glück ist ein hohes Gut, und ich frage mich, ob man es überstrapazieren kann, wenn man fortgesetzt das Risiko sucht. Der *Fremdwörter-Duden* sagt zum Begriff Risiko: »Wagnis, Gefahr, Verlustmöglichkeiten bei einer unsicheren Unternehmung«. Das Wort stammt aus dem Italienischen.

Verlustmöglichkeiten bei unsicheren Unternehmungen. Wer oder was ist unsicher beim Bergsteigen? Der Berg oder der Bergsteigende?

Vor fast vierzig Jahren war meine kleine Welt eher so groß wie ein Maulwurfshügel. Als ich, gerade achtjährig, einen ganzen Tag lang die Schule schwänzte und heimlich zwei deutschen Wanderern auf den über dreitausend Meter hohen Moosstock folgte, ging ich ein hohes Risiko ein. Verlustmöglichkeiten bei dieser unsicheren Unternehmung waren durchaus gegeben. Es war auch einer gewissen Portion Glück zu verdanken, daß ich heil wieder herunterkam.

Später türmten sich die Achttausender vor mir auf. Gewaltige Berge. Angsteinflößend und unberechenbar in ihrer Naturgewalt. Wieder Risiko, wieder Glück. Zwischen dem Cho Oyu und dem K 2 lag ein langer Weg. Und jeder Schritt an den Eisriesen unserer Erde war ein Schritt hin zu mehr Erfahrung.

Heute sitze ich hier an einem Schreibtisch. Vor uns modernstes Gerät aus der Computerbranche. Wir schreiben die letzten Zeilen dieses Buches. Die Buchstaben fliegen aus dem Nichts auf den Bildschirm. Wie gern würde ich nur ein einziges Mal die ewige Frage nach dem Warum zufriedenstellend beantworten. Mein Tun macht keinen Sinn, und deshalb ist die Frage nach dem Warum nicht zu klären. Aber eines weiß ich inzwischen. Meine Welt hat sich nicht verändert, wenn es um die Bewertung des Risikos geht. Es gibt keinen Unterschied zwischen dem Maulwurfshügel von damals und den Achttausendern, die so viele Jahre mein Leben dominiert haben.

Im Skigebiet Speikboden im Tauferer Ahrntal, auf dem sogenannten Almboden, steht ein einziger Baum. Er steht dort mitten auf der breiten und eigentlich einfachen Piste. Es gibt Anfänger unter den Skifahrern, denen gelingt es doch tatsächlich, genau gegen diesen einen Baum zu fahren. Das scheint fast unausweichlich. Der geübte, erfahrenere Skiläufer hingegen kommt oft mit hohem Tempo auf diesen Baum zu und denkt nicht einmal daran, daß da eine Gefahr lauern könnte. Weil es für ihn kein Problem ist, die Ski so zu kontrollieren, daß er jederzeit ausweichen kann.

Das ist der Grund, warum sich der Moosstock nicht von einem Achttausender unterscheidet, wenn es darum geht, das Risiko einzuschätzen. Im Laufe der Jahre hat sich mein Schatz an Erfahrungen erweitert und damit die Möglichkeiten, Gefahren einzuordnen. Diese langsame Aufbauarbeit, weit über 2000 selbständige Bergtouren, dreißig Expeditionen, ungezählte kleine und große Erlebnisse haben es ermöglicht, den nächsten Schritt zu gehen. Erst die Erfahrung und die Routine also erlauben höhere Leistungen. Das Risiko erhöht sich dabei nicht unbedingt.

Am Ende bleibt immer ein Restrisiko. Wer das Ventil eines Dampfkochtopfs blockiert, darf die Kontrolle nicht verlieren, sonst geht der Topf in die Luft. Wer ohne Erfahrung auf den Moosstock steigt, muß wissen, daß dies eine lange, recht anspruchsvolle Wanderung ist. Der Baum am Speikboden ist für den Erfahrenen kein Hindernis, für den Neuling ein gewisses Risiko. Wer in die Flanken eines Achttausenders steigt, dem droht die Gefahr einer Lawine, eines Steinschlags oder eines Spaltensturzes. Aber wer dieses Risiko nicht eingehen will, darf nicht den Anspruch auf ein intensives Abenteuerleben stellen. Es gibt kein Abenteuer ohne Risiko, kein Erlebnis an einem Achttausender ohne »Verlustmöglichkeiten bei unsicheren Unternehmungen«.

Ich habe das Leben, das ich in der rauhen Welt der Berge führe, so nicht geplant. Ich wurde, wenn man so will, dort hineingeboren. Wenn ich in meiner Jugend etwas erleben wollte, dann mußte ich meinen Körper einsetzen, denn Geld, um Abwechslung und ein wenig Spannung zu kaufen, hatten wir keines. Und irgendwann kam mir die Erkenntnis, daß es Sachen gibt, die man mit allem Geld der Welt nicht erwerben kann.

Vom Moosstock in die Dolomiten. Von den Dolomiten zu den Viertausendern in den Westalpen. Und weiter zu den ganz hohen Erhebungen unserer Erdkruste. Es sind Reisespesen entstanden und Gebühren für Besteigungen. Doch das Erlebnis, die vielen intensiven Momente, die kurzen Sekunden des Glücks, die Begegnungen mit Menschen, die Schönheit der freien Natur, das alles war unbezahlbar und nirgendwo in einem Katalog zu buchen.

Es möge ein jeder nach seiner Façon glücklich werden. Ich bin es in den Bergen geworden. Am Moosstock ebenso wie am K 2. Die meisten meiner großen Wünsche haben sich inzwischen erfüllt. Der Rucksack meiner Erinnerungen ist schon jetzt, in der Mitte meines Lebens, prall gefüllt. Und doch gibt es noch viele offene Ziele. Die Überschreitung von Everest, Lhotse und Nuptse im Himalaya, die Überschreitung von Cerro Torre, Torre Egger und Torre Standard in Patagonien oder auch die Skiabfahrt vom K 2. Aber das ist, glaube ich, nichts mehr für mich. Das bleibt der nächsten, vielleicht sogar erst der übernächsten Bergsteigergeneration vorbehalten.

Erinnerungen sind wichtig. Denn wer sich an nichts erinnert, hat nichts erlebt. Noch wichtiger jedoch sind neue Ziele. Denn wer keine Ziele hat, steht still. Ich werde meine neuen Ziele jeweils meinem Können und meinem Leistungsvermögen anpassen. Wenn ich das Glück haben sollte, mit achtzig Jahren noch einmal dorthin zu wandern, wo als Achtjähriger für mich alles begann, dann will ich gern auf dem Gipfel des Moosstock sitzen und zufrieden sein. Der Moment des Glücks, diese Bruchteile von Sekunden, in denen sich der Körper und alle Sinne aufzubäumen scheinen, wird sicher anders sein, aber ganz bestimmt sehr intensiv.

Natürlich werde ich weiter auf Berge steigen, auch auf ganz hohe. Trotzdem habe ich mir vorgenommen, mich immer mal zurückzulehnen und dann über den Rand einer Zeitung oder eines guten Buches zu blicken. Ich möchte die jungen Wilden beobachten und sie weniger kritisieren, als andere in gesetztem Alter dies tun. Vielleicht kann ich dann einfach nur staunen ...

K 2-Besteigungen

Die Liste der K 2-Besteiger umfaßt 196 Namen für 198 Besteigungen. Nur zwei Bergsteigern gelang es, den Gipfel zweimal zu erreichen. Fünf Frauen kamen bis auf den Gipfel, keine von ihnen ist mehr am Leben. Die Liste gibt keine Auskunft darüber, wer am betreffenden Tag jeweils den höchsten Punkt zuerst erreicht hat, und verzeichnet auch nicht, ob künstlicher Sauerstoff verwendet worden ist. Nach dem 22. Juli 2001 bis zum Winter 2003/2004 und damit bis zum Redaktionsschluß dieses Buchs wurde der Gipfel des K 2 nicht mehr bestiegen. Quelle für die nachfolgende offizielle K 2-Statistik ist www.everestnews.com/sumk2.htm.

Nr.	Datum	Name	Nationalität	Route	Expedition / Leiter	Bemerkungen
1	31.7.54	Achille Compagnoni	Italien	Abruzzengrat	Italien / Ardito Desio	Erstbesteigung
2	31.7.54	Lino Lacedelli	Italien	Abruzzengrat	Italien / Ardito Desio	Erstbesteigung
3	8.8.77	Shoji Nakamura	Japan	Abruzzengrat	Japan / Ichiro Yoshizawa	2. Besteigung
4	8.8.77	Tsuneoh Shigehiro	Japan	Abruzzengrat	Japan / Ichiro Yoshizawa	2. Besteigung
5	8.8.77	Takeyoshi Takatsuka	Japan	Abruzzengrat	Japan / Ichiro Yoshizawa	2. Besteigung
6	9.8.77	Mitsuo Hiroshima	Japan	Abruzzengrat	Japan / Ichiro Yoshizawa	2. Besteigung
7	9.8.77	Masahide Onodera	Japan	Abruzzengrat	Japan / Ichiro Yoshizawa	2. Besteigung
8	9.8.77	Hideo Yamamoto	Japan	Abruzzengrat	Japan / Ichiro Yoshizawa	2. Besteigung
9	9.8.77	Ashraf Aman	Pakistan	Abruzzengrat	Japan / Ichiro Yoshizawa	2. Besteigung
10	6.9.78	Jim Wickwire	USA	NO-Grat / Abruzzengrat	USA / Jim Whittaker	3. Besteigung
11	6.9.78	Louis Reichardt	USA	NO-Grat / Abruzzengrat	USA / Jim Whittaker	3. Besteigung
12	7.9.78	John Roskelley	USA	NO-Grat / Abruzzengrat	USA / Jim Whittaker	3. Besteigung
13	7.9.78	Rick Ridgeway	USA	NO-Grat / Abruzzengrat	USA / Jim Whittaker	3. Besteigung
14	12.7.79	Reinhold Messner	Italien	Abruzzengrat	Europ. Exp. / Reinhold Messner	4. Besteigung
15	12.7.79	Michl Dacher	Deutschland	Abruzzengrat	Europ. Exp. / Reinhold Messner	4. Besteigung
16	7.8.81	Eiho Ohtani	Japan	W-Grat / SW-Seite	Japan / Teruoh Matsuura	5. Besteigung
17	7.8.81	Nazir Sabir	Pakistan	W-Grat / SW-Seite	Japan / Teruoh Matsuura	5. Besteigung
18	14.8.82	Naoe Sakashita	Japan	N-Grat	Japan / Isao Shinkai	Erstbesteigung N-Grat
19	14.8.82	Yukihiro Yanagisawa	Japan	N-Grat	Japan / Isao Shinkai	Erstbesteigung N-Grat / Beim Abstieg verunglückt
20	14.8.82	Hiroshi Yoshino	Japan	N-Grat	Japan / Isao Shinkai	Erstbesteigung N-Grat
21	15.8.82	Kazushige Takami	Japan	N-Grat	Japan / Isao Shinkai	Erstbesteigung N-Grat
22	15.8.82	Haruichi Kawamura	Japan	N-Grat	Japan / Isao Shinkai	Erstbesteigung N-Grat
23	15.8.82	Tatsuji Shigeno	Japan	N-Grat	Japan / Isao Shinkai	Erstbesteigung N-Grat
24	15.8.82	Hironobu Kamuro	Japan	N-Grat	Japan / Isao Shinkai	Erstbesteigung N-Grat
25	31.7.83	Agostino Da Polenza	Italien	N-Grat	Italien / Francesco Santon	2. Besteigung N-Grat
26	31.7.83	Joschka Rakoncaj	Tschechosl.	N-Grat	Italien / Francesco Santon	2. Besteigung N-Grat
27	4.8.83	Sergio Martini	Italien	N-Grat	Italien / Francesco Santon	2. Besteigung N-Grat
28	4.8.83	Fausto De Stefani	Italien	N-Grat	Italien / Francesco Santon	2. Besteigung N-Grat

29	19.6.85	Marcel Ruedi	Schweiz	Abruzzengrat	Schweiz / Erhard Loretan	
30	19.6.85	Norbert Joos	Schweiz	Abruzzengrat	Schweiz / Erhard Loretan	
31	6.7.85	Erhard Loretan	Schweiz	Abruzzengrat	Schweiz / Erhard Loretan	
32	6.7.85	Pierre Morand	Schweiz	Abruzzengrat	Schweiz / Erhard Loretan	
33	6.7.85	Jean Troillet	Schweiz	Abruzzengrat	Schweiz / Erhard Loretan	
34	6.7.85	Eric Escoffier	Frankreich	Abruzzengrat	Frankreich / Daniel Lacroix	
35	7.7.85	Daniel Lacroix	Frankreich	Abruzzengrat	Frankreich / Daniel Lacroix	Beim Abstieg verunglückt
36	7.7.85	Stéphane Schaffter	Schweiz	Abruzzengrat	Frankreich / Daniel Lacroix	
37	24.7.85	Noboru Yamada	Japan	Abruzzengrat	Japan / Kazuoh Tobita	
38	24.7.85	Kenji Yoshida	Japan	Abruzzengrat	Japan / Kazuoh Tobita	
39	24.7.85	Kazunari Murakimi	Japan	Abruzzengrat	Japan / Kazuoh Tobita	
40	23.6.86	Wanda Rutkiewicz	Polen	Abruzzengrat	Frankreich / Maurice Barrard	Erste Frau auf dem Gipfel
41	23.6.86	Michel Parmentier	Frankreich	Abruzzengrat	Frankreich / Maurice Barrard	
42	23.6.86	Maurice Barrard	Frankreich	Abruzzengrat	Frankreich / Maurice Barrard	Beim Abstieg verunglückt
43	23.6.86	Liliane Barrard	Frankreich	Abruzzengrat	Frankreich / Maurice Barrard	Beim Abstieg verunglückt
44	23.6.86	Mari Abrego	Spanien	Abruzzengrat	Spanien / Renato Casarotto	
45	23.6.86	Josema Casimiro	Spanien	Abruzzengrat	Spanien / Renato Casarotto	
46	5.7.86	Gianni Calcagno	Italien	Abruzzengrat	Italien / Agostino Da Polenza	
47	5.7.86	Tullio Vidoni	Italien	Abruzzengrat	Italien / Agostino Da Polenza	
48	5.7.86	Soro Dorotei	Italien	Abruzzengrat	Italien / Agostino Da Polenza	
49	5.7.86	Martino Moretti	Italien	Abruzzengrat	Italien / Agostino Da Polenza	
50	5.7.86	Joschka Rakoncaj	Tschechosl.	Abruzzengrat	Italien / Agostino Da Polenza	Rakoncajs 2. Besteigung
51	5.7.86	Benoît Chamoux	Frankreich	Abruzzengrat	Italien / Agostino Da Polenza	
52	5.7.86	Beda Fuster	Schweiz	Abruzzengrat	Internat. Exp. / Karl Herrligkoffer	
53	5.7.86	Rolf Zemp	Schweiz	Abruzzengrat	Internat. Exp. / Karl Herrligkoffer	
54	8.7.86	Jerzy Kukuczka	Polen	S-Wand / Zentralpfeiler	Internat. Exp. / Karl Herrligkoffer	Erstbesteigung S-Wand
55	8.7.86	Tadeusz Piotrowski	Polen	S-Wand / Zentralpfeiler	Internat. Exp. / Karl Herrligkoffer	Erstbesteigung S-Wand / Beim Abstieg verunglückt
56	3.8.86	Chang Bong-Wan	Korea	Abruzzengrat	Südkorea / Kim Byung-Joon	
57	3.8.86	Kim Chang-Sun	Korea	Abruzzengrat	Südkorea / Kim Byung-Joon	

Nr.	Datum	Name	Nationalität	Route	Expedition / Leiter	Bemerkungen
58	3.8.86	Chang Byong-Ho	Korea	Abruzzengrat	Südkorea / Kim Byung-Joon	
59	3.8.86	Wojciech Wroz	Polen	SSW-Grat / Magic Line	Polen / Janusz Majer	Erstbesteigung SSW-Grat / Beim Abstieg verunglückt
60	3.8.86	Przemyslaw Piasecki	Polen	SSW-Grat / Magic Line	Polen / Janusz Majer	Erstbesteigung SSW-Grat
61	3.8.86	Peter Bozik	Slovakei	SSW-Grat / Magic Line	Polen / Janusz Majer	Erstbesteigung SSW-Grat
62	4.8.86	Willi Bauer	Österreich	Abruzzengrat	Österreich / Alfred Imitzer	
63	4.8.86	Alfred Imitzer	Österreich	Abruzzengrat	Österreich / Alfred Imitzer	Beim Abstieg verunglückt
64	4.8.86	Alan Rouse	GB	Abruzzengrat	Großbritannien / Alan Rouse	Beim Abstieg verunglückt
65	4.8.86	Kurt Diemberger	Österreich	Abruzzengrat	Italien / Agostino Da Polenza	
66	4.8.86	Julie Tullis	GB	Abruzzengrat	Italien / Agostino Da Polenza	Beim Abstieg verunglückt
67	9.8.90	Hideji Nazuka	Japan	N-Wand	Japan / Tomoji Ueki	
68	9.8.90	Hirotaka Imamura	Japan	N-Wand	Japan / Tomoji Ueki	
69	20.8.90	Steve Swenson	USA	N-Sporn	USA / Steve Swenson	
70	20.8.90	Greg Child	Australien	N-Sporn	USA / Steve Swenson	
71	20.8.90	Greg Mortimer	Australien	N-Sporn	USA / Steve Swenson	
72	15.8.91	Pierre Beghin	Frankreich	NW- und N-Grat	Frankreich / Pierre Beghin	
73	15.8.91	Christophe Profit	Frankreich	NW- und N-Grat	Frankreich / Pierre Beghin	
74	1.8.92	Vladimir Balyberdin	Rußland	Abruzzengrat	Internat. Exp. / Vladimir Balyberdin	
75	1.8.92	Gennady Kopieka	Ukraine	Abruzzengrat	Internat. Exp. / Vladimir Balyberdin	
76	3.8.92	Chantal Mauduit	Frankreich	Abruzzengrat	Internat. Exp. / Vladimir Balyberdin	
77	3.8.92	Aleksei Nikiforov	Rußland	Abruzzengrat	Internat. Exp. / Vladimir Balyberdin	
78	16.8.92	Ed Viesturs	USA	Abruzzengrat	Internat. Exp. / Vladimir Balyberdin	
79	16.8.92	Scott Fischer	USA	Abruzzengrat	Internat. Exp. / Vladimir Balyberdin	
80	16.8.92	Charley Mace	USA	Abruzzengrat	Internat. Exp. / Vladimir Balyberdin	
81	13.6.93	Zvonko Pozgaj	Slowenien	Abruzzengrat	Slowenien / Tomaz Jamnik	
82	13.6.93	Carlos Carsolio	Mexiko	Abruzzengrat	Slowenien / Tomaz Jamnik	
83	13.6.93	Viki Groselj	Slowenien	Abruzzengrat	Slowenien / Tomaz Jamnik	
84	13.6.93	Stipe Bozic	Kroatien	Abruzzengrat	Slowenien / Tomaz Jamnik	
85	23.6.93	Göran Kropp	Schweden	Abruzzengrat	Slowenien / Tomaz Jamnik	

#	Date	Name	Country	Route	Expedition	Notes
86	7.7.93	Phil Powers	USA	Abruzzengrat	USA / Stacy Allison	
87	7.7.93	Jim Haberl	Kanada	Abruzzengrat	USA / Stacy Allison	
88	7.7.93	Dan Culver	Kanada	Abruzzengrat	USA / Stacy Allison	Beim Abstieg verunglückt
89	30.7.93	Anatoli Boukreev	Rußland	Abruzzengrat	Northlight Exp. / Reinmar Joswig	
90	30.7.93	Peter Mezger	Deutschland	Abruzzengrat	Northlight Exp. / Reinmar Joswig	Beim Abstieg verunglückt
91	30.7.93	Andrew Lock	Australien	Abruzzengrat	Northlight Exp. / Reinmar Joswig	
92	30.7.93	Rafael Jensen	Dänemark	Abruzzengrat	Schweden / Magnus Nilsson	
93	30.7.93	Daniel Bidner	Schweden	Abruzzengrat	Schweden / Magnus Nilsson	Beim Abstieg verunglückt
94	30.7.93	Reinmar Joswig	Deutschland	Abruzzengrat	Northlight Exp. / Reinmar Joswig	Beim Abstieg verunglückt
95	2.9.93	Dan Mazur	USA	W-Grat / SW-Seite	GB/USA K2 Exp. / Dan Mazur	
96	2.9.93	Jonathan Pratt	GB	W-Grat / SW-Seite	GB/USA K2 Exp. / Dan Mazur	
97	24.6.94	Juanito Oiarzabal	Spanien	SSO-Grat	Spanien / Juanito Oiarzabal	
98	24.6.94	Juan Tomas Gutierrez	Spanien/Kat.	SSO-Grat	Spanien / Juanito Oiarzabal	
99	24.6.94	Alberto Inurrategui	Spanien	SSO-Grat / Variante	Spanien / Juanito Oiarzabal	
100	24.6.94	Felix Inurrategui	Spanien	SSO-Grat / Variante	Spanien / Juanito Oiarzabal	
101	24.6.94	Enrique de Pablo	Spanien	SSO-Grat / Variante	Spanien / Juanito Oiarzabal	
102	9.7.94	Rob Hall	Neuseeland	Abruzzengrat	Amical Alpin Exp. / Ralf Dujmovits	
103	23.7.94	Mike Groom	Australien	Abruzzengrat	USA / David Bridges	
104	23.7.94	Ralf Dujmovits	Deutschland	Abruzzengrat	Amical Alpin Exp. / Ralf Dujmovits	
105	23.7.94	Veikka Gustafsson	Finnland	Abruzzengrat	Amical Alpin Exp. / Ralf Dujmovits	
106	23.7.94	Axel Schlonvogt	Deutschland	Abruzzengrat	Amical Alpin Exp. / Ralf Dujmovits	
107	23.7.94	Michi Warthl	Deutschland	Abruzzengrat	Amical Alpin Exp. / Ralf Dujmovits	
108	23.7.94	Mstislav Gorbenko	Ukraine	Abruzzengrat	Ukraine / Vadim Sviridenko	
109	23.7.94	Vladislav Terzyul	Ukraine	Abruzzengrat	Ukraine / Vadim Sviridenko	
110	30.7.94	Jose Carlos Tamayo	Spanien	N-Grat	Span. TV / Jose Carlos Tamayo	
111	30.7.94	Sebastian de la Cruz	Argentinien	N-Grat	Span. TV / Jose Carlos Tamayo	
112	4.8.94	Juanjo San Sebastian	Spanien	N-Grat	Span. TV / Jose Carlos Tamayo	
113	4.8.94	Atxo Apellaniz	Spanien	N-Grat	Span. TV / Jose Carlos Tamayo	Beim Abstieg verunglückt
114	17.7.95	Rajab Shah	Pakistan	Abruzzengrat	Holland / Ronald Naar	
115	17.7.95	Mehrban Shah	Pakistan	Abruzzengrat	Holland / Ronald Naar	

Nr.	Datum	Name	Nationalität	Route	Expedition / Leiter	Bemerkungen
116	17.7.95	Hans van der Meulen	Holland	Abruzzengrat	Holland / Ronald Naar	
117	17.7.95	Ronald Naar	Holland	Abruzzengrat	Holland / Ronald Naar	
118	17.7.95	Alan Hinkes	GB	Abruzzengrat	USA/GB / Rob Slater	
119	13.8.95	Lorenzo Ortiz	Spanien	SSO-Grat	Spanien / Jose Garces	Beim Abstieg verunglückt
120	13.8.95	Bruce Grant	Neuseeland	Abruzzengrat	NZ/Kan./Austral. / Peter Hillary	Beim Abstieg verunglückt
121	13.8.95	Javier Olivar	Spanien	SSO-Grat	Spanien / Jose Garces	Beim Abstieg verunglückt
122	13.8.95	Alison Hargreaves	GB	Abruzzengrat	USA/GB / Rob Slater	Beim Abstieg verunglückt
123	13.8.95	Javier Escartin	Spanien	SSO-Grat	Spanien / Jose Garces	Beim Abstieg verunglückt
124	13.8.95	Rob Slater	USA	Abruzzengrat	USA/GB / Rob Slater	Beim Abstieg verunglückt
125	29.7.96	Masafumi Todaka	Japan	Abruzzengrat	Jap. / Masafumi Todaka	
126	29.7.96	Salvatore Panzeri	Italien	Abruzzengrat	Ital. Neuvermessungsexp. / A. Da Polenza	
127	29.7.96	Giulio Maggioni	Italien	Abruzzengrat	Ital. Neuvermessungsexp. / A. Da Polenza	
128	29.7.96	Mario Panzeri	Italien	Abruzzengrat	Ital. Neuvermessungsexp. / A. Da Polenza	
129	29.7.96	Lorenzo Mazzoleni	Italien	Abruzzengrat	Ital. Neuverm-exp. / Da Polenza	Beim Abstieg verunglückt
130	10.8.96	Krzysztof Wielicki	Polen	N-Grat	Polnische Exp. / Krzysztof Wielicki	
131	10.8.96	Marco Bianchi	Italien	N-Grat	Polnische Exp. / Krzysztof Wielicki	
132	10.8.96	Christian Kuntner	Italien	N-Grat	Polnische Exp. / Krzysztof Wielicki	
133	12.8.96	Masayuki Matsubara	Japan	SSO-Grat	Japanische Exp. / Atushi Yamamoto	
134	12.8.96	Kenzo Akasaka	Japan	SSO-Grat	Japanische Exp. / Atushi Yamamoto	
135	12.8.96	Bunsho Murata	Japan	SSO-Grat	Japanische Exp. / Atushi Yamamoto	
136	12.8.96	Yuichi Yoshida	Japan	SSO-Grat	Japanische Exp. / Atushi Yamamoto	
137	12.8.96	Taro Tanigawa	Japan	SSO-Grat	Japanische Exp. / Atushi Yamamoto	
138	12.8.96	Atsushi Shiina	Japan	SSO-Grat	Japanische Exp. / Atushi Yamamoto	
139	13.8.96	C. Garcia-Huidabro	Chile	SSO-Grat	Chilenische Exp. / Rodrigo Jordan	
140	13.8.96	Misael Alvial	Chile	SSO-Grat	Chilenische Exp. / Rodrigo Jordan	
141	13.8.96	Michael Purcell	Chile	SSO-Grat	Chilenische Exp. / Rodrigo Jordan	
142	13.8.96	Waldo Farias	Chile	SSO-Grat	Chilenische Exp. / Rodrigo Jordan	
143	14.8.96	Atushi Yamamoto	Japan	SSO-Grat	Jap. Exp. / Atushi Yamamoto	
144	14.8.96	Hideki Inaba	Japan	SSO-Grat	Jap. Exp. / Atushi Yamamoto	

145	14.8.96	Koji Nagakubo	Japan	SSO-Grat	Jap. Exp. / Atushi Yamamoto
146	14.8.96	Hirotaka Takeuchi	Japan	SSO-Grat	Jap. Exp. / Atushi Yamamoto
147	14.8.96	Kazuhiro Takahashi	Japan	SSO-Grat	Jap. Exp. / Atushi Yamamoto — 22 Jahre / jüngster Besteiger
148	14.8.96	Takashi Sano	Japan	SSO-Grat	Jap. Exp. / Atushi Yamamoto
149	14.8.96	Piotr Pustelnik	Polen	N-Grat	Polnische Exp. / Krzysztof Wielicki
150	14.8.96	Rysard Pawlowski	Polen	N-Grat	Polnische Exp. / Krzysztof Wielicki
151	14.8.96	Carlos Buhler	USA	N-Grat	Rußland / Ivan Dusharin
152	14.8.96	Sergei Penzov	Rußland	N-Grat	Rußland / Ivan Dusharin
153	14.8.96	Igor Benkin	Rußland	N-Grat	Rußland / Ivan Dusharin — Beim Abstieg verunglückt
154	19.7.97	Osamu Tanabe	Japan	W-Wand / Variante	Japan / Osamu Tanabe
155	19.7.97	Mikio Suzuki	Japan	W-Wand / Variante	Japan / Osamu Tanabe
156	19.7.97	Kunihito Nakagawa	Japan	W-Wand / Variante	Japan / Osamu Tanabe
157	28.7.97	Masamiki Takine	Japan	W-Wand / Variante	Japan / Osamu Tanabe
158	28.7.97	Akira Nakajima	Japan	W-Wand / Variante	Japan / Osamu Tanabe
159	28.7.97	Ryoji Yamada	Japan	W-Wand / Variante	Japan / Osamu Tanabe
160	28.7.97	Masami Kobayashi	Japan	W-Wand / Variante	Japan / Osamu Tanabe
161	28.7.97	Dawa Tashi Sherpa	Nepal	W-Wand / Variante	Japan / Osamu Tanabe
162	28.7.97	Gyalbu Sherpa	Nepal	W-Wand / Variante	Japan / Osamu Tanabe
163	28.7.97	Mingma Tsiri Sherpa	Nepal	W-Wand / Variante	Japan / Osamu Tanabe
164	28.7.97	Pemba Dorjee Sherpa	Nepal	W-Wand / Variante	Japan / Osamu Tanabe
165	26.6.00	Park Jung Hun	Korea	SSO-Grat	Korea K2 Exp. / Lee Sung Won
166	26.6.00	Kang Yeon Ryong	Korea	SSO-Grat	Korea K2 Exp. / Lee Sung Won
167	26.6.00	Yun Jung Hyun	Korea	SSO-Grat	Korea K2 Exp. / Lee Sung Won
168	26.6.00	Joo Woo Pyoung	Korea	SSO-Grat	Korea K2 Exp. / Lee Sung Won
169	26.6.00	Yun Chi Won	Korea	SSO-Grat	Korea K2 Exp. / Lee Sung Won
170	26.6.00	Lee Jung Hyun	Korea	SSO-Grat	Korea K2 Exp. / Lee Sung Won
171	26.6.00	Kim Joo Hyeng	Korea	SSO-Grat	Korea K2 Exp. / Lee Sung Won
172	26.6.00	Yoo Soon Ook	Korea	SSO-Grat	Korea K2 Exp. / Lee Sung Won
173	26.7.00	Abele Blanc	Italien	Abruzzengrat	Niclevicz K2 Exp. / Waldemar Niclevicz
174	26.7.00	Marco Camandona	Italien	Abruzzengrat	Niclevicz K2 Exp. / Waldemar Niclevicz

Nr.	Datum	Name	Nationalität	Route	Expedition / Leiter	Bemerkungen
175	26.7.00	Nasuh Mahruki	Turkei	Abruzzengrat	USA Intern. Exp. / Gary Pfisterer	
176	26.7.00	Waldemar Niclevicz	Brasilien	Abruzzengrat	Niclevicz K2 Exp. / Waldemar Niclevicz	
177	30.7.00	Ki Young Hwang	Korea	Abruzzengrat	Korea Exp. / Wi Yeong Kim	
178	30.7.00	Yamano Yasushi	Japan	Abruzzengrat	Japan	
179	30.7.00	Chris Shaw	USA	Abruzzengrat	USA Intern. Exp. / Gary Pfisterer	
180	30.7.00	Andy Evans	Kanada	Abruzzengrat	USA Intern. Exp. / Gary Pfisterer	
181	30.7.00	Andy Collins	GB	Abruzzengrat	USA Intern. Exp. / Gary Pfisterer	
182	30.7.00	Billy Pierson	USA	Abruzzengrat	USA Intern. Exp. / Gary Pfisterer	
183	31.7.00	Serap Jangbu Sherpa	Nepal	Abruzzengrat	Korean. Exp. / Han Kyu Yoo	
184	31.7.00	Hong Gil Um	Korea	Abruzzengrat	Korean. Exp. / Han Kyu Yoo	
185	31.7.00	Sang Hyun Mo	Korea	Abruzzengrat	Korean. Exp. / Han Kyu Yoo	
186	31.7.00	Mu Taek Park	Korea	Abruzzengrat	Korean. Exp. / Han Kyu Yoo	
187	31.7.00	Han Kyu Yoo	Korea	Abruzzengrat	Korean. Exp. / Han Kyu Yoo	
188	31.7.00	Wang Yong Han	Korea	Abruzzengrat	Korean. Exp. / Han Kyu Yoo	
189	31.7.00	Ivan Vallejo	Ecuador	Abruzzengrat	USA Intern. Exp. / Gary Pfisterer	
190	22.7.01	Jean-Christ. Lafaille	Frankreich	Cesen-Route	Focus-Expedition	
191	22.7.01	Hans Kammerlander	Italien	Cesen-Route	Focus-Expedition	
192	22.7.01	Carlos Pauner	Spanien	Abruzzengrat	Focus-Expedition	
193	22.7.01	Pepe Garcés	Spanien	Abruzzengrat	Focus-Expedition	
194	22.7.01	Serap Jangbu Sherpa	Nepal	Abruzzengrat	Korea	
195	22.7.01	Pasang Sherpa	Nepal	Abruzzengrat	Korea	
196	22.7.01	Park Young Seok	Korea	Abruzzengrat	Korea	
197	22.7.01	Oh Hee Jun	Korea	Abruzzengrat	Korea	
198	22.7.01	Kang Seong Gyu	Korea	Abruzzengrat	Korea	

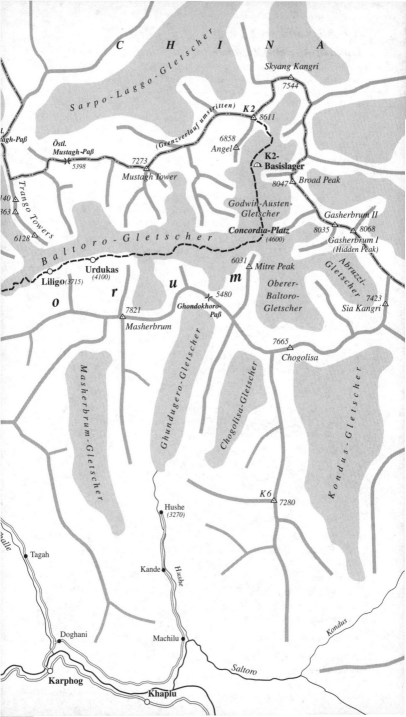

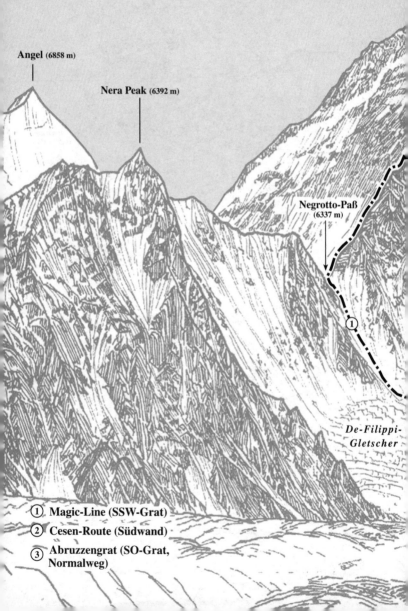

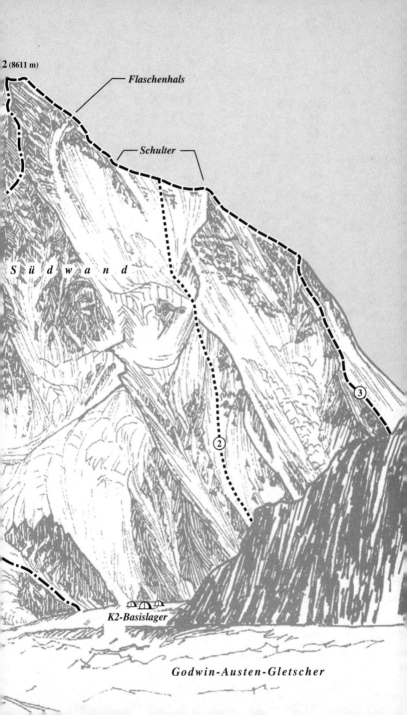

Personenregister

Abram, Erich 177, 179, 181
Aichner, Michael 41
Ali, Mohamed 133
Ali, Salman 96
Alpögger, Robert 321f., 325f., 328f., 333f.
Aman, Ashraf 91f., 99, 130, 235, 308
Amin Mohamed 121–128, 138, 188
Ang Phurba Sherpa 54
Angelino, Ugo 177
Anthoine, Mo 244–246
Apa Sherpa 43f., 46, 54f.
Auer, Konrad 59, 71f., 79, 81, 86, 93, 99, 101, 103, 107, 109, 118, 120f., 123, 134f., 149–151, 155f., 160, 162, 165, 182, 185, 187–189, 192, 197–200, 204–209, 212, 217–219, 225–240, 249f., 260, 269, 276f., 288, 315, 321f. 325–328, 332f.
Auer, Nadine 327
Aziz, Mr. 85

Babanov, Valeri 320f., 323f., 329f., 334–337
Babu Chiri 184
Bareux, Ernesto 98
Barrard, Liliane 132, 260f.
Barrard, Maurice 132
Bauer, Willi 130, 133, 279
Beghin, Pierre 264
Beikircher, Werner 170, 215, 224
Berger, Jörg 60
Bismarck, Otto von 85
Blanc, Abele 240–242
Bonatti, Walter 97, 177, 179–181
Bonington, Chris 123, 244–249, 252
Bozik, Peter 130, 132
Braithwaite, Paul 244, 247
Brocherel, Emilio 98

Brugger, Kurt 38
Brugger, Lois 249–252, 254, 260, 274, 310, 321f., 325–330, 333
Buhl, Hermann 88, 172
Bukreev, Anatoli 130
Bush, George W. 49

Camadona, Marco 242
Carsolio, Carlos 130
Casarotto, Goretta 131f.
Casarotto, Renato 131f., 137, 165, 305
Cassin, Ricardo 177
Cesen, Tomo 236
Chamoux, Benoît 130, 132
Cioroianu, Mihai 94, 102, 126, 136, 148, 150–162, 164f., 170, 185, 188, 205, 220, 305
Collins, Andy 243
Compagnoni, Achille 8, 21, 115, 130, 177, 179–181
Conway, William Martin 98

Dacher, Michl 24, 130, 235
Desio, Ardito 177, 180
Diemberger, Kurt 123, 130–133, 217, 279
Dujmovits, Ralf 36, 40, 109, 130, 216
Dunstan, Hl. 18
Duregger, Vinzenz 233
Dyhrenfurth, Norman 123

Eckenstein, Oskar 98, 104
Egger, Toni 61, 68
Eisendle, Hans Peter 24, 314–316
Elizabeth II., Queen 173, 176
Engstle, Christian 233
Escoffier, Eric 130

Estcourt, Nick 244, 247
Evans, Andy 243
Evans, Charles 174
Everest, Sir George 29

Fauquet, Michel 247
Fine, Vincent 247
Fischer, Jean 183
Fischer, Scott 43, 130, 183
Floreanini, Cirillo 177

Gabl, Karl 267–269, 330–332, 334
Gallotti, Pino 177, 179, 181
Gamper, Martha 233
Garcés, Pepe 283, 289, 297f., 314
Gasser, Robert 38, 41, 137f.
Gau »Makalu« Ming-Ho 153
Gilkey, Art 106f.
Giovanetti, Angelo 94, 102f., 126, 128, 136, 147–149, 151, 161, 171, 182f., 219
Glowacz, Stefan 62, 69
Godwin Austen, Henry Haversham 29, 87
Grošelj, Viki 236
Großrubatscher, Carlo 27, 166, 307
Guggemos, Peter 43, 204f., 255f., 258, 260f., 263, 267, 269, 271–276, 278, 280f., 285, 287, 306f., 314
Guggemos, Tshering 204
Güllich, Wolfgang 17

Habeler, Peter 46, 235, 286
Hackl, Helmut 108, 255
Hall, Robert 43, 130, 183
Hansen, Doug 43
Hanny, Paul 24
Hargreaves, Alison 260f.
Harris, Andy 43
Hawkins, Heidi 111
Hee Jun Oh 297f.
Heinrich, Tommy 183–185, 187
Heinz, Christoph 215
Herzog, Maurice 172
Herzog, Werner 61, 69, 143
Hillary, Sir Edmund 43, 55, 105, 123, 172, 174–176, 319
Hitler, Adolf 85

House, Steve 320
House, William 163
Houston, Charles S. 104f.
Huber, Alexander 123, 248
Huber, Thomas 123, 248–254
Hunt, Oberst 176

Illmitzer, Alfred 130, 133
Isakhan 179, 181

Jacot-Guillarmod, Jules 104
Jewell, David 258
John (Hunza-Guide) 84f., 99f.
Joos, Norbert 130
Jung Hun Park 111, 218f., 236, 240

Kammerlander, Brigitte 41, 71, 99, 137f., 160f., 171, 226, 242, 336f.
Kammerlander, Sepp 170, 242, 307
Karo, Silvo 252
Khatri Chhetri, Madau 152f.
Ki Young Hwang 242
King, Magda 36, 108
Kobler, Kari 38
Koshelenko, Yuri 337
Krakauer, Jon 43
Kropp, Göran 130
Kukuczka, Jerzy 35, 130, 132, 216
Kurtyka, Vojtek 97

Lacedelli, Lino 8, 21, 115, 130, 177, 179–181
Lachenal, Luis 172
Lafaille, Jean-Christophe 56, 258–276, 281, 285, 287, 289, 292–301, 304, 307f., 314f.
Laner, Jul Bruno 24
Leon, Hans von 166–170
Lorenzi, Manfred de 321f.
Loretan, Erhard 35, 130
Lowe, Jeff 320
Lücker, Walther 7f., 43, 59f., 71f., 79, 81, 86, 93, 103, 109, 111, 121–128, 137, 150, 156–158, 160f., 187, 305
Lugli, Manuel 94f., 102f., 128, 136, 147, 149, 151–162, 171, 182, 219
Lutzenberger, Maurizio 41f., 228, 249, 319, 321

Madhi 179–181
Maestri, Cvesare 61
Mahruki, Nashuh 242
Mair, Andreas 233
Mariani, Fulvio 69f.
Martini, Sergio 130
Mauduit, Chantal 130, 260f.
Mauri, Carlo 97
Mayerl, Sepp 223
Messner, Günther 22
Messner, Reinhold 22–26, 33, 35, 46f., 49, 55, 57, 123, 130–132, 135, 138–143, 166, 193, 223, 226, 228, 235, 286, 331f.
Mey, Mathilde 62
Mezzogiorno, Vittorio 62, 66
Montgomerie, T. G. 28f.
Moro, Renato 35f., 94, 242
Moro, Simone 90–93
Morris, James 173–176
Mountbatten, Lord Louis 88
Müller, Wolfi 61
Mutschlechner, Friedl 24, 27, 35, 166, 307
Mutschlechner, Hans 30, 36, 41, 108, 227, 233f., 278, 315, 320
Mutschlechner, Magdalena 232

Niclevicz, Waldemar 237, 242
Noyce, Wilfred 173

Oberfrank, Norbert 25
Oberhofer, Christa 25
Oberhofer, Wilfried 321–325
Oelz, Oswald 24
Oiazabal, Juanito 130
Osama Tanabe 118

Pagani, Guido 177f.
Pasang Dawa Lama 104f.
Pasang Sherpa 283, 288f., 293, 297f., 314
Patscheider, Reinhard 24
Pauner, Carlos 283, 289, 293, 297f., 314
Pennington, Alan 132
Petigax, Lorenzo 98
Pfannl, Heinrich 104
Pfisterer, Gary 237
Philip, Prinz 176

Piasecki, Przemyslaw 132
Piazza, Oskar 94, 103, 126, 128, 136, 147, 149f., 151–159, 161f., 165, 171, 182f., 219
Pierson, Billy 243
Piotrowski, Tadeusz 132
Pircher, Martina 161
Pircher, Siggi 161
Plaickner, Reinhold 338f.
Plangger, Stefan 41
Porsche, Dieter 108, 204f., 255
Profit, Christophe 130, 135
Pùchoz, Mario 177–179
Pustelnik, Piotr 185, 187

Rackl, Robert 216
Rakoncaj, Joschka 297f.
Razir, Abdul 112–119, 162
Renner, Rudi 41
Rey, Ubaldo 177
Rogger, Daniel 171
Rogger, Greti 171
Rogger, Hubert 171
Rottenegger, Christian 108, 255
Rouse, Alan 133
Rowland, Clive 244–246
Ruedi, Marcel 35
Rutkiewicz, Wanda 130, 260f.

Santin, Oswald 64f.
Savoia, Luigi Amadeo de
(Duca degli Abruzzi) 98, 104, 172
Savoie, Alberto 98
Schauer, Robert 97
Schockemöhle, Paul 183
Schoening, Pete 106
Schorcht, Peter 255
Schweizer, Günter 41
Scott, Doug 244–249, 252
Seeber, Arnold 221
Seeber, Erich 193f., 196f.
Seeber, Hartmann 59, 71f., 79, 81, 86, 93, 101, 103, 120f., 123f., 129, 136, 156, 160f., 187, 216, 219, 233f., 242, 320–325
Sella, Vittorio 98
Seong Gyu Kang 297f.
Serap Jangbu 243, 283, 288f., 297f., 314

Shaw, Chris 243
Sieger, Jay 94, 102f., 122f., 136, 147f., 151–155, 157–159, 161f., 165, 182f., 185, 188, 219
Simpson, Joe 225
Smolich, John 132
Soldà, Gino 177
Springer, Martin 60
Stefani, Fausto di 130
Steger, Andreas 255
Steinhauser, Bruno 25
Sutherland, Donald 61f.
Suviga, Vladimir 323, 329f.

Tauber, Hermann 38
Tensing Norgay 43, 55, 105, 123, 172, 174–176, 319
Tinkhauser, Werner 59, 228
Tomsdorf, Christian 258, 267–276, 281, 285, 306f.
Trenker, Luis 139
Troillet, Jean 130
Tschurtschenthaler, Roman 64f.
Tullis, Julie 130, 133, 260f.
Twaight, Marc 320

Ullah Baig, Mohamed 188
Uluocak, Ugur 94, 102f., 122f., 136, 148, 152–159, 161f., 182f., 185, 219

Vallejo, Ivan 243
Viesturs, Ed 130, 308
Viotto, Sergio 177
Volz, Jürgen 321

Walmsley, Joseph 320
Weathers, Beck 153, 225
Weichhart, Karin 41, 278
Weihenmayer, Eric, 48f., 255
Weinert, Peter 321
Welz, Bernd 71f., 79, 81, 86, 93, 103, 121, 136, 156
Wessely, Victor 104
Whittaker, James 235
Wieser, Hannes 133
Wiessner, Fritz 104f., 181
Wiget, Urs 82
Wolf, Dobroslawa 133
Wolfe, Dudley 105
Wroz, Wojciech 132f.

Yamano Yasushi 242
Yasuko Namba 43
Young Seok Park 283–285, 297f., 314
Younghusband, Sir Francis 87, 98

Zak, Heinz 123
Zürner, Andreas 255

Hans Kammerlander
Abstieg zum Erfolg
282 Seiten mit 78 Farbfotos und 39 Schwarzweißfotos.
Piper Taschenbuch

Nicht das Erreichen des Gipfels ist die wahre Leistung beim Bergsteigen und Extremklettern, sondern ein erfolgreicher Abstieg. Hans Kammerlander berichtet von bedrohlichen Situationen, die manchmal nur durch Glück und Zufall gemeistert werden konnten, von Touren, die abgebrochen werden mußten, vom eigenen Scheitern und dem Scheitern anderer. Er erzählt davon, wie er immer wieder herausfindet, wo seine Grenzen liegen und wie weit er noch gehen kann – vor allem aber erzählt er von der unendlichen Faszination der Berge.

Außerdem Beiträge von Reinhold Messner, Oswald Oelz, Michl Dacher, Werner Beikircher, Friedl Mutschlechner, Hanspeter Eisendle, Alois Kammerlander, Hans Steinbichler und Franz Xaver Wagner.

Jon Krakauer
In eisige Höhen
Das Drama am Mount Everest.
Aus dem Amerikanischen von Stephen Steeger. 390 Seiten und 33 Schwarzweißfotos.
Piper Taschenbuch

Geplant war ein Bericht über die dramatischen Auswüchse des kommerziellen Bergsteigens, Jon Krakauer wurde jedoch Augenzeuge der schlimmsten Katastrophe, die sich je auf dem Dach der Welt ereignet hat: Zwölf Bergsteiger kamen ums Leben. Jon Krakauers spannendes und tief berührendes Buch ist ein einmaliges Dokument, das sich mit der Faszination und Irrationalität des Bergsteigens auseinandersetzt.

»Eines der besten Bergbücher, weil es hautnah und nachvollziehbar zeigt, warum Leute auf den Gipfeln ihr Leben riskieren, obwohl sie es gerade dort wiederfinden wollen.«
Tages-Anzeiger, Zürich

Kurt Diemberger
Aufbruch ins Ungewisse

Abenteuer zwischen K2, Sinkiang und Amazonas. 416 Seiten mit 32 Farbtafeln, 84 Abbildungen im Text und einer Karte. Mit einem Vorwort von Hans Kammerlander. Piper Taschenbuch

Seit 1956 ist Kurt Diemberger als Bergsteiger im Extremen unterwegs, erlebte Abenteuer und Tragödien, war der »Kameramann der Achttausender«. Nicht allein die Schönheit und Wildheit der Natur, auch die Menschen, die dort leben, zogen ihn magisch an. In seinem Buch löst er die Rätsel um den Tod des großen Hermann Buhl und erzählt erstmals bis in alle Einzelheiten davon, wie seine Partnerin Julie Tullis und er 1986 am K2 ums Überleben kämpften. Ein langes Leben voller Höhepunkte – wunderbar erzählt.

»Er ist ein Reisender zwischen den Welten, zugleich einer der schillerndsten Alpinisten unserer Zeit.«
Hans Kammerlander

Hermann Buhl
Achttausend drüber und drunter

Mit den Tagebüchern von Nanga Parbat, Broad Peak und Chogolisa. Kommentiert von Kurt Diemberger. Vorwort von Hans Kammerlander. 368 Seiten mit 8 Farb- und 24 Schwarzweißtafeln. Piper Taschenbuch

Er war ein Star des Sports, noch vor den Fußballhelden von Bern: der einzigartige Hermann Buhl. 1953 bezwang er den 8125 Meter hohen Gipfel des Nanga Parbat im Alleingang, 1957 zählte er zu den vier Erstbesteigern des Broad Peak. Im Rahmen der Neuausgabe seines Buches werden seine Tagebücher von beiden Expeditionen erstmals vollständig veröffentlicht – eine Sensation in der Bergliteratur.

»Ein tolles, spannendes Stück Alpingeschichte, das einfach jeder Bergsteiger in seinem Rucksack haben sollte!«
Alpenverein

Walter Bonatti

Meine größten Abenteuer

Reisen an die Grenzen der Welt. Aus dem Italienischen von Maurus Pacher. 422 Seiten mit 17 Farbfotos. Piper Taschenbuch

Der weltberühmte Bergsteiger Walter Bonatti schlägt ein weiteres Kapitel seines Lebens auf: Nach den großen Bergen suchte er neue Abenteuer in »einer Welt von unendlicher Weite«. Er reiste in die kälteste bewohnte Gegend der Welt im äußersten Sibirien, ins Herz des venezolanischen Berglands, stieg in Vulkane, tauchte mit Haien und erlag am Kap Hoorn derselben Faszination wie die alten Seefahrer. Im Stil der klassischen Abenteuerliteratur erzählt Bonatti von seinen Reisen in die extremsten Regionen der Erde und von grandiosen Begegnungen mit der Natur.

»Bonatti ist ein lebender Mythos.«
Corriere della Sera

Nicolas Vanier

Die weiße Odyssee

Aus dem Französischen von Reiner Pfleiderer. 318 Seiten mit 42 Farbfotos. Piper Taschenbuch

Nicolas Vanier hat sich seinen Traum erfüllt, als erster allein mit seinen Schlittenhunden vom Pazifik bis zum Atlantik zu fahren: 8600 Kilometer quer über den Kontinent. Sein Bericht ist nicht nur ein packendes Leseabenteuer – es ist auch die Geschichte einer unerschütterlichen Freundschaft zwischen einem Menschen und seinen Hunden, die sich in der Auseinandersetzung mit einer gnadenlosen Natur bewährt.

»Von den Strapazen der Fahrt berichtet Vanier in seinem Buch, von ihrem beinahe fatalen Ausgang, aber auch von der Weite und Schönheit der Landschaft im Norden. Vanier ist mehr als ein Draufgänger, er kann blendend erzählen. Ein moderner Jack London.«
Focus

Jon Krakauer
In die Wildnis
Allein nach Alaska. Aus dem Amerikanischen von Stephan Steeger. 302 Seiten.
Piper Taschenbuch

Im August 1992 wurde die Leiche von Chris McCandless im Eis von Alaska gefunden. Wer war dieser junge Mann, und was hat ihn in die gottverlassene Wildnis getrieben? Jon Krakauer hat sein Leben erforscht, seine Reise in den Tod rekonstruiert und ein traurig-schönes Buch geschrieben über die Sehnsucht, die diesen Mann veranlaßte, die Zivilisation hinter sich zu lassen, um tief in die wilde und einsame Schönheit der Natur einzutauchen.

»Ein zutiefst bewegendes, ganz unsentimentales Abenteuerbuch.«
Die Woche

Stefan Glowacz
mit Ulrich Klenner
On the Rocks
Leben an den Fingerspitzen.
336 Seiten mit 16 Farbtafeln und 48 Abbildungen im Text.
Piper Taschenbuch

Klettern ist seine Leidenschaft – Stefan Glowacz zählt seit vielen Jahren zu den besten Kletterern der Welt. Sein Ziel ist immer wieder die spektakuläre Wand und deren Erstbegehung. Seit er 1993 als Vizeweltmeister seine Wettkampfkarriere als Sportkletterer beendete, zieht es ihn zu den entlegensten und schwierigsten Wänden. Mit seinem Team beginnt er stets dort, wo alle Straßen enden. Hin- und Rückweg werden meist aus eigener Kraft bewältigt, Proviant und Ausrüstung selbst zur Wand geschleppt. So hat Stefan Glowacz die Weite Patagoniens, die Wildnis Kanadas und Kenias, die Eiswüste der Antarktis und die Schluchten Mexikos für sich entdeckt und erschlossen. Von seinem Leben, das oft an den Fingerspitzen hängt, von Höhenflügen und Abstürzen, von Entdeckungsfahrten durch das »Meer aus Stein« und in das eigene Ich erzählt er in »On the Rocks«.

Joe Simpson

Sturz ins Leere

Ein Überlebenskampf in den Anden. Vorwort von Chris Bonington. Aus dem Englischen von Jürg Wahlen. 243 Seiten und 21 Fotos. Piper Taschenbuch

Die beiden Bergsteiger Joe Simpson und Simon Yates brechen auf, um den Andengipfel Siula Grande über die bisher unbezwungene Westwand zu besteigen. Beim gefährlichen Abstieg stürzt Joe ab und zerschmettert sich das Knie. Schwerverletzt hängt der junge Bergsteiger im Seil, gehalten von seinem Freund Simon. Doch der spürt, daß er allmählich seinen Halt verliert. Um sein eigenes Leben zu retten, zerschneidet Yates das Seil ...

»Kunstvoll werden die inneren und äußeren Erfahrungen der beiden Protagonisten gegeneinander gesetzt. Die elegante, bildkräftige Sprache ist der geschilderten Grenzsituation gewachsen.«
Süddeutsche Zeitung

Jon Krakauer

Auf den Gipfeln der Welt

Die Eiger-Nordwand und andere Träume. Aus dem Amerikanischen von Wolfgang Rhiel. 304 Seiten. Piper Taschenbuch

Der Autor des Weltbestsellers »In eisige Höhen« berichtet in zwölf brillanten Reportagen von seinen gefährlichen Leidenschaften: dem Everest und dem K2, dem Montblanc und der berüchtigten Eiger-Nordwand, vom Canyoning in wilden Schluchten und von seiner erfolgreichen Solobesteigung des Devils Thumb in Alaska. Er erzählt von berühmten Bergsteigern, die für ihre Passion ihr Leben aufs Spiel setzen, und macht verständlich, worin die Faszination der Berge besteht.

»Spannende und interessante Geschichten, oft mit ungewöhnlichen Perspektiven, Humor und jenem ironischen Unterton, der aus ›Helden‹ wieder Menschen macht und damit das ›Abenteuer‹ erst recht plausibel.«
Frankfurter Allgemeine Zeitung